本书获外交学院本科教材立项项目资助

国际法案例研习

（2021—2022）

王佳　宋岩／主编

CASE STUDY OF INTERNATIONAL LAW

(2021-2022)

法律出版社
LAW PRESS·CHINA
——北京——

前　言

法律的生命在于实践，国际法更是如此。受资源和平台等因素的限制，国际法的实践机会相对有限，导致国际法教学时常脱离实践。国际法案例将理论与实践相联系，为师生提供了解实践中的国际法的机会，因此需要特别重视。近年来，国际法庭的实践也日益活跃，抽象的国际法规则在争端解决中得到了进一步的解释和适用，甚至在一定程度上，国际法庭也促进了国际法的发展。

在百年未有之大变局加速演进的背景下，我国需要更多“爱祖国、知世界，通法律、精外语，高素质、复合型”的卓越涉外法治人才。国际法案例教学无疑是涉外法治人才培养的重要途径。鉴于此，我们决定梳理和分析国际法庭的最新案例，出版系列教材，《国际法案例研习（2021—2022）》是该系列教材的第一本。

本书研究了 2021 年和 2022 年国际法院、国际海洋法法庭、国家间仲裁法庭做出的主要判决和命令，[①]并从三个方面进行介绍和评析：

第一部分是判决书摘录，旨在详细介绍判决书的主要内容，包括事实背景、诉讼程序概述、当事方立场、法律问题分析、裁判结果和法官意见。事实背景部分介绍了争端的历史和地理事实，说明争端的来龙去脉。诉讼程序概述部分简要说明争端解决适用的主要程序。当事方立场部分总结了双方的法律主张。法律问题分析部分介绍当事方的主要争议问题以及国际法庭的法律推理，为了向读者提供更为准确和权威的参考，该部分基本逐字翻译了国际法庭的裁判。裁判结果部分介绍了国际法庭对当事方诉求的最终裁决。法官意见部分说明了发表单独意见、反对意见和声明等的法官意见。

第二部分是国际法制度，该部分主要介绍判决书涉及的基本国际法制度，以期为读者提供背景知识，包括有关概念或制度的含义、历史发展、国际条约的

① 本书也收录了国际法庭发布的临时措施命令，临时措施的案例只包括命令摘录一个部分。

规定、主要实践情况等。

第三部分是案例评析,该部分主要分析判决所引发的理论与实践问题,并对此进行更为深入的研究和评价。案例评析部分超越了案例本身,有助于启发读者对案例争议问题的思考和批判,探讨案例对国际法发展的影响,探索解决争议问题的可能建议等。

在涉外法治人才的培养中,我们高度重视学生的参与和思考。因此,在课堂教学之余,我们组织学生阅读、研究和思考最新案例,在师生共同努力下完成了这项有意义的工作。以下老师和同学参与了本书的编写工作:

王佳,外交学院国际法系副教授;

宋岩,外交学院国际法系副教授;

李冰清,汕头大学法学院讲师,外交学院 2014 级本科生;

严帅东,中国人民大学 2023 级博士研究生,外交学院 2017 级本科生;

蒋浩玥,外交学院 2022 级硕士研究生;

李欣桐,中国政法大学 2024 级博士研究生,外交学院 2022 级硕士研究生;

张一诺,外交学院 2022 级硕士研究生;

姜骞,华东政法大学 2023 级硕士研究生,外交学院 2019 级本科生;

牟冰羽,中国人民大学 2023 级硕士研究生,外交学院 2019 级本科生;

张程宽,外交学院 2023 级硕士研究生;

胡心怡,中国政法大学 2024 级硕士研究生,外交学院 2020 级本科生。

外交学院本科教材规划项目为本书的出版提供了资助。感谢法律出版社王珊老师在本书出版过程中的辛苦付出。

王佳　宋岩

2024 年 5 月

目　　录

指示临时措施命令

判　　决

毛里求斯和马尔代夫“印度洋海洋划界争端案”

初步反对意见判决

国际海洋法法庭

2021 年 1 月 28 日

一、判决书摘录

(一) 事实背景(第 56 ~ 77 段)

毛里求斯和马尔代夫都是位于印度洋的国家,都由若干岛屿组成。除主岛外,毛里求斯领土还包括查戈斯群岛,该岛距离毛里求斯主岛东北约 2200 千米,距离马尔代夫 517 千米。1814 年,法国通过《巴黎条约》将毛里求斯及其附属地割让给英国。1814 ~ 1965 年,英国将查戈斯群岛作为毛里求斯殖民地附属地进行管理。1965 年 9 月 23 日,毛里求斯殖民地与英国代表缔结协议,查戈斯群岛从毛里求斯分离出去。1965 年 11 月 8 日,英国通过法令建立英属印度洋领地(British Indian Ocean Territory),其中包括查戈斯群岛。1968 年 3 月 12 日,毛里求斯独立,英国继续管理查戈斯群岛。之后,联合国大会(以下简称联大)通过了多个关于毛里求斯问题的决议,谴责英国的分离行为。马尔代夫称,自 1814 年以来,在 1965 年建立英属印度洋领地之后,英国一直声称其对查戈斯群岛拥有主权。马尔代夫还主张,至少自 1980 年以来,毛里求斯一直主张对查戈斯群岛拥有主权。

2010 年 4 月 1 日,英国在查戈斯群岛及周边建立海洋保护区。2010 年 12 月 20 日,毛里求斯根据《联合国海洋法公约》(以下简称《公约》)附件七提起对英国的仲裁程序;2015 年 3 月 18 日,仲裁庭做出查戈斯海洋保护区仲裁裁决(以下简称查戈斯仲裁裁决),认为其对毛里求斯的第一项和第二项诉求缺乏管辖权。[1] 仲裁庭还认定,根据《公约》第 288 条第 1 款和第 297 条第 1 款 c 项,其有权审理毛里求斯的第四项诉求和海洋保护区是否符合《公约》某些条款的问题。关于案件的实质问题,仲裁庭认定,英国在查戈斯群岛周围建立海洋保护区违反了《公约》第 2 条第 3 款、第 56 条第 2 款和第 194 条第 4 款规定的义务。

2017 年 6 月 23 日,联大通过第 71/292 号决议,请求国际法院发表咨询意见,确定:第一,根据国际法,毛里求斯的非殖民化进程是否已完成;第二,英国继续管理查戈斯群岛的国际法后果。2019 年 2 月 25 日,国际法院发表 1965 年查戈斯群岛从毛里求斯分裂的法律后果咨询意见(以下简称"查戈斯咨询意见案")。国际法院认为毛里求斯 1968 年独立时未完成非殖民化进程,英国有义务尽快结束对查戈斯群岛的管理,会员国有义务与联合国合作,以完成毛里求斯的非殖民化。

2019 年 5 月 22 日,联大通过第 73/295 号决议,要求英国在决议通过 6 个月内撤出对查戈斯群岛的殖民管理。该决议获得 116 票支持、6 票反对和 56 票弃权。英国坚持自 1814 年起对查戈斯群岛拥有主权,没有采取任何决议所要求的行为。

此外,毛里求斯和马尔代夫也进行了较长时间的海洋划界谈判。2001 年 6 月 19 日,毛里求斯外交与地区合作部长致信马尔代夫外交部长称,毛里求斯正在开展查戈斯群岛周围大陆架的划界工作,并请马尔代夫同意早日开始初步谈判。马尔代夫外交部 7 月 18 日回复,由于毛里求斯政府没有对查戈斯群岛行使管辖权,两国不宜就马尔代夫与查戈斯群岛之间的划界问题展开任何讨论。毛里求斯称,马尔代夫在 2010 年 2 月提议讨论两国的专属经济区划界,毛里求斯在 3 月 2 日的信件中表示其有关当局正在积极考虑这一提议。2010 年 7 月 26 日,马尔代夫根据《公约》第 76 条第 8 款向大陆架界限委员会(Commission on the Limits of the Continental Shelf,CLCS)提交了划界案。2010 年 10 月 21 日,两国就海洋划界和外大陆架划界案举行第一轮会谈。关于马尔代夫向 CLCS 提交的划界案,马尔代夫代表表示,该划界案没有考虑毛里求斯在查戈斯地区的专属经济区坐标,并且将通过提交划界案附录的方式进行修正。2011 年 3 月 12 日,两国总统发表联合公报,同意对查戈斯群岛周围的外大陆架重叠区

---

① Arbitration regarding the Chagos Marine Protected Area between Mauritius and the United Kingdom of Great Britain and Northern Ireland, Award of 18 March 2015, RIAA, Vol. XXXI (hereafter Chagos Marine Protected Area case, 2015, RIAA), p. 582, para. 547.

域作出双边安排。2011 年 3 月 24 日,毛里求斯在致联合国秘书长的外交照会中称,马尔代夫迄今尚未提交外大陆架划界案的修正附录,因为其主张的外大陆架侵犯了毛里求斯的专属经济区,毛里求斯对此提出正式抗议。查戈斯咨询意见作出后,2019 年 3 月 7 日,毛里求斯常驻联合国代表团照会马尔代夫常驻联合国代表团,邀请其参加第二轮海洋划界会议,但马尔代夫对此没有作出回应。

(二)诉讼程序概述(第 1 ~ 52 段)

2019 年 6 月 18 日,毛里求斯根据《公约》附件七对马尔代夫关于印度洋海洋划界争端提起仲裁。在国际海洋法法庭(ITLOS,以下简称法庭)庭长的协调下,两国于 2019 年 9 月 24 日缔结特别协议,将该争端移交根据《国际海洋法法庭规约》(以下简称《规约》)第 15 条第 2 款建立的特别分庭审理。特别分庭由 7 名法庭法官和当事方分别提名的专案法官组成。

2019 年 12 月 18 日,马尔代夫提交初步反对意见。12 月 19 日特别分庭发布命令,暂停对案件实质问题的审理。2020 年 10 月 13 ~ 19 日,特别分庭以线上和线下混合的形式对初步反对意见进行了庭审。2021 年 1 月 28 日,特别分庭作出判决。

(三)当事方立场(第 53 ~ 55 段)

马尔代夫请求特别分庭审理并宣判:对毛里求斯提交特别分庭的诉求没有管辖权;并且/或者,毛里求斯的诉求不可受理。

毛里求斯请求特别分庭审理并宣判:驳回马尔代夫提出的初步反对意见,特别分庭对毛里求斯提交的请求书有管辖权,不存在对其行使管辖权的阻碍,特别分庭应当划定两国之间的海洋边界。

(四)法律问题分析(第 78 ~ 80 段)

79. 马尔代夫对特别分庭管辖权和毛里求斯诉求可受理性提出了以下五项初步反对意见。第一项初步反对意见是,英国是本案不可或缺的第三方,但英国不是本案的一方,因此,特别分庭对主张的争端无管辖权。第二项初步反对意见是,马尔代夫认为特别分庭没有管辖权裁决争议的主权问题。第三项初步反对意见是,两国没有也不能进行符合《公约》第 74 条和第 83 条要求的有意义的谈判。第四项初步反对意见是,两国之间没有也不可能存在关于海洋划界的争端。最后,毛里求斯的诉求构成了程序滥用,因不可受理而应被驳回。

80. 特别分庭将按照马尔代夫提出的顺序分析上述初步反对意见。

问题1:第一项初步反对意见——不可或缺的第三方(indispensable third party)(第81~100段)

97. 在"诺斯塔号案"中,法庭认为"黄金货币原则"是国际司法程序牢固确立的程序规则。[①] 特别分庭注意到,当事方认可该原则的效力,也同意只有在特别分庭接受毛里求斯而不是英国对查戈斯群岛拥有主权的情况下,才能审理毛里求斯的诉求。

98. 但当事方对英国是否为本案不可或缺的一方意见不一。马尔代夫认为,英国是不可或缺的一方,因为英国与毛里求斯之间对查戈斯群岛存在主权争端。而毛里求斯认为,英国不是当事方,因为国际法院已经裁决了英国对查戈斯群岛没有主权或主权权利。因此,双方的分歧在于毛里求斯与英国之间的查戈斯群岛主权争端是仍然存在还是已经解决。

99. 因此,如果查戈斯群岛主权争端仍然存在,英国可以被视为不可或缺的当事方,并且"黄金货币原则"将阻止特别分庭行使管辖权。相反,如果主权争端已经以有利于毛里求斯的方式解决,那么英国将不是不可或缺的当事方,则"黄金货币原则"将无法适用。

100. 特别分庭将在下文分析马尔代夫第二项初步反对意见的核心问题,该问题也涉及查戈斯群岛的法律地位。因此,该问题是第一项和第二项初步反对意见的核心。特别分庭注意到,双方承认它们对这两项反对意见的争议都基于一个"核心前提条件":对马尔代夫而言,毛里求斯与英国的主权争端尚未解决;而对毛里求斯而言,主权问题已得到有利于它的解决。委员会还注意到,在口述程序中,当事方对第一项和第二项初步反对意见一并提出了论据。特别分庭认为,关于查戈斯群岛的法律地位,应该一并审查这两项初步反对意见。因此,特别分庭将着手分析马尔代夫的第二项初步反对意见,并审查这两项初步反对意见共有的关键问题。然后,特别分庭将对马尔代夫的第一项和第二项初步反对意见作出裁定。

---

① M/V "Norstar" (Panama v. Italy), Preliminary Objections, Judgment, ITLOS Reports 2016, p. 84, para. 172.

问题 2：第二项初步反对意见——主权的争议问题（第 101～251 段）

101. 特别分庭现在将讨论马尔代夫的第二项初步反对意见，即特别分庭“无权裁决存在争议的查戈斯群岛主权问题，然而如果特别分庭要在本诉讼中裁决毛里求斯的主张，则必将裁决主权问题”。

102. 在处理这一反对意见时，特别分庭将首先审查《公约》第 288 条第 1 款规定的管辖权范围和提交它审理的争端的性质。然后，特别分庭将考虑查戈斯群岛的法律地位问题。

问题 2.1：特别分庭管辖权的范围和争端的性质（第 103～115 段）

109. 第 288 条第 1 款规定：“第 287 条所指的法院或法庭，对于按照本部分向其提出的有关本公约的解释或适用的任何争端，应具有管辖权。”因此，特别分庭的管辖权显然仅限于关于《公约》解释和适用的争端。

110. 特别分庭认为，需要裁决领土主权问题的争端不属于《公约》第 288 条第 1 款中关于《公约》解释和适用的争端。

111. 特别分庭注意到，双方也一致认为，特别分庭的管辖权仅限于有关《公约》解释或适用的争端，领土争端不属于此类争端。

112. 特别分庭现在将分析所提交争端的性质。毛里求斯在通知书第 27 段和第 28 段中提出以下主张：

> 27. 毛里求斯请求法庭根据《公约》规定的原则和规则，划定毛里求斯和马尔代夫印度洋专属经济区和大陆架的海洋边界，包括属于毛里求斯的外大陆架部分。
>
> 28. 毛里求斯还请求法庭宣判马尔代夫违反了以下义务：在达成《公约》第 74 条和第 83 条第 1 款规定的协议以前，尽一切努力达成实际性的临时安排，并在此过渡期内，不危害或阻碍最后协议的达成。

113. 特别分庭指出，鉴于本诉讼程序相关地区的地理情况，特别是查戈斯群岛的位置，毛里求斯主张的前提为，它对查戈斯群岛拥有主权，因而其属于《公约》第 74 条第 1 款和第 83 条第 1 款所指的与马尔代夫海岸相向或相邻的国家，以及相同条款第 3 款所指的有关国家。特别分庭还注意到，当事方一致同意毛里求斯主张的前提。

114. 然而，双方对毛里求斯拥有查戈斯群岛主权这一前提的有效性存在分歧。马尔代夫主张，毛里求斯和英国之间存在长期未决的主权争端，该前提不成立。而毛里求斯主张，特别分庭必须接受该前提，因为国际法院咨询意见已确定英国无权作为查戈斯群岛主权者，就国际法而言，查戈斯群岛是毛里求斯不可分割的部分，且只属于毛里求斯。毛里求斯补充道，特别分庭只需承认和尊重国际法院对该问题的权威裁决，并着手划定当事方的海洋边界。

115. 因此，查戈斯群岛的法律地位是双方关于第二项初步反对意见分歧的核心。如上文所述，这也是当事方对第一项初步反对意见分歧的核心。因此，特别分庭对该问题的分析与第一项和第二项初步反对意见都相关。

问题 2.2：查戈斯群岛的法律地位(第 116～246 段)

119. 特别分庭将审查当事方关于查戈斯仲裁裁决、查戈斯咨询意见、联大第 73/295 号决议及查戈斯群岛主权争端现状提出的论点。

问题 2.2.1：查戈斯海洋保护区仲裁裁决(第 120～139 段)

120. 特别分庭将分析查戈斯仲裁裁决对查戈斯群岛的法律地位是否有相关性和影响(relevance or implication)。

128. 特别分庭知道，在向其提交本争端之前，有关查戈斯群岛法律地位的问题，先是由附件七仲裁庭裁判了毛里求斯与英国之间关于英国在查戈斯群岛周围建立海洋保护区的争端，然后由国际法院回复了联大关于毛里求斯非殖民化问题提供咨询意见的请求。

129. 双方提及并依据查戈斯仲裁裁决和查戈斯咨询意见来支持各自的主张。然而，正如上文和下文所述，双方对仲裁裁决和咨询意见的含义和效力持有明显不同的观点。

130. 特别分庭将首先分析查戈斯仲裁裁决，从而判断该裁决能否阐明查戈斯群岛的法律地位。

131. 在查戈斯海洋保护区仲裁案中，毛里求斯提出了四项诉求，主张英国在查戈斯群岛周围设立海洋保护区违反了《公约》。毛里求斯第一项和第四项诉求可能与特别分庭处理的问题相关。

132. 毛里求斯的第一项诉求是："英国无权宣布建立'海洋保护区'或其他海区，因为它不是《公约》第 2 条、第 55 条、第 56 条和第 76 条等条款所指的'沿海国'。"①

第四项诉求是："英国所谓的'海洋保护区'不符合其根据《公约》承担的实

① Chagos Marine Protected Area case, 2015, RIAA, pp. 440－441, para. 158.

体和程序义务，包括第2、55、56、63、64、194、300条，以及1995年8月4日《执行1982年12月10日联合国海洋法公约有关养护和管理跨界鱼类种群和高度洄游鱼类种群的规定的协定》第7条。”①

133. 关于第一项诉求，仲裁庭认定，“当事方关于查戈斯群岛的主权问题存在争端”，“双方关于查戈斯群岛主权问题的争端不关乎《公约》的解释或适用”。因此，仲裁庭认为其对毛里求斯的第一项诉求没有管辖权。

134. 因此，仲裁庭显然承认毛里求斯和英国对查戈斯群岛主权存在争端，并认为其没有处理该争端的管辖权。在这方面，需要注意的是，仲裁庭对《1965年英国与毛里求斯部长会议关于分离查戈斯群岛的协议》（以下简称《1965年协议》）的看法。仲裁庭认为，《1965年协议》是否有效是“双方关于毛里求斯第一项和第二项诉求、主权和沿海国地位的主张的核心因素”。②

135. 仲裁庭认为其有管辖权审议毛里求斯的第四项诉求，以及英国建立的海洋保护区是否符合《公约》的下列条款：

第一，第2条第3款，限于毛里求斯在领海的捕鱼权或涉及英国的承诺，即在无需防卫目的时将群岛归还毛里求斯，并将在查戈斯群岛或其附近发现的任何矿物或石油的利益归还毛里求斯；

第二，第56条第2款，限于英国的承诺，即在无需防卫目的时将群岛归还毛里求斯，并将在查戈斯群岛或其附近发现的任何矿物或石油的利益归还毛里求斯。③

136. 仲裁庭在裁定其对毛里求斯的第四项诉求具有管辖权后指出，“《1965年协议》的法律效力也是双方关于第四项诉求的立场的核心因素……”。④ 仲裁庭随后认定，“其对毛里求斯第四项诉求的管辖权……允许其在必要范围内解释《1965年协议》，从而确定英国承诺的性质和范围”。⑤ 仲裁庭之后审查了《1965年协议》的法律地位，仲裁庭需在多大程度上处理毛里求斯关于其有效性的论点，以及英国在毛里求斯独立后的几年中重复其承诺的法律意义。

137. 根据这些分析，仲裁庭认定：

第一，英国关于确保毛里求斯在实际可行的情况下继续享有查戈斯群岛捕

---

① Chagos Marine Protected Area case, 2015, RIAA, pp. 440 – 441, para. 158.
② Chagos Marine Protected Area case, 2015, RIAA, pp. 533 – 534, para. 418.
③ Chagos Marine Protected Area case, 2015, RIAA, pp. 500 – 501, para. 323.
④ Chagos Marine Protected Area case, 2015, RIAA, p. 534, para. 419.
⑤ Chagos Marine Protected Area case, 2015, RIAA, p. 534, para. 419.

鱼权的承诺,就其涉及领海的部分而言,具有法律约束力;

第二,英国承诺在不再需要查戈斯群岛用于防卫目的时将其归还毛里求斯,该承诺具有法律约束力;以及

第三,英国承诺为毛里求斯保留在查戈斯群岛或其附近发现的任何矿物或石油利益,该承诺具有法律约束力。①

因此,仲裁庭宣布,英国在查戈斯群岛周围建立海洋保护区违反了《公约》第 2 条第 3 款、第 56 条第 2 款和第 194 条第 4 款规定的义务。

138. 特别分庭认为,仲裁庭认为其对毛里求斯的第四项诉求有管辖权,并认为英国违反了《公约》规定的义务,该事实并不意味着仲裁庭承认英国是查戈斯群岛沿海国,如马尔代夫所主张的那样。恰恰相反,在处理毛里求斯的第一项诉求时,仲裁庭已明确表示,它无权决定谁拥有查戈斯群岛主权。关于第四项诉求,仲裁庭的主要关切是,在不影响查戈斯群岛主权问题的情况下,考虑英国宣布建立海洋保护区的行为是否符合其《公约》义务。为此,仲裁庭在必要的范围内审查了《1965 年协议》,以确定英国承诺的性质和范围,并且,鉴于 1968 年之后英国对承诺的反复重申,根据禁止反言原则,认定承诺具有法律约束力。② 因此,特别分庭不能接受马尔代夫的主张,即该仲裁裁决对英国和毛里求斯具有既判力,英国有权对查戈斯群岛行使《公约》下沿海国的权利。

139. 特别分庭认为,查戈斯仲裁裁决与查戈斯群岛法律地位具有一定相关性。尽管仲裁庭承认群岛主权存在争端,但由于附件七仲裁庭的管辖权限制,其不能裁决该问题。但另一方面,特别分庭认为,仲裁庭根据英国做出的具有法律拘束力的承诺,认定了毛里求斯对查戈斯群岛的权利,如捕鱼权、无需防卫目的时向毛里求斯返还岛屿的权利、矿产或石油获益的权利。就海洋划界而言,这对于判断毛里求斯能否作为与马尔代夫海岸相向或相邻的国家,具有一定的作用。在下文做出裁定时,特别分庭将再讨论该问题(参见下文第 246 段)。

问题 2.2.2:查戈斯咨询意见案(第 140~215 段)

143. 特别分庭将根据马尔代夫主张的顺序分析当事方提出的问题。首先,将分析提交至国际法院问题的性质以及咨询意见的范围和内容。其次,将分析咨询意见的后果和法律效力。最后,将分析查戈斯仲裁裁决和查戈斯咨询意见之间的关系。

---

① Chagos Marine Protected Area case, 2015, RIAA, pp. 582 - 583, para. 547.

② Chagos Marine Protected Area case, 2015, RIAA, p. 548, para. 448.

问题 2.2.2.1：提交国际法院的问题以及查戈斯咨询意见的范围和内容（第 162～175 段）

162. 联大请求国际法院对以下问题发表咨询意见：

> 第一，在查戈斯群岛从毛里求斯分离出去之后，根据国际法，包括大会 1960 年 12 月 14 日第 1514（XV）号决议、1965 年 12 月 16 日第 2066（XX）号决议、1966 年 12 月 20 日第 2232（XXI）号决议和 1967 年 12 月 19 日第 2357（XXII）号决议所反映的义务，毛里求斯在 1968 年获得独立时，其非殖民化进程是否合法完成？
>
> 第二，由于英国继续管理查戈斯群岛，包括毛里求斯无法实施在查戈斯群岛重新安置其国民，特别是原籍为查戈斯的国民的方案，根据国际法，包括上述决议规定的义务，会产生什么后果？

163. 特别分庭注意到，联大提交法院的问题事关毛里求斯非殖民化进程的合法性，以及英国继续管理查戈斯群岛的国际法后果。

164. 特别分庭还注意到，当事方都提到了国际法院的结论，即联大在请求咨询意见时，“没有寻求法院的咨询意见从而解决两国的领土争端”，“也没有向法院提交英国和毛里求斯可能存在的双边领土争端”。①

165. 但两国对上述裁决的含义和影响存在分歧。马尔代夫认为，鉴于所提交问题的性质，国际法院没有也不可能处理英国和毛里求斯之间的主权争端。但毛里求斯认为，国际法院之所以做出此种裁决，是因为“请求提出的问题处于更广泛的非殖民化范围内”，在回答毛里求斯非殖民化及其后果的问题的同时，国际法院也裁决了查戈斯群岛的主权问题。

166. 特别分庭认为，虽然联大表明其没有向国际法院提交关于主权的双边争端，但这并不一定可以推断出，咨询意见对主权问题没有相关性或影响（has no relevance or implication for the issue of sovereignty）。鉴于非殖民化与主权的密切关系，此种推断并不必然正确。特别分庭注意到，国际法院本身否认此种推断，其指出“法院可能必须就毛里求斯和英国已表示分歧的法律问题发表意见，但该事实并不意味着法院做出回复是在解决双边争端”②。

---

① Legal Consequences of the Separation of the Chagos Archipelago from Mauritius in 1965, Advisory Opinion, I. C. J. Reports 2019 (hereafter Chagos Advisory Opinion, 2019), p. 117, para. 86, and p. 129, para. 136.

② Chagos Advisory Opinion, 2019, p. 118, para. 89.

167. 之后,特别分庭分析咨询意见是否以明示或暗示的方式处理了查戈斯群岛主权争端。特别分庭注意到双方对此的看法截然相反。马尔代夫主张,咨询意见没有也不可能解决毛里求斯与英国之间的主权争端;而毛里求斯则声称,咨询意见已决定性地解决了主权问题,并且有利于毛里求斯。

168. 首先,特别分庭注意到一国同意与另一国通过司法解决争端的原则是国际司法程序的基础。如果接受这样的主张,即国际法院或法庭可以不经争端一方同意而通过诉讼或咨询程序解决双边争端,将违背同意原则。然而,这并不意味着,咨询意见不能对有争议的主权问题产生影响。

169. 特别分庭现在将考虑咨询意见中与此特别相关的段落。

170. 关于联大提出的第一个问题,相关段落如下:

> 170.(以下为查戈斯咨询意见段号,编者注)……1965 年自毛里求斯分离时,查戈斯群岛显然是该非自治领土的组成部分。
>
> …………
>
> 172. ……法院分析了毛里求斯殖民地部长会议根据兰开斯特宫协定原则同意分离查戈斯群岛的情况,认为这一分离并非基于相关人民自由和真正表达的意愿。
>
> 173. ……法院认为,在毛里求斯非殖民化进程中,联大通过的决议所反映的国际法义务要求英国作为管理国尊重毛里求斯的领土完整,包括查戈斯群岛。
>
> 174. 法院认为,由于查戈斯群岛的非法分离,以及被并入名为 BIOT 的新殖民地,毛里求斯的非殖民化进程在其 1968 年取得独立时并未合法完成。[①]

171. 因此,国际法院裁定,在 1965 年,查戈斯群岛显然是毛里求斯不可分割的部分,其分离不是基于相关人民自由和真实表达的意愿,因此,毛里求斯的非殖民化进程没有合法完成。特别分庭注意到,国际法院首先分析了毛里求斯殖民地内阁原则上同意根据《1965 年协议》分离查戈斯群岛的情况,然后做出这些裁定。如上文所述(参见第 134 段),《1965 年协议》的有效性是双方关于主权诉求的"核心要素"。因此,这些裁定可能对查戈斯群岛的主权问题产生影响。

---

① Chagos Advisory Opinion, 2019, pp. 136 – 137.

172. 关于联大提出的第二个问题,咨询意见的相关段落如下:

> 177. 法院已裁定毛里求斯的非殖民化没有以符合民族自决权的方式进行,因此,英国继续管理查戈斯群岛构成不法行为,应承担国际责任……这是因查戈斯群岛从毛里求斯分离而产生的持续的不法行为。
>
> 178. 因此,英国有义务尽快终止对查戈斯群岛的管理,从而使毛里求斯能够以符合民族自决权的方式完成其领土的非殖民化。
>
> 179. 确保完成毛里求斯非殖民化的必要方式属于联大行使其非殖民化职能的范围。
>
> …………
>
> 180. 由于尊重自决权是一项对世义务,所有国家都有保护这项权利的法律利益……法院认为,虽然应由联大就确保完成毛里求斯非殖民化的必要方式发表意见,但所有会员国都必须与联合国合作,从而实现这些方式。
>
> …………
>
> 182. ……法院的结论是,英国有义务尽快终止其对查戈斯群岛的管理,所有会员国必须与联合国合作从而完成毛里求斯的非殖民化。[①]

173. 因此,国际法院认为,英国继续管理查戈斯群岛是持续的不法行为,应承担国际责任,必须尽快终止。特别分庭认为,这些以及上文提到的裁决对英国关于查戈斯群岛的主权有明确的影响。特别分庭认为,英国的主权主张将违反国际法院的裁决,也就是查戈斯群岛的分离是不法的,英国继续管理查戈斯群岛构成持续的不法行为。

174. 国际法院的意见同样对毛里求斯的主权主张产生重大影响,因为国际法院认为,在英国非法分离查戈斯群岛时,毛里求斯的领土包括查戈斯群岛。特别是国际法院认为:“在毛里求斯非殖民化进程中,联大通过的决议所反映的国际法义务要求英国作为管理国尊重**毛里求斯的领土完整,包括查戈斯群岛**”[②](着重部分由特别分庭添加)。特别分庭认为,这可以解释为毛里求斯拥有查戈斯群岛主权。国际法院裁定“英国有义务尽快终止对查戈斯群岛的管理,从而使毛里求斯能够以符合民族自决权的方式完成其**领土的非殖民化**”[③](着重部分

① Chagos Advisory Opinion, 2019, p. 95, pp. 138 – 140.
② Chagos Advisory Opinion, 2019, p. 137, para. 173.
③ Chagos Advisory Opinion, 2019, p. 139, para. 178.

由特别分庭添加),也表明了相同的立场。特别分庭还注意到毛里求斯的非殖民化进程尚未完成,在这方面,国际法院指出,“确保完成毛里求斯非殖民化的必要方式”留给联大处理。①

175. 特别分庭判断查戈斯群岛的法律地位时,将考虑上述结论和其他相关因素。在这一判断的基础上,特别分庭将根据《公约》第 74 条第 1 款和第 83 条第 1 款,就海洋边界划界问题,裁判毛里求斯是否可以作为与马尔代夫海岸相向或相邻的国家。

问题 2.2.2.2:查戈斯群岛咨询意见的后果(第 176~192 段)

188. 特别分庭认为,领土的非殖民化将对该领土的主权问题产生重大后果,因为非殖民化和领土主权是密切相关的。非殖民化可能影响领土主权的程度取决于个案的具体情况。

189. 特别分庭认为,毛里求斯的非殖民化与包括查戈斯群岛在内的毛里求斯主权是密不可分的。仲裁庭在查戈斯仲裁裁决中承认这一点,指出“《1965 年协议》的有效性是各方就毛里求斯第一项和第二项诉求、主权和沿海国地位的核心因素”(参见上文第 134 段)。国际法院在查戈斯咨询意见中也暗示了这一点,“请求提出的问题处于更广泛的非殖民化范围内,包括大会在其中的作用,这些问题与非殖民化密不可分”②。

190. 特别分庭认为当事方对查戈斯咨询意见案后果的分歧属于其管辖范围。根据《公约》第 288 条第 4 款,特别分庭有权决定自己的管辖权。在这方面,查戈斯咨询意见是否明确了查戈斯群岛的法律地位是特别分庭有无管辖权的核心问题。因此,特别分庭有权在确定其管辖权的必要范围内评估当事方关于咨询意见后果的争端。

191. 马尔代夫认为,完成非殖民化进程的义务并不必然或自动伴随着领土主权的立刻丧失。特别分庭认为,相关的问题是在毛里求斯非殖民化的具体情况下是否如此,而不是作为一项一般性主张是否有效。就毛里求斯而言,如上文所述,非殖民化和主权问题是密不可分的,因此,关于非殖民化的决定必然涉及主权问题。

192. 双方在论证各自观点时提到了纳米比亚和西撒哈拉咨询意见案,特别分庭指出,由于这两个案件的情况与本案不同,很难从中得出任何有意义的推

---

① Chagos Advisory Opinion, 2019, p. 139, para. 179.

② Chagos Advisory Opinion, 2019, p. 118, para. 88.

论来支持各方的观点。

问题 2.2.2.3:查戈斯咨询意见的法律效力(第 193~206 段)

202.特别分庭注意到,国际法院的咨询意见被广泛承认不具有法律拘束力,正如国际法院在关于与保加利亚、匈牙利和罗马尼亚的和约的解释的咨询意见中所述,“法院的答复仅具有咨询性质,因此没有法律拘束力”。[①] 尽管如此,同样得到承认的是,咨询意见蕴含着对其处理的问题的国际法权威性陈述。

203.在这方面,分庭认为有必要区分拘束性(binding character)和权威性(authoritative nature)。咨询意见不具有拘束力,因为提出请求的机关没有义务遵守咨询意见,就像诉讼案件当事方有义务遵守判决一样。然而,咨询意见作出的司法裁定的分量和权威性不亚于判决,因为它们是由负责国际法事务的联合国“主要司法机关”以同样严谨和仔细的审查作出的。

204.特别分庭在这方面注意到,欧盟法院虽然没有表示国际法院的咨询意见具有“约束力”,但对国际法院在其咨询意见中作出的法律和事实裁定给予了应有的重视。

205.特别分庭认为,不能仅因为咨询意见不具有法律拘束力就无视国际法院在咨询意见中作出的裁定。显然国际法院在查戈斯咨询意见案中裁决,1968年毛里求斯独立时其非殖民化进程没有合法完成,英国有义务尽快结束其管理。特别分庭认为这些裁定确实具有法律效力。

206.因此,特别分庭认可这些裁定,并将在判断查戈斯群岛的法律地位时进行考虑。

问题 2.2.2.4:查戈斯仲裁裁决和查戈斯咨询意见的关系(第 207~215 段)

213.特别分庭注意到,马尔代夫主张的前提是,仲裁庭裁决相关问题具有既判力,也就是毛里求斯和英国之间主权争端的存在,以及哪一国家有权对查戈斯群岛行使沿海国权力(参见上文第 121~123 段)。

214.特别分庭在上文第 133 段指出,查戈斯海洋保护区仲裁庭认定,两国存在关于查戈斯群岛的主权争端,并且自身缺乏审理该争端的管辖权。根据《公约》第 288 条第 1 款,仲裁庭的管辖权仅限于与《公约》解释或适用有关的争

---

① Interpretation of Peace Treaties with Bulgaria, Hungary and Romania, First Phase, Advisory Opinion, I. C. J. Reports 1950 (hereafter Interpretation of Peace Treaties, Advisory Opinion, 1950), p. 71; see also Request for Advisory Opinion submitted by the Sub-Regional Fisheries Commission, Advisory Opinion, 2 April 2015, ITLOS Reports 2015, p. 26, para. 76.

端,而国际法院在发表咨询意见时,没有此种管辖权限制。因此,国际法院分析了毛里求斯非殖民化相关的问题,并认为将查戈斯群岛从毛里求斯分离出去是非法的。因此,无论咨询意见是否解决了领土争端,都不存在咨询意见推翻仲裁裁决的问题,正如国际法院所指出的那样,"仲裁庭在查戈斯海洋保护区仲裁中裁决的问题……与法院在本案中的处理问题不相同"。[①]

215. 马尔代夫认为,仲裁庭裁决对毛、英两国具有既判力,因此英国有权根据《公约》对查戈斯群岛行使管辖权直到领土争端解决,仲裁庭不接受这种主张(如上文第 138 段)。因此,无论咨询意见是否解决了领土争端,都显然不存在咨询意见推翻仲裁裁决的问题,因为仲裁裁决没有做出相关裁决。

问题 2.2.3:联大第 73/295 号决议(第 216 ~ 230 段)

224. 特别分庭回顾了国际法院在西南非洲案中的裁判,即联大决议"除部分例外情况外……不具有法律拘束力,而只具有建议性",并且"联大决议确实具有较强的说服力",但联大"是在政治而不是法律层面运作:它不能使这些决议具有法律约束力"。[②]

225. 特别分庭还回顾了仲裁庭在乌克兰诉俄罗斯"黑海、亚速海和刻赤海峡沿海国权利案"中的裁决:"联大决议所作事实和法律裁定的效果在很大程度上取决于决议的内容和通过的情况和背景。国际法庭给予这类决议的效力也是如此。"[③]

226. 联大在查戈斯咨询意见后通过了第 73/295 号决议。对此,应当指出的是,国际法院在咨询意见中强调了联大关于非殖民化的职责,特别是其在联合国非殖民化工作中发挥的"关键作用"。[④] 还应当指出的是,国际法院在此背景中指出,"确保完成毛里求斯非殖民化的必要方式属于联大行使其非殖民化职能的范围"。[⑤] 并接着指出,"虽然应由联大就确保完成毛里求斯非殖民化的必要方式发表意见,但所有会员国都必须与联合国合作,从而实现这些方式"。[⑥]

---

① Chagos Advisory Opinion, 2019, p. 116, para. 81.

② South West Africa (Ethiopia v. South Africa; Liberia v. South Africa), Second Phase, Judgment, I. C. J. Reports 1966, pp. 50 – 51, para. 98; see also Dispute Concerning Coastal State Rights in the Black Sea, Sea of Azov and Kerch Strait (Ukraine v. the Russian Federation), Award on Preliminary Objections, 21 February 2020 (hereafter Coastal State Rights case, Preliminary Objections, 2020), para. 172.

③ Coastal State Rights case, Preliminary Objections, 2020, para. 174.

④ Chagos Advisory Opinion, 2019, p. 135, para. 163.

⑤ Chagos Advisory Opinion, 2019, p. 139, para. 179.

⑥ Chagos Advisory Opinion, 2019, p. 139, para. 180.

227. 联大因此被授权采取必要的措施，从而完成毛里求斯的非殖民化进程。根据联大对非殖民化问题的一般职责，以及关于毛里求斯非殖民化的具体工作，特别分庭认为，第 73/295 号决议对判断查戈斯群岛的法律地位具有相关性。

228. 在第 73/295 号决议中，联大申明，“根据法院的咨询意见，查戈斯群岛构成毛里求斯领土的不可分割部分”。特别分庭认为，这一申明是联大对咨询意见的观点。

229. 联大该决议要求（demand）：

> 英国……在本决议通过后 6 个月内，无条件地从查戈斯群岛撤出其殖民统治，从而使毛里求斯尽快完成其领土的非殖民化。

特别分庭指出，该要求是根据咨询意见确保毛里求斯完成非殖民化的“方式”之一。特别分庭认为，联大规定的时限已过，而英国没有遵守该要求，该事实进一步强化了特别分庭在上文第 173 段中关于英国对查戈斯主权主张的结论。

230. 关于毛里求斯对该决议第 6 段和第 7 段规定的义务同样适用于特别分庭的主张，特别分庭认为，该决议的用语和联大的实践都表明，鉴于特别分庭或任何其他国际法庭对裁判职责的独立行使，并不能认为其属于第 7 段提到的“国际、区域和政府间组织，包括根据条约建立的组织”。

问题 2.2.4：主权争端的现状（第 231～245 段）

242. 特别分庭指出，毫无疑问，毛里求斯和英国关于查戈斯群岛的主权争端由来已久。如上文所述，这也得到了查戈斯仲裁裁决的确认。

243. 但本案的关键问题是，国际法院的咨询意见是否澄清了查戈斯群岛的法律地位。因此，特别分庭认为，英国和毛里求斯继续对查戈斯群岛提出各自权利主张的事实是无关紧要的。如果确实如毛里求斯所辩称的那样，国际法院确实已确定了查戈斯群岛是毛里求斯领土的一部分，那么英国继续主张查戈斯群岛主权只是一种“主张”（assertion）。然而，此种主张不能证明争端的存在。特别分庭忆及：

> 诉讼案件的一方声称与另一方存在争端是不够的。仅凭此种声称不足以证明争端的存在，正如仅仅否认争端的存在也不能证明其不存在。[1]

---

① South West Africa Cases (Ethiopia v. South Africa; Liberia v. South Africa), Preliminary Objections, Judgment, I. C. J. Reports 1962, p. 328.

244. 马尔代夫为支持其主张提出了“黑海、亚速海和刻赤海峡沿海国权利案”,但特别分庭认为,本案与该案不同。在“黑海、亚速海和刻赤海峡沿海国权利案”中,没有司法机构事先对克里米亚主权主张的主要问题作出权威裁判,而本案的情况并非如此。

245. 鉴于咨询意见已认定英国继续管理查戈斯群岛是持续的不法行为,特别分庭认为,马尔代夫关于查戈斯群岛事实上存在主权争端的主张不具有说服力。

问题 2. 2. 5:主要裁定总结(第 246 段)

246. 特别分庭将其有关查戈斯群岛法律地位的裁定概述如下:

第一,虽然仲裁庭在查戈斯仲裁裁决中承认英国与毛里求斯对查戈斯群岛存在主权争端,但仲裁庭认为其缺乏审理该争端的管辖权。另一方面,仲裁庭承认,在不影响主权问题的情况下,毛里求斯对查戈斯群岛拥有特定权利,包括捕鱼权、无需防卫目的时归还查戈斯群岛的权利、从发现的矿产或石油中获益的权利。这表明,除主权问题外,查戈斯群岛适用特别制度,毛里求斯因此享有特定的海洋权益。

第二,国际法院在查戈斯咨询意见中关于毛里求斯非殖民化问题的裁定,对查戈斯群岛的法律地位具有法律效力和明确的影响(legal effect and clear implications)。英国继续主张对查戈斯群岛拥有主权违反了这些裁定。虽然毛里求斯的非殖民化进程尚未完成,但可以从国际法院的裁定中推断出(infer from)毛里求斯对查戈斯群岛的主权。

第三,联大第 73/295 号决议要求英国在该决议通过后 6 个月内撤出对查戈斯群岛的管理。联大规定的时限已过,但英国没有遵守该要求,该事实进一步强化了特别分庭的结论,即英国对查戈斯群岛的主权主张违反了咨询意见中的权威裁定。

问题 2. 3:特别分庭关于第一项和第二项初步反对意见的结论(第 247 ~ 251 段)

问题 2. 3. 1:关于第一项初步反对意见的结论(第 247 ~ 248 段)

247. 特别分庭认为,无论英国对查戈斯群岛仍具有何种利益,英国不能因此成为具有充分法律利益(sufficient legal interest)的国家,更不是利益会受查戈斯群岛周围海洋划界影响的不可或缺的第三方。特别分庭认为,英国管理查戈斯群岛构成持续的不法行为,必须尽快停止,因此,难以认为英国在通过划界永久处置查戈斯群岛周围海域方面存在任何法律利益。

248. 因此,特别分庭认为,英国不是本案不可或缺的一方,驳回马尔代夫提出的第一项初步反对意见。

问题 2. 3. 2:关于第二项初步反对意见的结论(第 249 ~ 251 段)

249. 特别分庭必须裁决的问题是,就《公约》第 74 条第 1 款和第 83 条第 1 款而言,毛里求斯关于查戈斯群岛是否为与马尔代夫海岸相向或相邻的国家。

250. 特别分庭认为,其整体分析充分表明,为了进行海洋划界,毛里求斯可以视为查戈斯群岛的沿海国,即使其非殖民化进程尚未完成。特别分庭认为,将毛里求斯视为沿海国符合查戈斯仲裁裁决的裁定,特别是符合查戈斯咨询意见的裁定和联大第 73/295 号决议对此采取的行动。

251. 基于上述原因,特别分庭确信,毛里求斯可以作为《公约》第 74 条第 1 款和第 83 条第 1 款所指的与马尔代夫海岸相向或相邻的国家,以及相同条款中第 3 款所指的有关国家。因此,驳回马尔代夫的第二项初步反对意见。

问题 3:第三项初步反对意见——《公约》第 74 条和第 83 条的要求(第 252 ~ 293 段)

问题 3. 1:对《公约》第 74 条和第 83 条的解释(第 253 ~ 275 段)

267.《公约》第 74 条和第 83 条的相关部分规定如下:

> 1. 海岸相向或相邻的国家间专属经济区的界限,应在国际法院规约第 38 条所指国际法的基础上以协议划定,以便得到公平解决。
>
> 2. 有关国家如在合理期间内未能达成任何协议,应诉诸第十五部分所规定的程序。

268. 特别分庭将首先解释这些条款,然后将其适用于当前初步反对意见程序的事实和情况。特别分庭认为,《公约》第 74 条和第 83 条的内容基本相同,仅在适用海域方面有所不同。因此,特别分庭将一并处理这两条规定。

269. 这些条款分别适用于两个沿海国根据《公约》第 57 条享有的专属经济区权利重叠的区域以及根据《公约》第 76 条享有的大陆架权利重叠的区域。根据《公约》第 74 条第 1 款和第 83 条第 1 款规定,海岸相向或相邻的国家有义务通过协议划定专属经济区和大陆架的界限。第 83 条第 2 款规定,如果在合理期间内无法达成协议,各国有义务诉诸《公约》第十五部分规定的程序。

270. 在这方面,特别分庭回顾了国际法院的以下裁定:

《公约》第83条第1款规定了缔约国大陆架划界的方式,即通过协议划界而不是单方行动;该条规定事关海岸相向或相邻国家之间大陆架划界的规定,但没有规定解决大陆架划界相关争端的方法。第83条第2款明确了这一点,其规定,如果不能在合理期间内达成协议,有关国家应诉诸标题为"争端解决"的第十五部分规定的程序。①

271. 特别分庭希望指出,《公约》第74条第1、2款和第83条第1、2款的主要目的是,确保在海岸相向或相邻的国家对专属经济区和大陆架提出重叠主张的情况下,均不得单方解决其海洋界限问题,而应由有关国家协议解决,或者在合理期间内无法达成协议时诉诸第十五部分规定的程序。

272. 特别分庭认为,这些方法——通过谈判达成协议或者诉诸《公约》第十五部分——都有助于在国际法(如《国际法院规约》第38条所述)的基础上"公平解决"专属经济区和大陆架的划界,而不是由有关国家单方面划界。

273. 特别分庭认为,《公约》第74条第1款和第83条第1款表明各国有义务进行善意谈判,以期对划界达成协议。然而,该义务并不要求有关国家达成此种协定。正如国际法院在索马里诉肯尼亚案中所述:

《公约》第83条第1款规定,划界应以协议方式进行,这要求进行善意谈判,但不要求谈判取得成功。②

274. 特别分庭认为,有关国家不能达成协议可能有若干原因。它们可能进行了详尽的谈判但仍无法达成协议,或者因一国拒绝谈判或最初参加谈判之后退出谈判。如果在合理期间内无法达成协议,有关国家必须诉诸第十五部分规定的争端解决程序,而不是进行单方划界。

275. 特别分庭认为,《公约》第74条第1、2款和第83条第1、2款以相辅相成的方式规定了有关国家的实体义务,即不得单方面对其专属经济区和大陆架进行划界,而应通过协议划界,如无法达成协议,则应诉诸《公约》第十五部分规定的争端解决程序。

---

① Maritime Delimitation in the Indian Ocean (Somalia v. Kenya), Preliminary Objections, Judgment, I. C. J. Reports 2017, p. 37, para. 90.

② Maritime Delimitation in the Indian Ocean (Somalia v. Kenya), Preliminary Objections, Judgment, I. C. J. Reports 2017, p. 37, para. 90.

问题 3.2:对《公约》第 74 条和第 83 条的解释(第 276～293 段)

288. 特别分庭指出,根据提交的记录,毛里求斯曾多次试图与马尔代夫进行谈判,以划定它们主张重叠的专属经济区和大陆架。

289. 记录还显示,虽然马尔代夫有时表示有兴趣与毛里求斯会谈,甚至曾与毛里求斯会谈“讨论外大陆架的可能重叠问题,并就两国之间的海洋划界问题交换意见”,但马尔代夫多数时间里拒绝与毛里求斯谈判,其理由是:

> 由于毛里求斯政府没有对查戈斯群岛行使管辖权,马尔代夫政府认为,两国政府不宜对马尔代夫与查戈斯群岛之间的划界问题展开任何讨论。

290. 马尔代夫坚持其立场,即“在毛里求斯和英国之间的主权争端尚未解决的情况下,毛里求斯和马尔代夫……不能有意义地进行……《公约》第 74 条和第 83 条规定的谈判”,马尔代夫表示,无论保留多少时间谈判,都“无法在合理期间内达成协议”。

291. 特别是在查戈斯咨询意见作出后,毛里求斯于 2019 年 3 月 7 日邀请马尔代夫进行第二轮讨论,但马尔代夫没有回应该邀请。显然,毛里求斯坚持与马尔代夫进行划界谈判已没有任何结果。在庭审中,马尔代夫承认的事实也证实了这一点,即“毛里求斯无论怎样单方试图开始[关于查戈斯群岛的]海洋划界谈判,都无法改变这样一个事实——从目前的情况来看,谈判不会有意义,也不可能达成协议”。

292. 特别分庭认为,在“无法达成协议”的情况下,根据第 74 条和第 83 条第 2 款诉诸《公约》第十五部分的程序不仅是合理的,而且也是有关国家的义务。

293. 根据上述情况,特别分庭认为,《公约》第 74 条第 1 款和第 83 条第 1 款规定的义务已得到履行。因此,驳回马尔代夫的第三项初步反对意见。

问题 4:第四项初步反对意见——存在争端(第 294～336 段)

320. 特别分庭注意到,马尔代夫的此项反对意见基于两项主要主张:首先,马尔代夫主张,在毛里求斯无争议地成为《公约》第 74 条第 1 款和第 83 条第 1 款意义上的与马尔代夫海岸相向的国家之前,马尔代夫与毛里求斯之间不存在海洋划界争端;其次,马尔代夫辩称,在根据《公约》第十五部分提起诉讼时,马尔代夫与毛里求斯之间不存在争端,包括对各自海域的明确对立主张。

321. 关于第一项主张,特别分庭指出,在上文第251段的结论中,它确信毛里求斯可被视为《公约》第74条第1款和第83条第1款所指的与马尔代夫海岸相向或相邻的国家。因此,特别分庭认为该主张没有根据。

322. 关于第二项主张,特别分庭回顾了法庭的判例,如果法庭要取得受理案件的属事管辖权,"当事方之间关于《公约》解释或适用的争端必须在提交申请时已经存在"。[①]

323. 特别分庭注意到,在"南方蓝鳍金枪鱼案"中,法庭指出:

> 争端是"关于法律或事实问题的分歧,是法律观点或利益的冲突"[②],而且"必须表明一方的主张受到另一方的明确反对"[③]。[④]

324. 特别分庭还注意到,在"关于停止核军备竞赛和核裁军的谈判义务案"中,国际法院认为,为了证明争端存在:

> 证据必须表明,当事方对提交法院的问题"持有明显相反的观点"……正如法院以往相关裁决所反映的那样,争端的存在必须表明,根据证据,被告国知道或者不可能不知道其主张受到请求国的"明确反对"[⑤]。[⑥]

325. 特别分庭注意到,根据1977年《海洋区域法》,毛里求斯宣布建立专属经济区,宽度为从基线量起200海里(第6节),以及其大陆架延伸至大陆边外缘,如果外缘未延伸至200海里,则大陆架的宽度为200海里(第5节)。毛里求斯2005年《海洋区域法》再次重申了上述规定(第14条和第18条)。

326. 根据1976年第30/76号法律,马尔代夫宣布建立了专属经济区,标明了其外部界限的坐标。马尔代夫1996年第6/96号《海洋区域法》废除了第30/

---

① M/V "Norstar" (Panama v. Italy), Preliminary Objections, Judgment, ITLOS Reports 2016, p. 65, para. 84; see also M/V "Louisa" (Saint Vincent and the Grenadines v. Kingdom of Spain), Judgment, ITLOS Reports 2013, p. 46, para. 151.

② Mavrommatis Palestine Concessions, Judgment No. 2, 1924, P. C. I. J., Series A, No. 2, p. 11.

③ South West Africa, Preliminary Objections, Judgment, I. C. J. Reports 1962, p. 328.

④ Southern Bluefin Tuna (New Zealand v. Japan; Australia v. Japan), Provisional Measures, Order of 27 August 1999, ITLOS Reports 1999, p. 293, para. 44; see also M/V "Norstar" (Panama v. Italy), Preliminary Objections, Judgment, ITLOS Reports 2016, pp. 65 – 66, para. 85.

⑤ Alleged Violations of Sovereign Rights and Maritime Spaces in the Caribbean Sea (Nicaragua v. Colombia), Preliminary Objections, Judgment, I. C. J. Reports 2016 (I), p. 26, para. 73; Application of the International Convention on the Elimination of All Forms of Racial Discrimination (Georgia v. Russian Federation), Preliminary Objections, Judgment, I. C. J. Reports 2011 (I) (hereafter Georgia v. Russian case, Preliminary Objections, 2011), p. 99, para. 61, pp. 109 – 110, para. 87, p. 117, para. 104.

⑥ Obligations concerning Negotiations relating to Cessation of the Nuclear Arms Race and to Nuclear Disarmament (Marshall Islands v. United Kingdom), Preliminary Objections, Judgment, I. C. J. Reports 2016, pp. 850 – 851, para. 41.

76 号法律，宣布其专属经济区从群岛基线延伸至 200 海里（第 6 节）。该法第 7 条进一步规定：

> 如果根据本法第 6 条确定的马尔代夫专属经济区与另一国的专属经济区重叠，本法不禁止马尔代夫政府与该国就重叠区域签订协议，并为上述重叠区域划定马尔代夫专属经济区的界限。

327. 特别分庭指出，从双方的国内法可以清楚地看出，它们各自对有关地区专属经济区的主张是重叠的。毛里求斯在诉讼过程中作出的图示进行了进一步的说明。

328. 特别分庭注意到，马尔代夫于 2010 年 7 月 26 日向大陆架界限委员会提交了 200 海里以外大陆架界限的资料。

329. 特别分庭注意到，双方于 2010 年 10 月 21 日进行了会谈，“讨论外大陆架可能重叠的问题，并就两国间的海洋边界问题交换意见”。会议记录表明：

> 关于马尔代夫向大陆架界限委员会（CLCS）提交的外大陆架划界案，马尔代夫外交部长指出，负责马尔代夫划界案的专家承认，提交 CLCS 的划界案没有考虑毛里求斯在查戈斯地区的专属经济区坐标。他向毛里求斯方面保证，专家将与毛里求斯政府协商，通过提交划界案附录的方式进行修正。

330. 在同一会议上，毛里求斯指出，“毛里求斯方面还注意到，在查戈斯群岛以北，马尔代夫和毛里求斯的外大陆架有可能重叠”。马尔代夫“同意双方将就重叠区域开展联合工作”。在马尔代夫总统和毛里求斯总理会晤后于 2011 年 3 月 12 日发表的联合公报中，双方“同意就两国在查戈斯群岛周围的外大陆架重叠区域作出双边安排”。

331. 特别分庭注意到，尽管马尔代夫承诺将提交划界案附录以考虑毛里求斯专属经济区的坐标，但并没有提交这样的附录。因此，毛里求斯于 2011 年 3 月 24 日照会联合国秘书长，“正式抗议马尔代夫提交的划界案，其主张的部分外大陆架侵犯了毛里求斯的专属经济区”。

332. 特别分庭认为，根据上文，马尔代夫对 200 海里以外大陆架的主张显然与毛里求斯对相关区域专属经济区的主张存在重叠。鉴于毛里求斯在 2011 年 3 月 24 日外交照会中对马尔代夫所提交划界案的正式抗议，双方显然持相反意见，并且马尔代夫的主张受到毛里求斯的明确反对。

333. 特别分庭不能接受马尔代夫的主张,即"争端的存在要求当事方对实际海洋边界的位置存在分歧"。特别分庭认为,海洋划界争端并不限于对实际海洋边界位置的分歧,还可能以各种其他形式和情况产生。

334. 特别分庭注意到马尔代夫的主张,即争端必须是在国际法院发表查戈斯咨询意见之后、毛里求斯提交通知书之前的"短暂窗口期"内形成。特别分庭认为,根据上文,早在查戈斯咨询意见发表之前,双方在海洋划界问题上就显然存在分歧。在国际法院发表咨询意见之前,马尔代夫可能有理由对其与毛里求斯之间存在争端持保留意见,咨询意见既已发表,情况就不再如此了。在这方面,特别分庭还注意到,毛里求斯在 2019 年 3 月 7 日的外交照会中邀请马尔代夫就海洋划界问题进行第二轮讨论,但马尔代夫没有作出回应。国际法院指出:

> 在需要作出回复的情况下,一国未回复相关主张,则可以推断出争端的存在。[①]

335. 因此,特别分庭得出结论:在本案中,在提交通知书时,双方存在关于海洋划界的争端。

336. 因此,驳回马尔代夫的第四项初步反对意见。

问题 5:第五项初步反对意见——程序滥用(第 337 ~ 350 段)

345. 特别分庭在上文第 293 段得出结论认为,《公约》第 74 条第 1 款和第 83 条第 1 款规定的义务已得到履行。特别分庭还在上文第 335 段得出结论认为,在当事方提交通知书时,双方存在海洋边界划界争端。

346.《公约》第 74 条第 2 款和第 83 条第 2 款均规定,"如在合理期间内未能达成任何协议,应诉诸第十五部分所规定的程序"(着重部分由特别分庭添加)。

347. 特别分庭指出,毛里求斯于 2019 年 6 月 18 日提交通知书,根据《公约》第 74 条第 2 款和第 83 条第 2 款,诉诸《公约》第十五部分规定的争端解决

---

① Georgia v. Russian case, Preliminary Objections, 2011, p. 84, para. 30; see also Obligations concerning Negotiations relating to Cessation of the Nuclear Arms Race and to Nuclear Disarmament (Marshall Islands v. India), Jurisdiction and Admissibility, Judgment, I. C. J. Reports 2016, p. 271, para. 37; Obligations concerning Negotiations relating to Cessation of the Nuclear Arms Race and to Nuclear Disarmament (Marshall Islands v. Pakistan), Jurisdiction and Admissibility, Judgment, I. C. J. Reports 2016, p. 567, para. 37; Obligations concerning Negotiations relating to Cessation of the Nuclear Arms Race and to Nuclear Disarmament (Marshall Islands v. United Kingdom), Preliminary Objections, Judgment, I. C. J. Reports 2016, p. 850, para. 40.

程序。

348. 特别分庭回顾，毛里求斯在通知书第 27 段和第 28 段中提出的诉求如下：

> 27. 毛里求斯请求法庭根据《公约》规定的原则和规则，划定毛里求斯和马尔代夫印度洋专属经济区和大陆架的海洋边界，包括属于毛里求斯的外大陆架部分。
>
> 28. 毛里求斯还请求法庭宣判马尔代夫违反了以下义务：在达成《公约》第 74 条和第 83 条第 1 款规定的协议以前，尽一切努力达成实际性的临时安排，并在此过渡期内，不危害或阻碍最后协议的达成。

如上文所述，毛里求斯的主张仅限于《公约》第 74 条和第 83 条。

349. 因此，特别分庭不认为毛里求斯的主张构成滥用程序。

350. 因此，驳回马尔代夫的第五项初步反对意见。

问题 6：关于管辖权和可受理性的结论（第 351 ~ 353 段）

351. 基于上述理由，特别分庭的结论是：其有管辖权审理双方在印度洋的海洋划界争端，并且毛里求斯的相关诉求可被受理。

352. 特别分庭认为，有关其可对上述争端行使管辖权的范围，包括根据《公约》第 76 条产生的问题，宜推迟至审理案件实质问题时处理。

353. 关于当事方对毛里求斯通知书第 28 段主张的观点，即关于《公约》第 74 条第 3 款和第 84 条第 3 款中的义务（参见判决书第 307 段和第 319 段），特别分庭认为，鉴于双方尚未就该问题进行充分辩论，宜将其留待审理案件实质问题时考虑和裁决。

（五）裁判结果（第 354 段）

第一，全体一致，驳回马尔代夫基于英国是本案不可或缺的第三方的第一项初步反对意见。

第二，以 8 票对 1 票，驳回马尔代夫基于特别分庭没有管辖权裁决查戈斯群岛主权争议问题的第二项初步反对意见，专案法官奥克斯曼（Judges *ad hoc* Oxman）提出反对意见。

第三，以 8 票对 1 票，驳回马尔代夫关于《公约》第 74 条和第 83 条提起的第三项初步反对意见，专案法官奥克斯曼提出反对意见。

第四,全体一致,驳回马尔代夫基于当事方不存在争端的第四项初步反对意见。

第五,全体一致,驳回马尔代夫基于程序滥用的第五项初步反对意见。

第六,以 8 票对 1 票,认定特别分庭有管辖权审理双方在印度洋的海洋划界争端,毛里求斯的主张可被受理;但特别分庭行使管辖权的范围问题,包括根据《公约》第 76 条产生的问题,将推迟至审理实质问题时处理。专案法官奥克斯曼提出反对意见。

第七,全体一致,决定将毛里求斯通知书第 28 段的主张留待审理实质问题时考虑和裁决,即关于《公约》第 74 条第 3 款和第 84 条第 3 款中的义务。

(六)法官意见

专案法官奥克斯曼和斯赫雷弗(Judges *ad hoc* Schrijver)发表了联合声明,专案法官奥克斯曼发表了单独和反对意见。

二、国际法制度

特别分庭在毛里求斯和马尔代夫“印度洋海洋划界争端案”的初步反对意见判决中驳回了马尔代夫提出的五项反对意见。根据“陆地统治海洋”(the land dominates the sea)的基本原则,鉴于查戈斯群岛的特殊地理位置,只有首先确定毛里求斯拥有查戈斯群岛主权,特别分庭才具有进行海洋划界的管辖权。在该案中,特别分庭主要依据非殖民化与领土主权之间的密切关系,使国际法院和联大关于非殖民化的意见“影响”至查戈斯群岛领土主权。尽管目前没有国际法庭专门和全面审理英国和毛里求斯关于查戈斯群岛的领土主权争端,但经过了一系列法律程序,特别分庭的初步反对意见判决基本上支持了毛里求斯对查戈斯群岛的主权。这显然不同于领土主权争端解决的一般实践,即通过当事方共同选择的和平方法确定领土主权,通常的方法包括谈判、提交仲裁或司法解决。事实上,对查戈斯群岛主权发挥关键作用的三个国际机构——国际法院、联大和特别分庭,国际法都明确限制了它们确定领土主权归属的权力。本部分将主要介绍和分析国际法院的咨询管辖权、联大决议的法律效力以及特别分庭的管辖权限制等问题。

(一)国际法院的咨询管辖权

国际法院可以对部分国际组织提出的法律问题发表咨询意见。咨询管辖权源于《国际联盟盟约》第14条,最初设置的目的是向政治机构解决争端提供法律意见,协助它们履行职责。[①] 然而,咨询管辖权在形成和实施过程中引起了众多争议,特别是咨询管辖权与国际法院司法职能的协调性问题。[②]《国际法院规约》第65条第1款规定了咨询管辖权:"法院对于任何法律问题如经任何团体由联合国宪章授权而请求或依照联合国宪章而请求时,得发表咨询意见。"在发表咨询意见之前,如诉讼案件一样,国际法院需要首先确定管辖权问题,明确其对所请求问题是否有管辖权以及是否应当行使管辖权。[③]

在确定国际法院是否具有咨询管辖权时,需要考虑属人和属事两方面。根据《联合国宪章》(以下简称《宪章》)第96条,联大或安全理事会(以下简称安理会)对于任何法律问题得请国际法院发表咨询意见;联合国其他机关及各种专门机关,对于其工作范围内之任何法律问题,得随时以大会之授权,请求国际法院发表咨询意见。因此,咨询管辖权的确立应当满足三个条件:第一,请求是由《宪章》授权的机构提出的;第二,请求的问题应当属于法律问题;第三,如果请求是联大或安理会之外的联合国其他机构或专门机构提出的,那么所提出的问题应当属于其工作范围内,并且获得联大的授权。[④]

根据《国际法院规约》第65条第1款规定,国际法院可以(may)发表咨询意见,这表明国际法院对于是否发表咨询意见拥有自由裁量权。国际法院有权决定,即使上述三个管辖权的成立条件均已满足,仍然可以拒绝发表咨询意见。[⑤] 在决定是否应当行使咨询管辖权时,国际法院主要考虑维护法院司法职能的完整性以及作为联合国主要司法机构的性质。[⑥] 如果发表咨询意见将有损

---

① See Robert Kolb, *The Elgar Companion to the International Court of Justice* (Edward Elgar, 2014), pp. 258 – 259; Accordance with International Law of the Unilateral Declaration of Independence in respect of Kosovo, Advisory Opinion, I. C. J. Reports 2010, p. 421 para. 43.

② 参见[日]杉原高嶺:《国际司法裁判制度》,王志安、易平译,中国政法大学出版社2007年版,第327页。

③ See Legality of the Use by a State of Nuclear Weapons in Armed Conflict, Advisory Opinion, I. C. J. Reports 1996 (hereafter Nuclear Weapons, Advisory Opinion, 1996), p. 73, para. 14.

④ See Accordance with International Law of the Unilateral Declaration of Independence in Respect of Kosovo, Advisory Opinion, I. C. J. Reports 2010, p. 413, paras. 18 – 20.

⑤ See Legal Consequences of the Construction of a Wall in the Occupied Palestinian Territory, Advisory Opinion, I. C. J. Reports 2004 (I) (hereafter Wall, Advisory Opinion, 2004), p. 156, para. 44.

⑥ See Status of Eastern Carelia, Advisory Opinion, 1923, PCIJ, Series B, No. 5 (hereafter Eastern Carelia, Advisory Opinion, 1923), p. 29.

其司法职能的完整性及其司法属性,那么国际法院有权拒绝发表咨询意见。在以往的案件中,主张国际法院应当拒绝行使管辖权的理由主要包括:缺乏争端相关国家的同意,影响正在进行的其他争端解决机制,国际法院无法获得作出裁决所必需的事实和证据,国际法院的意见没有用途等。[①] 尽管如此,国际法院认为,回复咨询意见请求反映了其对联合国活动的参与,作为联合国主要司法机构,在原则上不应当拒绝作出咨询意见,除非存在迫不得已的理由。[②]

到目前为止,常设国际法院共发表了 27 份咨询意见,国际法院也发表了 27 份咨询意见。[③] 尽管在每个案件中,国际法院都面临着对其管辖权的质疑,但仅在非常有限的情形中认定没有管辖权或者应当拒绝行使管辖权。针对世界卫生组织提出的在武装冲突中使用核武器的合法性问题,国际法院认为该问题不属于世界卫生组织的工作范围,因此没有管辖权。[④] 常设国际法院在 1923 年"东卡雷利亚案"中认为不应当回复所咨询的问题,原因是相关问题直接与已有争端相关,并且一方当事方既不是《常设国际法院规约》当事国,也不是国际联盟会员国,其抗议常设国际法院的程序并拒绝参与。[⑤] 此种实践受到了部分学者和国家的批评,认为国际法院为了能够发表咨询意见,在一定程度上扩大了咨询管辖权。[⑥]

关于咨询意见的法律效力,一方面,国际法院在多个咨询意见中明确指出"其回复仅具有咨询性,因此没有法律拘束力",[⑦]发表意见后,应由请求机构自行决定采取何种措施,[⑧]这表明咨询意见对请求机构没有法律拘束力。但另一方面,咨询意见蕴含着对其所处理问题的国际法权威说明,即使国际法院的意见本身不具有拘束力,但作为世界范围内最具权威的司法机构,其意见也具有权威性。[⑨] 在毛里求斯和马尔代夫"印度洋海洋划界争端案"中,特别分庭认可

---

① See Wall, Advisory Opinion, 2004, pp. 157 – 163.

② See Interpretation of Peace Treaties, Advisory Opinion, 1950, p. 71.

③ See https://www.icj-cij.org/advisory-proceedings (Last visited September 30, 2023).

④ See Nuclear Weapons, Advisory Opinion, 1996, p. 66.

⑤ See Eastern Carelia, Advisory Opinion, 1923, pp. 27 – 28.

⑥ See Michla Pomerance, "The Advisory Role of the International Court of Justice and its 'Judicial' Character: Past and Future Prisms", in A. Muller et al. eds., *The International Court of Justice: Its Future Role After Fifty Years* (Martinus Nijnhoff Publishers, 1997), pp. 318 – 319.

⑦ Interpretation of Peace Treaties, Advisory Opinion, 1950, p. 71; Western Sahara, Advisory Opinion, I. C. J. Reports 1975 (hereafter Western Sahara, Advisory Opinion, 1975), p. 24, para. 3; Wall, Advisory Opinion, 2004, pp. 157 – 158, para. 47.

⑧ See Nuclear Weapons, Advisory Opinion, 1996, p. 237, para. 16.

⑨ See Delimitation of the Maritime Boundary in the Indian Ocean (Mauritius/Maldives), Preliminary Objections, ITLOS, 2021 (hereafter Mauritius/Maldives case, Preliminary Objections, ITLOS, 2021), paras. 202 – 203.

了国际法院关于非殖民化问题的咨询意见对于查戈斯群岛领土主权问题具有重要的相关性或影响(relevance or implication for the issue of sovereignty)。[①]

(二)联大决议的法律效力

联大享有广泛的职权,《宪章》第 10 条规定:“大会得讨论本宪章范围内之任何问题或事项,或关于本宪章所规定任何机关之职权;并除第 12 条所规定外,得向联合国会员国或安全理事会或兼向两者,提出对各该问题或事项之建议。”因此,联大职权最主要的限制来源于《宪章》第 12 条的规定,对于安理会正在执行职权的争端或情势,大会非经安理会请求不得提出任何建议。

关于联大决议的法律效力问题,一方面,联大根据《宪章》行使特定联合国职权的决议一般对会员国具有法律拘束力,具体涉及会员国(第 4、5、6 条)、选举(第 23 条第 2 款,第 61、86、97 条)、与联合国订立协定(第 63、85 条)、预算(第 17 条)和设置附属机构(第 22 条)等,但这些职权一般与联合国内部事务相关。[②] 另一方面,关于联合国的其他职权,《宪章》第 10 条明确规定,联大仅可以提出建议(recommendations),[③]根据国际法没有拘束力。[④] 联大主要是具有广泛讨论和建议权的机构,其所作的许多政治性决议,作为各国意愿与世界舆论的表达,具有较强的政治和道义影响,能够产生较大的社会和政治压力,但通常不具有法律上的直接效力。[⑤]

国际法院也多次确认了联大决议的建议性和政治性,指出其本身并不具有法律拘束力。[⑥] 在部分案件中,国际法院还明确指出不能直接接受联大决议中的决定,仍需要对其进行深入分析。例如,在 1995 年葡萄牙诉澳大利亚“东帝汶案”中,葡萄牙主张,联大和安理会部分决议确认了其是东帝汶的管理国,国际法院无需重新裁决这些决议的内容,而应当将其作为“既定事实”(givens)。但国际法院仍坚持分析了相关决议,指出虽然联大和安理会部分决议称葡萄牙为东帝汶的管理国,但不能仅从该事实推断出它们意图对第三国规定一项义

---

① See Mauritius/Maldives case, Preliminary Objections, ITLOS, 2021, para. 166.

② 参见白桂梅:《国际法》(第 3 版),北京大学出版社 2015 年版,第 55 页。

③ 《宪章》第 10 条:“大会得讨论本宪章范围内之任何问题或事项,或关于本宪章所规定任何机关之职权;并除第 12 条所规定外,得向联合国会员国或安全理事会或兼向两者,提出对各该问题或事项之建议。”

④ See Coastal State Rights case, Preliminary Objections, 2020, para. 172.

⑤ 参见梁西:《梁西论国际法与国际组织五讲》,法律出版社 2019 年,第 128 ~ 129 页。

⑥ See South West Africa (Ethiopia v. South Africa; Liberia v. South Africa), Second Phase, Judgment, I. C. J. Reports 1966, pp. 50 – 51, para. 98; Nuclear Weapons, Advisory Opinion, 1996, p. 254, para. 70; Chagos Advisory Opinion, 2019, p. 132, paras. 151 – 152.

务,即东帝汶大陆架问题完全应由葡萄牙处理。此外,国际法院还认为,在不妨碍相关决议约束力的情况下,这些决议不可作为裁判各方争端充分依据的"既定事实"。[①] 国际法院的此种意见也得到了2020年"黑海、亚速海和刻赤海峡沿海国权利案"仲裁庭的确认。乌克兰主张仲裁庭应当听从联大关于克里米亚问题的相关决议,将联大决议的内容作为得到国际承认的背景事实,但仲裁庭没有支持乌克兰的此种主张,而是认为其有权解释联大决议。[②] 这些实践都表明,联大决议的效力相对有限,并不能直接为国家创设不容置疑的权利和义务。

尽管联大决议本身缺乏法律拘束力,但可能与确定习惯国际法规则的存在和内容相关,从而可能在法律上影响国家的权利和义务。国际法院在1996年"威胁和使用核武器咨询意见案"中指出,"联大决议即使不具有约束力,有时也可能具有规范价值。在某些情况下,它们能为确立一项规则的存在或法律确信的产生提供重要证据。为了确定联大某一决议是否如此,有必要分析其内容和通过情况,也有必要了解对其规范性是否存在法律确信"。[③] 国际法院的此种意见也得到了其他案件的支持,例如,在查戈斯咨询意见案中,为了确定联大第1514(XV)号决议是否反映了习惯国际法,国际法院注意到该决议获得89票支持、9票弃权,并且参与表决的国家都不质疑民族自决权的存在,部分国家之所以弃权是因为其认为需要更多时间实施该项权利。并且,国际法院还认为该决议的用语具有规范性,因为其前言确认了"所有人都享有自决权",其内容规定了"在托管领土和非自治领土或者所有其他尚未取得独立的领土内,应立即采取步骤,按照这些领土上人民自由表达的意愿和愿望,无条件或无保留地将一切权力移交给人民"。[④] 因此,反映习惯国际法的联大决议,除了需要得到国家的普遍接受之外,还应具有能够一般适用的规范性。

(三)特别分庭管辖权的限制

根据《公约》第288条第1款的规定,第287条中的法院或法庭的管辖权范围应当限于关于《公约》解释或适用的争端。[⑤] 领土主权争端显然不属于此类争端。鉴于海洋划界争端的敏感性,《公约》的起草者在第298条中规定了选项,

① See East Timor (Portugal v. Australia), Judgment, I. C. J. Reports 1995, pp. 103 – 104, paras. 30 – 33.

② See Coastal State Rights case, Preliminary Objections, 2020, para. 176.

③ Nuclear Weapons, Advisory Opinion, 1996, p. 254, para. 70.

④ Chagos Advisory Opinion, 2019, pp. 132 – 133, paras. 151 – 153.

⑤ See Mauritius/Maldives case, Preliminary Objections, ITLOS, 2021, para. 109.

允许国家排除对海洋划界等争端适用第十五部分第二节的强制程序,但对于更为敏感的领土主权争端却没有规定类似的限制或排除,这表明起草者显然不认为领土主权争端是关于《公约》解释或适用的争端。①

领土主权争端的存在应当参考争端存在的一般标准。国际法庭指出,争端是指当事方之间“对法律或事实观点的分歧,法律观点或利益的冲突”,②“必须表明一方的主张受到另一方的明确反对,双方必须持明显对立主张”。③ 为了确定争端的存在,应当分析事实进行客观判断;④可以考虑多方面的证据,特别是当事方之间交流的任何声明或文件,⑤以及多边场合作出的交流,需要特别关注声明和文件的作者、其意图或实际面向的对象及其内容。⑥ 根据上述标准,争端的存在主要是结合各种证据客观判断当事方的主张是否对立,并不需要分析其主张的理由是否有效、合理。例如,2020 年“黑海、亚速海和刻赤海峡沿海国权利案”的情况与毛里求斯和马尔代夫“印度洋海洋划界争端案”较为类似,相关法庭的管辖权都是基于一方拥有特定领土主权的前提条件,都面临着确定该前提是否成立的问题。在该案中,乌克兰主张俄罗斯侵犯了其根据《公约》享有的权利,这确实构成关于《公约》解释和适用的争端,但乌克兰的多数诉求都是基于其拥有克里米亚主权的前提。不同于特别分庭,仲裁庭指出“除非克里米亚属于乌克兰可以根据表面做出判断(to be taken at face value),否则,仲裁庭如果不首先分析并在必要时裁决克里米亚主权问题将不能处理乌克兰提出的诉求”。⑦ 在分析过程中,仲裁庭既没有接受乌克兰主张的联大相关决议构成“得到国际承认的背景事实”,因为这将在事实上表明仲裁庭认为克里米亚主权属于乌克兰;⑧也没有深入分析俄罗斯主权主张的合理性(plausibility),而是适用了更为灵活和要求较低的争端存在的标准,裁定双方对克里米亚主权存在争端。⑨ 仲裁庭最终指出,如果裁决乌克兰诉求的实质问题将必然要求其明示或

---

① See Chagos Marine Protected Area case, 2015, RIAA, p. 459, paras. 216 – 217.

② Mavrommatis Palestine Concessions (Greece v. United Kingdom), Judgment, P. C. I. J., Series A, No. 2, p. 11.

③ Obligations Concerning Negotiations Relating to Cessation of the Nuclear Arms Race and to Nuclear Disarmament (Marshall Islands v. India), Jurisdiction and Admissibility, Judgment, I. C. J. Reports 2016, p. 269, para. 34.

④ See Alleged Violations of Sovereign Rights and Maritime Spaces in the Caribbean Sea (Nicaragua v. Colombia), Preliminary Objections, Judgment of 17 March 2016, para. 50.

⑤ See Questions relating to the Obligation to Prosecute or Extradite (Belgium v. Senegal), Judgment, I. C. J. Reports 2012 (II), pp. 443 – 445, paras. 50 – 55.

⑥ See Georgia v. Russian case, Preliminary Objections, 2011, p. 94, para. 51; p. 95, para. 53; p. 100, para. 63.

⑦ Coastal State Rights case, Preliminary Objections, 2020, para. 152.

⑧ See Coastal State Rights case, Preliminary Objections, 2020, para. 176.

⑨ See Coastal State Rights case, Preliminary Objections, 2020, paras. 188 – 189.

暗示地(expressly or implicitly)决定克里米亚主权,那么其对此无管辖权。因为双方对克里米亚主权存在争端,所以仲裁庭不能审理任何基于乌克兰拥有克里米亚主权的诉求。① 因此,争端存在的判断标准相对较低和更为灵活,一般确定当事方对具体争议问题存在对立主张即可,除非可以根据表面情况解决分歧。虽然当事方仅提出主张不足以表明争端的存在,但并不要求当事方证明其主张合理可信,国际法庭一般可以较为容易地确定争端的存在。

尽管领土争端不属于关于《公约》解释和适用的争端,但根据相关法庭的实践,这并不意味着国际法庭的管辖权不能延伸至附属的领土主权争端。例如,"查戈斯海洋保护区案"的仲裁庭指出:"一般而言……如果某一争端事关《公约》的解释或适用,根据第288条第1款,国际法庭的管辖权可以延伸至为了解决该争端所必要的事实认定或附带法律决定……法庭并不绝对排除,在部分情况下某一关于领土主权的小问题确实可能附属于关于《公约》解释或适用的争端。"②因此,需要评估争端的相对重点(relative weight of the dispute)所在。尽管如此,根据"陆地统治海洋"的海洋法基本原则,国家的海洋权利都来源于对陆地的权利,所以领土主权争端在一般情况下应当是相对重点所在,难以确定领土主权问题在何种情况下能够成为附属于海洋争端的"小问题",目前也没有一个国际法庭在实践中做出此种认定。因此,对于涉及领土主权的海洋争端,如果根据争端存在的标准确认存在领土主权争端,《公约》第287条中的法庭应该采取更为谨慎的态度,避免通过各种方式裁判或影响领土主权,包括确定领土主权前提条件有效性的方式。

三、案例评析

经过《公约》附件七仲裁、国际法院咨询程序、联大决议和特别分庭初步反对意见等一系列法律程序之后,特别分庭认为其有管辖权继续审理毛里求斯和马尔代夫在印度洋的海洋划界争端,根据"陆地统治海洋"的基本原则,在事实上支持了毛里求斯拥有查戈斯群岛主权。然而,国际法明确限制了上述国际机构确定领土主权的权力,因而该案存在众多争议问题。

首先,国际法院的咨询意见在职责范围和法律效力方面存在明显限制,难

① See Coastal State Rights case, Preliminary Objections, 2020, para. 197.

② Chagos Marine Protected Area case, 2015, RIAA, p. 460, para. 221.

以明确影响当事方的领土权利。第一,国际法院的咨询意见面向的是相关国际机构,而不是国家,是为了向相关机构之后采取措施提出建议。[①] 因此,咨询管辖权显然不是为了解决国家间争端,其与诉讼管辖权存在明显区别。更重要的是,国际法院在查戈斯群岛咨询意见案中明确指出,"联大没有寻求国际法院意见以解决两国的领土主权争端"。[②] 因此,咨询意见能够产生的影响应当限于请求机构的职责范围,而不能也不应当对与请求问题相关的国家的领土权利直接产生实质影响。否则,咨询意见将通过"产生影响"的方式解决国家之间的争端,这将违背规定咨询管辖权的条约文本及其目的和宗旨。第二,国际法庭解决领土主权争端的前提是取得相关国家的同意,相关国家的同意不仅是国际法院拥有诉讼管辖权的基础和前提,[③]也是限制国际法院行使咨询管辖权的重要因素。国际法院在 1975 年"西撒哈拉咨询意见案"中指出,"缺乏同意可能构成拒绝发表所请求意见的理由……在某些情况下,缺乏相关国家的同意可能使发表咨询意见不符合国际法院的司法属性。例如,情况表明发表意见将规避非经同意一国无义务将其争端提交司法解决的原则。如果发生这种情况,国际法院根据《规约》第 65 条第 1 款的自由裁量权将提供充分的法律手段,以确保遵守国家同意的基本原则"。[④] 如果相关国家不同意将领土主权争端提交国际法院解决,咨询意见却能实质影响国家的领土权利,这种做法在事实上和结果上规避了国家同意原则,违背国际法院作为司法机构的属性。[⑤] 第三,国际法院的意见本身不具有拘束力,但作为世界范围内最具权威的司法机构,其意见蕴含着对其所处理问题的国际法权威说明。[⑥] 应当从专业、政治或道德层面尊重国际法院咨询意见的"权威性",请求机构没有义务遵循咨询意见,否则将迫使政治机构采取法律方法解决争端;[⑦]"权威性"也不意味着在法律上能够实质影响国家的具体权利和义务,否则将导致咨询意见与具有"拘束力"的诉讼判决无实质区别。因此,咨询意见更多是对相关国家日后解决国际领土主权争端产生政治

---

① See Interpretation of Peace Treaties, Advisory Opinion, 1950, p. 71; Western Sahara, Advisory Opinion, 1975, p. 24, paras. 31 – 32; Wall, Advisory Opinion, 2004, pp. 157 – 158, para. 47.

② Chagos Advisory Opinion, 2019, para. 86.

③ See Shabtai Rosenne, *The Law and Practice of International Court*, 1920 – 1996 (Martinus Nijhoff Publishers, 1997), p. 563.

④ Western Sahara, Advisory Opinion, 1975, p. 25, paras. 32 – 33.

⑤ See Eastern Carelia, Advisory Opinion, 1923, p. 29.

⑥ See Mauritius/Maldives case, Preliminary Objections, ITLOS, 2021, paras. 202 – 203; F. Blaine Sloan, "Advisory Jurisdiction of the International Court of Justice", (1950) 38 *California Law Review* 830, pp. 850 – 851.

⑦ See Kolb, *The Elgar Companion to the International Court of Justice*, p. 259.

影响和来自国际社会的压力,而不能直接影响领土主权的归属。

其次,联大的职权及其决议的法律效力存在明显限制,难以明确影响当事方的领土权利。关于联大第73/295号决议涉及的非殖民化问题,联大主要承担监督和建议方面的职权。因此,尽管非殖民化可能与领土主权存在一定的联系,但联大关于非殖民化的决议因缺乏法律拘束力而无法在法律上影响领土主权归属,主要是产生政治和国际社会的压力敦促当事国采取措施。反映习惯国际法的联大决议,除了需要得到国家的普遍接受之外,还应具有规范性,而关于国家间具体争端的联大决议通常不具有一般适用性,特别是领土主权争端,此类决议通常难以反映或发展成为有拘束力的习惯国际法规则。

再次,受《公约》规定的限制,特别分庭对领土主权争端没有管辖权,特别分庭也明确肯定了其对领土主权争端无管辖权。[①] 然而,该案的特殊之处在于,毛里求斯拥有查戈斯群岛主权是特别分庭审理海洋划界争端的前提条件,[②]而毛里求斯和马尔代夫对该前提条件的有效性存在争议。但特别分庭不认为此种争议足以证明领土主权争端的存在,而是继续分析了当事各方的理由,特别是上文探讨的咨询意见和联大决议的影响等。领土主权争端是否存在应当根据国际法庭判断争端存在的一般标准,确定当事方对具体问题是否存在明显对立主张,并不要求当事方证明其主张合理可信。相关法庭不具有管辖权的领土主权争端不仅包括构成案件主要问题(subject matter)的领土主权争端,同样应当包括类似于毛里求斯和马尔代夫"印度洋海洋划界争端案"中作为管辖权前提条件(premise)的领土主权争端。如果允许相关法庭深入分析各方关于领土主权是否已解决的理由,无论最终支持哪一方的解释,都将对领土主权产生影响,从而突破管辖权限制。因此,只有当领土主权属于既定的客观事实,或者根据表面情况可以较为直接地做出判断,如双方对此无争议、存在条约的明确规定等情形,才能确定相关法庭具有管辖权。而在毛里求斯和马尔代夫"印度洋海洋划界争端案"中,马尔代夫不是仅为了对抗特别分庭的管辖权而随意提出对立主张,如上文所述,至少根据《宪章》和《规约》对咨询管辖权和联大职权的规定,并不能根据国际法院咨询意见和联大决议在表面上确定查戈斯群岛的主权,特别分庭需要并且实际分析了两者的内容和效力,裁判了当事方关于领土问题的理由和依据,最终的裁决也实际影响了查戈斯群岛主权。特别分庭对领

① See Mauritius/Maldives case, Preliminary Objections, ITLOS, 2021, para. 110.

② See Mauritius/Maldives case, Preliminary Objections, ITLOS, 2021, paras. 100, 114.

土主权前提条件的确认实际上扩大了自身管辖权，并且提高了判断争端存在的标准。

最后，特别分庭在咨询意见和联大决议的影响以及自身管辖权范围等方面作出了一定的突破。判断突破的必要性与合法性，不仅要结合相关国际机构的组织和程序文件，更要考虑该案涉及的是对国家和国际社会至关重要的领土主权问题，这种特殊的背景将从整体上决定应当采取严格的标准作出裁判。领土的国际法意义体现在它通常是国家行使其最高权力和排他权力的物理空间，国际法认可各国在其领土中的最高权威。[①] 此外，根据“陆地统治海洋”的原则，没有陆地，国家就不会具有对领海、专属经济区和大陆架等海域的权利，当需要同时解决领土主权和海洋划界争端时，国际法庭首先会确定领土主权归属，然后再进行海洋划界。[②] 国际法特别强调对领土的保护，尊重国家主权和领土完整是国际法的基本原则，维护国家领土主权的稳定性和确定性也是国际法的主要目标。[③] 领土争端解决实践也发展出一系列严格的规则，诚如国际法院在2008年马来西亚和新加坡“白礁、中礁和南礁主权案”中的观点：“国家领土主权以及主权的稳定性和确定性在国际法和国际关系中具有核心价值……任何因当事国行为而导致的主权变更，都必须根据该行为以及相关事实清楚无疑地展示……”[④]这种严格的标准体现在多个方面，例如，优先考虑反映当事方共同意志的领土条约；[⑤]合法权利依据一般优先于实际占有；[⑥]领土条约、裁决或主权行为等证据应与争议领土直接相关，不接受用语或效力模糊的文件或行为；[⑦]等等。需要指出的是，相关主体应当有权取得或确定领土主权归属，该要求与毛里求斯和马尔代夫“印度洋海洋划界争端案”最为相关。根据实践，国家有权谈

---

① See Robert Jennings and Arthur Watts, *Oppenheim's International Law* (Longman Limited, 9th edn, Vol. I, Parts 2, 1992), p. 564.

② Territorial Sovereignty and Scope of the Dispute (Eritrea and Yemen), Award of 9 October 1998, R. I. A. A., Vol. XXII, pp. 209 – 332.

③ 参见《宪章》第2条第4项、1970年《各国依联合国宪章建立友好关系及合作之国际法原则宣言》[联大第2625(XXV)号决议]以及1974年《关于侵略定义的决议》[联大第3314(XXIX)号决议]等。

④ Sovereignty over Pedra Branca/Pulau Batu Puteh, Middle Rocks and South Ledge (Malaysia/Singapore), Judgment, I. C. J. Reports 2008, p. 51, para. 122.

⑤ See Malcolm N. Shaw, "Title, Control and Closure? The Experience of the Eritrea—Ethiopia Boundary Commission", (2007) 56 *International and Comparative Law Quarterly* 755, p. 761; Territorial and Maritime Dispute (Nicaragua v. Colombia), Judgment, I. C. J. Reports 2012, pp. 645 – 646, para. 39 – 40.

⑥ See Frontier Dispute (Burkina Faso/Republic of Mali), Judgment, I. C. J. Reports 1986, pp. 586 – 587, para. 63.

⑦ See Sovereignty over Pulau Ligitan and Pulau Sipadan (Indonesia/Malaysia), Judgment, I. C. J. Reports 2002, pp. 682 – 683, para. 136.

判缔结条约决定领土主权归属,但无权处置第三国领土;[①]保持占有原则(*uti possidetis*)根据的是殖民当局确定的行政边界;[②]构成有效控制(*effectivités*)的主权行为应当由国家实施,纯粹的私人行为一般不能影响领土主权。[③] 因此,在通常情况下,只有国家有权取得和处分领土,其他主体的参与需要取得相关国家授权。这也符合国际争端解决的基本原则,即如果通过国际机制解决争端,应当首先确定相关国家同意国际机构的管辖权,[④]并且管辖权的行使不得超越国家同意的范围。

综上,特别分庭扩张国际法院咨询意见和联大决议的影响,以及自身的管辖权直接导致:在判决之前,没有确切的法律依据明确查戈斯群岛的主权;而判决之后,毛里求斯已有权作为群岛的沿海国与马尔代夫进行海洋划界。因此,特别分庭在一定程度上裁判了查戈斯群岛的领土主权问题,而其主要依据都是由权力受限的机构作出的,这将无益于领土关系的稳定性和确定性。

(宋　岩)

---

① See Island of Palmas case (United States of America/The Netherlands), Award of the Tribunal, 4 April 1928, R. I. A. A., Vol. Ⅱ, p. 842.

② See Land, Island and Maritime Frontier Dispute (El Salvador/Honduras: Nicaragua intervening), Judgment, I. C. J. Reports 1992, p. 559, para. 333.

③ See Sovereignty over Pulau Ligitan and Pulau Sipadan (Indonesia/Malaysia), Judgment, I. C. J. Reports 2002, p. 683, para. 140.

④ 参见《国际法院规约》第 36 条。See also Monetary Gold Removed from Rome in 1943, Judgment, I. C. J. Reports 1954, p. 32; Maritime Delimitation and Territorial Questions between Qatar and Bahrain (Qatar v. Bahrain), Merits, Judgment, I. C. J. Reports 2001, p. 83, para. 139.

伊朗诉美国“违反1955年《友好、经济关系和领事权利条约》案”

初步反对意见判决

国际法院

2021年2月3日

一、判决书摘录

（一）事实背景（第24～37段）

伊朗是《不扩散核武器条约》（Treaty on the Non-Proliferation of Nuclear Weapons）的缔约国。根据该条约第3条，无核武器的缔约国承诺接受按照国际原子能机构规约及该机构的保障制度与该机构谈判缔结的协定中所规定的各项保障措施，其目的专为核查本国根据本条约所承担的义务的履行情况，以防止将核能从和平用途转用于核武器或其他核爆炸装置。《伊朗与国际原子能机构关于实施与〈不扩散核武器条约〉有关的保障监督协定》（以下简称《保障协定》）自1974年5月15日起生效。

2003年6月6日，国际原子能机构总干事在一份报告中指出伊朗“未能履行其《保障协定》规定的关于核材料的报告、核材料的后续加工和使用以及材料储存和加工设施的申报的义务。理事会要求总干事向联合国安理会报告。

2006年3月29日，安理会主席代表安理会发表声明称，安理会对“伊朗决定恢复浓缩相关活动，包括研发活动”表示严重关切。他进一步指出，安理会强调“全面重建和持续暂停的特别重要性”，这些活动“有待原子能机构核实”。2006年7月31日，安理会根据《联合国宪章》第七章第40条通过了第1696（2006）号决议，再次阐明了对伊朗上述活动的高度关切，并强调如果伊朗不停止这些活动,就会根据《联合国宪章》第七章第 41 条采取适当措施。2006 年 12 月 23 日,安理会根据《联合国宪章》第七章第 41 条通过第 1737(2006)号决议,决定伊朗必须暂停"所有与铀浓缩有关的活动和后处理活动,包括有待原子能机构核查的研究和开发",以及"所有与重水有关的项目的工作,包括建造一个重水慢化研究反应堆,也有待原子能组织核查"。安理会还决定,所有国家都必须采取必要措施,防止供应、销售或转让可能有助于伊朗核相关活动的所有物项、材料、设备、货物和技术。此后,安理会就伊朗核问题通过多项决议。

欧洲联盟理事会于 2012 年 3 月 23 日通过了与核相关的"对伊朗的限制性措施"第 267/2012 号条例,禁止武器出口,限制金融交易,冻结资产并限制某些个人的旅行。美国通过 2011 年 5 月 23 日第 13574 号等多项行政法令,对伊朗经济的各个部门实施了与核相关的附加制裁。

2015 年 7 月 14 日,中国、法国、德国、俄罗斯、英国和美国,以及欧洲联盟外交与安全政策高级代表与伊朗就其核计划达成《联合全面行动计划》(Joint Comprehensive Plan of Action,以下简称《行动计划》),据称其目的是确保伊朗核计划的完全和平性质,并"全面解除联合国安理会的所有制裁以及与伊朗核计划有关的多边和国家制裁"。2015 年 7 月 20 日,安理会通过了第 2231(2015)号决议,决议认可《行动计划》,并终止以往关于伊朗核问题的各项制裁。

《行动计划》特别说明,在规定的时间内,伊朗就所有铀浓缩和铀浓缩相关活动的限制应采取措施,并处理伊朗与国际原子能机构的合作。要求终止所有安理会和欧洲联盟通过的制裁,以及停止执行某些特别涉及金融和银行系统、投资、石油化工、能源、航运、造船和汽车动力部门以及大宗商品贸易的美国制裁(如《行动计划》附件二所述)。《行动计划》还包含了"执行计划"和争端解决条款。

2016 年 1 月 16 日,美国总统发布第 13716 号行政命令,撤销或修改了先前就伊朗的"核制裁"作出的行政命令。2018 年 5 月 8 日,美国总统发布国家安全总统备忘录,宣称美国退出《行动计划》,并将重启对伊朗的制裁。备忘录称,伊朗或伊朗支持的部队在周边地区从事军事活动;伊朗公开宣布将拒绝国际原子能机构进入其军事基地;2016 年,伊朗两次违反《行动计划》的重水储存限制。备忘录认定,尽快重新实施制裁符合美国的国家利益,重启制裁必须不得迟于备忘录发布后的 180 天。与此同时,美国财政部海外资产管理办公室宣布制裁将分两步进行:第一步是在 90 天后,美国将重启一系列涉及金融交易、金属贸易、进口伊朗原产地毯和食物，以及向伊朗出口客机和相关零部件的制裁；第二步是在 180 天后，将重启附加制裁。2018 年 8 月 6 日，美国总统发布第 13846 号行政命令，重新启动对伊朗及其国民和公司的某些制裁，早先执行根据《行动计划》作出的承诺的行政命令被撤销。

（二）诉讼程序概述（第 1～23 段）

2018 年 7 月 16 日，伊朗指控美国违反双方于 1955 年 8 月 15 日签署并于 1957 年 6 月 16 日生效的《友好、经济关系和领事权利条约》（Treaty of Amity, Economic Relations, and Consular Rights，以下简称《友好条约》），向国际法院（以下简称法院）提起诉讼，其主张的管辖权依据是《国际法院规约》（以下简称《规约》）第 36 条第 1 款和《友好条约》第 21 条第 2 款。

伊朗还援引《规约》第 41 条和《国际法院规则》（以下简称《规则》）第 73、74、75 条，请求法院指示临时措施。2018 年 10 月 3 日，法院指示临时措施。临时措施命令的主要内容为，要求美国遵守《友好条约》规定的义务，应取消因 2018 年 5 月 8 日宣布的措施对药物和医疗服务、食品和农产品、民航安全所必需的零件等自由出口造成的任何障碍。同时，美国应保证颁发许可证和必要的授权，以保证与上述货物和服务有关的支付和其他资金转移不受任何限制。此外，双方应避免采取任何可能加剧或扩大诉诸法院的争端或使其更难以解决的行为。

随后法院指定了提交书状的日期。2019 年 8 月 23 日，美国提出初步反对意见。2019 年 8 月 26 日，法院根据《规则》第 79 条第 5 款，暂停了对本案实质问题的审理，并要求伊朗在 2019 年 12 月 23 日之前就美国提出的初步反对意见提出书面陈述。伊朗在规定的时限内提交书面陈述。2020 年 9 月 14～21 日，法院以视频连线方式举行了公开庭审，听取了各方的口头辩论。

（三）当事方立场（第 19～23 段）

美国提出的初步反对意见的主要内容如下：

第一，请求驳回伊朗的全部主张，认为不属于法院的管辖范围。

第二，请求驳回伊朗的全部主张，认为其不具有可受理性。

第三，根据《友好条约》第 20 条第 1 款第 2 项的规定，全部驳回伊朗的主张。

第四,根据《友好条约》第 20 条第 1 款第 4 项的规定,全部驳回伊朗的主张。

第五,请求驳回根据《友好条约》任何条款提出的、以第三国措施为依据的所有主张,认为其不属于法院管辖范围。

伊朗请求法院驳回美国提出的所有初步反对意见,并认定法院对于伊朗的所有请求具有管辖权,伊朗的请求也具有可受理性。

(四)法律问题分析(第 39 ~ 113 段)

问题 1:依据《友好条约》第 21 条的法院属事管辖权(第 39 ~ 84 段)

39. 美国认为法院对伊朗的请求不具管辖权。它认为,提交法院的争端属于伊朗主张的管辖权依据(《友好条约》第 21 条第 2 款)的属事管辖范围之外,该条款规定:"缔约国之间关于本条约的解释或适用的任何争端,如不能经外交途径解决,则应提交国际法院,除非缔约方同意以其他和平方式解决。"

40. 美国认为,伊朗向法院提交的争端超出了上述管辖权条款的范围,理由有二,并且这两个理由是可以互相替代的。第一,美国称"本案的真实主题事项是关于《行动计划》适用的争端,而《行动计划》与《友好条约》完全不同并且没有关系"。因此,美国认为,伊朗请求法院解决的争端不是上述第 21 条第 2 款含义范围内的"条约的解释或适用"。第二,美国认为,伊朗指控美国的大多数措施不属于《友好条约》的属事范围,因为主要涉及伊朗与第三国或其公司和国民之间的贸易和交易,而不是伊朗与美国或其公司和国民之间的贸易和交易。

41. 法院将首先分析第一项初步反对意见,如果确有根据,法院将对伊朗的全部诉求不具管辖权;之后,如有必要,则将分析第二项初步反对意见,该项意见仅涉及大多数而非全部的争端。

问题 1.1:对管辖权的第一项初步反对意见——争端的主题事项(第 51 ~ 60 段)

51. 法院认为,双方对它们之间存在争端没有异议,但对该争端是涉及伊朗声称的《友好条约》的解释和适用,还是美国所主张的《行动计划》持有不同意见。在后一种情况下,争端的主题事项不属于《友好条约》的管辖范围。

52. 正如法院一贯认为的,虽然根据《规约》第 40 条第 1 款,请求国必须向法院说明其所认为的"争端的主题事项",但应由法院考虑各当事方的陈述,确定它所处理的争端的主题事项。[1] 正如法院在"核试验案"中所说：

> 法院有责任确定案件的真正问题，并识别主张的目的。法院有权解释当事方的主张，事实上也有义务这样做，这一点从未受到质疑。这是其司法职能的属性之一。[2]

53. 法院对争端的主题事项的认定是"客观的"，[3]"同时特别注意请求国对争端的表述"。[4] 法院依据请求书以及当事方的书面和口头文件确定争端的主题事项，特别是，它会考虑请求国主张所依据的事实。[5]

54. 本案中，根据其申请书和诉状中提出的主张，伊朗实质上意图让法院宣判，美国2018年5月8日总统备忘录重新采取的制裁措施违反了美国《友好条约》下的各种义务，应恢复到之前的状况。美国对此提出异议。因此，双方之间存在对立，这相当于与《友好条约》有关的争端。

55. 诚然，该争端是在美国决定退出《行动计划》这样特定的政治背景下产生的。然而，正如法院曾指出的那样：

> 主权国家之间的法律争端就其性质而言，很可能发生在政治背景下，而且往往只是有关国家广泛和长期政治争端中的要素之一。然而，在此之前从未提出过这种观点——因为提交法院的法律争端只是政治争端的一个方面，法院就应拒绝解决当事方之间的争议法律问题。[6]

56. 双方之间的争端背景是美国决定退出《行动计划》，该事实本身并不排除争端与《友好条约》的解释或适用相关。[7] 某些行为可能属于多项文书的范围，与这些行为有关的争端可能涉及一项以上条约或其他文书的"解释或适用"。如果美国在决定退出《行动计划》后采取的一些措施可能违反《友好条

---

① See Fisheries Jurisdiction (Spain v. Canada), Jurisdiction of the Court, Judgment, I. C. J. Reports 1998 (hereafter Spain v. Canada case, 1998), pp. 447 – 449, paras. 29 – 32.

② Nuclear Tests (Australia v. France), Judgment, I. C. J. Reports 1974, p. 262, para. 29; Nuclear Tests (New Zealand v. France), Judgment, I. C. J. Reports 1974, p. 466, para. 30.

③ Obligation to Negotiate Access to the Pacific Ocean (Bolivia v. Chile), Preliminary Objection, Judgment, I. C. J. Reports 2015 (II), p. 602, para. 26.

④ Spain v. Canada case, 1998, p. 448, para. 30.

⑤ Obligation to Negotiate Access to the Pacific Ocean (Bolivia v. Chile), Preliminary Objection, Judgment, I. C. J. Reports 2015 (II), pp. 602 – 603, para. 26.

⑥ United States Diplomatic and Consular Staff in Tehran (United States of America v. Iran), Judgment, I. C. J. Reports 1980, p. 20, para. 37.

⑦ Oil Platforms (Islamic Republic of Iran v. United States of America), Preliminary Objection, Judgment, I. C. J. Reports 1996 (II) (hereafter Oil Platforms case, 1996), pp. 811 – 812, para. 21.

约》规定的某些义务,则这些措施与该条约的解释或适用相关。

57. 即使如美国所称,法院支持伊朗根据《友好条约》提出的主张的判决将导致美国恢复仍在参加《行动计划》时的状况,但这并不意味着伊朗向法院提交的争端事关《行动计划》,而不是《友好条约》。

58. 法院指出,美国已明确表示,它并不认为争端与其退出《行动计划》的决定之间存在联系本身就足以排除法院对伊朗根据《友好条约》提出的主张拥有管辖权,或者仅仅因为争端是包括《行动计划》在内的更广阔背景的一部分,就排除了《友好条约》下的管辖权。

59. 美国认为,伊朗在本案中诉求的主题事项只与《行动计划》相关,而与《友好条约》无关。法院认为,在不曲解伊朗请求书中提出的主张的情况下,无法支持美国的此种分析。法院的任务是"确定案件的真正问题,并识别主张的目的"(见上文第52段),这里不允许法院修改申请书的目的,特别是申请书已作出明确和准确地表述时,尤其是,法院不能从提起诉讼的政治背景推断争端的主题事项,而不依据请求国提交的请求。

60. 基于上述理由,法院不能支持美国对管辖权提出的第一项初步反对意见。

问题1.2:对管辖权的第二项初步反对意见——第三国措施(第75~84段)

75. 法院回顾,根据其确定判例,在有关条约解释或适用争端中,为了确定其争端解决条款的属事管辖权,法院不能仅注意到一方主张存在这种争端,而另一方予以否认。法院必须确定,请求国控诉的行为是否属于含有争端解决条款的条约规定的范围。这可能需要对界定条约范围的条款进行解释。[①]

76. 法院认为,"第三国措施"的反对意见并不涉及伊朗的所有主张,而只涉及其中的大多数。美国确实表示,它根据2018年5月8日总统备忘录(见判决书第63段)将实施或重新实施的措施分为四类,其中一类不是"第三国措施",因此不包括在对管辖权的第二项初步反对意见中。第四类措施包括撤销某些许可行为,这些措施导致在执行《行动计划》期间能够与伊朗进行某些商业或金融交易。美国认为,根据2018年5月8日备忘录撤销的相关许可证使"美国人"受益,其撤销不包含在正在分析的反对意见中。

---

① Immunities and Criminal Proceedings (Equatorial Guinea v. France), Preliminary Objections, Judgment, I. C. J. Reports 2018 (Ⅰ) (hereafter Equatorial Guinea v. France case, Preliminary Objections, 2018), p. 308, para. 46; Oil Platforms case, 1996, p. 810, para. 16.

77. 因此，即使法院支持对管辖权的第二项初步反对意见，并假设法院不接受任何其他初步反对意见，但每项反对意见都涉及伊朗的所有主张，诉讼程序也不会终止。无论如何，法院都必须继续分析伊朗所质疑的那类措施的实质问题，而美国认为，这些措施不是“第三国措施”。

然而，法院指出，关于这一类措施，美国已表明，如果诉讼程序继续进行，它“保留在诉讼程序的后期阶段主张，伊朗因撤销特定许可行为而提出的部分或全部主张不属于条约范围”。

78. 法院认为，双方对“第三国措施”概念的相关性以及在本案中适用这一概念应产生的效果存在分歧。美国认为，法院应该认定其没有管辖权受理伊朗大部分主张，因为请求国控诉的绝大多数措施都是针对“非美国”个人、公司或实体；而另一方面，伊朗则认为“第三国措施”的概念无关紧要。伊朗认为，只需审查有争议的每一类措施，从而确定这些措施是否属于它声称被违反的《友好条约》各项条款的范围。

79. 此外，双方对伊朗声称美国违反的《友好条约》条款的领土范围的解释存在分歧。伊朗认为，没有明确规定领土范围的条款必须被普遍解释为适用于所有地点进行的行为；而美国认为，根据《友好条约》的目的和宗旨，该条约只涉及保护一方或其国民或公司在另一方领土上或在双方贸易中的商业和投资活动。此外，伊朗认为，《友好条约》禁止美国损害伊朗和伊朗国民及公司的权利，不仅禁止直接针对伊朗国民和公司或者与伊朗发生关系的“美国人”的措施，而且禁止首先针对第三方的措施，但真正目的是阻止伊朗及其国民和公司享有《友好条约》规定的权利。美国对这一主张提出异议。

80. 法院认为，伊朗所指控的所有措施（根据 2018 年 5 月 8 日总统备忘录而实施或恢复的措施）都是为了削弱伊朗的经济。事实上，根据美国当局的正式声明，伊朗及其国民和公司是各种措施的目标，包括美国所称“第三国措施”，还有直接针对伊朗实体和针对“美国人”的措施（旨在禁止他们与伊朗及其国民和公司进行交易）。

然而，不能从上述情况推断，所有争议的措施都是美国对《友好条约》义务的违反。在这方面起到决定性作用的是，法院所分析的每项措施或每类措施是否违反了伊朗主张的各项《友好条约》条款，从而损害了伊朗权利。

81. 相反，部分（无论是否像美国所坚持的那样是“绝大多数”）受质疑措施直接针对第三国或其国民、公司，该事实并不足以使它们自动被排除在《友好条约》的范围之外。只有详细审查每一项争议措施的范围和实际效果,同时考虑各条款的含义和范围,法院才能确定这些措施是否影响美国对《友好条约》条款义务的履行。

82. 总体而言,法院认为,美国的第二项初步反对意见涉及伊朗在本案中所依据的某些义务的范围,并且提出了法律和事实问题,这些问题应作为实质问题处理。[①] 如果案件进入实质性审理阶段,这些事项将由法院在该阶段根据当事双方提出的论点作出裁决。

83. 综上,法院认定,不支持美国对管辖权提出的第二项初步反对意见。

问题 2:伊朗申请书的可受理性(第 92 ~ 96 段)

92. 美国对可受理性提出的反对意见认为,"伊朗的主张相当于滥用程序,将造成不公正,会引起严重的司法适当性问题"。这是因为"伊朗在仅涉及《行动计划》适用的争端中援引了《友好条约》"。法院注意到,美国在口述程序中没有提出其对伊朗申请可受理性的反对意见,但明确坚持这一反对意见。

93. 正如法院在赤道几内亚诉法国"豁免和刑事程序案"中所指出的那样,"只有在特殊情况下,法院才应以滥用程序为由驳回基于有效管辖权的主张"。[②]法院明确指出,必须有"明确证据"证明请求国的行为构成滥用程序。[③]

94. 在本案中,法院已经确定,请求国提交的争端涉及违反《友好条约》下的义务,而不是《行动计划》的适用。法院还认定,《友好条约》包含的争端解决条款为请求国的主张提供了有效的管辖权依据。如果法院最终根据案情裁判《友好条约》下某些义务确实被违反,也不会如美国所主张的那样,在伊朗的核计划方面给予伊朗任何"非法优势"。这一裁决取决于法院对其管辖范围内的条约条款的分析。

95. 法院认为,没有任何特殊情况可以以滥用程序为由认定伊朗的申请不可受理,特别是,伊朗只是质疑与《行动计划》一起取消并于 2018 年 5 月恢复的措施是否符合《友好条约》,而没有讨论影响伊朗及其国民或公司的其他措施,这一事实可能反映了一项政策决定。然而,正如在尼加拉瓜诉洪都拉斯"边界

---

① Application of the International Convention for the Suppression of the Financing of Terrorism and of the International Convention on the Elimination of All Forms of Racial Discrimination (Ukraine v. Russian Federation), Preliminary Objections, Judgment, I. C. J. Reports 2019 (II), p. 586, para. 63.

② Equatorial Guinea v. France case, Preliminary Objections, 2018, p. 336, para. 150.

③ For analogous statements, see Certain Iranian Assets (Islamic Republic of Iran v. United States of America), Preliminary Objections, Judgment, I. C. J. Reports 2019 (I) (hereafter Certain Iranian Assets case, Preliminary Objections, 2019), pp. 42 – 43, para. 113; Jadhav (India v. Pakistan), Judgment, I. C. J. Reports 2019 (II), p. 433, para. 49.

和跨界武装行动案”中所指出的那样，法院的判决“不能涉及可能导致一国在特定时间或特定情况下选择司法解决的政治动机”[①]。无论如何，伊朗的大多数诉求涉及与《行动计划》一起取消并后来恢复的措施，这一事实并不表明提出这些诉求构成滥用程序。

96. 鉴于上述情况，法院认为，必须驳回美国对可受理性提出的该项反对意见。

问题3：根据《友好条约》第20条第1款第2项和第4项提出的反对意见（第108～113段）

108.《友好条约》第20条第1款规定如下：

> 1. 本条约不排除采取下列措施：……(2)与可裂变材料、其放射性副产品或其来源有关；……(4)为履行缔约国维持或恢复国际和平与安全的义务所必需，或为保护其基本安全利益所必需。

109. 在伊朗诉美国“石油平台案”中，法院认为“《友好条约》第20条第1款第4项并不限制其对本案的管辖权，而只是当事方可以据此对案情实质问题进行抗辩”。[②] 在“某些伊朗资产案”[③]中，法院也表达了类似的观点：对第20条第1款第4项的解释也适用于第3项，该项涉及“管制武器、弹药和战争工具生产或运输”措施。法院认为，在这方面，“没有相关理由将第3项与第20条第1款第4项区分开来”。[④] 法院认为，同样没有理由区别适用第20条第1款第2项，该项只能对实质问题提出可能的辩护。

110. 双方不否认，基于《友好条约》第20条的论点既不影响法院的管辖权，也不影响申请书的可受理性。然而，被告国辩称，根据《规则》第79条，可以将基于《友好协定》第20条第1款第2项和第4项提出的反对意见作为初步反对意见，即“在就实质问题进行任何进一步诉讼之前要求作出裁决的其他反对意见”。因为下文的理由，美国根据《友好协定》第20条第1款第2项和第4项提出的两项反对意见不能视为初步反对意见，因为关于这些事项的裁决需要分析法律和事实问题，而这些问题应留待实质审查阶段解决。

---

① Border and Transborder Armed Actions, Jurisdiction and Admissibility (Nicaragua v. Honduras), Judgment, I. C. J. Reports 1988, p. 91, para. 52.

② Oil Platforms case, 1996, p. 811, para. 20.

③ Certain Iranian Assets case, Preliminary Objections, 2019, p. 25, para. 45.

④ Certain Iranian Assets case, Preliminary Objections, 2019, p. 25, para. 46.

111. 请求国认为,第 2 项提及的“与可裂变材料、其放射性副产品或其来源有关的”措施,应解释为仅针对具体涉及裂变材料进出口的措施。然而,被告国辩称,第 2 项涉及伊朗核计划的所有措施,因为这些措施都与使用裂变材料有关。第 2 项的含义及其对本案的影响不具有初步性质,必须作为实质问题的一部分进行裁决。

112. 这同样适用于美国采取的措施,据称这些措施被认为是“保护其基本安全利益所必需的”,因此被认为属于第 4 项所述的措施类别。对这一反对意见的分析将提出是否存在这种基本安全利益的问题,并且可能需要评估这些措施的合理性和必要性,因为这些措施对《友好条约》规定的义务产生了影响。[①]这种评估只能在审理实质问题阶段进行。

113. 由于上述原因,美国基于《友好条约》第 20 条第 1 款第 2 项和第 4 项提出的主张不能作为初步反对意见的依据,但可以在审理实质问题阶段提出。因此,必须驳回美国根据这些条款提出的初步反对意见。

(五)裁判结果(第 114 段)

第一,全体一致认定,驳回美国基于争端的主题事项与 1955 年《友好条约》的解释或适用无关而对法院管辖权提出的初步反对意见;

第二,全体一致认定,驳回美国就伊朗(或其国民和公司)与第三国(或其国民和公司)之间的贸易或交易措施提出的对其管辖权的初步反对意见;

第三,以 15 票对 1 票判定,驳回美国对可受理性提出的初步反对意见;

第四,以 15 票对 1 票判定,驳回美国根据 1955 年《友好条约》第 20 条第 1 款第 2 项提出的初步反对意见;

第五,全体一致认定,驳回美国根据 1955 年《友好条约》第 20 条第 1 款第 4 项提出的初步反对意见;

第六,以 15 票对 1 票判定,根据 1955 年《友好条约》第 21 条第 2 款,法院有权受理伊朗于 2018 年 7 月 16 日提交的申请,并且该申请具有可受理性。

(六)法官意见

本案中,通卡法官(Judge Tomka)发表了声明,专案法官布劳尔(Judge *ad*

---

① Military and Paramilitary Activities in and against Nicaragua (Nicaragua v. United States of America), Merits, Judgment, I. C. J. Reports 1986, p. 117, para. 224.

hoc Brower)发表了部分赞成和部分反对的单独意见。

二、国际法制度

(一)初步反对意见程序[①]

初步反对意见是法院实践中最为常见的附带程序,该程序一般由被告国在以申请书提起的诉讼中提起,其目的是阻止法院对案件实质问题的审理。法院的管辖权取决于当事方的同意,初步反对意见程序是国家同意原则的重要保障。该程序是在司法实践中逐步积累形成的一项制度,最初的法院组织文件并没有明确规定初步反对意见程序,之后《规则》增加了相关的规定,经过多次修订,目前被规定于《规则》第 79 条中。

初步反对意见整体上可以分为对管辖权的反对和对申请可受理性的反对,此外,《规则》第 79 条第 1 款还规定了审理实质问题之前应当裁决的其他反对意见。这些反对意见的区别并不是非常明确,学者们对此持有各种不同的观点。结合司法实践,如果一项反对意见是关于管辖权依据的异议,如提交案件的主体不是国家、接受管辖权的条约或者声明无效、涉案争端不属于法院管辖权的属事范围、不满足附加的时间或程序等条件等,一般认为是对管辖权的反对意见;而基于一般国际法和诉讼程序一般原则提出的异议,则属于对申请可受理性的反对理由,[②]如当事国外交保护的个人不具有其国籍、没有用尽被告国的当地救济,当事方缺乏诉讼利益,涉及第三国权益事项的抗辩。

《规则》第 79 条规定了提起初步反对的程序。首先,该程序一般由被告国在以申请书单方提起的诉讼中提起,但第 79 条第 1 款也允许被告国以外的国家提起反对意见,请求国可以在提交诉状的期限内提起初步反对意见。[③] 并且,在根据特别协定提起的案件中,任何一方都可以提出初步反对意见。[④]

其次,关于提起初步反对意见的时间要求,如果被告国对法院的管辖权或

---

① 本书主要参考《规则》中译本,将“preliminary objections”翻译为“初步反对意见”,但也有学者认为该翻译并不适合,特别是“反对意见”的翻译容易与个别法官对法院判决的“反对意见”(dissenting opinion)产生混淆,使用了“先决性抗辩”的表述。参见[日]杉原高嶺:《国际司法裁判制度》,王志安、易平译,中国政法大学出版社 2007 年版,“序言”第 3 页。

② 参见[日]杉原高嶺:《国际司法裁判制度》,王志安、易平译,中国政法大学出版社 2007 年版,第 207 页。

③ See Monetary Gold Removed from Rome in 1943 (Italy v. France, United Kingdom of Great Britain and Northern Ireland and United States of America), Preliminary Objections, I. C. J. Reports 1954, pp. 28 – 29.

④ See The Borchgrave Case, Preliminary Objections, Judgement of November 6th, 1937, PCIJ, Series A/B, No. 72, p. 160.

者请求的可受理性有任何反对意见,应当尽快以书面形式提出,不得晚于提交诉状后三个月。当事国提交的初步反对意见应当说明反对所依据的事实、法律和证据。如果被告国在辩诉状中没有对管辖权提出异议,而是直接涉及实质问题,则可能意味着其默认了管辖权,从而满足应诉管辖的条件。[①]

再次,在书记处收到初步反对意见后,关于实质问题的书面程序将暂停,并启动专门关于初步反对意见的书面和口述程序。法院将发布命令,确定另一方提交意见和诉讼主张的期限,为了加快程序,该期限一般不超过四个月。[②] 初步反对意见的口述程序与一般程序类似,但期间较短,并且严格限于初步反对意见所提出的问题。[③]

最后,法院在听取了双方的意见后,将以判决形式作出决定,判决有三种可能:第一,法院至少支持当事方提出一项初步反对意见,表明法院没有管辖权或者申请不应被受理,案件程序结束;第二,法院驳回当事方提出的所有初步反对意见,将恢复对实质问题的书面和口述程序,被告国应当在规定期限内提交辩诉状;第三,法院宣告反对意见不具有纯属初步的性质,诉讼程序将被恢复,法院将审理案件的实质问题,并同时确定其是否能行使管辖权。

自 1946 年以来,当事方在 47 个案件中正式提出了初步反对意见[④],其中约三分之二的主张获得支持。即使初步反对意见被驳回,也将案件的最终判决推迟了一年以上。因此,该程序受到了一定的批评,认为部分国家滥用其排斥或拖延法院的管辖权。尽管如此,基于国家同意原则,法院的管辖权不具有强制性,因此必须非常谨慎地对待管辖权问题,初步反对意见是保护当事方合法权利的必要程序。

(二)法院的诉讼管辖权

法院有权根据《规约》审理争端当事方提交的诉讼案件,这也被称为诉讼管辖权。管辖权的存在是法院审理案件作出裁决的前提条件。国际争端解决的一项基本原则是,法庭的管辖权取决于有关国家同意接受其管辖权,因此,除非国家以某种方式同意将有关争端提交法院审理,否则没有义务通过法院解决争

---

① 参见[日]杉原高嶺:《国际司法裁判制度》,王志安、易平译,中国政法大学出版社 2007 年版,第 214 页。

② See Practice Direction V.

③ See Practice Direction VI.

④ See https://www.icj-cij.org/cases-by-phase (last visited May 30,2023).

端。如果当事方对法院的管辖权存有争议,则应当由法院根据相关事实裁决。[①]

当事方的同意将赋予法院管辖权,但《规约》和《规则》并没有要求当事方必须采取特定的形式表示此种同意。[②] 根据《规约》第 36 条的规定,根据国家表达同意的形式不同,可以将管辖权分为自愿管辖、协议管辖以及任择强制管辖。

1. 自愿管辖

根据《规约》第 36 条第 1 款,法院有权管辖当事方提交的一切争端。在争端产生之后,当事方可以协议将该争端提交法院审理,这种协议一般被称为“特别协议”(special agreement/*compromis*),沿袭了仲裁协议的方式。在实践中,有许多案件通过这种方式提交法院,如“庇护案”“北海大陆架案”“利吉丹岛和西巴丹岛主权案”等。在特别协议中,当事方一般会约定提交法院审理的争议问题、可适用法律以及具体的程序等。

除了以上述明示方式将争端提交法院之外,也可以从当事方的行为间接推断其接受法院的管辖,这被称为应诉管辖(*forum prorogatum*)。[③] 在“科孚海峡案”中,英国单方提起了诉讼,阿尔巴尼亚接受安理会将争端提交法院的邀请。[④] 此种对法院管辖权的接受,不是通过共同和事先达成的特别协议,而是通过两个分别但连续的行为实现。[⑤] 但需要注意的是,法院对应诉管辖权一般采取较为谨慎的态度,以免扩大其管辖权。必须证明当事方存在明确的同意,这种同意是自愿的并且是没有争议的(voluntary and indisputable)。[⑥]

2. 协定管辖

根据《规约》第 36 条第 1 款,《宪章》或者其他国际条约也可以赋予法院管辖权。许多国际条约规定将特定的争端提交由一种或者几种争端解决方式解决,其中可能包括诉诸法院,这种规定被称为争端解决条款(compromissory clauses)。通过这种方式,国家在条约中预先对特定种类的争端表示同意法院的管辖权,如果之后产生争端,条约的缔约国可以单方面向法院提起诉讼,对方当事国也有义务应诉。[⑦] 争端解决条款的具体规定可能有所不同,包括此类条

---

① 参见《规约》第 36 条第 6 款; Spain v. Canada case,1998,p. 450,para. 37。

② See Corfu Channel case, Judgment on Preliminary Objection, I. C. J. Reports 1948 (hereafter Corfu Channel case, Preliminary Objection,1948),p. 27.

③ See Malcom N. Shaw, *International Law* (Cambridge University Press, 9th edn, 2021), p. 942.

④ See Corfu Channel case, Preliminary Objection, 1948, p. 15.

⑤ See Corfu Channel case, Preliminary Objection, 1948, p. 28.

⑥ See Corfu Channel case, Preliminary Objection, 1948, p. 28; Application of the Convention on the Prevention and Punishment of the Crime of Genocide, Preliminary Objections, Judgment, I. C. J. Reports 1996, pp. 620 – 621, para. 40.

⑦ 参见[日]杉原高嶺:《国际司法裁判制度》,王志安、易平译,中国政法大学出版社 2007 年版,第 105 页。

款的条约一般可以分为两类:

第一,专门为了和平解决国家间的争端的条约,其中特别规定将国家间特定类别的争端提交司法解决,如 1948 年《美洲和平解决争端公约》简称《波哥大公约》和 1957 年《关于和平解决争端的欧洲公约》。

第二,具有其他特定目的的条约,其中争端解决条款通常规定将有关该条约解释或适用的争端提交司法解决,如 1965 年《消除一切形式种族歧视国际公约》。部分多边条约也可能采取另行缔结争端解决议定书的方式,在其中规定将争端提交法院,如 1961 年《维也纳外交关系公约》和 1963 年《维也纳领事关系公约》关于争端解决的任择性议定书。

需要注意的是,根据条约的规定,法院的管辖权一般限于关于该条约解释与适用的争端。因此,必须确定当事方的诉求与相关条约存在"合理联系"(reasonable connection),①以免扩大管辖权的范围。为此,需要根据《维也纳条约法公约》规定的解释规则,对条约进行解释,然后判断争议问题与条约的适用范围是否缺乏联系或联系过于薄弱。②

3. 任择强制管辖

《规约》第 36 条第 2 款规定了任择强制管辖,即规约当事国可以随时作出声明,对于接受同等义务的其他任何国家,承认法院对于下列法律争端享有强制管辖权:条约的解释;国际法的任何问题;如经确定即违反国际义务的任何事实的存在;违反国际义务所应赔偿的性质或范围。假设 1950 年 A 国声明接受法院的强制管辖权,2020 年 B 国声明接受法院的强制管辖权,C 国从未作出过类似的声明。对于三国之间的争端,首先,是否作出此种声明取决于各国的选择,各国没有义务接受法院的一般管辖权,因此此种管辖权是任择性的,这体现了国家同意原则;其次,如果声明接受同等义务的 A 国与 B 国之间发生争端,A 国可以单方提起针对 B 国的诉讼,并且 B 国有义务应诉,此种管辖权对于它们而言是强制性的;最后,如果 A 国起诉 C 国,则 C 国没有义务应诉,因为此种管辖权仅限于接受同等义务的国家之间。

任择强制管辖权的目的是,通过越来越多的国家作出声明接受法院的管辖权,从而扩大其管辖权。③ 该条款源于《常设国际法院规约》,有国家在谈判过程

---

① See Military and Paramilitary Activities in and against Nicaragua (Nicaragua v. United States of America), Jurisdiction and Admissibility, Judgment, I. C. J. Reports 1984, p. 427, para. 81.

② See Certain Iranian Assets case, Preliminary Objections, 2019, p. 28, paras. 57 – 58.

③ See Malcom N. Shaw, *International Law* (Cambridge University Press, 9th edn, 2021), p. 947.

中呼吁建立具有一般性强制管辖权的国际司法机构,但是遭到了部分大国的反对,为了寻找折中方案,最终通过《常设国际法院规约》允许国家选择是否接受强制管辖权。二战之后,《规约》谈判时同样也考虑过是否规定一般性强制管辖权,但遭到美苏等大国的反对,因此继续维持了任择管辖权制度,由国家选择是否接受国际法院的强制管辖权。[①]

接受法院强制管辖权的声明是国家单方面作出的,声明应提交联合国秘书长保存。虽然设置此种管辖权的目的是扩大法院的管辖权,但目前只有73个国家作出了此种声明,曾有15个国家承认强制管辖权,但之后撤回了声明。[②]这表明国家更倾向于通过在具体案件中表示同意的方式赋予法院管辖权。

三、案例评析

在本案中,伊朗以1955年《友好条约》第21条第2款为管辖权依据向法院起诉美国,随后美国提出包括管辖权、可受理性在内的几项初步反对意见,但均被法院驳回。伊朗和美国在法院有过多次交锋,多是以1955年《友好条约》第21条第2款为管辖权依据提起诉讼,如伊朗诉美国“石油平台案”和“某些伊朗资产案”等。那么,在本案中,法院实际上有诸多前例可参考。尽管如此,法院对管辖权和可受理性的某些判断仍然存在一些有待商榷之处。

(一)法院对“第三国措施”问题的判断

在本案的管辖权抗辩中,美国主要提出了两项理由:一是本案是关于《行动计划》而非《友好条约》的适用问题;二是制裁涉及的是伊朗与第三国或其公司和国民之间的贸易和交易,而不是伊朗与美国或其公司和国民之间的贸易和交易。其中,法院对第二项初步反对意见的判断存在一些争议。法院认为,美国的第二项初步反对意见涉及请求国在本案中所依据的某些义务的范围,并从法律和事实上提出了针对实质事项的问题,所以不支持美国对管辖权提出的第二项初步反对意见。

第二项初步反对意见涉及《友好条约》的多项条款,包括第4条、第7~10条等。围绕该意见和有关条款,当事双方在书面材料和口头辩论中都进行了深

① 参见[日]杉原高嶺:《国际司法裁判制度》,王志安、易平译,中国政法大学出版社2007年版,第116~123页。

② See https://www.icj-cij.org/declarations (last visited May 30,2023).

入的分析。然而,尽管有充分的资料和证据,在判决中,法院却拒绝对第二项初步反对意见涉及的条款进行分析和解释,便得出了该项反对意见涉及实质问题,如果案件进入实质阶段,这些事项将由法院在该阶段根据当事双方提出的论点作出裁决的结论。

本案中,法院对第二项初步反对意见的审理与其在"石油平台案"和"某些伊朗资产案"中的做法十分不同。在"石油平台案"中,伊朗指控美国违反了其根据《友好条约》第 1 条、第 4 条和第 10 条应尽的义务,因此法院对本案具有属事管辖权。美国则称伊朗的请求实际上与《友好条约》无关。在"石油平台案"的初步反对意见判决中,法院对《友好条约》的相关条款进行了详细的分析,判定被告国的行为是否在请求国援引的条款范围内,并在初步反对意见阶段就得出结论,认为"平台的销毁将对 1955 年条约第 10 条第 1 款所保障的商业自由产生不利影响"①,且"《友好条约》第 1 条和第 4 条第 1 款不能构成法院管辖权的依据"。②

在"某些伊朗资产案"中,法院也在初步反对意见判决中对伊朗援引的条款进行了分析。该案中,美国所提出的第二项反对意见是要求法院判定,驳回根据《友好条约》的任何条款提起的针对美国未能赋予伊朗政府、伊朗中央银行或伊朗国有实体管辖豁免和/或执行豁免的任何请求。法院对《友好条约》第 3 条、第 4 条、第 10 条和第 11 条的有关部分进行深入分析后,认为伊朗所提出的违反主权豁免的主张不涉及《友好条约》的解释或适用问题,法院不具有管辖权。③

然而,在本案中,法院却回避了对伊朗所援引的《友好条约》的有关条款的分析,没有对第三国措施是否属于《友好条约》的解释或适用范围作出回答,而是直接驳回了这项反对意见。这种处理方法显然与此前的做法不同。

值得注意的是,法院对第三国措施的最后结论是由于其"从法律和事实上提出了针对实质事项的问题","如果案件进入实质阶段,这些事项将由法院在该阶段根据当事双方提出的论点作出裁决"。这一结论近似于法院认为这项初步意见不完全具有初步性质。但是法院最后并不是宣布其不完全具有初步性质,而是直接驳回了反对意见。

---

① Oil Platforms case, 1996, p. 820, para. 51.

② Oil Platforms case, 1996, p. 815, para. 31, and p. 816, para. 36.

③ See Certain Iranian Assets case, Preliminary Objections, 2019, p. 18, para. 15, and p. 34, para. 80.

然而，正如通卡法官在其声明中所称，“如果在程序的实质问题阶段，法院得出结论认为，伊朗所援引的条款并未赋予它（及其国民或公司）与第三国（及其国民或公司）的贸易、商业或金融关系不受到干涉的权利，那么合乎逻辑的结论应该是，伊朗的主张不属于这些条款的范围，因此法院对此缺乏管辖权。然而，现在驳回第二个初步反对意见的判决将使上述结论无法得出”。①

因此，无论是从司法一致性的角度出发，还是从逻辑的角度出发，法院都应该或是在现阶段对伊朗援引的条款进行分析后得出结论，或者将该项初步反对意见作为不完全具有初步性质的问题，留待在实质问题阶段处理，而不应该直接驳回该项初步反对意见。

（二）法院对“滥用程序”问题的判断

在本案中，美国根据“滥用程序”对可受理性提出了反对意见，其声称由于伊朗在仅涉及适用《行动计划》的争端中援引了《友好条约》，所以“伊朗的主张相当于滥用程序，将造成不公正，会引起严重的司法适当性问题”。法院对于可受理性方面的讨论，在初步反对意见判决中的占比极少，延续了其长期未能阐明滥用程序内容的做法。目前看来，法院对“滥用程序”问题的判断，可能有流于形式之嫌。

在本案和2019年的“某些伊朗资产案”的初步反对意见判决中，法院的做法一致。法院都指出，根据其在“豁免与刑事程序案”中的判决，只有在“特殊情况”下，法院才能根据滥用程序的理由否决一项有坚实基础的管辖权主张。因此，必须存在清楚的证据证明原告的行为构成了滥用程序。但是法院都认为不具有应拒绝伊朗有关滥用程序请求的特殊情况，而且法院都指出“必须有‘明确证据’证明申请人的行为等同于滥用程序”。但是，法院从来没有对“特殊情况”和“明确证据”这两个关键概念进行界定。正如多诺霍法官（Judge Donoghue）在“豁免与刑事程序案”的反对意见中所称，法院甚至未对“滥用程序”本身进行界定。② 因此，法院从未明确滥用程序的实质和内容。在此背景下，尽管滥用程序的主张经常被提出，但是却从来没有得到法院的支持。

那么，有关滥用程序的判断，法院将持续流于形式。正如布劳尔法官在其

---

① Alleged Violations of the 1955 Treaty of Amity, Economic Relations, and Consular Rights (Islamic Republic of Iran v. United States of America), Declaration of Judge Tomka, I. C. J. Reports 2021, p. 47, para. 12.

② See Equatorial Guinea v. France case, Preliminary Objections, 2018, p. 381, para. 3.

发表的个人意见中所称,除非法院通过界定其内容赋予滥用程序以实质,清晰地界定什么是“特殊情况”和“明确证据”,否则滥用程序原则永远无法得到适用的局面将会持续下去。[①]

总之,伊朗和美国围绕《友好条约》的解释和适用问题已经向国际法院提起了五起案件。[②] 在有众多前例的情况下,国际法院对本案的处理既有延续,也有变化。其中,在管辖权方面,对于第三国措施问题的处理似未保持此前做法;而在可受理性方面,对于滥用程序的判断则延续了“轻描淡写”的做法。然而,在国际法院指示了本案的临时措施后,时任美国国务卿蓬佩奥随即宣布美国终止与伊朗的《友好条约》。可以说,本案的初步反对意见判决和未来的实质问题判决渐成《友好条约》系列案件的“绝响”。

(李欣桐 王 佳 宋 岩)

① See Alleged Violations of the 1955 Treaty of Amity, Economic Relations, and Consular Rights (Islamic Republic of Iran v. United States of America), Separate, Partly Concurring and Partly Dissenting, Opinion of Judge Ad Hoc Brower, I. C. J. Reports 2021, p. 58, para. 13.

② 这五起案件包括本案、“在德黑兰的美国外交和领事人员案”、“1988 年 7 月 3 日的空中事件案”、“石油平台案”以及“某些伊朗资产案”。

卡塔尔诉阿联酋"《消除一切形式种族歧视国际公约》的适用案"

初步反对意见判决

国际法院

2021 年 2 月 4 日

一、判决书摘录

(一)事实背景(第 26~34 段)

本案起因为阿联酋于2017年6月5日发布的一份声明。该声明宣布,为了维护海湾合作委员会(Gulf Cooperation Council)国家的普遍利益,尤其是卡塔尔人民的利益,阿联酋决定采取一系列必要措施,包括:禁止卡塔尔公民进入阿联酋或者在阿联酋过境,给在阿联酋的卡塔尔居留者和游客14天的时间离开阿联酋;禁止阿联酋公民去卡塔尔旅行、居住或者穿越卡塔尔领土;与卡塔尔断绝外交关系,给卡塔尔外交官48小时离开阿联酋;24小时内向所有卡塔尔人关闭阿联酋领空和海港,禁止所有卡塔尔交通工具过境、进出阿联酋领土。该声明解释道,阿联酋之所以采取这些措施,是因为卡塔尔没有遵守《利雅得协定》(Riyadh Agreement)及其2014年补充协定,没有让海湾合作委员会的外交官返回多哈。此外,阿联酋还采取了一些针对卡塔尔媒体的措施:2017年6月6日,阿联酋检察总长宣布,同情卡塔尔或反对阿联酋对卡塔尔政府采取的措施的言论将被定罪,可判处监禁和罚款;封锁了卡塔尔公司运营的几个网站。

(二)诉讼程序概述(第 1~25 段)

2018 年 6 月 11 日,卡塔尔根据《国际法院规约》(以下简称《规约》)第 36

条第 1 款和《消除一切形式种族歧视国际公约》(以下简称《公约》)第 22 条向国际法院(以下简称法院)提起诉讼,指控阿联酋违反了《公约》。同时,卡塔尔根据《规约》第 41 条和《国际法院规则》(以下简称《规则》)第 73、74、75 条请求法院指示临时措施。法院根据《规约》第 40 条第 2 款、《规则》第 73 条第 2 款,立即将该请求通知了阿联酋;根据《规约》第 40 条第 3 款通知了所有联合国会员国。因为法院没有卡塔尔籍和阿联酋籍的法官,双方各任命了一名专案法官。

2018 年 7 月 23 日,法院指示了阿联酋和卡塔尔需要采取的临时措施。2019 年 3 月 22 日,阿联酋也向法院提出了指示临时措施的请求。2019 年 6 月 14 日,法院驳回了该请求。

2019 年 4 月 30 日,阿联酋提交了针对法院管辖权和争端可受理性的初步反对意见。2019 年 5 月 2 日,法院暂停了对本案实质问题的审理。2019 年 8 月 30 日,卡塔尔就阿联酋的初步反对意见提交了一份书面声明。2020 年 8 月 31 日至 9 月 7 日,针对阿联酋初步反对意见的口述程序通过网络视频的方式进行。

(三)当事方立场(第 35 ~ 40 段)

阿联酋主张:第一,法院对卡塔尔 2018 年 6 月 11 日提起的诉讼不享有属事管辖权(jurisdiction *ratione materiae*),因为卡塔尔指控的行为不在《公约》范围内;第二,没有满足《公约》第 22 条规定的先决程序条件。

卡塔尔主张:《公约》第 22 条是本案的管辖权依据,卡塔尔与阿联酋之间存在关于《公约》解释与适用的争端,而且双方没有解决该争端;请求法院拒绝阿联酋的初步反对意见,并继续审理案件实质问题。

(四)法律问题分析

问题 1:争端的主题事项(第 41 ~ 70 段)

41. 根据《规约》第 40 条第 1 款和《规则》第 38 条第 1 项的规定,请求国应当在其请求书中说明争端的主题事项(subject-matter of the dispute)。《规则》还要求请求书"说明诉讼请求的确切性质以及诉讼请求所依据的事实和理由的简明陈述"[①],诉状"应包括有关事实的陈述、关于法律的陈述和诉讼主张"[②]。

---

① Article 38, paragraph 2, of the Rules of Court.

② Article 49, paragraph 1, of the Rules of Court.

42. 法院应确定案件的真正问题并确定请求国诉讼请求的目的,客观地确定争端的主题事项。为此,法院将特别关注请求国对争端的表述,同时需要审查请求书以及双方的书面和口述诉状。它考察了作为请求国诉讼请求基础的事实。这是一个实质问题,而不是形式问题。[①]

56. 法院指出,从卡塔尔对争端的主题事项的描述可以看出,卡塔尔提出了三项关于种族歧视的诉讼主张。第一项针对旅行禁令和驱逐令,它们明确提到了卡塔尔公民。第二项与对卡塔尔媒体公司的限制有关。第三项针对包括卡塔尔第一、二项主张所依据措施在内的一系列基于卡塔尔国籍的间接歧视措施。为了确定争端的主题事项,法院将依次审查这三项诉讼主张。

57. 如上文所述,卡塔尔指出,驱逐令和旅行禁令明确提到卡塔尔公民,是基于当前国籍的对卡塔尔人的歧视。阿联酋承认这些措施根据当前的国籍来区分卡塔尔人和其他人,但不承认这些措施是对其《公约》义务的违反。双方对受质疑措施的描述与措施本身的案文一致,提到了“卡塔尔居留者和游客”“卡塔尔公民”“卡塔尔人”“卡塔尔居民”和“持有卡塔尔护照的旅客”。

58. 关于卡塔尔的第一项诉讼主张,考虑到卡塔尔对其诉讼主张所依赖的措施和事实的描述——基于当前国籍的歧视卡塔尔人的驱逐令和旅行禁令、对阿联酋《公约》义务的违反——以及阿联酋的描述,法院认为,双方对该诉讼主张持相反观点。

59. 关于卡塔尔的第二项诉讼主张,法院注意到,阿联酋不否认它强行限制了某些卡塔尔媒体公司的广播和网络节目。但是,关于此类措施是否直接构成了对这些媒体公司的种族歧视,是否违反了阿联酋的《公约》义务,双方意见相左。

60. 关于第三项诉讼主张,卡塔尔认为,争端的主题事项包括驱逐令和旅行禁令造成的对原属国为卡塔尔的人的间接歧视,这种间接歧视不同于基于当前国籍的种族歧视。但是,阿联酋主张,对间接歧视的指控不属于本案内容。

61. 法院注意到,一项争端的主题事项并不局限于请求国在请求书中的确切用语。《规则》给予了请求国一定的自由,来调整其请求书中的指控,只要不

① Application of the International Convention for the Suppression of the Financing of Terrorism and of the International Convention on the Elimination of All Forms of Racial Discrimination (Ukraine v. Russian Federation), Preliminary Objections, Judgment, I. C. J. Reports 2019 (II) (hereafter Ukraine v. Russia case, Preliminary Objections, 2019), p. 575, para. 24; Immunities and Criminal Proceedings (Equatorial Guinea v. France), Preliminary Objections, Judgment, I. C. J. Reports 2018 (I) (hereafter Equatorial Guinea v. France case, Preliminary Objections, 2018), pp. 308 – 309, para. 48.

“将通过请求书提交法院的争端变成性质不同的另一个争端”[①]即可。

62. 卡塔尔的请求书没有明确提出旅行禁令和驱逐令是非基于国籍的对卡塔尔人的间接歧视。卡塔尔解释说,它在诉状中提出了这一点,以回应阿联酋在案件临时措施阶段提出的主张。此外,在提交请求书之日,卡塔尔还提出了指示临时措施的请求,请求法院命令阿联酋停止“所有可能直接或间接导致对卡塔尔个人和实体的任何形式的种族歧视行为”。

63. 法院认为,《规则》没有禁止卡塔尔完善请求书中提出的法律论据,也没有禁止它提出新的论点回应阿联酋的论点,从而明确它所指称的旅行禁令和驱逐令措施造成了对卡塔尔人的间接歧视,阿联酋违反了《公约》义务。

64. 法院接着审理卡塔尔提出的其他间接歧视卡塔尔人的指控。这些指控指向对卡塔尔媒体公司的限制及其他措施,包括攻击言论自由、煽动反卡塔尔情绪的措施,以及将支持卡塔尔或批评阿联酋对卡塔尔政策的言论定罪、将阿联酋或阿联酋官员表达或赦免反卡塔尔的仇恨言论和宣传定罪的那些措施。

65. 法院注意到,卡塔尔在请求书中特别提到了阿联酋检察总长 2017 年 6 月 6 日的声明、对卡塔尔媒体公司的限制、阿联酋对卡塔尔的媒体诽谤运动,以及所谓的阿联酋官员助长反卡塔尔情绪的言论。

66. 当事方在书面和口头诉状中对这些观点进行了辩论。虽然卡塔尔承认,阿联酋检察总长的声明提到的是对支持卡塔尔政府的言论进行刑事处罚,而非卡塔尔人;但它坚称,刑事处罚伴有寒蝉效应风险,可能使卡塔尔人疏远他们在阿联酋的朋友和家人。卡塔尔援引了几个证人的证词来证实该主张。为了证明阿联酋助长反卡塔尔情绪,卡塔尔在其诉状中附上了一些阿联酋官员在社交媒体上发布的帖子,他们在这些帖子中批评了卡塔尔。卡塔尔声称,这些言论是针对它的更广泛的媒体运动的一部分。它坚称,此类批评引发了仇恨卡塔尔人的留言。卡塔尔还认为,对卡塔尔媒体公司的限制干扰了更广泛意义上的卡塔尔思想与文化的自由表达,并加剧了卡塔尔裔人士因阿联酋的其他措施而经历的恐惧氛围。

67. 阿联酋并不否认其检察总长发表了卡塔尔反对的那份声明。它承认该声明“对卡塔尔国及其行为进行了反面评论”,并且“其领土内的其他人可能对卡塔尔国发表了类似评论”。但是,它认为对另一个国家的这种评论不能引发

---

① Land and Maritime Boundary between Cameroon and Nigeria (Cameroon v. Nigeria), Preliminary Objections, Judgment, I. C. J. Reports 1998, pp. 318 – 319, paras. 98 and 99.

根据《公约》提出的种族歧视申诉。阿联酋还驳斥了卡塔尔的指控——有人声称某些情况下因为对卡塔尔表示同情而在阿联酋被逮捕、虐待或遭受其他不利后果，并补充道，在任何情况下，所涉及的人员都不是卡塔尔国籍或所谓的卡塔尔裔。阿联酋还主张，卡塔尔援引对卡塔尔媒体公司的限制以支持其提出的间接歧视诉求属于新的诉求，不构成其请求书所述案件的一部分。

68. 卡塔尔在请求书中指控，对卡塔尔媒体公司施加的限制侵犯了卡塔尔人的表达自由。正如法院之前特别提到的那样，《规则》没有禁止卡塔尔完善请求书中提出的法律论据，也没有禁止它提出新的论点。

69. 考虑到请求书、书面与口述程序中的诉状，以及卡塔尔坚称的事实，法院认为，在卡塔尔指控阿联酋间接歧视卡塔尔裔人士并违反其《公约》义务这个问题上，双方存在争议。

70. 鉴于前述分析，法院得出结论，关于卡塔尔提出的阿联酋违反其《公约》义务的以下三项诉讼主张，双方存在争议：第一，被卡塔尔描述为驱逐令和旅行禁令的措施明确提及卡塔尔公民，是基于当前国籍的对卡塔尔人的歧视；第二，阿联酋对某些卡塔尔媒体公司采取了种族歧视措施；第三，阿联酋采取的这些措施和第 64 段中概述的其他措施是对卡塔尔裔人士的间接歧视。双方对这三项诉讼主张所持的不同观点构成本案的争端的主题事项。

问题 2：关于属事管辖权的第一项初步反对意见（第 71～114 段）

71. 法院现在将根据《公约》第 22 条考虑它是否对争端具有属事管辖权。

72. 为了确定争端是否是《公约》第 22 条规定的关于《公约》解释或适用的争端，法院要审查每一项诉求是否在《公约》规定的范围内。[①] 法院将根据上文的顺序分析卡塔尔的诉求。

73. 法院认为，关于卡塔尔的第一项诉求，当事方在《公约》第 1 条第 1 款中的“原属国”一词是否包括当前国籍方面存在分歧。关于卡塔尔的第二项诉求，当事方在《公约》范围是否扩展至卡塔尔媒体公司方面存在分歧。最后，关于第三项诉求，当事方在卡塔尔所指控的措施是否属于对卡塔尔裔人基于原属国的“间接歧视”方面存在分歧。法院将分析每一个问题，以确定其对本案是否具有属事管辖权。

---

① Ukraine v. Russia case, Preliminary Objections, 2019, p. 595, paras. 94 – 95.

问题 2.1:原属国是否包括当前国籍(第 74 ~ 105 段)

75. 为了确定本案的属事管辖权,法院将根据《维也纳条约法公约》(VCLT)第 31 条和第 32 条所载的条约解释规则来解释《公约》,特别是其第 1 条第 1 款中的"原属国"一词。尽管 VCLT 尚未在当事方之间生效,并且该公约无论如何也不适用于在其生效之前缔结的条约,如《公约》,但众所周知,VCLT 第 31 条和第 32 条反映了习惯国际法规则。①

76. 法院将首先参考 VCLT 第 31 条规定的要素来解释"原属国"一词,该条规定了条约解释的一般规则。只有为了确定适用第 31 条所得之意义,或者消除不明确或难解之处,或者避免明显荒谬或不合理的结果,法院才会求助于第 32 条规定的补充解释手段。②

77. 法院还将审查消除种族歧视委员会和区域人权法院的做法。当事方在诉状中就《公约》第 1 条第 1 款中"原属国"一词的解释表达了与它们的不同意见。法院忆及,在其判例中,它考虑了根据人权公约设立的委员会的做法和区域人权法院的做法,只要它们与《公约》解释有关。③

问题 2.1.1:"原属国"按其上下文并参照《公约》之目的及宗旨所具有之通常意义(第 78 ~ 88 段)

78. 法院忆及,VCLT 第 31 条第 1 款规定:"条约应依其用语按其上下文并参照条约之目的及宗旨所具有之通常意义,善意解释之。"法院解释条约时必须把所有因素作为一个整体加以考虑。④

81. 法院多次指出,"解释必须首先以条约的案文为根据"⑤。法院注意到,

---

① Ukraine v. Russia case, Preliminary Objections, 2019, p. 598, para. 106; Equatorial Guinea v. France case, Preliminary Objections, 2018, pp. 320 – 321, para. 91; Question of the Delimitation of the Continental Shelf between Nicaragua and Colombia beyond 200 Nautical Miles from the Nicaraguan Coast (Nicaragua v. Colombia), Preliminary Objections, Judgment, I. C. J. Reports 2016 (I), p. 116, para. 33.

② Equatorial Guinea v. France case, Preliminary Objections, 2018, p. 321, para. 91; Application of the Convention on the Prevention and Punishment of the Crime of Genocide (Bosnia and Herzegovina v. Serbia and Montenegro), Judgment, I. C. J. Reports 2007 (I), pp. 109 – 110, para. 160.

③ Ahmadou Sadio Diallo (Republic of Guinea v. Democratic Republic of the Congo), Compensation, Judgment, I. C. J. Reports 2012 (I), p. 331, para. 13; pp. 334 – 335, para. 24; p. 337, para. 33, and pp. 339 – 340, para. 40; Questions relating to the Obligation to Prosecute or Extradite (Belgium v. Senegal), Judgment, I. C. J. Reports 2012 (II), pp. 457 – 458, para. 101; Ahmadou Sadio Diallo (Republic of Guinea v. Democratic Republic of the Congo), Merits, Judgment, I. C. J. Reports 2010 (II) (hereafter Diallo case, Merits, 2010), pp. 663 – 664, para. 66; Legal Consequences of the Construction of a Wall in the Occupied Palestinian Territory, Advisory Opinion, I. C. J. Reports 2004 (I), p. 179, para. 109, and pp. 192 – 193, para. 136.

④ Maritime Delimitation in the Indian Ocean (Somalia v. Kenya), Preliminary Objections, Judgment, I. C. J. Reports 2017, p. 29, para. 64.

⑤ Territorial Dispute (Libyan Arab Jamahiriya/Chad), Judgment, I. C. J. Reports 1994, p. 22, para. 41.

《公约》种族歧视定义的原因包括“原属国或民族本源”。这两个词都提到了“出身”，分别表示一个人在出生时与某一国家或民族的联系；然而，国籍具有法律属性，属于国家自由决定的事项，在人的一生中可以改变。① 法院注意到《公约》第 1 条第 1 款种族歧视定义的其他原因，即种族、肤色和世系，也是生来固有的特征。

82. 法院将接着分析“原属国”一词在《公约》中的上下文，尤其是第 1 条第 2、3 款：

> 二、本公约不适用于缔约国对公民与非公民间所作的区别、排斥、限制或优惠。
>
> 三、本公约不得解释为对缔约国关于国籍、公民身分或归化的法律规定有任何影响，但以此种规定不歧视任一籍民为限。

83. 法院认为，这些条款证明，原属国的通常意义不包括当前的国籍国。尽管根据第 3 款，在不歧视任一籍民的情况下，《公约》不影响关于国籍、公民身份或归化的法律规定，但是第 2 款规定，公民与非公民间的“区别、排斥、限制或优惠”不在《公约》范围内。法院认为，明确将公民与非公民间的区别排除在《公约》之外表明，《公约》不禁止缔约国采取措施根据非公民当前的国籍限制其进入一国的权利和在该国居住的权利——本案中存在争议的权利。

84. 法院现在将分析《公约》的目的及宗旨。法院经常引用《公约》的序言来确定其目的及宗旨。②

85. 法院忆及，《公约》序言指出：

> 鉴于联合国已谴责殖民主义及与之并行之所有隔离及歧视习例，不论其所采形式或所在地区为何，又 1960 年 12 月 14 日给予殖民地国家和人民独立宣言（大会第 1514（XV）号决议）已确认并郑重宣示有迅速无条件终止此类习例的必要……

86. 法院注意到，《公约》在 20 世纪 60 年代非殖民化运动的背景下起

---

① Nottebohm (Liechtenstein v. Guatemala), Second Phase, Judgment, I. C. J. Reports 1955, pp. 20 and 23.

② Certain Iranian Assets (Islamic Republic of Iran v. United States of America), Preliminary Objections, Judgment, I. C. J. Reports 2019 (I), p. 28, para. 57, and p. 38, para. 91; Whaling in the Antarctic (Australia v. Japan: New Zealand intervening), Judgment, I. C. J. Reports 2014, p. 251, para. 56; Questions relating to the Obligation to Prosecute or Extradite (Belgium v. Senegal), Judgment, I. C. J. Reports 2012 (II), p. 449, para. 68.

草,1960年12月14日第1514(XV)号决议的通过是该运动中具有决定性的时刻。[①] 通过强调"任何基于种族差别的种族优越学说,在科学上均属错误,在道德上应予谴责,在社会上均属失平而招险,无论何地,理论上或实践上的种族歧视均无可辩解",《公约》序言明确阐述了其目的及宗旨,终止一切企图根据社会群体的固有特征在其之间建立等级制度、实行种族歧视或种族隔离制度的做法。所以,《公约》的目标是消除基于人类出身,即出生时的客观特征或被认定的特征,而进行的一切形式的种族歧视。

87.《公约》拥有182个缔约国的事实证明了它的普遍性,它谴责任何以某一社会群体比另一社会群体优越为由使种族歧视合法化的企图。因此,《公约》显然不打算涵盖各种基于个人国籍而进行区别对待的情况。基于国籍的区别对待是普遍的,反映在大多数缔约国的立法中。

88. 所以,按其上下文并参照《公约》目的及宗旨所具有之通常意义,《公约》第1条第1款的"原属国"不包括当前的国籍国。

问题2.1.2:依据作为解释之补充资料的准备工作所确定之"原属国"的意义(第89~97段)

89. 根据上述结论,法院无需诉诸补充解释手段。然而,法院指出,当事方均对《公约》的准备工作(*travaux préparatoires*)进行了详细分析,以支持各自关于《公约》第1条第1款中"原属国"一词的含义和范围的立场。考虑到这一事实以及法院在适当时参考准备工作确认其对相关文本的解释的做法,[②]法院将在本案中审查消除种族歧视委员会的准备工作。

92. 法院忆及,《公约》的起草分三个阶段:首先,作为防止歧视和保护少数民族小组委员会(以下简称小组委员会)工作的一部分;其次,归属人权事务委员会(Human Rights Committee)工作范围;最后,归属第三委员会工作范围。

93. 法院认为,各版本草案中包含的种族歧视定义表明,起草者确实考虑到了原属国与国籍间的区别。小组委员会详细地讨论了该定义应该仅仅指原属国还是应该包括国籍国。虽然有些成员赞成在第一版种族歧视定义草

---

① Legal Consequences of the Separation of the Chagos Archipelago from Mauritius in 1965, Advisory Opinion, I. C. J. Reports 2019 (I), p. 132 para. 150.

② Application of the International Convention on the Elimination of All Forms of Racial Discrimination (Georgia v. Russian Federation), Preliminary Objections, Judgment, I. C. J. Reports 2011 (I), p. 128, para. 142, and pp. 129 – 130, para. 147.

案中列入“国籍”一词，但这仅仅专门针对由不同民族组成的国家。实际上，小组委员会的几个成员认为，《公约》不应该试图消除基于政治法律意义上的国籍的一切形式的区别对待，因为在所有国家，公民与非公民之间都是不同的。所以，小组委员会提交给人权事务委员会的草案没有将当前国籍作为种族歧视的一个理由：

本公约称“种族歧视”者，谓基于种族、肤色、世系或原属国或民族本源（在由多民族构成的国家，也包括民族差异）的任何区别、排斥、限制或优惠，其目的或效果为取消或损害《世界人权宣言》中载明的政治、经济、社会、文化或公共生活任何其他方面人权及基本自由在平等地位上的承认、享受或行使。[①]

94. 法院注意到，在人权事务委员会工作过程中，“原属国”一词的范围问题再次出现。法院注意到，人权事务委员会的讨论清晰地表明“原属国”这一措辞不是指国籍而是指出生的地区。[②] 因此，人权事务委员会提交给第三委员会的公约草案载有下列种族歧视定义，该定义试图将国籍排除在“原属国”一词的含义范围之外：

本公约称“种族歧视”者，谓基于种族、肤色、世系或原属国或民族本源的任何区别、排斥、限制或优惠，其目的或效果为取消或损害政治、经济、社会、文化或公共生活任何其他方面人权及基本自由在平等地位上的承认、享受或行使。（此款中，“原属国”不包括任何人作为任一国家公民的这种地位）。[③]

95. 从第三委员会的内部讨论可以看出，虽然最后决定在《公约》案文中保留“原属国”一词，但条件是，该词仅仅涉及在居住国因其出生在外国而受到种族歧视的原属国为外国的人。几个代表团指出，原属国不同于当前的国籍国。

---

① “Draft International Convention on the Elimination of All Forms of Racial Discrimination”, annexed to the Report of the Sixteenth Session of the Sub-Commission on Prevention of Discrimination and Protection of Minorities to the Commission on Human Rights, 13 – 31 January 1964, UN doc. E/CN. 4/873, E/CN. 4/Sub. 2/241, 11 February 1964, p. 46.

② United Nations, Commission on Human Rights, Report on the Twentieth Session, 17 February – 18 March 1964, doc. E/3878, E/CN. 4/874, pp. 24 – 25, para. 85.

③ United Nations, Commission on Human Rights, Report on the Twentieth Session, 17 February – 18 March 1964, doc. E/3878, E/CN. 4/874, p. 111; see also United Nations, Commission on Human Rights, Twentieth Session, Summary Record of the 810th Meeting, 13 March 1964, doc. E/CN. 4/ SR. 810, 15 May 1964, p. 5.

96. 法院认为,美国和法国联合修正案未被保留的事实并不能证明卡塔尔的立场——原属国包括当前国籍国。[①] 该修正案被撤回是为了通过在第1条中增加第2、3款达成一项折中方案,使《公约》案文能够最终定稿。[②] 法院注意到第1条第2、3款规定,《公约》不适用于任何公民与非公民之间的区别,而且不影响国家关于国籍的法律,充分解决了包括美国和法国在内的某些代表团对原属国范围的担忧。[③]

97. 法院得出结论,总体而言,准备工作证实《公约》第1条第1款中的"原属国"一词不包括当前国籍国。

问题2.1.3:消除种族歧视委员会的实践(第98~101段)

100. 消除种族歧视委员会第30号一般性意见写道:

> 根据公民身份或移民身份进行区别对待,如果根据《公约》的目标与宗旨判断,不是为了合法的目的或者以实现该目的不相称的方式适用这种区别对待的标准,则此种区别对待构成歧视。

消除种族歧视委员会是一个由独立专家组成的专门监督《公约》适用的机构,它依据此一般性建议,认为自己有权审查卡塔尔提交的针对阿联酋的来文,该来文具有可受理性。[④]

101. 法院忆及,前文引用的几内亚共和国诉刚果民主共和国"艾哈迈杜·萨迪奥·迪亚洛案"(以下简称"迪亚洛案")实体问题的判决指出,法院应该"重视"人权事务委员会对《公民权利和政治权利国际公约》所作的解释——法院被要求在案件中适用该解释。[⑤] 但在这一点上,法院也申明,它"在行使其司法职能时,没有义务将人权事务委员会的解释作为它自己对公约所作解释的模板"。[⑥] 在本案中,关于《公约》的解释,法院仔细考虑了上文第100段具体说

---

① See United Nations, Official Records of the General Assembly, Twentieth Session, Third Committee, "Draft International Convention on the Elimination of All Forms of Racial Discrimination", doc. A/6181, 18 December 1965, pp. 12 - 14, paras. 30 - 37.

② See the compromise amendment presented by Ghana, India, Kuwait, Lebanon, Mauritania, Morocco, Nigeria, Poland and Senegal, UN doc. A/C. 3/L. 1238.

③ See the explanations provided by Lebanon in presenting the compromise amendment, United Nations, Official Records of the General Assembly, Twentieth Session, Third Committee, Summary Record of the 1307th Meeting, held on 18 October 1965, doc. A/C. 3/SR. 1307, p. 95, para. 1 (Lebanon).

④ Decision on the admissibility of the inter-State communication submitted by Qatar against the UAE dated 27 August 2019, UN doc. CERD/ C/99/4, paras. 53 - 63.

⑤ Diallo case, Merits, 2010, p. 664, para. 66.

⑥ Diallo case, Merits, 2010, p. 664, para. 66.

明的消除种族歧视委员会关于基于国籍的歧视问题的立场。法院通过遵守被要求适用的有关条约解释的习惯规则,根据上文的理由,得出了第88段的结论。

问题2.1.4:区域人权法院的判例(第102~104段)

104.在本案中,应由法院决定《公约》的范围,它仅禁止基于种族、肤色、世系或原属国或民族本源的种族歧视。法院指出,区域人权法院判例所依据的区域人权文书的基础是,在不区分受益者的情况下尊重人权。这些公约的相关规定以1948年12月10日《世界人权宣言》第2条为范本:

> 人人有资格享有本宣言所载的一切权利和自由,不分种族、肤色、性别、语言、宗教、政治或其他见解、国籍或社会出身、财产、出生或其他身分等任何区别。①

尽管这些法律文件都提到了原属国,但其目的是确保广泛地保护人权与基本自由。因此,区域人权法院据此作出的判例对解释《公约》中的“原属国”一词没有多大帮助。

问题2.1.5:原属国的解释结论(第105段)

105.鉴于上述理由,法院认为,《公约》第1条第1款中的“原属国”一词不包括当前国籍国。所以,本案中卡塔尔第一项诉讼主张所申诉的基于其公民当前国籍的措施,不属于《公约》范围。

问题2.2:阿联酋对某些卡塔尔媒体公司采取的措施是否属于《公约》范围(第106~108段)

108.为了解决现阶段的问题,法院将只审查针对某些卡塔尔媒体公司的措施是否属于《公约》范围。根据卡塔尔的指控,这些措施是以种族歧视的方式实施的。至于媒体封锁对卡塔尔裔人士造成的所谓间接歧视,法院将在分析卡塔尔第三项诉讼主张时进行审查。法院指出,《公约》仅仅涉及个人或团体。从《公约》的各种实质性条款中可以明显看出这一点。第1条第4款提到“种族或民族团体或个人”,第4条第1款提到“种族或人群”,第14条第1款提到“个人或个人联名”,序言提到“人与人间”的种族歧视。虽然根据《公约》第2条第1款第1项,

---

① See also Article 14 of the European Convention on Human Rights, entitled “Prohibition of discrimination”; Article 1 of the American Convention on Human Rights; and Article 2 of the African Charter on Human and Peoples' Rights.

"缔约国承诺不对人、人群或机关实施种族歧视行为或习例",但法院认为,这里所说的"机关"并不包括本案中这类媒体公司。从上下文和《公约》的目的及宗旨来看,"机关"一词是指代表个人或团体的集体机构或协会。所以,法院得出结论,卡塔尔关于卡塔尔媒体公司的第二项诉讼主张不在《公约》范围内。

问题 2.3:卡塔尔指称的间接歧视卡塔尔裔人士的措施是否属于《公约》范围(第 109~113 段)

111. 法院忆及,其已经认定卡塔尔第一项诉讼主张中的驱逐令和旅行禁令不属于《公约》范围,因为这些措施基于卡塔尔公民当前的国籍,而《公约》第 1 条第 1 款的原属国不包括当前国籍国。此后,法院继续审理上述措施和卡塔尔指控的其他任何措施的目的或效果是否导致了针对特定个人的基于卡塔尔原属国的种族歧视,从而落入《公约》范围内。

112. 首先,法院认为,根据《公约》第 1 条第 1 款的种族歧视定义,如果一项限制的"目的或效果为取消或损害政治、经济、社会、文化或公共生活任何其他方面人权及基本自由在平等地位上的承认、享受或行使",它就可能构成种族歧视。所以,《公约》禁止一切形式的种族歧视,无论种族歧视是某项限制措施的目的还是效果。本案中,尽管基于当前国籍的措施可能会对在卡塔尔出生、父母为卡塔尔人或定居在阿联酋的卡塔尔公民的家庭成员产生附带或次生影响,但并不构成《公约》意义下的种族歧视。法院认为,卡塔尔指控的各种措施的目的或效果都不会使卡塔尔人作为一个单独的社会群体因其民族出身而受到种族歧视。法院进一步指出,批评卡塔尔或者其政策的声明不是《公约》意义下的种族歧视。所以,法院的结论是,即使卡塔尔间接歧视指控依据的措施被证明属实,也不构成《公约》意义下的种族歧视。

113. 通过以上分析,法院得出结论,法院不具有审理卡塔尔提出的第三项诉讼主张的属事管辖权,因为卡塔尔指控的措施的目的或者效果均没有导致《公约》第 1 条第 1 款意义下的种族歧视。

(五)结论(第 114 段)

114. 综上所述,法院得出结论,支持阿联酋提出的第一项初步反对意见。法院认为,根据《公约》第 22 条,它对本案不具有属事管辖权,因此没有必要审查阿联酋提出的第二项针对程序上的先决条件的初步反对意见。根据法院判例,当它的管辖权因各种理由受到质疑时,法院可以"自由地根据其判决中更为直接和确凿的理由作出裁决”[①]。

（六）裁判结果（第 115 段）

第一，以 11 票对 6 票判定，支持阿联酋提出的第一项初步反对意见；

第二，以 11 票对 6 票判定，法院对卡塔尔 2018 年 6 月 11 日提起的诉讼没有管辖权。

（七）法官意见

院长优素福法官（Judge Yusuf）发表了声明，塞布廷德法官（Judge Sebutinde）、班达里法官（Judge Bhandari）和罗宾逊法官（Judge Robinson）发表了反对意见，岩泽法官（Judge Iwasawa）发表了单独意见，专案法官杜德（Judge *ad hoc* Daudet）发表了声明。

二、国际法制度

本案的争议焦点是法院对卡塔尔与阿联酋之间的争端是否享有对事管辖权，在初步反对意见阶段当属典型。而确定对事管辖权的关键则在于《公约》的解释，尤其是第 1 条第 1 款“种族歧视”一词的含义。法院在解释《公约》的过程中，遵循了 VCLT 关于条约解释的规定，对消除种族歧视委员会一般性建议的运用也成为了关注点，引发了人权条约解释时人权条约机制与国际法院的相互关系问题。本部分将主要介绍国际法中条约解释的相关内容和作为人权条约机制之一的消除种族歧视委员会。

（一）条约的解释

1. 条约解释的含义

“条约是当代国际法最主要的渊源”，[②]“是国家间或国家组成的组织间订立的在缔约各方之间创设法律权利和义务的契约性协定”。[③] 国家是缔结条约

---

① Aerial Incident of 10 August 1999 (Pakistan v. India), Jurisdiction of the Court, Judgment, I. C. J. Reports 2000, p. 24, para. 26; Aegean Sea Continental Shelf (Greece v. Turkey), Judgment, I. C. J. Reports 1978, p. 17, para. 40; Certain Norwegian Loans (France v. Norway), Judgment, I. C. J. Reports 1957, p. 25.

② 《国际公法学》编写组编：《国际公法学》，高等教育出版社 2022 年版，第 53 页。

③ [英]劳特派特修订：《奥本海国际法上卷：平时法》（第二分册），王铁涯、陈体强译，商务印书馆 1989 年版，第 310 页。

的当然主体,政府间国际组织在一定范围内也具有缔约能力。条约是国际交往的重要手段,是以主权国家为主的国际法主体相互间意思表示一致的外在表现形式。然而,语言表达不可避免地存在局限性,条约运行的环境随时间而不断变化,缔约国往往也以其本国利益为出发点。因此,尽管有缔结时的合意存在,在落实条约的过程中,各缔约方对于条约创设的彼此间权利义务的具体内容可能会持不同意见,从而引发国际争端。在这种背景下,条约的解释——“对一个条约的具体规定的正确意义的剖析明白”①——对于规范国家行为、和平解决国际争端就至关重要。

条约的解释包括三个要素:解释主体、解释客体以及解释方法。

解释主体包括国际法学者、缔约方及其授权主体,后两者一般指主权国家、经授权的国际组织的机构、有管辖权的国际仲裁或国际司法机构。根据“谁制定法律谁有权解释”的古罗马法原则,缔结条约的所有缔约国都有解释条约的权力,但缔约国所作的解释仅在获得全体缔约国同意的情况下才是有权解释,即对所有缔约国都有法律拘束力。国际组织作为条约缔约方时,它所作解释的效力亦按此逻辑理解。此外,国际组织还可以根据授权对其设立文件及自身内部法律体系相关条约进行解释。这种情况下,它所作的解释属于有权解释。当然,最终的条约解释工作会根据国际组织的职权安排由具体的机构落实。至于国际仲裁或国际司法机构,当它们依据条约中的争端解决条款或当事方临时达成的协议解决关于条约解释和适用的争端时,也需要对条约规定的含义进行剖析。正如本案中国际法院所做的那样。此时,这些国际仲裁或司法机构所作的解释往往仅对争端当事方具有法律约束力。

条约解释的客体则指进行解释时所依托的条约文本,也就是条约解释的对象,包括附件。在有不同语言作准文本的情况下,所有作准文本都包括在内。

条约解释方法指解释主体对解释客体进行剖析时需要遵循的原则和规则,是一种搭建起主客体之间桥梁的逻辑推理方式。科学合理的条约解释方法对于推动条约落实、增强国际关系的可预测性和稳定性具有显著的推进作用。关于条约解释方法,现代国际法学界存在三种各有侧重的理论。首先,主观解释理论主张把条约解释的重点放在探求缔约国缔约时的真实意图上。这种解释

---

① 李浩培:《条约法概论》,法律出版社 1987 年版,第 405 页。

方法可以追溯到罗马政治家西塞罗的名言：“在约定中，应当注意的是人们的意思，而不是语言。”其次，客观解释理论主张严格依据条约用语的通常意义进行解释，也被称为约文解释理论。最后，目的解释理论则认为对条约的解释应当符合条约整体的目的和宗旨。与主观解释理论相比，目的解释理论探求的是解释条约时而非缔结条约时的目的和宗旨。

2. VCLT 关于条约解释的规定

实践中，条约解释往往综合运用各种方法。在 1969 年 VCLT 制定之前，无论是习惯国际法还是条约都没有关于条约解释方法的精确规则。虽然 VCLT 关于条约解释的规定并不十分详尽，且经常受到批评，但是该公约第 31～33 条关于条约解释的规定已经成为条约解释方法相关国际法规则的集中体现，在一定程度上也反映了习惯国际法的内容。① 具体分析如下：

第 31 条为条约解释的一般规则。该条第 1 款开宗明义地总结了适用于条约解释的原则，第 2、3、4 款对各项原则进行了补充。涉及的原则有善意原则、约文解释原则和整体性原则。善意原则即本着诚实信用原则进行条约解释，不能恶意曲解。约文解释原则强调应忠于条约用语客观具备的约定俗成的通常含义，这是条约解释的精髓。但是，在当事方原意不是通常意义而是特殊意义时可以使用特殊意义。整体性原则指条约用语的通常意义不是抽象存在的，而

---

① 第 31 条　解释之通则

一、条约应依其用语按其上下文并参照条约之目的及宗旨所具有之通常意义，善意解释之。

二、就解释条约而言，上下文除指连同弁言及附件在内之约文外，并应包括：

（甲）全体当事国间因缔结条约所订与条约有关之任何协定；

（乙）一个以上当事国因缔结条约所订并经其他当事国接受为条约有关文书之任何文书。

三、应与上下文一并考虑者尚有：

（甲）当事国嗣后所订关于条约之解释或其规定之适用之任何协定；

（乙）嗣后在条约适用方面确定各当事国对条约解释之协定之任何惯例；

（丙）适用于当事国间关系之任何有关国际法规则。

四、倘经确定当事国有此原意，条约用语应使其具有特殊意义。

第 32 条　解释之补充资料

为证实由适用第三十一条所得之意义起见，或遇依第三十一条作解释而：

（甲）意义仍属不明或难解；或

（乙）所获结果显属荒谬或不合理时，为确定其意义起见，得使用解释之补充资料，包括条约之准备工作及缔约之情况在内。

第 33 条　以两种以上文字认证之条约之解释

一、条约约文经以两种以上文字认证作准者，除依条约之规定或当事国之协议遇意义分歧时应以某种约文为根据外，每种文字之约文应同一作准。

二、以认证作准文字以外之他种文字作成之条约译本，仅于条约有此规定或当事国有此协议时，始得视为作准约文。

三、条约用语推定在各作准约文内意义相同。

四、除依第一项应以某种约文为根据之情形外，倘比较作准约文后发现意义有差别而非适用第三十一条及第三十二条所能消除时，应采用顾及条约目的及宗旨之最能调和各约文之意义。

应参考上下文及条约之目的与宗旨。从第2、3款可以看出,上下文的含义十分广泛,不仅包括约文的内在因素——序言、附件以及与条约订立相关的文件,还包括约文的外在因素——嗣后协定、嗣后实践以及适用于当事国之间关系的相关国际法规则。而且,第2、3款使用“应该”(shall)一词表明了这些因素都是权威性的解释因素。由此可以看出,VCLT的条约解释方法实际上以约文为出发点,参照条约目的及宗旨,也即以客观解释为主,折中采用目的解释。

与第31条所涉及因素的一般性和权威性相比,第32条规定了在出现特殊情况时如何利用补充资料进一步解释条约。准备资料和缔约情况无论能否以及在何种程度上表明了当事方合意,都只能在有限范围内为有限目的采纳。只有为了证实根据第31条得出的解释结论,或者按照第31条得出的解释结论意义不明或显然荒谬时,才能使用这些补充资料。

第33条涉及有不同语言作准文本的条约的解释。使用不同语言撰写条约作准文本是复杂的国际形势和主权平等原则的一种体现。该条第1款明确规定了约文平等原则,肯定了各作准文本的同等权威性。仅以缔约各方的特别约定为例外。也就是说,缔约方可以直接在条约中规定或者另达成协议,以某种作准文本为根据。第2款实际上与何为条约作准文本有关。根据VCLT第10条的规定,经过认证的约文原则上就成为了作准文本,其他未经认证的文本则没有作准性和权威性。但是,可以通过条约规定或当事国协议将未认证文本规定为作准文本。尽管条约文本可以用不同语言写就,但本质上只有一个条约,而且合意一致缔约方才会订立条约。所以,第3款规定的推定不同作准文本的用语意义相同合理正当。然而,语言的复杂性意味着这种推定可能随时被推翻。如果比较约文后发现确实用语含义不同,而且这种不一致并非源于解释方法的运用,而是根植于语言本身的话,就需要参照条约目的和宗旨,选择最能调和各约文的那种含义。

(二)消除种族歧视委员会

消除种族歧视委员会是联合国两种人权保护监督机制之一——人权条约机制下最早建立的人权条约监督机构。在人权条约机制之外,另一种机制包括根据《联合国宪章》(以下简称《宪章》)设立的一系列监督机构,目前主要包括联合国大会、联合国经济及社会理事会、联合国人权理事会、促进和保护人权小组委员会、联合国妇女地位委员会、联合国人权事务高级专员、联合国人权专家机制（独立专家、特别报告员和工作组）等。[①] 这些机构以《宪章》为法律基础，兼具政治功能和法律功能，是联合国系统的必要组成部分；与此相对比，人权条约监督机构则是以核心人权条约为基础，由专家委员会监督条约履行，属于准司法机构。[②]

消除种族歧视委员会于1970年根据《公约》第8条设立。由德高望重、公认公正的18名专家组成。成员自《公约》缔约国国民中选出，任期四年，每两年改选半数成员。缔约国对提名人选进行无记名投票，适当考虑候选人的地域分配、相关法律资历和性别比例，以及各种不同文明与各主要法系之代表性。任职的专家以他们的个人资格任职。既不能将他们解聘，未经本人同意，亦不能将其撤换。根据《公约》，他们制定其本身的议事规则，不接受外来的指示。委员会成员的费用由缔约国而不由联合国支付。这充分体现了专家委员会的独立性和自主性。

消除种族歧视委员会通过四个程序开展工作，履行其监督职能。第一个程序是缔约国报告程序，即要求批准或加入《公约》的所有国家每四年必须向委员会提交一份综合报告，每两年提交一份简要的最新情况报告。当报告提交给委员会审查时，有关国家代表可对报告进行介绍，回答专家的问题，以及对专家的意见提出自己的观点。委员会审议特定缔约国提交的定期报告之后，可以对该缔约国表达关切，提出关注的问题和后续行为建议，形成结论性意见。“这些结论性意见是建议性质的，缔约国没有法律上的义务执行这些意见，但它们对条约条款和缔约国义务的解释通常被认为具有重要的价值。”[③]此外，委员会每年可以根据审查缔约国所送报告及情报之情况，针对《公约》的特定条款和具体事项作出解释和说明，形成本案中所提及的一般性建议。此种一般性建议不具有法律约束力早已成为共识，但是对于它们能否构成条约解释的嗣后惯例或缔约国缔结的协定一直存在争论。本案中，阿联酋主张不构成。但遗憾的是法院并没有从条约解释方法论上回应阿联酋的这一观点。

第二个程序是国家间指控及和解程序。国家间指控程序，是指一缔约国可就另一缔约国不履行条约的行为向委员会提交来文，请其注意并予处理的程序。《公约》是联合国层面第一个规定该程序的人权条约。根据《公约》第11条

---

① 参见徐显明主编：《国际人权法》，法律出版社2004年版，第110～119页。

② 参见涂云新：《论国际人权条约监督机制的规范结构及其法律挑战——以“条约机构”为核心的考察》，载《人权》2019年第4期，第144页。

③ 张雪莲：《联合国人权条约机构的“结论性意见”论析》，载《人权》2019年第3期，第122页。

第1款,“一缔约国如认为另一缔约国未实施本公约的规定,得将此事通知委员会注意”。除了《公约》,该程序也被其他核心国际人权条约纳入。但是实际上,尽管人权条约有此规定,联合国层面国家间指控程序多年来一直被虚置。直到2018年3月8日本案涉及的卡塔尔针对阿联酋的一系列措施提交来文,该程序才被启用。国家间和解程序,是指委员会主席指派五人组成和解委员会,针对国家间的争端,为关系各国斡旋、俾根据尊重公约的精神,和睦解决问题。而且根据《公约》规定,除非问题已通过其他方式解决,否则需任命这一和解委员会。

第三个程序是个人申诉程序,即自称为种族歧视受害者的个人或一群人得以向消除种族歧视委员会提交来文,控诉其本国。此外,第三方在获得书面同意(具体形式不作要求)的情况下也可代表个人提出申诉。但只能在该国为《公约》缔约国且公开宣布承认消除种族歧视委员会有权接受此种申诉时,才能这样做。委员会收到申诉时,会将这种申诉来文秘密提请有关缔约国注意,但非经有关个人或群体同意,不得透露声称出现违反行为的个人或群体的姓名。当有关国家对其观点作出解释及可能提出补救办法后,委员会将对此一事项进行审议,并可能提出意见和建议,这些意见和建议将同时转交给有关的个人或群体及缔约国。

第四个程序是早期预警和紧急程序,即委员会应在认为有必要解决严重违反《公约》事件时,采取预防性措施。早期预警措施旨在预防现有问题演变成冲突,包括用来明确并支持任何强化种族容忍的信任建立措施,尤其是预防曾发生冲突的地区再次发生冲突。紧急程序旨在应对需要立即得到关注的问题,以防范或限制对《公约》的严重违反造成影响的范围或数量。早期预警和紧急程序在《公约》文本中并未有明确规定,是消除种族歧视委员会在实践过程中逐步摸索,借鉴其他人权条约监督机构(如人权事务委员会、儿童权利委员会)的经验发展出来的。现实中,严重的、大规模的或一贯的种族歧视现象,有很大可能演变为种族灭绝行为,引发一系列极端暴力事件。这种程序有利于尽早发现、监测并报告威胁人类生活和社会的种族灭绝行为,预防种族灭绝、大屠杀和种族清洗的再次出现。

三、案例评析

本案判决通过解释“原属国”一词是否包括当前国籍国,阐述了《公约》下的缔约国义务和《公约》的适用范围。在依据 VCLT 解释该词的过程中，法院继“迪亚洛案”之后又一次分析了人权条约机构的一般性建议在条约解释中的作用。最终的解释结论也为理解移民和难民背景下，基于当前国籍的差别待遇提供了参考。可以说，本案判决在国际法发展过程中有一定的突破性。然而，在论证过程中存在语焉不详之处，削弱了判决的权威性和说服力；而且，该判决之后，国际社会不得不面对两个相互矛盾的关于《公约》适用范围的解释。

在本案中，法院在参考《公约》之目的及宗旨解释“原属国”一词以及判断相关措施是否构成间接歧视时缺乏充分的证据和说理。法院通过序言确定《公约》的目的及宗旨，在方法论上没有问题，与其一贯做法一致，但问题在于法院的推理较为粗糙。它仅仅通过从《公约》序言中摘出的一段话——“任何基于种族差别之种族优越学说，在科学上均属错误，在道德上应予谴责，在社会上均属失平而招险，无论何地，理论上或实践上之种族歧视均无可辩解”——就认定《公约》的目的及宗旨是终止一切企图根据社会群体的“固有特征”在其之间建立等级制度、实行种族歧视或种族隔离制度的做法。但是，无论是引用的这段话还是序言的其他部分，都没有明确提及“固有特征”一词，而是明确了“采取一切必要措施迅速消除一切种族歧视形式及现象”。所以，法院通过序言将《公约》的适用范围限缩在基于固有特征的歧视形式，就有将对于种族的一般性理解——种族是一种固有特征——想当然之嫌。与此类似，法院在解释《公约》中的间接歧视时也没有详细地说理。法院认为，认定种族歧视时，需要考虑某项措施的目的和效果；同时，承认阿联酋采取的基于当前国籍的措施可能会对在卡塔尔出生或父母为卡塔尔人或定居在阿联酋的卡塔尔公民的家庭成员产生附带或次生影响，却最终认定，这些影响并不构成《公约》意义下的种族歧视，卡塔尔指控的各种措施的目的或效果都不会使卡塔尔人作为一个单独的社会群体因其民族出身而受到种族歧视。至于如何判断某项措施的目的和效果是否构成种族歧视，法院没有给出可操作性标准，也就是没有解释为什么卡塔尔指控的一系列措施的目的和效果不构成种族歧视。法院相当于只给出了结论。

尽管上述模糊之处客观存在，但是法院最终得出结论，基于当前国籍的区别、排斥、限制或优惠不属于《公约》范围。这与消除种族歧视委员会第 30 号一般性建议的解释相左。该建议确认对非国民，尤其是移民、难民和寻求庇护者的仇视是当代种族主义的主要来源之一；在缔约国境内居住终生的人，如果无法取得国籍，仍然会受到歧视。在此现实基础上，该建议强调缔约国关于国籍、公民身份或归化的法律条款不得歧视任何特定的国籍;认定根据公民身份或移民身份进行的区别对待,如果根据《公约》的目标与宗旨判断,不是为了一个合法的目的或者与实现这种目的不相称的方式应用这种区别对待的标准,就构成歧视。因为该建议是对《公约》的缔约国对非公民的义务的分析,所以前述内容的潜台词就是《公约》适用于基于国籍的歧视。面对消除种族歧视委员会的这一解释,尽管法院回顾了它在“迪亚洛案”中对此类人权条约机构一般性意见或建议的重视态度,但是认为没有义务将其作为模板遵循,最终也没有采纳。于是,国际法院和消除种族歧视委员会对基于国籍的区别对待与“种族歧视”的关系的解释就对立了起来。无疑,矛盾解释可能会给将来的打击种族歧视国际工作带来很大的不确定性。此外,更加值得注意的是,一般性国际司法裁判机构与人权领域的条约监督机构之间的分歧也会造成全球人权治理的碎片化。其实,在本案中,国际法院可以通过具体分析何为“重视”这类条约监督机构的一般性意见或建议,详细解释本案与“迪亚洛案”中法院区别对待此类意见或建议的原因,来进一步明确条约解释中它们的法律意义与价值,从而增强两类机构之间的一致性,推动国际人权法的落实。但是很显然,法院并没有这样做。

（李冰清　王　佳）

冈比亚诉缅甸“《防止及惩治灭绝种族罪公约》适用案”

初步反对意见判决

国际法院

2022 年 7 月 22 日

一、判决书摘录

(一)事实背景(第 28 ~ 29 段)

冈比亚声称,2016 年 10 月,缅甸军方和缅甸其他安全部队开始对罗兴亚人群体进行广泛和系统的清除行动,犯下了大规模谋杀、强奸和其他形式的性暴力,并参与了系统地摧毁罗兴亚村庄的行动,目的是全部或部分消灭罗兴亚人群体。冈比亚还主张,自 2017 年 8 月以来,随着缅甸更大规模和在更广泛的地理范围内恢复清除行动,种族灭绝行为继续存在。

(二)诉讼程序概述(第 1 ~ 27 段)

2019 年 11 月 11 日,冈比亚向国际法院(以下简称法院)提起针对缅甸的诉讼,控诉缅甸政府对境内罗兴亚人的行为违反《防止及惩治灭绝种族罪公约》(以下简称《公约》)。冈比亚认为,法院根据《公约》第 9 条及《国际法院规约》(以下简称《规约》)第 36 条第 1 款具有管辖权。同时,冈比亚请求法院指示临时措施。法院于 2020 年 1 月 23 日指示临时措施命令,同意冈比亚的部分请求,要求缅甸采取措施防止实施种族灭绝行为、保存证据、按期提交履行临时措施命令的报告等。

2021 年 1 月 20 日,缅甸对法院的管辖权和申请的可受理性提出了初步反对意见。故此,法院暂停了对案件实质问题的审理程序,确定了提交关于初步反对意见书面文件的期限,并于 2022 年 2 月对初步反对意见举行公开庭审。法院于 2022 年 7 月 22 日对初步反对意见作出判决。

(三)当事方立场(第 30 ~ 33 段)

首先,冈比亚认为法院的管辖权依据是《公约》第 9 条和《规约》第 36 条第 1 款。第 9 条规定:“缔约国间关于本公约的解释、适用或实施的争端,包括关于某一国家对于灭绝种族罪或第 3 条所列任何其他行为的责任的争端,经争端一方的请求,应提交国际法院。”冈比亚和缅甸都是该公约当事方,双方都没有对第 9 条作出保留,但缅甸对第 6 条和第 8 条作出了保留。

缅甸对法院的管辖权和申请的可受理性提出了四项反对意见:

第一,诉讼的“真正请求方”(real applicant)是伊斯兰合作组织(Organization of Islamic Cooperation,OIC);

第二,冈比亚的申请不可接受,因为其缺乏提起本案的诉权(standing);

第三,缅甸对《公约》第 8 条[①]作出了保留;

第四,在提交请求之日,当事方之间不存在《公约》所指的争端。

法院指出,在裁决初步反对意见时,并不一定要按照被告国提出反对意见的顺序。[②] 在本案中,法院将首先处理与“真正请求方”有关的初步反对意见(第一项初步反对意见),然后再处理争端的存在(第四项初步反对意见)及缅甸对《公约》第 8 条的保留(第三项初步反对意见)。最后,法院将处理与冈比亚诉权有关的初步反对意见(第二项初步反对意见),该反对意见只提出了可否受理的问题。

(四)法律问题分析

问题 1:冈比亚是不是本案的“真正请求方”(第 34 ~ 50 段)

问题 1.1:属事管辖权(第 35 ~ 46 段)

42. 法院依据《规约》和《联合国宪章》(以下简称《宪章》)规定的条件,确立

---

① 《公约》第 8 条规定:“任何缔约国得提请联合国的主管机关遵照联合国宪章,采取其认为适当的行动,以防止及惩治灭绝种族的行为或第三条所列任何其他行为。”

② Question of the Delimitation of the Continental Shelf between Nicaragua and Colombia beyond 200 Nautical Miles from the Nicaraguan Coast (Nicaragua v. Colombia), Preliminary Objections, Judgment, I. C. J. Reports 2016 (I), p. 110, para. 17.

其属事管辖权。正如法院在塞尔维亚和黑山诉比利时“使用武力的合法性案”中的观点，“法院有责任首先审查请求国是否符合《规约》第34条和第35条规定的条件，然后决定是否受理”。[①] 根据《规约》第34条第1款，“在法院得为诉讼当事国者，限于国家”。根据《规约》第35条第1款，“法院受理本规约各当事国之诉讼”。《宪章》第93条第1款规定，“联合国各会员国为国际法院规约之当然当事国”。冈比亚自1965年9月21日以来一直是联合国会员国，当然也是《规约》的当事方。因此，法院认为冈比亚符合上述要求。

43. 然而，缅甸认为，冈比亚在向法院提起诉求时，实际上是作为伊斯兰合作组织的“机构、代理人或代表”行事，而伊斯兰合作组织是该诉讼的“真正请求方”。它主要认为，第三方即伊斯兰合作组织，不是一个国家，因此不能与被告国对等地接受管辖权。该组织利用冈比亚作为“代理人”，规避了法院属人管辖权的限制，并得以援引《公约》的争端解决条款。

44. 法院注意到，冈比亚作为《规约》和《公约》的缔约国，以自己的名义提起了本诉讼。法院还注意到，冈比亚声称它与缅甸关于该公约缔约国的权利存在争端。法院认为，一国可以接受其所属政府间组织的提议向法院提起诉讼，或提起诉讼时可以寻求并获得该组织或其成员的财政和政治支持。这些事实并不影响其作为法院请求国的地位。此外，何种因素促使一国（如冈比亚）启动诉讼程序的问题，也与确定法院的管辖权无关。正如法院在尼加拉瓜诉洪都拉斯“边界和越界武装行动案”中所阐述的，“法院的判决是一种法律声明，它不会关注一国在特定时间或特定情况下选择司法解决的政治动机”。[②]

45. 缅甸认为，如果对识别“真正请求方”有争议，应遵循法院为确定争端的存在而采取的办法。法院认为，这些属于不同的法律问题。在本案中，法院认为没有理由忽视冈比亚以自己的名义对缅甸提起诉讼的事实。因此，法院支持本案的请求国就是冈比亚。

46. 综上，缅甸提出的关于法院管辖权的第一项初步反对意见应予以驳回。

问题1.2：可受理性（第47～50段）

49. 法院已在上文认定，诉讼的请求国是冈比亚，它是《规约》和《公约》的

---

① Legality of Use of Force (Serbia and Montenegro v. Belgium), Preliminary Objections, Judgment, I. C. J. Reports 2004 (I), p. 299, para. 46.

② Border and Transborder Armed Actions (Nicaragua v. Honduras), Jurisdiction and Admissibility, Judgment, I. C. J. Reports 1988, p. 91, para. 52.

缔约方。《公约》赋予了法院管辖权,以解决缔约方之间有关该公约解释、适用或实施的争端。正如法院之前的裁决,仅在例外情况下,才应以滥用程序为由驳回具有有效管辖权依据的诉求。法院认为,没有任何证据表明冈比亚的行为构成滥用程序。[①] 在本案中,法院也没有发现应当拒绝行使管辖权的其他不可受理理由。因此,缅甸的第一项初步反对意见,就其涉及冈比亚请求书的可受理性而言,应予以驳回。

50. 综上,法院判定驳回缅甸的第一项初步反对意见。

问题 2:双方之间是否存在关于《公约》的争端(第 51 ~ 77 段)

63. 当事方之间存在争端是法院根据《公约》第 9 条具有管辖权的必要条件。根据法院既定的判例法,争端是指当事方之间"在法律或事实问题上的分歧,法律观点或者利益的冲突"。[②] 为了证明争端的存在,"必须证明一方的主张受到另一方的明确反对"。[③] 关于是否履行特定国际义务的问题,双方持有明显对立的观点。[④]

64. 法院对是否存在争端的裁判是实质问题,而不是形式或程序问题。[⑤] 原则上,确定争端存在的日期是向法院提交请求书的日期。[⑥] 然而,当事方在请求之后的行为也可能与各种目的相关,特别是为了确认争端的存在。[⑦] 法院之前也认为,确定争端的存在需要特别考虑当事方之间交换的声明或文件[⑧],以及在多边场合中进行的任何交流。[⑨] 在该过程中,应特别注意"声明或文件的作者、

---

① Certain Iranian Assets (Islamic Republic of Iran v. United States of America), Preliminary Objections, Judgment, I. C. J. Reports 2019 (I), pp. 42 – 43, para. 113.

② Mavrommatis Palestine Concessions, Judgment No. 2, 1924, P. C. I. J., Series A, No. 2, p. 11.

③ South West Africa (Ethiopia v. South Africa; Liberia v. South Africa), Preliminary Objections, Judgment, I. C. J. Reports 1962, p. 328.

④ Obligations concerning Negotiations relating to Cessation of the Nuclear Arms Race and to Nuclear Disarmament (Marshall Islands v. India), Jurisdiction and Admissibility, Judgment, I. C. J. Reports 2016 (I), p. 270, para. 34; Alleged Violations of Sovereign Rights and Maritime Spaces in the Caribbean Sea (Nicaragua v. Colombia), Preliminary Objections, Judgment, I. C. J. Reports 2016 (I), p. 26, para. 50.

⑤ Application of the International Convention on the Elimination of All Forms of Racial Discrimination (Georgia v. Russian Federation), Preliminary Objections, Judgment, I. C. J. Reports 2011 (I) (hereafter Georgia v. Russia case, Preliminary Objections, 2011), p. 84, para. 30.

⑥ Alleged Violations of Sovereign Rights and Maritime Spaces in the Caribbean Sea (Nicaragua v. Colombia), Preliminary Objections, Judgment, I. C. J. Reports 2016 (I), p. 27, para. 52.

⑦ Obligations concerning Negotiations relating to Cessation of the Nuclear Arms Race and to Nuclear Disarmament (Marshall Islands v. India), Jurisdiction and Admissibility, Judgment, I. C. J. Reports 2016 (I), p. 272, para. 40.

⑧ Questions relating to the Obligation to Prosecute or Extradite (Belgium v. Senegal), Judgment, I. C. J. Reports 2012 (II) (hereafter Belgium v. Senegal case, 2012), pp. 443 – 445, paras. 50 – 55.

⑨ Georgia v. Russia case, Preliminary Objections, 2011, pp. 94 – 95, paras. 51 and 53.

预期或实际的受众及其内容”。[①]

65. 在这方面,法院注意到本案当事方的代表曾于 2018 年 9 月和 2019 年 9 月在联合国大会(以下简称联大)上作出了四次相关声明。相关声明是在联大 2018 年和 2019 年的一般性辩论期间作出的,联合国人权理事会设立的缅甸问题实况调查团分别于 2018 年 9 月 12 日和 2019 年 8 月 8 日发表了两份报告,之后的几周内进行了一般性辩论。与确定是否存在争端相关的,还有冈比亚于 2019 年 10 月 11 日向缅甸常驻联合国代表团发出的照会。

66. 实况调查团在 2018 年 9 月 12 日的第一份报告中指出:“若开邦的犯罪行为及其实施方式在性质、严重程度和范围上与能够确定灭绝种族意图的犯罪行为相似。”[②]以此为依据,实况调查团得出结论认为,有充分的资料“支持调查和起诉缅甸军队指挥系统的高级官员,相关法院能够裁决他们在若开邦情势中的种族灭绝责任”,并呼吁国际社会通过联合国使用一切和平手段“协助缅甸履行其保护人民免遭种族灭绝的责任”。[③] 实况调查团在 2018 年 9 月 17 日发表的同一报告的“详细调查结果”中重申了这些声明,指出“缅甸当局已经表明,其不能也不愿意有效参与”“调查和起诉国际法规定的罪行”的进程,因此“问责的动力必须来自国际社会”。[④] 该报告的副本在发布前提供给了缅甸政府。[⑤]

67. 2018 年 9 月 25 日,冈比亚总统亚当·巴罗(Adama Barrow)先生在联大发言时表示,作为即将举行的伊斯兰合作组织下届峰会的主席国,冈比亚“已通过一项决议,承诺支持建立问责机制,确保将针对罗兴亚穆斯林犯下可怕罪行的犯罪人绳之以法”。[⑥] 三天后,缅甸国务资政办公室部长在联大同一届会议上发表讲话,表示缅甸对实况调查团的报告表示严重关切,并拒绝接受其“基于叙事而非确凿证据”的调查结果。[⑦]

68. 实况调查团在 2019 年 8 月 8 日的第二份报告中指出,其有合理的理由得出结论,“根据禁止灭绝种族的规定,缅甸负有国家责任”,并“欢迎各国,

---

① Georgia v. Russia case, Preliminary Objections, 2011, p. 100, para. 63.

② United Nations, Report of the Independent International Fact-Finding Mission on Myanmar, UN doc. A/HRC/39/64, 12 September 2018, para. 85.

③ United Nations, Report of the Independent International Fact-Finding Mission on Myanmar, UN doc. A/HRC/39/64, 12 September 2018, paras. 87 and 104.

④ United Nations, Report of the detailed findings of the Independent International Fact-Finding Mission on Myanmar, UN doc. A/HRC/39/CRP. 2, 17 September 2018, para. 1648.

⑤ United Nations, Report of the detailed findings of the Independent International Fact-Finding Mission on Myanmar, UN doc. A/HRC/39/CRP. 2, 17 September 2018, para. 3.

⑥ United Nations, Official Records of the General Assembly, UN doc. A/73/PV. 7, 25 September 2018, p. 29.

⑦ United Nations, Official Records of the General Assembly, UN doc. A/73/PV. 13, 28 September 2018, p. 45.

特别是孟加拉国和冈比亚,以及伊斯兰合作组织,根据《公约》向法院起诉缅甸”。[①] 实况调查团在2019年9月16日发表的同一份报告的“详细调查结果”中重申了这些声明,并补充说,“缅甸没有履行其防止种族灭绝、调查种族灭绝以及颁布有效立法将种族灭绝定罪和惩罚的义务”。[②] 这份报告的副本也已提供给缅甸。[③]

69. 在实况调查团第二次报告和“详细调查结果”公布后,冈比亚副总统伊萨图·图雷(Isatou Touray)女士于2019年9月26日在联大发言时表示,“作为一个有良知的国际社会,我们不能继续忽视罗兴亚人的困境”,并宣布冈比亚政府将“领导协调一致的努力,代表伊斯兰合作组织将罗兴亚问题提交至国际法院”。[④] 在冈比亚代表发言两天后,缅甸国务资政办公室部长在联大上表示,实况调查团的报告“充斥着偏见和缺陷”,“最新的报告甚至更糟”。[⑤] 缅甸还“反对为缅甸建立新的独立调查机制,认为该机制的建立是为了将缅甸提交至国际刑事法院等法庭。故缅甸对此强烈反对”。[⑥]

70. 缅甸质疑双方之间存在争端的理由有二:首先,缅甸认为,冈比亚在联大上的发言和2019年10月11日发出的照会缺乏充分具体性(particularity),因为冈比亚没有具体阐述其法律主张;其次,缅甸认为没有满足“互相了解”的要求,因为其从未拒绝冈比亚的具体要求。法院将分析缅甸提出的上述理由,以明确双方之间是否存在争端。

71. 关于缅甸的观点,即争端的存在需要双方“互相了解”各自明显对立的立场。而认定双方关于是否履行该法律义务持有明显对立的意见,并不要求被告国必须明示地(expressly)反对请求国的主张。否则,被告国就可以通过对请求国的法律主张保持沉默而防止被裁定存在争端。这种后果是不可接受的。正因如此,法院认为,如果被告国没有回应请求国的主张,在某些情况下,可以从这种沉默中推断出其拒绝该主张。因此,在提出申请书时存在争端。所以,法院认为,缅甸提出上述主张没有法律依据。

---

① United Nations, Report of the Independent International Fact-Finding Mission on Myanmar, UN doc. A/HRC/42/50, 8 August 2019, paras. 18 – 19 and 107.

② United Nations, Report of the Independent International Fact-Finding Mission on Myanmar, UN doc. A/HRC/42/CRP. 5, 16 September 2019, paras. 40, 58, 213 and 220.

③ United Nations, Report of the Independent International Fact-Finding Mission on Myanmar, UN doc. A/HRC/42/CRP. 5, 16 September 2019, para. 29.

④ United Nations, Official Records of the General Assembly, UN doc. A/74/PV. 8, 26 September 2019, p. 31.

⑤ United Nations, Official Records of the General Assembly, UN doc. A/74/PV. 12, 28 September 2019, p. 24.

⑥ United Nations, Official Records of the General Assembly, UN doc. A/74/PV. 12, 28 September 2019, p. 24.

72. 而关于冈比亚在联大上的发言缺乏充分具体性的观点，法院指出，虽然这些发言没有具体提及《公约》，但在这方面不需要具体提及一项条约或其规定。正如法院过去所申明的那样，“尽管一国在与另一国交流时不必明确提及某一具体条约，以便日后在法院援引该文书……但交流必须充分清楚地提及该条约的主题事项，以使被诉国家能够确定关于该主题事项存在或可能存在争端”。[①] 在这方面，法院注意到，冈比亚 2018 年 9 月和 2019 年 9 月的声明是在实况调查团的报告公布不久后作出的。2018 年的报告具体控诉在若开邦犯下的犯罪行为，在性质、严重性和范围上与其他情况下确定灭绝种族意图的犯罪行为相似，而 2019 年报告则具体提到了缅甸在《公约》下的责任。冈比亚在其发言中无疑提及了这些报告的调查结果，而这些报告是联合国关于缅甸罗兴亚人状况的重要报告，联大收到的其他相关报告对该状况也有所提及。实况调查团的第二份报告特别指出，冈比亚是努力根据该公约向法院起诉缅甸的国家之一。因此，缅甸不可能不知道该事实。同样，缅甸拒绝接受这些报告的调查结果，表明了它强烈反对其安全部队对缅甸罗兴亚人实施种族灭绝的任何控诉，也反对根据《公约》对其实施种族灭绝行为承担责任的控诉。这两份报告中载有此类控诉，冈比亚也公开提出了这些控诉。

73. 法院认为，当事方 2018 年和 2019 年在联大的发言表明，关于罗兴亚人群体的待遇是否符合缅甸根据《公约》所承担的义务，双方的观点是对立的。缅甸不可能不知道，冈比亚在实况调查团 2018 年报告发布后曾表示，将倡议建立针对罗兴亚人的被控诉罪行的问责机制。更重要的是，缅甸不可能不知道，冈比亚副总统在 2019 年 9 月联大一般性辩论期间宣布，冈比亚政府将牵头协调努力，将罗兴亚人问题诉诸法院。正是冈比亚并且只有冈比亚，在 2019 年联大上表达了这种意图。2018 年和 2019 年，缅甸国务资政办公室部长的联大发言表达了其政府与冈比亚政府对立的观点，并明确拒绝接受实况调查团的报告和调查结果。

74. 此外，冈比亚于 2019 年 10 月 11 日向缅甸常驻联合国代表团送达的照会明确表明了双方观点的明显对立，并以法律用语具体表达了冈比亚对缅甸违反《公约》义务的立场。冈比亚在其照会中提到了实况调查团的调查结果，特别是关于“缅甸违反了《公约》义务对缅甸罗兴亚人正在进行种族灭绝”的调查结

---

① Georgia v. Russia case, Preliminary Objections, 2011, p. 85, para. 30.

果。冈比亚认为该调查结果“有充分的证据支持,且高度可信”。关于“缅甸否认正在进行的针对罗兴亚人的种族灭绝负有责任,并拒绝履行《公约》规定的义务,冈比亚表示强烈反对”,并要求缅甸遵守这些义务。

75. 法院进一步指出,缅甸从未回应该照会。正如法院之前所认为的那样,“一方对另一方的明显反对不一定要通过明文来确立……无论该方宣称的观点如何,其立场或态度可以通过推断来确定”。[①] 特别是,“当情形需要一国回应某一主张但该国没有回应,则可以推断出争端的存在”。[②] 而是否可以得出这种推断,则取决于个案的具体情况。

76. 法院忆及,通过 2018 年和 2019 年实况调查团的报告,缅甸了解到对其违反《公约》的控诉。冈比亚和缅甸代表在联大的发言,也反映了冈比亚反对缅甸关于此问题的观点。因此,照会并不是首次使缅甸了解该控诉。鉴于冈比亚在照会中控诉的性质和严重性,以及缅甸事先了解该控诉的存在,法院认为,缅甸没有在请求书提交前的一个月内回应照会,也可以推断出其反对冈比亚的控诉。

77. 综上,法院认定,在冈比亚 2019 年 11 月 11 日提交请求书时,当事方就《公约》的解释、适用和实施存在争端。因此,应驳回缅甸的第四项初步反对意见。

问题 3:缅甸对《公约》第 8 条的保留是否影响法院的管辖或者请求的可受理性(第 78 ~ 92 段)

86. 缅甸的第三项初步反对意见提出了法院受理(seisin)的问题。法院曾指出:

> 作为提起诉讼的行为,受理是独立于所援引的管辖权基础的程序步骤,因此受《规约》和《国际法院规则》(以下简称《规则》)的规制。然而,只要相关的管辖权基础没有得到必要的受理行为的补充,法院就不能审理案件:由此可见,法院是否有效地受理案件似乎是一个管辖权问题。[③]

87. 为了确定第 8 条是否规制法院的受理,法院将参照 1969 年 5 月 23 日《维也纳条约法公约》(以下简称《维也纳公约》)第 31 ~ 33 条所反映的关于条

---

① Land and Maritime Boundary between Cameroon and Nigeria (Cameroon v. Nigeria), Preliminary Objections, Judgment, I. C. J. Reports 1998, p. 315, para. 89.

② Georgia v. Russia case, Preliminary Objections, 2011, p. 84, para. 30.

③ Maritime Delimitation and Territorial Questions between Qatar and Bahrain (Qatar v. Bahrain), Jurisdiction and Admissibility, Judgment, I. C. J. Reports 1995, p. 23, para. 43.

约解释的国际习惯法规则。[①]

88. 法院认为,单独看“联合国主管机关”这一表述的通常含义,似乎其可以包括作为联合国主要司法机关的法院。然而,整体解读第8条就会产生不同的解释。特别是第8条规定,联合国主管机关可以“采取其认为适当的行动”,这表明这些机关可以行使自由裁量权决定应当采取的行动,“以防止及惩治灭绝种族的行为或第3条所列任何其他行为”。因此,该条款所设想的主管机关的职能与法院的职能不同。法院的职能是,根据《规约》第38条第1款,“对于陈诉各项争端,应依国际法裁判之”,以及根据《规约》第65条第1款就任何法律问题发表咨询意见。因此,第8条是“在政治层面而不是作为法律责任问题”预防和制止灭绝种族的问题。[②]

89. 此外,根据《维也纳公约》第31条所反映的习惯国际法,第8条的规定必须结合其上下文,特别是根据《公约》的其他条款来解释。在这方面,法院特别注意到了《公约》第9条,该条款是法院根据该公约行使管辖权的基础。法院认为,《公约》第8条和第9条有不同的适用范围。第9条规定了缔约方之间发生争端时诉诸联合国主要司法机关的条件。而根据第8条,即使某一缔约方与另一方没有争端,也可以诉诸联合国其他主管机关。

90. 因此,从第8条用语在上下文中的通常含义来看,该条款并不规制法院受理案件。因此,法院认为,没有必要考虑其他补充解释的手段,如《公约》的准备文件。

91. 鉴于第8条不涉及法院的受理问题,缅甸对该条款的保留与裁决法院是否适合受理案件无关。因此,法院没有必要分析缅甸对第8条保留的内容。

92. 因此,法院裁定,驳回缅甸的第三项初步反对意见。

问题4:冈比亚是否有权向法院援引缅甸的责任(第93~114段)

106. 法院要回答的问题是,冈比亚是否有权向法院援引缅甸的责任,控诉其违反《公约》规定的义务。法院注意到,在被控诉违反该公约义务时,关于《公约》缔约方的立场和权利,双方的论点在术语上有明显的差异。缅甸方面依据国际法委员会《国家对国际不法行为的责任条款草案》,使用了“(非)受害国”

① Georgia v. Russia case, Preliminary Objections, 2011, p. 598, para. 106; Application of the Convention on the Prevention and Punishment of the Crime of Genocide (Bosnia and Herzegovina v. Serbia and Montenegro), Judgment, I. C. J. Reports 2007 (I) (hereafter Bosnia and Herzegovina v. Serbia and Montenegro case, 2007), pp. 109 – 110, para. 160.

② Bosnia and Herzegovina v. Serbia and Montenegro case, 2007, p. 109, para. 159.

[(non -) injured State]和"受特别影响的国家"(specially affected State)等术语,而冈比亚则提到"特别受害国"(specially injured State)和"直接受害国"(directly injured State)。法院认为,本案没有必要探讨双方使用的各种术语的法律意义,而只需回顾"对《公约》保留的咨询意见案",其中法院解释了《公约》缔约国之间建立的法律关系:

> 在这样的一项公约中,缔约国没有任何自己的利益;它们只有一个共同的利益,即实现缔结该公约的崇高目标。因此,在这种类型的公约中,无关国家各自的利弊,也无关维持权利和义务之间的最佳的约定平衡。由于缔约方的共同意愿,促成公约的崇高理想是其所有条款的基础和衡量标准。[①]

107. 因此,《公约》的所有缔约国具有共同利益,通过承诺履行该公约的义务,预防、制止和惩治灭绝种族罪。正如法院所申明的,这种共同利益意味着任何缔约国都要对公约的所有其他缔约国承担有关义务;它们是缔约国间的对世义务(obligations *erga omnes partes*)。也就是说,在任何特定情况下,遵守这些义务对各缔约国均有利益。[②]

108. 在比利时诉塞内加尔"或起诉或引渡义务相关问题案"判决中,法院裁定,《禁止酷刑和其他残忍、不人道或有辱人格的待遇或处罚公约》(以下简称《禁止酷刑公约》)的所有缔约国在遵守该公约相关义务方面具有共同利益,关于请求国比利时对塞内加尔遵守相关义务方面是否具有"特殊利益",法院认为无需发表意见。[③] 对遵守《公约》相关义务具有共同利益意味着,任何缔约国都有权不加区别地援引另一缔约国据称违反缔约方对世义务的责任。不论能否证明有特殊利益,都可以通过诉诸法院来援引违反《公约》缔约国间的对世义务的责任。如果为此需要存在特殊利益,那么在许多情况下,没有国家能够提出主张。因此,缅甸主张区分根据《公约》援引责任的权利资格(entitlement)和为此目的向法院提出主张的诉权(standing),是没有法律依据的。

109. 为了向法院提起诉讼,一国无需证明被控诉违反《公约》缔约国间的对

---

① Reservations to the Convention on the Prevention and Punishment of the Crime of Genocide, Advisory Opinion, I. C. J. Reports 1951 (hereafter Reservations to Genocide Convention, Advisory Opinion, 1951), p. 23.

② Belgium v. Senegal case, 2012, p. 449, para. 68; see also Barcelona Traction, Light and Power Company, Limited (New Application: 1962) (Belgium v. Spain), Second Phase, Judgment, I. C. J. Reports 1970 (hereafter Barcelona Traction case, 1970), p. 32, para. 33.

③ Belgium v. Senegal case, 2012, pp. 449 - 450, paras. 68 - 70.

世义务的受害者是其国民。法院回顾，如果一国国际不法行为对自然人或法人造成损害，其国籍国可能有权行使外交保护，包括援引国家造成该损害的责任。[①] 法院进一步指出，外交保护的范围已经扩大，特别是包括据称侵犯获得国际保障的人权。[②] 然而，因违反缔约国间的对世义务而向法院援引《公约》缔约国责任的权利依据，与一国可能拥有的对其国民行使外交保护的权利是不同的。上述权利依据来源于所有缔约国遵守相关义务的共同利益，因此，其不限于受害者的国籍国。在这方面，法院注意到，种族灭绝的受害者往往是被控诉违反缔约国间对世义务的国家的国民。

110. 关于援引责任或提交法院的主张的可受理性，《公约》没有附加任何条件。第 9 条中使用“缔约方”一词的原因是，法院根据该条款的管辖权要求两个或多个缔约方之间存在争端。与之相反，即使与另一缔约方没有争端，“任何缔约方”都可以根据第 8 条诉诸联合国主管机关。此外，《公约》第 9 条中使用“争端”（disputes）一词，而不是“任何争端”（any dispute）或者“所有争端”（all disputes），这在多边条约的争端解决条款中并不少见。[③] 法院注意到，这一表述出现在联合国秘书长准备的公约初稿中，[④]并且未经任何辩论就被纳入《公约》的最终文本中。

111. 同样，第 9 条规定，争端应“经争端任一方（any of the parties to the dispute）的请求”提交法院，而不是经任何缔约方（any of the Contracting Parties）的请求，这并没有限制有权对违反该公约缔约国间的对世义务的行为提出主张的缔约方类别。该措辞表明，虽然只有争端一方可以将争端提交法院，但并没有表明相关争端只能发生在被控诉违反该公约的国家和因其违反行为而受特别影响的国家之间。

112. 因此，《公约》的任何缔约国都可以援引另一缔约国的责任，包括通过向法院提起诉讼，以裁定所控诉的未遵守该公约缔约国间的对世义务的行为，并结束这种违反行为。

---

① Ahmadou Sadio Diallo (Republic of Guinea v. Democratic Republic of the Congo), Preliminary Objections, Judgment, I. C. J. Reports 2007 (II), p. 599, para. 39.

② Ahmadou Sadio Diallo (Republic of Guinea v. Democratic Republic of the Congo), Preliminary Objections, Judgment, I. C. J. Reports 2007 (II), p. 599, para. 39.

③ See, for example, Article I of the Optional Protocol to the Vienna Convention on Diplomatic Relations, concerning the Compulsory Settlement of Disputes (concluded 18 April 1961; entered into force 24 April 1964), United Nations, Treaty Series, Vol. 500, p. 241.

④ Article XIV of the Draft Convention on the Crime of Genocide, UN doc. E/447, 26 June 1947.

113. 法院承认,与缅甸接壤的孟加拉国面临大量逃离缅甸的罗兴亚人的涌入。然而,该事实并不影响其他缔约国对遵守该公约缔约国间的对世义务主张共同利益的权利,因此并不排除冈比亚在本案中的诉权。正如法院所申明的那样,《公约》"显然是为了纯粹的人道主义和文明的目的而通过的","其目的一方面是保障某些人群的生存,另一方面是确认和支持最基本的道德准则"。[①] 因此,法院不需要分析缅甸关于孟加拉国对《公约》第 9 条提出保留的主张。

114. 因此,法院裁定,对所控诉的缅甸违反该公约第 1、3、4、5 条规定的义务,冈比亚作为《公约》的缔约国有权援引缅甸的责任。因此,驳回缅甸的第二项初步反对意见。

(五)裁判结果(第 115 段)

第一,全体一致驳回缅甸提出的第一项初步反对意见;

第二,全体一致驳回缅甸提出的第四项初步反对意见;

第三,全体一致驳回缅甸提出的第三项初步反对意见;

第四,以 15 票对 1 票,驳回缅甸提出的第二项初步反对意见;

第五,以 15 票对 1 票,根据《公约》第 9 条,裁定法院其具有管辖权审理冈比亚 2019 年 11 月 11 日提出的申请,并且该申请可被受理。

(六)法官意见

本案中,薛捍勤法官发表了反对意见,专案法官克瑞斯(Judge *ad hoc* Kress)发表了声明。

二、国际法制度

在冈比亚诉缅甸"《防止及惩治灭绝种族罪公约》适用案"中,尽管请求国冈比亚和被告国缅甸缺乏直接或间接的联系,法院仍然认可了冈比亚起诉缅甸的权利。有学者认为,这是法院历史上第一次将请求国的诉权完全建立在对世义务上的案件,与其他依据对世义务的案件形成显著区别。[②] 因此,对世义务对

---

① Reservations to Genocide Convention, Advisory Opinion, 1951, p. 23.

② 参见廖雪霞:《"对国际社会整体的义务"与国际法院的管辖——以"冈比亚诉缅甸违反〈防止及惩治灭绝种族罪公约〉案"为切入点》,载《国际法研究》2020 年第 6 期,第 27 页。

法院诉权的影响是本案的关键。

(一)对世义务的含义

根据对世义务(obligation *erga omnes*)的文义,“*erga*”意为“about,toward,towards”,“*omnes*”意为“all,everybody,everyone”[①],其含义是“对一切的义务”。因此,该概念所指涉的对象,不仅范围广泛,且承载着深远的重要性。目前国内对于该术语没有统一的译法,常将其译为“普遍义务”“对一切(的)义务”“对国际社会整体的义务”等。

“对世义务”概念首次出现于比利时诉西班牙“巴塞罗那电力公司案”,在该案中,国际法院认为,对世义务是指一国对整个国际社会的义务,该义务是所有国家都关注的问题,事关所有国家的利益,并且鉴于所涉权利的重要性,所有国家都可以在保护与此相关的权利方面享有法律利益。例如,在当代国际法中,这种义务源于禁止侵略行为和灭绝种族行为,也源于有关人的基本权利的原则和规则,包括免受奴役和种族歧视。部分受保护的权利已被纳入一般国际法体系,其他权利则得到普遍性或准普遍性的国际文件的规定。[②]

国际法学会将对世义务定义为:(1)根据一般国际法,鉴于国际社会的共同价值观及其对遵守的关切,一国在任何情况下对国际社会所负的义务,因此,一旦违反这项义务,所有国家就能采取行动;或(2)根据多边条约,条约缔约国鉴于其共同的价值观和对遵守的关切,在任何情况下对同一条约的所有其他缔约国所负的义务,因此一旦违反这项义务,所有这些国家就能采取行动。[③] 第二种义务也被称为缔约国间的对世义务。本文采用广义的对世义务的概念,包括上述两种义务,以完整阐释对世义务的相关制度概念。

(二)法院对于对世义务的解释和适用

法院的司法实践在推动对世义务理念的持续发展和演进方面发挥了极为关键的作用。法院的实践整体上可以划分为以下几个阶段。

第一阶段:初步认可特定义务的对世性

1949 年,法院在英国诉阿尔巴尼亚“科孚海峡案”中认为,“普遍承认并符

---

① P. G. W. Glare, *Oxford Latin Dictionary* (Oxford University Press, 2nd edn, 2012), pp. 676, 1374.

② See Barcelona Traction case, 1970, p. 32, paras. 33 – 34.

③ See Institut De Droit International, “Obligations and Rights Erga Omnes in International Law”, Krakow Session, *Annuaire de l'Institut de droit international*, 2005, Art 1.

合国际惯例的是,各国在和平时期有权派遣其军舰通过公海两部分之间用于国际航行的海峡,而无需事先得到沿海国的批准,只要是无害通过”。[①] 这一关于无害通过的陈述反映出法院认可某项权利或者义务具有普遍的效力。另外,法院认为,为了一般航运的利益,阿尔巴尼亚应通知在其领水内存在雷区,并警告驶近的英国军舰,雷区内具有紧迫的危险。这些义务的依据……是某些公认的一般原则,即和平时期比战争时期更加严格的基本人道主义考虑,海上航行自由原则,以及各国都有义务不故意允许其领土被用于从事侵犯他国权利的行为。[②]

1951 年,法院在“对《防止及惩治灭绝种族罪公约》保留咨询意见案”中认为,这一概念(联合国的精神和宗旨)产生的第一个结果是,文明国家即使没有任何条约义务,也承认《公约》的基本原则对各国有约束力。第二个结果是,对种族灭绝的谴责和“欲免人类再遭此类狞恶之浩劫”(《公约》序言)所需的共同行动都具有普遍性。[③] 可见,早期相关案件已体现出为国际社会设置普遍义务的思想。

第二阶段:回避讨论义务的对世性

在 1966 年埃塞俄比亚和利比里亚诉南非“西南非洲案”中,请求国请求法院宣判南非的行为违反了《委任统治书》的相关规定,要求南非尊重西南非洲的国际地位。[④] 法院最终判定请求国未能证明对请求事项拥有法律上的权利或利益,驳回其诉讼请求。[⑤]

该案引起了较大的争议,有学者认为,“为国际协定的缔约国创造在另一缔约国违约时援引责任的一般法律利益的做法在当时显然是存在的”[⑥],法院的裁判结果有明显不合理之处。杰赛普法官(Judge Jessup)在“西南非洲案”的反对意见中指出:“(请求国的第三项诉求)是一个可由法院审理的问题,而不仅仅是一个政治问题……(请求国的)请求书恰当地援引了请求国在适当管理委任统

---

① Corfu Channel (United Kingdom of Great Britain and Northern Ireland v. Albania), Judgement, I. C. J. Reports 1949, p. 28.

② See Corfu Channel (United Kingdom of Great Britain and Northern Ireland v. Albania), Judgement, I. C. J. Reports 1949, p. 22.

③ See Reservations to Genocide Convention, Advisory Opinion, 1951, p. 23.

④ See South West Africa (Liberia v. South Africa), Judgement, I. C. J. Reports 1966 (hereafter South West Africa case, 1966), pp. 12 – 13.

⑤ See South West Africa case, 1966, p. 51, para. 99.

⑥ Chow, Pok Yin S, "On Obligations Erga Omnes Partes", (2021) 52 *Georgetown Journal of International Law* 469, p. 477.

治方面的法律利益,法院应对案件的实质问题作出判决。”[1]

第三阶段:正式提出对世义务概念

1970 年法院在“巴塞罗那电力公司案”的判决中正式使用“对世义务”这一概念。该案中,西班牙当局拒绝批准加拿大籍的巴塞罗那机车电灯电力公司偿还外汇债务所需的英镑,导致西班牙法院对其作出破产判决。该公司的所有者及公司的多数股东为比利时国民,故比利时向法院起诉,要求西班牙对相关国民的损害进行赔偿。但是法院最终判定比利时无权提请该诉讼。[2] 在该判决中,法院说明了国家在外交保护方面构成的义务不同于对世义务,从而证明外交保护所构成的义务不需要所有国家必须遵守。[3] 可见,对世义务并不是法院论述的重点。法院并没有援引权威或公认的国际法渊源来支持其结论,只是简单指出“所涉权利的重要性”才导致这些权利具有对世性。[4]

第四阶段:逐渐丰富对世义务的内容

在 1971 年“南非在纳米比亚继续存在案”中,法院认为:“终止委任统治和宣布南非在纳米比亚的存在是非法的,这对所有国家都是不利的,因为它否认了在违反国际法的情况下而维持情势的合法性。”[5]换言之,在违反国际法的情况下维持情势,对所有国家不利。

在 1995 年葡萄牙诉澳大利亚“东帝汶案”中,法院强调了“关于从《宪章》和联合国实践中演变而来的民族自决权具有对世性的主张是无可争议的”。[6] 法院还指出“规则的普遍性和同意管辖的规则是两个问题。无论援引义务的性质如何,如果法院判决意味着将评判作为非案件当事方的另一国的行为合法性,将不能对其作出裁决。在这种情况下,法院不能采取行动,即使有关权利是一项对世性的权利”。[7]

一方面,法院肯定了民族自决权具有对世性,这也得到了 2004 年“在巴勒斯坦被占领土上修建隔离墙的法律后果咨询意见案”[8]和 2019 年“查戈斯群岛

---

① South West Africa case, 1966, Dissenting Opinion of Judge Jessup, p. 442.

② See Barcelona Traction case, 1970, pp. 7 – 11, paras. 8 – 24; p. 51, para. 103.

③ See Barcelona Traction case, 1970, p. 32, paras. 33 – 35.

④ See Barcelona Traction case, 1970, p. 32, para. 33.

⑤ Legal Consequences for States of the Continued Presence of South Africa in Namibia (South West Africa) notwithstanding Security Council Resolution 276 (1970), Advisory Opinion, I. C. J. Reports 1971, p. 56, para. 126.

⑥ East Timor (Portugal v. Australia), Judgment, I. C. J. Reports 1995 (hereafter East Timor case, 1995), p. 102, para. 29.

⑦ East Timor case, 1995, p. 102, para. 29.

⑧ Legal Consequences of the Construction of a Wall in the Occupied Palestinian Territory, Advisory Opinion, I. C. J. Reports 2004, p. 199, para. 155.

脱离毛里求斯的法律后果咨询意见案”的确认。[①] 另一方面,“东帝汶案”也阐明了法院有无管辖权取决于争端当事方是否同意,对世义务并不能扩张法院的管辖权。在2006年刚果民主共和国诉卢旺达“刚果境内的武装活动案”中,法院同样确认了这一观点。[②]

此外,在2004年“在巴勒斯坦被占领土上修建隔离墙的法律后果咨询意见案”中,法院在解释以色列修建隔离墙造成的国家间不法行为对其他国家的法律后果时,认为以色列违反的对世义务除了尊重巴勒斯坦人民自决权的义务外,还包括某些国际人道主义法规定的义务。[③] 也就是说,国际人道法下的某些义务亦构成对世义务。

在波黑诉塞黑“《防止及惩治灭绝种族罪公约》适用案”中,法院在1996年初步反对意见中指出,《公约》规定的权利和义务是对世的权利和义务。[④] 这一观点也在2006年刚果民主共和国诉卢旺达“刚果境内的武装活动案”中再次得到确认。[⑤] 而在2007年该案判决中,法院认为,只能就该条款(《公约》第9条)所指的当事方之间的争端作出裁决,因此“无权裁判违反国际法规定的其他义务但不构成灭绝种族罪的行为,特别是在武装冲突中保护人权的行为。即使所称的行为违反强行法规定的义务,或违反保护基本人道主义价值的义务,而这些义务可能是‘对世’的”。[⑥]

从上述案例中可以看出,法院在大多数情况下运用“对世义务”是为了阐释具体的权利与义务内容。这包括界定公约所体现的义务性质,强调特定权利的重要性,并期望其他国家与联合国共同努力,以确保这些权利得到实现。在这一阶段,法院补充解释了“对世义务”的概念,丰富了其内容。

第五阶段:对世义务逐步扩张法院诉权

在这一阶段,法院逐渐将对世义务与诉权联系起来。值得注意的是,此时

---

① See Legal Consequences of the Separation of the Chagos Archipelago from Mauritius in 1965, Advisory Opinion, I. C. J. Reports 2019, p. 139, para. 180.

② See Armed Activities on the Territory of the Congo (New Application: 2002) (Democratic Republic of the Congo v. Rwanda), Judgment, I. C. J. Reports 2006, pp. 31 – 32, para. 64.

③ See Legal Consequences of the Construction of a Wall in the Occupied Palestinian Territory, Advisory Opinion, I. C. J. Reports 2004, p. 136, para. 155.

④ See Application of the Convention on the Prevention and Punishment of the Crime of Genocide (Bosnia and Herzegovina v. Serbia and Montenegro), Preliminary Objections, I. C. J. Reports 1996, pp. 615 – 616, para. 31.

⑤ See Armed Activities on the Territory of the Congo (New Application: 2002) (Democratic Republic of the Congo v. Rwanda), Judgment, I. C. J. Reports 2006, pp. 31 – 32, para. 64.

⑥ Bosnia and Herzegovina v. Serbia and Montenegro case, 2007, p. 104, para. 147.

法院在判决中细化了狭义的“对世义务”和“缔约国间的对世义务”两个概念。而目前在有关判决中，严格意义上说，法院只肯定了“缔约国间的对世义务”与诉权之间的联系。

在2012年比利时诉塞内加尔“或起诉或引渡义务相关问题案”中，法院开始认同对世义务与诉权之间紧密的联系。1982～1990年，哈布雷任乍得总统期间被控酷刑和反人类罪。政权被推翻后，他逃至塞内加尔并获政治庇护。[①] 2000年1月开始，受害者在塞内加尔和比利时的法院提起若干诉讼，但塞内加尔一直拒绝或者拖延审判。[②] 比利时多次向塞内加尔提出将哈布雷引渡至比利时审判，但一直未获同意，故2009年2月，比利时将塞内加尔诉至法院，指控其违反《禁止酷刑公约》所应承担的义务。[③] 法院于2012年7月20日作出判决，塞内加尔政府如果不将哈布雷引渡至比利时，则应不迟延地将该案提交至塞内加尔主管机关以便起诉。[④]

在审议诉权时，法院指出："所有缔约国在保护有关权利方面'具有法律利益'，这些义务可被定义为'缔约国间的对世义务'，即每一缔约国在任何特定情况下都有遵守这些义务的利益。故《禁止酷刑公约》任何缔约国均可援引另一缔约国的责任，以确定据称未履行缔约国间的对世义务。"[⑤]值得注意的是，在该案中，比利时是哈布雷迫害对象进行诉讼的国家，与哈布雷逃亡所在地国塞内加尔仍存在一定的间接联系。

在2015年克罗地亚诉塞尔维亚“《防止及惩治灭绝种族罪公约》适用案”中，法院在论述《公约》第9条规定的管辖权并不延伸至违反关于种族灭绝的习惯国际法的指控时，明确指出《公约》包含了对世义务。[⑥]

2022年冈比亚诉缅甸“《防止及惩治灭绝种族罪公约》适用案”初步反对意见判决是适用对世义务的最新实践，再次表明了对世义务在现代国际法体系下的重要性。本案中，冈比亚并非其控诉行为所危害的种族的国籍国，并非控诉行为发生地国，也并非受迫害种族诉讼地国，仍然能以《公约》所包含的缔约国

---

① See Belgium v. Senegal case, 2012, p. 431, para. 16.

② See Belgium v. Senegal case, 2012, pp. 431 – 432, paras. 17 – 19.

③ See Belgium v. Senegal case, 2012, p. 432, para. 21.

④ See Belgium v. Senegal case, 2012, p. 463, para. 121.

⑤ Belgium v. Senegal case, 2012, pp. 449 – 450, paras. 68 – 69.

⑥ See Application of the Convention on the Prevention and Punishment of the Crime of Genocide (Croatia v. Serbia), Judgment, I. C. J. Reports 2015, pp. 46 – 47, para. 87.

间的对世义务享有在法院的诉权。[①] 这表明对世义务进一步扩大了当事方的诉权。

(三)国际法委员会关于对世义务的编纂和发展

国际法委员会在2001年通过了《国家对国际不法行为的责任条款草案》。该草案第33条、第42条和第48条提及了"对整个国际社会的义务"(obligation to the international community as a whole),而非对世义务。原因在于,国际法委员会认为,"对世义务"一词所传达的信息不如法院对"整个国际社会"的提法,而且有时被混淆为"对条约所有缔约方承担的义务",[②]而且定义"对世义务"远远超出了国际法委员会编纂国家责任次要规则的任务。[③] 因此该草案采用了"对整个国际社会的义务"这一表述。

而在《国家对国际不法行为的责任条款草案》第42条和第48条中,国际法委员会区分了受害国援引国家责任和受害国以外的国家援引责任。由于援引责任的权利包括向法院提起诉讼的权利,[④]第48条直接与对世义务对诉权的影响相关。

该草案第48条第1款a项的依据是缔约国间的对世义务,即对一个国家集团负有并为保护该集团的集体利益而确立的义务。第1款b项的依据则是对世义务,即对整个国际社会负有的义务。而这两种义务可能同时保护各国的个别利益,个别国家也可能因违背此类义务受到特别影响,但作为非受害国产生的权利范围肯定要比第42条规定的受害国权利更为有限。第48条第2款a项表明任何国家有权要求停止不法行为,并在情况需要时,要求根据第30条作出不重复的承诺和保证。第2款b项所规定的赔偿义务,则是需要为了受害国或被违背义务的受益人的利益而提出的,并且在受害国不能要求赔偿的情况下,

---

① See Application of the Convention on the Prevention and Punishment of the Crime of Genocide (Gambia v. Myanmar), Judgement, I. C. J. Reports 2022 (hereafter Gambia v. Myanmar case, 2022), p. 517 – 518, paras. 113 – 114.

② International Law Commission, "Draft Articles on Responsibility of States for Internationally Wrongful Acts with commentaries" (2001), *Yearbook of the International Law Commission*, UN Doc A/CN. 4/SER. A/2001/Add. 1 (Part 2), p. 127, paras. 8 – 9.

③ See International Law Commission, "Draft Articles on Responsibility of States for Internationally Wrongful Acts with commentaries" (2001), *Yearbook of the International Law Commission*, UN Doc A/CN. 4/SER. A/2001/Add. 1 (Part 2), p. 127, para. 8.

④ See International Law Commission, "Draft Articles on Responsibility of States for Internationally Wrongful Acts with commentaries", *Yearbook of the International Law Commission*, UN Doc A/CN. 4/SER. A/2001/Add. 1 (Part 2), p. 117, para. 2; Annie Bird, "Third State Responsibility for Human Rights Violations", (2010) 21 *European Journal of International Law* 883, pp. 883, 891.

援引责任的国家不得要求赔偿。而第 3 款规定表明,受害国以外的国家援引国家责任须符合受害国援引的条件。[①]

综上所述,《国家对国际不法行为的责任条款草案》对对世义务概念进行了进一步的阐明和细化,不仅扩充了相关条款的内容,而且确认了对世义务在国际社会中的重要地位。该草案关于对世义务的规定,在国际法学界引起了广泛关注和热烈讨论,国际法学者普遍认为其反映了国际法发展的一个重要动向。[②]

三、案例评析

在冈比亚诉缅甸“《防止及惩治灭绝种族罪公约》适用案”中,首先,法院表明《公约》的相关义务是“缔约国间的对世义务”,因此任何缔约国都有权援引其他缔约国据称违反对世义务的责任,无论受害人是否是本国国民;其次,法院认为《公约》第 9 条没有对提交法院的案件所援引的责任或可受理性附加任何条件。第 9 条所包含的条件只涉及“经争端一方的请求”,并没有要求争端只能发生在责任国和因其违反行为而受“特别影响”的国家之间。[③] 因此,法院肯定了冈比亚在本案中的诉权。

法院的上述裁决并非完全令人信服。薛捍勤法官就在其反对意见中认为“该判决对《公约》第 9 条的解释方式偏离了条约解释规则和法院对《公约》的既定判例”。[④] 法院似乎仍需对对世义务概念进行更深入的阐述。而本案对此概念的再次应用也引发了一些问题,值得我们深思。

(一)如何认定对世义务?

法院在“巴塞罗那电力公司案”中明确表示“这种义务源于禁止侵略行为和灭绝种族行为,也源于有关人的基本权利的原则和规则,包括免受奴役和种族歧视”。[⑤] 结合上文提及的其他判例,可以发现法院仅确认了人权领域的对世义务,

---

① See International Law Commission, “Draft Articles on Responsibility of States for Internationally Wrongful Acts with commentaries”, *Yearbook of the International Law Commission*, UN Doc A/CN. 4/SER. A/2001/Add. 1 (Part 2), pp. 126 – 128, paras. 1 – 14.

② 参见薛捍勤:《国家责任与“对国际社会整体的义务”》,载《中国国际法年刊》(2004),法律出版社 2005 年版,第 20 页。

③ See Gambia v. Myanmar case, 2022, pp. 511 – 518, paras. 93 – 114.

④ Gambia v. Myanmar case, 2022, Dissenting Opinion of Judge Xue, paras. 1 – 2.

⑤ Barcelona Traction case, 1970, p. 32, paras. 33 – 34.

其他如核安全、信息安全、环境保护等领域未获明确表态,故对世义务讨论仍应限于人权范围。既然如此,又该如何从宽泛的人权领域中认定具体的对世义务?

首先,强行法和对世义务具有极强的关联性。国际法委员会就在《关于一般国际法强行性规范的结论草案》中写道:一般国际法的基本准则(强行法)产生了对整个国际社会的义务(对世义务)。① 那么就有学者认为:"由实质强行法规范产生的义务自动对所有国家有效,援引对世义务概念的国家可以依赖与强行法有关的证据。"②

其次,在比利时诉塞内加尔"或起诉或引渡义务相关问题案"中,法院在确认缔约国间的对世义务时,首先分析了《禁止酷刑公约》的目标和宗旨。特别分析了该公约的序言,其中规定了"希望在全世界更有效地开展反对酷刑和其他残忍、不人道或有辱人格的待遇或处罚的斗争"。从而确定缔约国鉴于其共同的价值观,在确保防止酷刑行为,以及在发生酷刑行为时确保行为人不会逍遥法外方面具有"共同利益"(common interest)。③ 然后,通过探讨该公约的设定,法院进一步认定,该公约所有缔约国在遵守公约规定的义务,特别是对事实进行初步调查并将案件提交主管当局起诉的义务方面具有"共同利益",从而认定构成了缔约国间的对世义务。④ 在冈比亚诉缅甸"《防止及惩治灭绝种族罪公约》适用案"中也是如此。⑤ 从严格意义上说,上述步骤所证明的是"缔约国间的对世义务",这与"狭义的对世义务"范围并不相同。然而,既然特定公约下的"缔约国间的对世义务"需考虑以上步骤,那么在分析面向全世界各个国家的"狭义的对世义务"时,以上步骤更不可或缺。

最后,法院在"东帝汶案"中,认为人民自决原则已得到《宪章》和法院判例的承认,是当代国际法的基本原则之一,从而认定该权利具有对世性。⑥ 而在"对《防止及惩治灭绝种族罪公约》保留咨询意见案"中,为了确定《公约》的缔约国作出的保留是否可以接受时,法院总结道:"必须从《公约》的特殊性中找到这些问题的解决办法。该公约的起源和特点、大会和缔约方追求的目标、公约各条款之间以及这些条款与这些目标之间存在的关系,为解释大会和缔约方的

---

① See International Law Commission, *Draft Conclusions on Peremptory Norms of General International Law* (*Jus Cogens*), A/CN. 4/L. 936, p. 5.

② Christian J. Tams, *Enforcing Obligations Erga Omnes in International Law* (Cambridge University Press, 2005), p. 151.

③ See Belgium v. Senegal case, 2012, p. 449, para. 68.

④ See Belgium v. Senegal case, 2012, pp. 449 – 450, paras. 68 – 69.

⑤ See Gambia v. Myanmar case, 2022, pp. 515 – 517, paras. 106 – 109.

⑥ See East Timor case, 1995, p. 102, para. 29.

意愿提供了要素。”[①]

综上所述，在界定“对世义务”或者“缔约国间的对世义务”时，首先应判断争议义务是否具有强行法性质。其次应当从公约的目的和宗旨出发，判断其是否确立了“共同利益”。最后，通过分析公约的制度设计，明确有争议的义务是否能够有效地实现既定宗旨。而在衡量争议义务的重要性时，往往需要比照《宪章》、法院判例及国际法的基本原则，并综合考量所涉公约的目标、历史背景等特殊因素作出判断。

尽管可以从法院以往的实践中提炼出认定对世义务的参考要素，但相应的认定标准仍不够明确。例如，“共同利益”的判定标准是什么，以及国内或区域法庭的判例是否可作为证明对世义务的依据，这些问题都需要进一步阐明。

（二）是否会引发未来常态化的公益诉讼（*actio popularis*）？

公益诉讼，是指原告在法院所提请的诉讼是为了普遍利益，而不必对诉求体现出任何个体利益，[②]即个人可以代表共同利益提起的诉讼。[③] 在古罗马时期，私人诉讼是保护个人权利的诉讼，只有特定的人才可以提起；而公益诉讼是保护公共公益的诉讼，除法律有特别规定外，凡市民均可提起。[④]

法院在 1966 年利比里亚诉南非“西南非洲案”中首次表明对公益诉讼的态度。在该案中，法院认为“在目前的国际法中（公益诉讼）并不为人所知；法院也不能认为它可以通过《规约》第 38 条第 1 款 c 项中的‘一般法律原则’产生”。[⑤] 但法院在该案之后面临着不少批评，随着之后“巴塞罗那电力公司案”提出和运用对世义务的概念，法院似乎又在打破“公益诉讼”的桎梏。

近期法院收到的一些诉讼体现了公益诉讼的特点。2022 年 2 月 26 日，乌克兰提交请求书，对俄罗斯提起诉讼，事由是“关于《公约》的解释、适用和实施的争端”。2022 年 7 月 21 日至 12 月 15 日，另外还有 33 个国家根据《规约》第 63 条第 2 款的规定，向法院书记官处提交了参加此案诉讼的声明。[⑥] 这些国家在参与声明中，无一例外地提及了《公约》规定的对世义务。例如，加拿大和荷兰的联合参与声明就指出，“考虑到禁止灭绝种族罪的强行法性质，以及《公约》规

---

① Reservations to Genocide Convention, Advisory Opinion, 1951, p. 23.

② See Maurizio Ragazzi, *The Concept of International Obligation Erga Omnes* (Oxford University Press, 1997), p. 210.

③ See Egon Schwelb, "The *Actio Popularis* and International Law", (1972) 2 *Israel Yearbook on Human Rights* 46, p. 47.

④ 参见周枏：《罗马法原论》，商务印书馆 1994 年版，第 886 页。

⑤ South West Africa case, 1966, p. 47, para. 88.

⑥ See Allegations of Genocide under the Convention on the Prevention and Punishment of the Crime of Genocide (Ukraine v. Russian Federation: 32 States intervening), Press release 2023/27, I. C. J. Reports 2023, pp. 2 – 3.

定义务的对世性,所有缔约方对实现《公约》的崇高宗旨都有共同利益”。[①]

2023年6月8日,加拿大和荷兰向法院提交联合请求书,对叙利亚提起诉讼,指控其违反了《禁止酷刑公约》。[②] 请求国在联合请求书中直言“请求国要求叙利亚遵守其根据该条约承担的义务,这些义务具有对世性,因此是对请求国承担的义务,实际上也是《禁止酷刑公约》所有缔约国承担的义务”。[③]

2023年12月29日,南非就以色列涉嫌在加沙地带违反《公约》规定的义务向法院提起诉讼。[④] 南非认为该诉讼可以基于禁止灭绝种族的强行法性质,以及各国根据《公约》所负的“对世义务”和“缔约国间的对世义务”。[⑤]

可见,目前基于对世义务的公益诉讼案件开始增多,且多涉及《禁止酷刑公约》和《公约》义务的纠纷。因此,在当前国际法体系框架内,针对公益诉讼的边界扩展及其国际法依据等问题,学界有必要进行探讨和研究。

(三)是否导致法院管辖权接受程度的降低?

2005年5月31日,澳大利亚根据《规约》第36条第2款,就日本根据“日本特许南极鲸类研究方案”第二阶段实施大规模捕鲸计划的非法性争议,向法院提起诉讼。[⑥] 法院认为日本给予的特别许可不属于《国际捕鲸管制公约》第8条第1款的规定,[⑦]并判决日本撤销授权、许可或执照,以及禁止继续授权。[⑧] 判决作出后,日本对其根据《规约》第36条第2款接受法院管辖权的声明作出了新的保留,并将“因海洋生物资源的研究、养护、管理或开发而产生的或与之有关的任何争端”[⑨]排除在法院管辖权之外。

---

① Allegations of Genocide under the Convention on the Prevention and Punishment of the Crime of Genocide (Ukraine v. Russian Federation: 32 States intervening), Joint declaration of intervention of Canada and the Netherlands, I. C. J. Reports 2023, para. 11.

② See Application of the Convention against Torture and Other Cruel, Inhuman or Degrading Treatment or Punishment (Canada and the Netherlands v. Syrian Arab Republic), Press release 2023/41, I. C. J. Reports 2023, p. 2.

③ Application of the Convention against Torture and Other Cruel, Inhuman or Degrading Treatment or Punishment (Canada and the Netherlands v. Syrian Arab Republic), Joint Application instituting proceedings, I. C. J. Reports 2023, p. 3, para. 7.

④ See Application of the Convention on the Prevention and Punishment of the Crime of Genocide in the Gaza Strip (South Africa v. Israel), Order of 26 January 2024, I. C. J. Reports 2024, p. 2.

⑤ See Application of the Convention on the Prevention and Punishment of the Crime of Genocide in the Gaza Strip (South Africa v. Israel), Application instituting proceedings and request for the indication of provisional measures, I. C. J. Reports 2023, p. 3, para. 5.

⑥ See Whaling in the Antarctic (Australia v. Japan: New Zealand intervening), Judgment, I. C. J. Reports 2014 (hereafter Whaling case, 2014), p. 234, para. 1.

⑦ See Whaling case, 2014, p. 299, para. 247.

⑧ See Whaling case, 2014, p. 300, para. 247.

⑨ Yoshifumi Tanaka, "Reflections on *Locus Standi* in Response to a Breach of Obligations Erga Omnes Partes: A Comparative Analysis of the Whaling in the Antarctic and South China Sea Cases", (2018) 17 *Law & Practice of International Courts and Tribunals* 527, pp. 544 – 545.

在该案中，日本没有对澳大利亚的诉权进行及时充分的质疑，因此，法院并没有对澳大利亚诉权的合理性进行进一步解释。然而，日本之后有针对性地对法院管辖权提出保留，表明了对世义务相关诉讼的增加可能会导致国家对法院管辖权的接受程度降低。如果未来基于对世义务的国际诉讼增加，为了维护本国的利益，部分国家很有可能会采取行动，退出或对《规约》任择条款作出保留以避免法院的管辖。在这种情况下，法院是否能够真正发挥作用？以法律手段解决争端的方式是否会因此受到冲击与影响？值得深思。

（四）是否会影响法院判决的终局性？

《规约》第60条明确规定，法院之判决系属确定，不得上诉。也就是说，针对特定案件事实有且只有一份法院的裁判结果，但是随着对世义务成为诉权产生的依据，体现对世义务的公约或协定的任何缔约国都有向法院诉讼的权利以维护缔约国的共同利益，那么针对相同的案件事实很有可能产生多个诉讼。薛捍勤法官也认为法院的判决表明，"至少在理论上，不会阻止缔约国行使它们的权利，令法院为同一理由对同一国家提出单独诉讼"。[①] 而多个诉讼的产生，除了会大大增加法院的工作压力外，可能还会导致法院对相同或相似的事实背景作出相冲突的判决结果，不免令人担忧。

综上，对世义务的提出是为了守护国际社会的共同利益和价值，这一理念在法院的司法实践中日益得到巩固，并在《国家对国际不法行为的责任条款草案》中得到确认。从1970年"巴塞罗那电力公司案"到2022年冈比亚诉缅甸"《防止及惩治灭绝种族罪公约》适用案"，超过半个世纪的法律实践灌注于对世义务的理念之中，滋养着国际社会共同的精神与道德。然而，对世义务的内涵和判定标准却仍不明晰。未来，随着相关诉讼的增加，可能会引发一系列问题，包括常态化的公益诉讼、法院判决的终局性受损，甚至可能导致国家对法院的管辖权保留，从而削弱法院的管辖范围和实际影响力。因此，为了更有效地实现对世义务的宏伟目标，国际社会需要依托国家实践与学术理论，对这一概念进行更深入的阐述和解释。

（张程宽　宋　岩）

---

① Gambia v. Myanmar case, 2022, Dissenting Opinion of Judge Xue, para. 11.

索马里诉肯尼亚“印度洋海洋划界案”

实质问题判决

国际法院

2021 年 10 月 12 日

一、判决书摘录

（一）事实背景（第 31 ~ 34 段）

索马里和肯尼亚是非洲东海岸的邻国。索马里位于非洲之角，西南与肯尼亚接壤，北面亚丁湾，东面印度洋。肯尼亚东北部与索马里接壤，南部是坦桑尼亚，其海岸面向印度洋。

1924 年 7 月 15 日，意大利和英国签署条约，规定了东非领土边界的某些问题，其中包括现今位于索马里境内的意属朱巴兰德殖民地（Italian colony of Jubaland）和英属肯尼亚殖民地。1925 年 6 月 16 日和 26 日的换文重新划定了两国殖民地领土的最南端部分的边界。1925 年至 1927 年，英意联合委员会对边界进行了调查和定界。联合委员会于 1927 年 12 月 17 日签署协议（以下简称《1927 年协议》），英意两国政府于 1933 年 11 月 22 日换文正式确认了该协议。国际法院（以下简称法院）将上述两份文件合称为《1927 年/1933 年条约安排》。索马里和肯尼亚分别于 1960 年和 1963 年取得独立。

索马里和肯尼亚均于 1982 年 12 月 10 日签署了《联合国海洋法公约》（以下简称《公约》），分别于 1989 年 3 月 2 日和 7 月 24 日批准了该公约。《公约》于 1994 年 11 月 16 日生效。

索马里和肯尼亚均向大陆架界限委员会（以下简称委员会）提交了“印度洋海洋划界案”（以下简称“划界案”），以便根据《公约》第 76 条第 8 款的规定，获取其关于 200 海里以外大陆架外部界限的建议。虽然它们曾反对委员会审议对方的划界案，但随后又撤回了反对意见。截至本判决作出之日，委员会尚未对当事方的划界案作出建议。

（二）诉讼程序概述（第1～28段）

2014年8月28日，索马里向法院提交请求书提起对肯尼亚的诉讼，所诉争端涉及两国在印度洋上的单一海洋边界，划定领海、专属经济区和大陆架，包括200海里以外大陆架的界限。索马里主张的管辖权依据是索马里和肯尼亚分别于1963年4月11日和1965年4月19日根据《国际法院规约》第36条第2款所作出的声明。

2015年10月7日，肯尼亚对法院的管辖权和请求书的可受理性提出了初步反对意见。故此，法院暂停了对案件实质问题的审理程序，确定了提交初步反对意见书面文件的期限。2016年9月19～23日，法院公开庭审了肯尼亚提出的初步反对意见，并于2017年2月2日作出判决（以下简称2017年判决），驳回了肯尼亚提出的初步反对意见，并认定法院对案件有管辖权，且该请求书可以受理。

双方按时提交了关于实质问题的两轮书状。之后，肯尼亚多次提出推迟口述程序，并且由于疫情，法院决定推迟庭审至2021年3月15日，并采取线上线下混合模式进行。2021年3月11日和17日，肯尼亚通知法院不参加案件庭审。法院于2021年3月15～18日对案件的实质问题进行了公开庭审。2021年10月12日，法院对案件实质问题作出判决。

（三）当事方立场（第35段）

当事方采取了截然不同的海洋划界方法。

索马里认为，两国之间没有既存的海洋边界。请求法院采用“等距离/特殊情况”方法（equidistance/special circumstances method）进行领海划界，采用“等距离/有关情况”方法（equidistance/relevant circumstances method）进行领海之外海域的划界。索马里认为，在所有海域划定一条未经调整的等距离线，可以实现国际法要求的公平结果。

肯尼亚则主张，当事方之间已存在商定的海洋边界，因为索马里已经默认了一条沿南纬1°39′43.2″的纬线（以下简称纬线）作为边界。肯尼亚还主张，根据地理背景和区域实践，当事方都认可这是公平的划界方式。肯尼亚主张，即使法院认定不存在上述商定的海洋边界,也应当沿该纬线进行海洋划界;即使法院采用索马里建议的划界方法,为了实现公平划界,经过调整的结果也是沿该纬度划界。

(四)法律问题分析

问题1:索马里是否已默认沿纬线延伸的海洋边界?(第36~89段)

48. 法院回顾道,肯尼亚和索马里都是《公约》的当事方。对于领海划界问题,《公约》第15条规定,“在[两国]彼此没有相反协议的情形下”使用中间线,除非“因历史性所有权或其他特殊情况而有必要按照[不同]的方法划定两国领海的界限”。专属经济区和大陆架划界分别适用《公约》第74条第1款和第83条第1款的规定。法院指出,“这些条款的案文相同,唯一的区别是,第74条适用于专属经济区,而第83条适用于大陆架”。[①] 两条款都规定“应在国际法的基础上以协议划定”界限。

49. 法院重申,海岸相向或毗邻的国家间的海洋边界必须通过彼此之间的协议划定,如果没有达成此类协议,则应当诉诸拥有必要权限的第三方进行划界。[②] 海洋划界不能由其中任何一个相关国家单方面进行。[③]

50. 确定海洋边界的协议通常采用书面形式。但法院认为,《公约》第15条、第74条第1款和第83条第1款提及的“协议”也可采取其他形式。关键是有关国家之间是否就海洋边界达成了“共识”(shared understanding)。[④] 法院注意到双方都承认海洋边界的划定需要达成此种共识。

51. 在分析两国间海洋边界是否存在非书面形式的协议时,可以参考有关默认(acquiescence)和默示协议(tacit agreement)的判例。在这方面,法院回顾道:“默认相当于以单方行为表现的默示承认,另一方可能将其解释为同意”。[⑤] 如果另一国的行为要求一国在合理期间内作出反应,而该国没有反应,则可能

---

① Maritime Dispute (Peru v. Chile), Judgment, I. C. J. Reports 2014 (hereafter Peru v. Chile case, 2014), p. 65, para. 179.

② See Delimitation of the Maritime Boundary in the Gulf of Maine Area (Canada/United States of America), Judgment, I. C. J. Reports 1984 (hereafter Canada/United States of America case, 1984), p. 299, para. 112 (1).

③ See Canada/United States of America case, 1984, p. 299, para. 112 (1); Continental Shelf (Tunisia/Libyan Arab Jamahiriya), Judgment, I. C. J. Reports 1982, p. 66, para. 87; Fisheries (United Kingdom v. Norway), Judgment, I. C. J. Reports 1951 (hereafter United Kingdom v. Norway case, 1951), p. 132.

④ See Peru v. Chile case, p. 23, para. 43, and p. 31, para. 69.

⑤ Canada/United States of America case, 1984, p. 305, para. 130; see also Land, Island and Maritime Frontier Dispute (El Salvador/Honduras: Nicaragua intervening), Judgment, I. C. J. Reports 1992, p. 577, para. 364.

构成默认。[①] 其基础原则是“应当并且能够发言者的沉默即可视为同意”(*qui tacet consentire videtur si loqui debuisset ac potuisset*)。[②] 在确定一国的行为是否需要另一国作出反应时,应重点考虑作出行为的国家是否一贯坚持该行为。[③] 在评估是否未作反应时,持续的时间是重要因素。[④]

52. 关于是否存在通过默认或默示协议确定的海洋边界,法院设置了很高的证明标准。法院强调,由于“确定永久性海洋边界是极为重要的事项”,“默示法律协议的证据必须令人信服(compelling)”。[⑤] 默认的“前提是一国明确和一贯地接受”另一国立场。[⑥] 迄今为止,法院仅在一起案件中确认存在划定海洋边界的默示协议,因为该案的当事方“在具有约束力的国际协定中承认已存在海洋边界”。[⑦] 在本案中,法院将适用以往案件中确定的标准,分析是否有令人信服的证据,表明肯尼亚一贯坚持以纬线作为海洋边界的主张,从而需要索马里作出回应。之后,法院将分析是否有令人信服的证据表明索马里明确和一贯地接受肯尼亚所主张的边界。

53. 在这方面,当事方对于相关文件发表了主张,包括肯尼亚 1979 年公告、2005 年公告、肯尼亚 2009 年提交委员会的“划界案”以及各自的国内法。双方还提及各方在 1979 年至 2014 年的其他行为。法院将依次分析这些主张。

54. 在 1979 年公告中,肯尼亚总统宣布:

> 1. ……肯尼亚的专属经济区:
>
> (a)与坦桑尼亚的南部领海边界为奔巴岛以北的纬线……
>
> (b)与索马里的北部领海边界位于迪瓦·达马夏卡岛(Diua Damasciaca Island)以南的纬线,即南纬 1°38′……

---

① See Sovereignty over Pedra Branca/Pulau Batu Puteh, Middle Rocks and South Ledge (Malaysia/Singapore), Judgment, I. C. J. Reports 2008 (hereafter Malaysia/Singapore case, 2008), pp. 50 – 51, para. 121; Temple of Preah Vihear (Cambodia v. Thailand), Merits, Judgment, I. C. J. Reports 1962 (hereafter Temple case, 1962), p. 23.

② Malaysia/Singapore case, 2008, pp. 50 – 51, para. 121; Temple case, 1962, p. 23.

③ See United Kingdom v. Norway case, 1951, pp. 138 – 139.

④ See e. g. Malaysia/Singapore case, 2008, pp. 95 – 96, paras. 274 – 276; Land, Island and Maritime Frontier Dispute (El Salvador/Honduras: Nicaragua intervening), Judgment, I. C. J. Reports 1992, pp. 408 – 409, para. 80; Temple case, 1962, p. 32.

⑤ Territorial and Maritime Dispute between Nicaragua and Honduras in the Caribbean Sea (Nicaragua v. Honduras), Judgment, I. C. J. Reports 2007 (Ⅱ) (hereafter Nicaragua v. Honduras case, 2007), p. 735, para. 253; see also Peru v. Chile case, pp. 38 – 39, para. 91; Delimitation of the Maritime Boundary in the Atlantic Ocean (Ghana/Côte d'Ivoire), Judgment, ITLOS Reports 2017 (hereafter Ghana/Côte d'Ivoire case, ITLOS, 2017), p. 70, para. 212.

⑥ See Canada/United States of America case, 1984, p. 309, para. 145.

⑦ Peru v. Chile case, p. 38, para. 90.

55. 该公告由联合国秘书长于 1979 年 7 月 19 日传达给联合国各会员国常驻代表团。

56. 1979 年公告涉及肯尼亚的专属经济区,其规定,“肯尼亚专属经济区……与[索马里]的北部领海的边界位于……南纬 1°38′纬线”。

57. 法院注意到,1972 年肯尼亚《领海法》第 2 节第 1 分节规定,“除本节第 4 分节规定的情况外,肯尼亚领海的宽度为 12 海里”。第 4 分节规定,“在与邻国相邻的海岸线上,领海的宽度应延伸至中间线”。该领海法于 1977 年修订,但第 2 节第 4 分节的规定保持不变。该法案在 1979 年公告发布时仍然有效。因此,法院认为,肯尼亚并没有一贯地主张沿纬线划定与索马里的所有海洋边界。

58. 1989 年 8 月 25 日,肯尼亚在批准《公约》后不久即通过了《海洋区域法》,该法仍然有效。在领海划界方面,1989 年《海洋区域法》采用了与肯尼亚 1972 年《领海法》类似的规定,即以等距离线划界。关于专属经济区划界,该法第 4 节第 4 分节规定,“与索马里专属经济区的北部边界应根据肯尼亚和索马里以国际法为基础达成的协议划定,由部长通过《公报》通告”。

59. 肯尼亚辩称,1989 年《海洋区域法》第 3 节第 4 分节仅反映了《公约》第 15 条的规定,肯尼亚解释称,该条款将领海中间线作为无法达成划界协议时的临时方法。肯尼亚认为,该条款不妨碍 1979 年公告规定的纬线边界,并坚称肯尼亚立法既没有主张也没有要求根据中间线进行领海划界。肯尼亚还辩称,1989 年《海洋区域法》第 4 节第 4 分节只是承认,尽管有 1979 年公告,但其尚未同索马里就专属经济区边界达成正式的协议。

60. 法院认为,肯尼亚的立场与其 1989 年《海洋区域法》的规定不符,该法既未提及 1979 年公告,也未提及领海或专属经济区的纬线边界。关于专属经济区,1989 年《海洋区域法》第 4 节第 4 分节规定,与索马里专属经济区的北部边界应根据“肯尼亚与索马里的协议”划定。这些措辞与第 4 节第 3 分节的案文形成鲜明对比,后者规定与坦桑尼亚的南部边界应沿某纬线,采用了与 1979 年公告类似的措辞。因此,第 4 节第 4 分节表明,与肯尼亚和坦桑尼亚的边界情况不同,肯尼亚在 1989 年认为其与索马里没有达成海洋边界的协议。相反,该法案提到的是将来要缔结和公布的协定。因此,索马里有理由认为肯尼亚的立场是在之后谈判和缔结协议。

61. 尽管肯尼亚 2005 年公告取代了 1979 年公告,但基本重复了后者的表述。2005 年公告修改了专属经济区中与索马里界限的纬线。2005 年公告第 1 段相关内容如下：

> 在不妨碍上述规定的前提下，肯尼亚的专属经济区应……：
>
> (b) 索马里的领海边界，沿迪瓦·达马夏卡岛以南的纬线，即南纬 1°39′34″。

公告还包括了两个表格，其中记录了肯尼亚“领海区域”和“专属经济区”的坐标。在第一个表格中，肯尼亚领海外部界限的最北端在该纬线上，也就是肯尼亚与索马里的领海边界在同一纬线上。肯尼亚认为，为了更加准确，从而调整了 1979 年公告规定的纬线，使其与迪瓦·达马夏卡岛最南端的切线重合。

62. 2006 年 4 月 25 日，联合国秘书长通知会员国和《公约》成员国，根据《公约》第 16 条第 2 款和第 75 条第 2 款，肯尼亚交存了 2005 年公告所载的两份地理坐标表。2005 年公告随后被公布于《海洋法公报》第 61 期。

63. 肯尼亚还提请法院注意其外交部 2007 年 9 月 26 日和 2008 年 7 月 4 日致索马里外交部的两份照会。2007 年照会涉及确定大陆架的外部界限，肯尼亚在其中称，两国间的海洋边界“根据《公约》第 74 条和第 83 条，沿纬线划定”，并要求索马里确认“其政府同意肯尼亚交存联合国的两国间海洋边界的划定方式……”照会所附备忘录指出，“我们两国间的海洋边界尚未确定”。在 2008 年 7 月 4 日的照会中，肯尼亚请索马里“向肯尼亚政府表明立场，即索马里同意肯尼亚划定的并交存联合国的海洋边界”。

64. 法院注意到，上述照会没有将肯尼亚主张的海洋边界定性为协议边界，而是请索马里确认其协议。没有证据表明索马里作出了确认。

65. 肯尼亚在 2009 年向委员会提交的“划界案”中指出，肯尼亚行使主权、主权权利和管辖权的海洋空间是依据《公约》规定确定的，“由下列关于肯尼亚领海和专属经济区的立法和公告实施，包括 1972 年《领海法》、1989 年《海洋区域法》第 371 章以及 2005 年 6 月 9 日总统公告……”它还指出，“肯尼亚陆地领土附属大陆边的外缘超过 200 海里”。肯尼亚在“划界案”中使用的坐标和地图显示，与索马里的单一海洋边界沿一条纬线，延伸至 200 海里以外，直至肯尼亚主张的大陆架外部界限。

66. 法院注意到，肯尼亚 2009 年向委员会提交的“划界案”是为了确定其大陆架的外部界限,该程序不同于大陆架划界。[①] 在这方面,“划界案”表明,“肯尼亚与北部邻国索马里和南部邻国坦桑尼亚有重叠的海洋主张”,并提到肯尼亚和索马里签署了2009年谅解备忘录,同意不反对彼此向委员会提交划界案。该备忘录规定:

> 向委员会提出的划界案以及委员会对此做出的建议,不影响两国关于海洋争端的立场,也不影响争端地区之后的海洋划界。

67. 正如法院先前在2017年判决中指出的那样,谅解备忘录的条款表明“两国承认它们之间存在‘未决’的‘海洋争端’”,[②]并确定“争端海域”为“双方大陆架主张重叠的海域,没有区分200海里以内和以外的大陆架”。[③] 还表明,“当事方承认划界将采取通常的做法……即进行谈判从而达成协议”。[④] 在这方面,备忘录规定,“争议海域的海洋划界……应由两国根据国际法协议确定”。

68. 法院注意到,肯尼亚2009年向委员会提交的“划界案”也表明,双方关于专属经济区海洋边界没有达成协议。关于与坦桑尼亚的边界,“划界案”解释道,“肯尼亚和坦桑尼亚之间存在海洋划界协议”。相反,关于与索马里的边界,“划界案”指出,专属经济区边界“应根据肯尼亚和索马里以国际法为基础达成的协议划定,由部长通过《公报》通告”,使用了与1989年《海洋区域法》第4节第4分节相同的用语。该“划界案”还指出“肯尼亚和索马里之间存在尚未确定的边界线”。根据这些用语,索马里有理由坚持其理解,即尚未谈判和达成划界协议。

69. 双方在内罗毕举行会议,对海洋划界问题进行谈判。举行这些谈判本身表明,当事方认识到划定它们之间海洋边界的必要性。[⑤] 当事方的谈判联合报告也证实了这一点。该报告指出,当事方考虑了“几种选择和方法,包括平分线、垂直线、中线和纬线”,但“未能对双方均可接受的可能海洋边界线达成共识”。报告没有暗示当事方之间已存在协议的海洋边界。

70. 最后,法院注意到,肯尼亚常驻联合国代表团于2014年10月24日和2015年5月4日致联合国秘书长的两份照会以及肯尼亚在本案初步反对意见

---

① See Territorial and Maritime Dispute (Nicaragua v. Colombia), Judgment, I. C. J. Reports 2012 (II) (hereafter Nicaragua v. Colombia case, 2012), p. 668, para. 125.

② Maritime Delimitation in the Indian Ocean (Somalia v. Kenya), Preliminary Objections, Judgment, I. C. J. Reports 2017 (hereafter Somalia v. Kenya case, Preliminary Objections, 2017), p. 32, para. 72.

③ Somalia v. Kenya case, Preliminary Objections, 2017, p. 35, para. 84.

④ Somalia v. Kenya case, Preliminary Objections, 2017, p. 40, para. 97.

⑤ See Ghana/Côte d'Ivoire case, ITLOS, 2017, p. 73, paras. 221 – 222, and p. 78, para. 243.

阶段向法院所作的声明,也表明肯尼亚承认尚未与索马里就海洋边界达成协议。

71. 综上,法院认为,肯尼亚没有一贯坚持其主张,即纬线构成与索马里的单一海洋边界。肯尼亚的主张与其 1972 年《领海法》(1979 年仍然有效)、1989 年《海洋区域法》以及 2009 年向委员会提交的“划界案”相矛盾。在这种情况下,索马里有理由认为,其与肯尼亚在领海、专属经济区和大陆架上的海洋边界将由未来谈判和达成的协议确定。因此,法院的结论是,没有令人信服的证据表明肯尼亚一贯坚持其主张和相关行为,以至于索马里需要作出反应。

72. 法院回顾道,肯尼亚主张,索马里接受了以纬线作为海洋边界,特别是它长期没有提出抗议,由此构成了默认。本院将结合上文的结论(参见第 71 段),分析肯尼亚的这一主张。

73. 肯尼亚强调,它在各方积极参加第三次联合国海洋法会议的背景下发布了 1979 年公告,应当根据索马里在此背景中采取的立场来评价它没有作出反应的情况。会议讨论了海洋划界问题,通过了《公约》第 15 条、第 74 条第 1 款和第 83 条第 1 款。法院指出,后两项规定反映了肯尼亚和索马里在谈判期间的观点,即海岸相邻或相向的国家之间的专属经济区和大陆架的划界应通过协议进行,“以便得到公平解决”。但这些条款并没有规定具体的划界方法,也不能从当事方在会议期间的立场推断出索马里拒绝将等距离线作为实现公平解决的可能方法。

74. 在肯尼亚 1979 年公告发布之后的几年里,当事方讨论了双边关系中的各种问题,如贸易和海洋资源开发。然而,没有迹象表明索马里在这一时期接受了肯尼亚沿纬线划定边界的主张。在这方面,肯尼亚提交了 1980 年 5 月 6 日两国副总统会议的记录,但记录没有提到任何关于双方海洋边界或者 1979 年公告的讨论。肯尼亚提交的 1981 年双方会议的其他相关证据也是如此。

75. 直到 1989 年,索马里才主张建立专属经济区或确定其大陆架。1972 年索马里《领海和港口法》第 1 条第 1 款规定索马里的领海延伸至 200 海里,但其中没有任何有关划界的规定。在批准《公约》前不久,索马里通过了 1988 年《海洋法》。《海洋法》第 7 条规定,索马里的专属经济区延伸至 200 海里,第 8 条规定了 200 海里以内和 200 海里以外的大陆架。《海洋法》并未提及这两个海域的划界问题。第 4 条规定索马里的领海延伸至 12 海里,并在第 6 款相关部分规定了与肯尼亚的划界问题：

> 如无多边条约，索马里认为，索马里与吉布提和肯尼亚之间的边界是附件海图所示的从陆地延伸至海洋的一条直线。

76. 索马里没有出示该条款中提到的海图，解释称该海图可能在内战期间遗失或者损毁。索马里坚称"'从陆地延伸至海洋的一条直线'一词是指等距离线"。肯尼亚则主张，虽然该词语的含义不明确，但考虑到索马里当时的实践，应将其解释为指纬线。

77. 法院注意到，《海洋法》第4条第6款也提到了与也门相关海域的划界，其中使用了"中间线"一词。"从陆地向海洋的一条直线"的用语并不明确，也不存在提到的海图，因此无法确定其含义。肯尼亚提出了若干文件，包括1984年索马里《采矿法》和若干地图，肯尼亚认为这些文件支持其对该用语的解释。在1988年《海洋法》之前通过的《采矿法》案文无助于解释"从陆地延伸至海洋的一条直线"的含义。《采矿法》第58条只涉及在索马里领土建立许可区块。《采矿法》本身并没有规定索马里的海洋边界。同样，肯尼亚提交的地图只标明了石油许可区块。法院将在下文进一步解释(参见第86、87段)，许可区块本身不能表明存在海洋边界。

78. 索马里没有立即对肯尼亚2005年公告作出反应。然而，索马里在2009年多次表明了其观点。如上文所述(参见第67段)，当事方当年缔结的谅解备忘录提及尚未解决的海洋争端。索马里2009年向委员会提交的初步资料重复了谅解备忘录的内容，并表明"与邻国的大陆架双边划界问题仍未解决"。此外，在2009年8月19日致联合国秘书长的信中，索马里总理坚持认为：

> 大陆架的划界……尚未解决……肯尼亚主张的海域延伸至陆地边界与海岸交点所在的纬线。而根据国际海洋法，等距离线通常是海岸相邻国家之间大陆架划界的起点。索马里依据后一种观点。

此外，正如法院在2017年判决中所指出的，索马里2014年"以其与肯尼亚存在海洋边界争端为由，反对大陆架界限委员会审议肯尼亚的划界案"。[①] 索马里于2015年撤回了反对意见，指出该争端已提交法院。

79. 最后，法院不能忽视索马里内战的背景，内战使索马里在1991～2005

① Somalia v. Kenya case, Preliminary Objections, 2017, p. 14, para. 19.

年失去了全面运作的政府和行政当局。这些情况是公开和众所周知的,[①]肯尼亚在之前的诉讼阶段中也予以承认。评估索马里在此期间能够在多大程度上对肯尼亚的主张作出反应时,需要考虑这一背景。

80. 基于上述理由,法院认为,如上文所述,索马里 1979～2014 年关于与肯尼亚的海洋边界的行为,特别是其据称没有抗议肯尼亚的主张,并不能确定索马里明确和一贯地接受了沿纬线的海洋边界。

81. 肯尼亚还辩称,双方在 1979～2014 年的其他行为证实了索马里接受沿纬线的海洋边界。肯尼亚特别提到当事方的海军巡逻、渔业、海洋科学研究和石油特许权实践。法院现在将分析肯尼亚的这一主张。

82. 法院回顾道,在海洋划界争端的背景中,就领土争端而言,争端形成的日期具有重要意义。在该日期之后发生的行为,原则上与确定海洋边界无关,不能予以考虑,因为“是由在法律争端中已经提出主张的国家实施的,实施这些行动完全是为了支持其主张”。[②]

83. 肯尼亚主张,当事方在 2014 年之前不存在争端。然而,肯尼亚在 2015 年提交初步反对意见时指出,“索马里直到 2009 年才首次质疑肯尼亚 1979 年专属经济区海洋边界”。索马里则主张,双方自 20 世纪 70 年代以来一直存在海洋边界争端。法院回顾称,当事方 2009 年缔结的谅解备忘录和肯尼亚 2009 年向委员会提交的“划界案”表明,双方在 2009 年存在海洋争端(参见上文第 66～68 段)。索马里没有向法院提供足够的证据证明争端是在 2009 年之前出现的。因此,法院认为,在确定海洋边界时,不能考虑双方在 2009 年之后的行为。

84. 鉴于上述情况,法院将分析肯尼亚提到的当事方行为。法院首先分析海军巡逻的证据。表明肯尼亚海军在领海巡逻和拦截的地图和日志显示,肯尼亚在索马里主张的等距离线以北进行了部分执法活动,但肯尼亚偶尔也会在其主张的沿纬线的海洋边界以北进行执法活动。因此,肯尼亚的海上巡逻和拦截并不必然符合其海洋边界主张。此外,肯尼亚提交的一幅地图上标有“保密”字样,其余的证据并不能证明索马里知道这些活动。

85. 关于渔业和海洋科学研究活动的证据也不支持肯尼亚的主张。肯尼亚

---

① See e. g. Security Council, Report of the Secretary-General on the Protection of Somali Natural Resources and Waters, UN doc. S/ 2011/661, 25 October 2011, para. 22.

② Nicaragua v. Honduras case, 2007, pp. 697 - 698, para. 117; see also Malaysia/Singapore case, 2008, pp. 27 - 28, para. 32; Sovereignty over Pulau Ligitan and Pulau Sipadan (Indonesia/Malaysia), Judgment, I. C. J. Reports 2002, p. 682, para. 135.

提交了其于2011年6月20日向一艘法国船只发放的2011年7月~2012年6月的捕鱼许可,其中包括等距离线以北的渔区坐标。但没有证据表明索马里知道这些活动,而且无论如何这些活动都发生在2009年之后。肯尼亚还提交了索马里渔业和海洋运输部发布的1987~1988年的报告,其中提到了联合国教科文组织政府间海洋学委员会进行的一项调查所研究的位置,但该报告没有表明任何海洋边界。同样,由索马里渔业部出版并转载于联合国环境规划署1987年报告的地图,也没有绘制索马里渔区南侧边界或者与肯尼亚的海洋边界。因此,该地图不能表明索马里认为海洋边界将沿纬线划定。肯尼亚提交的作为证据的其他文件并不是当事方完成的,因此不能反映其官方立场,包括政府间海洋学委员会绘制的地图、联合国粮食及农业组织和联合国开发计划署对肯尼亚近海拖网捕捞的调查、与挪威机构合作调查项目的技术文件等。

86. 关于石油许可,双方提到了第三方以及肯尼亚和索马里机构绘制的部分地图。肯尼亚还提到索马里《采矿法》(参见上文第77段)和《石油法》的规定。法院注意到自上世纪70年代以来,当事方使用不同界限确定近海石油许可区块。然而,双方仅提及了2009年之前发生的有限实践,例如自2000年以来签订的一系列合同,涉及肯尼亚L-5石油许可区块,以及2006年12月至2007年1月在索马里主张的等距离线稍北处钻探第一口探井。在大多数情况下,双方提到的是2009年以后的实践,由于上文解释的原因(参见上文第82、83段),它们与确定海洋边界无关。

87. 法院注意到肯尼亚的主张,即双方的行为,包括石油许可行为,表明存在事实海洋边界(*de facto* maritime boundary)。即使假定2009年前的有限实践证据能够表明,双方至少在一段时间内采用了沿纬线的事实边界,从而确定石油许可区块的位置,但法院认为,这可能"仅是双方在授予许可时谨慎行事的表现"。[①] 法院还回顾道,事实边界"在某些情况下可能与已有的协议法律边界一致,或者更可能是临时线或为了某种特定的有限目的而划定的界线,如共享稀缺资源等"。[②] 法院认为,"证明海洋边界的存在所需要的不仅仅是长期的石油开采实践或者相邻的石油许可范围"。[③]

88. 基于上述理由,法院认为,当事各方在1979~2014年的其他行为并不

---

① Sovereignty over Pulau Ligitan and Pulau Sipadan (Indonesia/Malaysia), Judgment, I. C. J. Reports 2002, p. 664, para. 79.

② Nicaragua v. Honduras case, 2007, p. 735, para. 253.

③ Ghana/Côte d'Ivoire case, ITLOS, 2017, p. 71, para. 215.

能确认索马里已经明确和一贯地接受沿纬线的海洋边界。

89. 总之，法院认为，没有令人信服的证据表明索马里默认了肯尼亚所主张的海洋边界，当事方没有达成沿纬线的协议海洋边界。因此，应当驳回肯尼亚的相关主张。

问题2：海洋划界（第90~197段）

问题2.1：可适用法律（第92段）

92. 索马里和肯尼亚均为《公约》成员国。因此，法院必须适用《公约》的条款划定两国边界。

问题2.2：海洋边界的起点（第93~98段）

93. 虽然当事方最初对确定海洋边界起点的适当办法持不同的意见，但这些意见在诉讼过程中不断改变，现在基本达成一致。

98. 考虑到当事方的意见，法院认为，根据《1927年/1933年条约安排》，确定海洋边界起点的方法是：将PB 29点[①]与低潮线上的一点用一条东南方向的直线连接，该直线与“达累斯萨拉姆海岸线的大致方向”垂直。根据英国海军第3362号海图，法院确定该海洋边界起点的坐标为南纬1°39′44.0″和东经41°33′34.4″（见附图1[②]）。

问题2.3：领海划界（第99~118段）

109. 法院注意到，双方均未请求法院根据《1927年/1933年条约安排》确认存在任何一段海洋边界或划定领海边界。法院回顾了在关于领海的立法中，双方均未提及《1927年/1933年条约安排》的条款。肯尼亚立法提到中间线或等距离线（参见上文第57、58段），索马里1988年《海洋法》提到“附件海图所示的从陆地延伸至海洋的一条直线”（参见上文第75~77段）。法院还注意到，2014年3月26~27日，索马里与肯尼亚举行会议讨论两国海洋边界，会议议程涵盖了包括领海在内的所有海洋区域。代表团讨论了确定海洋边界的“几种选择和方法”，但未达成协议。肯尼亚在审查“基于公平的海洋边界方案”的发言中提到了《公约》中与海洋划界相关的第15条、第74条和第83条。肯尼亚强调，第15条规定通过“中间线”划定“领海”界限，“除非根据历史性所有权和（或）特

① PB 29点是英国和意大利《1927年/1933年条约安排》确定的双方陆地边界终点，根据《1927年协议》，最后一个界标是第29号主要坐标。——编者注

② 附图1为判决原文第242页“草图3”。

殊情况有相反的协议”(着重部分为原文所示)。鉴于上述情况,法院认为没有必要确定《1927 年/1933 年条约安排》是否有领海划界的目的。

111. 法院回顾道,划界方法要根据两国海岸的地理情况,并使用适合该地理情况的基点来构建中间线或等距离线。尽管在确定基点时,法院会考虑当事方的建议,但如果法院认为某一基点不合适,即使当事方已就此达成协议,法院也不是必须选择该基点。法院可以选择双方均未提出的基点。① 法院还回顾道,“有时为了消除小岛屿造成的不成比例影响”,可以不在这类小型海洋地物上选择基点。② 法院曾指出,在某些情况下,“等距离线的公平与否取决于是否采取了预防措施,以消除某些‘小岛、岩石和小的海岸突出部分’造成的不成比例影响”。③

112. 法院认为,有充分的理由质疑当事方提出的确定领海中间线走向的基点的适当性。

113. 法院注意到,当事方并没有为领海划界选择相同的基点。肯尼亚对使用未经实地考察确认的未知低潮地物的基点质疑。索马里在其陆地边界终点一侧提出的前两个基点位于迪瓦 · 达马夏卡岛。这两个基点对领海中间线的走向有显著影响,将其向南推移。索马里选择的第三个基点位于拉斯卡安博尼(Ras Kaambooni)南端以外,也将中间线向南推移。肯尼亚坚持认为,当使用英国海军第 3362 号海图计算基点时,该基点“没有出现”。在起点的索马里一侧,肯尼亚用来构建中间线的基点(与索马里使用的基点不同)也将中间线的最初走向向南推移。在上述微小的海洋地物上设置基点,对中间线走向的影响与它们的大小以及对海岸整体地貌的重要性不成比例。

114. 在本案的情况下,法院认为,仅在当事方大陆海岸的土地上设置构建中间线的基点是适当的。法院认为不宜在微小的迪瓦 · 达马夏卡岛上设置基点,因为与这些地物的面积相比,设置基点将对中间线的走向产生不成比例的影响。出于类似的原因,法院也认为不宜在拉斯卡安博尼南端外的低潮高地上

① See Maritime Delimitation in the Black Sea (Romania v. Ukraine), Judgment, I. C. J. Reports 2009 (hereafter Romania v. Ukraine case, 2009), p. 101, paras. 116 – 117; p. 103, para. 123; p. 104, para. 125 and p. 108, para. 138.

② See Maritime Delimitation and Territorial Questions between Qatar and Bahrain (Qatar v. Bahrain), Merits, Judgment, I. C. J. Reports 2001 (hereafter Qatar v. Bahrain case, 2001), pp. 104 – 109, para. 219, referring to North Sea Continental Shelf (Federal Republic of Germany/Denmark; Federal Republic of Germany/Netherlands), Judgment, I. C. J. Reports 1969 (hereafter North Sea Continental Shelf case, 1969), p. 36, para. 57; see also Delimitation of the Maritime Boundary in the Bay of Bengal (Bangladesh/Myanmar), Judgment, ITLOS Reports 2012 (hereafter Bangladesh/Myanmar case, ITLOS, 2012), p. 47, para. 151.

③ Continental Shelf (Libyan Arab Jamahiriya/Malta), Judgment, I. C. J. Reports 1985 (hereafter Libya /Malta case, 1985), p. 48, para. 64.

设置基点，该地是索马里相对平直的海岸线上的一个小突出，位于海洋划界起点的陆地边界终点附近。

115. 法院在索马里海岸选定的适当基点如下：

基点	坐标
S1	1°39′36. 7″S ~ 41°33′34. 3″E
S2	1°39′34. 4″S ~ 41°33′36. 6″E
S3	1°39′21. 6″S ~ 41°33′48. 6″E
S4	1°39′09. 2″S ~ 41°34′00. 7″E

116. 法院在肯尼亚海岸选定的适当基点如下：

基点	坐标
K1	1°39′42. 4″S ~ 41°33′29. 5″E
K2	1°39′49. 0″S ~ 41°33′24. 9″E
K3	1°40′09. 3″S ~ 41°33′12. 9″E
K4	1°40′25. 5″S ~ 41°33′02. 9″E

117. 由此形成线路从陆地终点（南纬 1°39′44. 0″、东经 41°33′34. 4″）开始，并有以下转折点：

转折点	坐标
1	1°40′18. 3″S ~ 41°34′17. 4″E
2	1°40′32. 1″S ~ 41°34′32. 8″E
3	1°41′12. 8″S ~ 41°35′22. 8″E
4	1°41′39. 0″S ~ 41°36′00. 9″E
5	1°42′39. 9″S ~ 41°37′21. 6″E
6	1°44′01. 2″S ~ 41°39′02. 8″E

距离海岸 12 海里 A 点的坐标为南纬 1°47′39. 1″、东经 41°43′46. 8″。该中间线见附图 2。①

① 附图 2 为判决原文第 249 页"草图 5"。

118. 法院注意到,假设《1927 年/1933 年条约安排》使用"与海岸线的大致方向垂直"的用语是为了划定延伸至领海的边界线,第 117 段说明的中间线也与该线的走向基本吻合。尽管法院在上文已认定无需裁决该问题(参见上文第 109 段)。

问题 2.4:专属经济区和 200 海里以内大陆架划界(第 119 ~ 177 段)

问题 2.4.1:划界方法(第 119 ~ 131 段)

119. 法院现在将对双方专属经济区和 200 海里以内大陆架进行划界。可适用的相关规定是《公约》关于专属经济区划界的第 74 条和关于大陆架划界的第 83 条。

第 74 条第 1 款的规定如下:

> 海岸相向或相邻的国家间专属经济区的界限,应在《国际法院规约》第 38 条所指国际法的基础上以协议划定,以便得到公平解决。

第 83 条第 1 款的规定如下:

> 海岸相向或相邻的国家间大陆架的界限,应在《国际法院规约》第 38 条所指国际法的基础上以协议划定,以便得到公平解决。

120. 这两个条款的内容实质上相同,因此,有助于建立单一海洋边界,划定各自具有特别法律制度的两个不同海域。[①]

121. 但上述规定非常笼统,对海洋划界各方的指导意义有限。划界的目标是实现"公平解决"。如果两国自由协议了海洋边界,则可以视为实现了"公平解决"。但如果它们未能就海洋边界达成协议,并将此事项提交法院,则法院的任务是在海洋划界中探寻公平的解决办法。

122. 自《公约》通过以来,法院逐渐发展出一种海洋划界方法,以协助其完成划界任务。法院分三个阶段进行划界,并在罗马尼亚诉乌克兰"黑海划界案"[②]中对此进行了说明。

123. 在第一阶段,法院将从当事方海岸上最适当的基点建立临时等距离线。正如法院所强调的,"该线根据客观数据严格按照几何标准绘制"。[③]

124. 根据《公约》第 74 条和第 83 条,划界应实现公平解决。法院认为,"要

---

① See Libya /Malta case, 1985, p. 33, para. 33; Canada/United States of America case, 1984, p. 295, para. 96.

② Romania v. Ukraine case, 2009, pp. 101 – 103, paras. 115 – 122.

③ Romania v. Ukraine case, 2009, p. 101, para. 118.

实现公平解决，边界线应尽可能使双方海岸以合理和相互平衡的方式产生海洋权利”。[①] 因此，在第二阶段，法院将“考虑是否存在需要调整或者移动临时等距离线的因素，以实现公平的结果”。[②] 各种因素，被称为“有关情况”（relevant circumstances），可能要求调整或者移动临时等距离线。尽管并不存在有关情况的完整清单，但是这些因素大多是地理性质的。《公约》划界相关条款没有使用“有关情况”一词，对此也没有明确规定。法院、国际海洋法法庭和仲裁庭在具体个案中确定和发展了这些有关情况。正如仲裁庭在“巴巴多斯与特立尼达和多巴哥仲裁案”中所指出的，有关情况属于“个案”。[③]

125. 在第三阶段也就是最后阶段，法院将对设想的划界线，无论是等距离线还是调整线，进行不成比例检验（disproportionality test）。这一检验是为了使法院确信，双方相关海岸长度的比率与在相关海域内划界获得的各自份额的比率没有明显的不成比例，从而确认划界实现了《公约》所要求的公平解决。是否存在明显的不成比例，则应由法院根据划界海域的总体地理情况进行个案判断。[④]

128. 法院认为，《公约》没有规定三阶段方法，因此该方法不具有强制性。它是法院在海洋划界的判例中发展出来的，是法院依照《公约》第 74 条和第 83 条的要求实现公平解决的部分努力尝试。该方法以客观的地理标准为基础，同时考虑影响海洋边界公平性的任何有关情况。该方法为海洋划界过程带来了可预见性，并已被法院应用于过去的一些案件中。[⑤] 国际法庭也采用了海洋划界的三阶段方法。[⑥]

129. 如果存在“导致等距离方法的适用不适当的因素”，法院将不会使用三阶段划界方法，[⑦]例如，从海岸构建等距离线不可行的情况。[⑧] 然而，本案并非如

---

① Nicaragua v. Colombia case, 2012, p. 703, para. 215.

② Romania v. Ukraine case, 2009, p. 101, para. 120, referring to Land and Maritime Boundary between Cameroon and Nigeria (Cameroon v. Nigeria: Equatorial Guinea intervening), Judgment, I. C. J. Reports 2002 (hereafter Cameroon v. Nigeria case, 2002), p. 441, para. 288.

③ Arbitration between Barbados and the Republic of Trinidad and Tobago, Award of 11 April 2006, RIAA, Vol. XXVII (hereafter Barbados/Trinidad and Tobago case, 2006, RIAA), p. 215, para. 242.

④ See Romania v. Ukraine case, 2009, p. 129, para. 213.

⑤ See Romania v. Ukraine case, 2009, p. 101, paras. 115 et seq.; Nicaragua v. Colombia case, 2012, p. 695, para. 190; Peru v. Chile case, p. 65, para. 180; Maritime Delimitation in the Caribbean Sea and the Pacific Ocean (Costa Rica v. Nicaragua) and Land Boundary in the Northern Part of Isla Portillos (Costa Rica v. Nicaragua), Judgment, I. C. J. Reports 2018 (I) (hereafter Costa Rica v. Nicaragua case, 2018), p. 190, para. 135.

⑥ See Bangladesh/Myanmar case, ITLOS, 2012, p. 67, para. 239; Bay of Bengal Maritime Boundary Arbitration (Bangladesh v. India), Award of 7 July 2014, RIAA, Vol. XXXII (hereafter Bangladesh v. India case, 2014, RIAA), p. 106, para. 346; Ghana/Côte d'Ivoire case, ITLOS, 2017, p. 96, para. 324.

⑦ See Nicaragua v. Honduras case, 2007, p. 741, para. 272.

⑧ See Nicaragua v. Honduras case, 2007, p. 745, para. 283.

此,因为本案能够构建等距离线。

130. 此外,本院并不认为如肯尼亚所建议的那样,使用纬线是实现公平解决的适当方法。沿纬度划定的边界将对索马里最南端海岸的海洋投影产生严重的截断效应(cut-off effect)。

131. 因此,法院认为,在本案中没有理由偏离其惯常做法,即使用三阶段划界方法确定索马里和肯尼亚在专属经济区和大陆架的海洋边界。

问题 2.4.2:相关海岸和相关海域(第 132 ~ 141 段)

132. 法院必须首先确定双方的相关海岸,即投影重叠的海岸。[①]

137. 法院利用 200 海里范围内重叠的径向投影(radial projections)(参见上文第 132 段),确定索马里的相关海岸长约为 733 公里,肯尼亚的相关海岸长约 511 公里。

140. 法院已多次解释,"相关海域包括双方潜在权利重叠的那部分海域"。[②]法院还忆及其观点,即"相关海域不能超出双方权利重叠的海域"。[③] 肯尼亚以纬线为界向委员会提交外大陆架主张,并不意味着其潜在权利不能延伸到该纬线以北。相反,这一主张是根据肯尼亚的主张,即纬线是两国的海洋边界,法院认为这一主张未经证实,因而不能接受。

141. 法院认为,在北部,相关海域的范围延伸至肯尼亚海岸与索马里海岸的海上投影重叠处。法院认为,使用从陆地边界终点算起的 200 海里径向投影的重叠部分是适当的。关于相关海域的南部界限,法院注意到,双方同意肯尼亚和坦桑尼亚边界以南的海域不属于相关海域。为了划定专属经济区和 200 海里以内大陆架,法院确定的相关海域面积约为 212, 844 平方公里。

问题 2.4.3:临时等距离线(第 142 ~ 146 段)

142. 法院之后将构建临时等距离线。为此,法院需要在当事方的相关海岸上确定适当的基点。

146. 考虑当事方的意见,法院认为可以依据英国海军第 3362 号海图。该海图确定了以下适当的基点,可用于构建 200 海里以内的临时等距离线。

索马里海岸上的基点:

---

① See Romania v. Ukraine case, 2009, p. 97, para. 99.

② Costa Rica v. Nicaragua case, 2018, p. 184, para. 115; Nicaragua v. Colombia case, 2012, p. 683, para. 159.

③ Nicaragua v. Colombia case, 2012, p. 685, para. 163.

基点	坐标
S4	1°39′09. 2″S ~41°34′00. 7″E
S5	1°38′24. 0″S ~41°34′35. 8″E
S6	1°34′50. 2″S ~41°37′19. 9″E

肯尼亚海岸上的基点：

基点	坐标
K4	1°40′25. 5″S ~41°33′02. 9″E
K5	1°47′11. 4″S ~41°29′10. 5″E
K6	1°47′55. 0″S ~41°28′49. 4″E

依据上述基点构建的临时等距离线从领海边界的终点(A 点)起,一直延伸至距起点 200 海里处的点(10′点),其坐标为南纬 3°31′41. 4″、东经 44°21′02. 5″(见附图 3[①])。从 A 点到 200 海里界限之间的转折点如下：

转折点	坐标
7	2°01′57. 8″S ~42°02′26. 7″E
8	2°05′37. 1″S ~42°08′26. 9″E
9	2°11′13. 0″S ~42°17′25. 5″E
10	2°20′12. 3″S ~42°32′04. 8″E

问题 2. 4. 4：是否需要调整临时等距离线(第 147 ~174 段)

147. 法院之后将考虑是否存在需要调整或者移动临时等距离线的因素,以实现公平解决。自德国和丹麦、德国和荷兰"北海大陆架案"以来,这些因素在法院判例中被称为"有关情况"。[②]

154. 在这一阶段,法院必须"根据案件的具体情况,确定从当事方海岸上确定的基点利用几何方法绘制的临时等距离线是公平的"。[③] 如果确实不公平,法院则应当调整该线,从而实现《公约》第 74 条和第 83 条要求的公平解决。

155. 如上文所述,肯尼亚认为临时等距离线不公平,而索马里认为没有合

---

① 附图 3 为判决原文第 261 页"草图 9"。

② North Sea Continental Shelf case, 1969, p. 53, para. 101.

③ Romania v. Ukraine case, 2009, p. 112, para. 155.

理理由调整该线,并认为这是公平的边界。

156. 法院注意到,肯尼亚援引它认为在本案中构成有关情况的各种因素,试图坚持沿纬线划定海洋边界。法院已认定,索马里和肯尼亚过去没有沿纬线划定的海洋边界。法院也不接受肯尼亚主张的以纬线为基础确定双方海洋边界的方法。肯尼亚现在希望通过大幅度移动临时等距离线,将其由东南方向改为正东方向,从而实现同样的结果。法院认为,肯尼亚所主张的移动临时等距离线的做法是一种根本性的调整,显然无法实现公平解决。这将严重削弱邻接肯尼亚的索马里海岸产生的对大陆架和专属经济区的权利。如此调整的边界线将使双方海岸无法以合理和相互平衡的方式产生海洋权利。①

157. 法院将首先考虑肯尼亚主张的非地理性因素。

158. 就肯尼亚主张的安全利益而言,法院充分认识到并且没有低估该区域安全所面临的严重威胁。这些威胁当然是该区域各国和整个国际社会的合理关切。法院注意到,国际社会,特别是联合国和非洲联盟,以及包括肯尼亚在内的各国为协助索马里在多年内部冲突后重建和平与安全所做的努力。法院认为,国家之间的边界,包括海洋边界,旨在提供永久性和稳定性。鉴于此,法院认为,索马里及其沿海海域目前的安全局势并不具有永久性。因此,法院认为,目前的安全局势不能成为调整临时等距离线的理由。此外,法院回顾其在以往案件中的观点,即"如果海洋划界特别靠近一国海岸",那么合法的安全考虑可以作为有关情况。② 但本案并非如此,因为临时等距离线不在肯尼亚海岸附近。法院还回顾道,"对专属经济区和大陆架的控制通常与安全考虑无关,也不影响航行权"。③

159. 肯尼亚渔民对自然资源的获取是肯尼亚主张调整等距离线的另一因素。在例外情况下,法院可以将该因素作为有关情况予以考虑,特别是如果该线"可能……对有关国家人民的生计和经济福祉造成灾难性影响"。④ 在"缅因湾案"中,法院分庭并未发现其构建的分界线将产生这种后果。根据法院获取的证据,其不认为在本案中,临时等距离线会给肯尼亚人民带来如此严重的后果。无论如何,从肯尼亚提供的地图上看,19 个渔港码头中有 17 个位于拉穆群

① See Nicaragua v. Colombia case, 2012, p. 703, para. 215; Romania v. Ukraine case, 2009, p. 127, para. 201.

② See Nicaragua v. Colombia case, 2012, p. 706, para. 222.

③ Nicaragua v. Colombia case, 2012, p. 706, para. 222.

④ Canada/United States of America case, 1984, p. 342, para. 237; see also Maritime Delimitation in the Area between Greenland and Jan Mayen (Denmark v. Norway), Judgment, I. C. J. Reports 1993, pp. 71 - 72, paras. 75 - 76.

岛(Lamu Archipelago)附近或岛上,因此不会受等距离线的影响。只有2个渔港码头靠近陆地边界终点。此外,在本案中,法院必须考虑到边界线两侧居民的福祉。鉴于上述情况,法院不能接受肯尼亚的主张,即临时等距离线将使肯尼亚无法公平获得对其人口至关重要的渔业资源。

160. 法院现在分析肯尼亚提出的另一个主张,即当事各方在石油许可、海军巡逻、捕鱼和其他活动方面长期和一贯的行为证据表明,存在沿纬线的“事实海洋边界”,因此需要调整临时等距离线。法院过去在总结其判例和各仲裁法庭的判例时指出:

> 虽然当事方对各自石油许可的位置存在明示或默示协议,可能表明双方对各自有权享有的海域达成了共识,但石油许可和油井本身不应作为调整或者移动临时等距离线的有关情况。只有当它们是基于当事方之间的明示或默示协议时,才可予以考虑。[①]

其他类型的行为,例如海军巡逻或捕鱼活动也是如此。法院已经得出结论,当事方没有协议沿纬线的海洋边界(参见上文第88、89段)。索马里和肯尼亚之间没有事实海洋边界。因此,法院不能接受肯尼亚的主张,即根据当事方的行为,必须调整临时等距离线,使其与所谓的事实海洋边界一致。

161. 法院现在将分析肯尼亚认为的需要调整临时等距离线的其余两个主张。肯尼亚认为,适用等距离线将对其海域产生严重的截断效应。它还指出,在200海里以外,等距离线产生的截断效应将严重加剧,基本上会使肯尼亚与其大陆架外部界限被完全截断。肯尼亚还辩称,区域背景和实践要求调整临时等距离线。

162. 法院本身和国际法庭已经承认,使用等距离线可能产生截断效应,特别是在海岸线凹入的情况下。[②] 法院在1985年重申,等距离线“可能产生不成比例的结果,如果海岸存在……明显的凹凸情况”。[③] 虽然国际海洋法法庭认为“在专属经济区和大陆架划界中,海岸凹入本身不一定构成有关情况”,但也证实:

---

① Cameroon v. Nigeria case, 2002, pp. 447 – 448, para. 304.

② See North Sea Continental Shelf case, 1969, p. 17, para. 8, and p. 49, para. 89; Bangladesh v. India case, 2014, RIAA, p. 123, para. 408.

③ Libya /Malta case, 1985, p. 44, para. 56.

当两国之间的等距离线由于海岸的凹入而对其中一国的海洋权利产生截断效应时,则可能有必要调整该线以达到公平的结果。[①]

163. 索马里辩称,肯尼亚受到的任何截断效应影响都是由肯尼亚与坦桑尼亚之间的协议边界造成的。法院认为,肯尼亚/坦桑尼亚海洋边界造成的任何截断效应都不是有关情况。肯尼亚和坦桑尼亚之间的协议是他方行为(*res inter alios acta*)。[②] 它们"本身不能影响"肯尼亚和索马里之间的海洋边界。[③] 而本案需要考虑的问题是,使用等距离线是否对肯尼亚产生截断效应,不是由于肯尼亚和坦桑尼亚之间协议边界,而是因为海岸线的轮廓。

164. 肯尼亚和索马里海岸线上没有任何明显的凹入。然而,为了评估海岸线地理轮廓产生的截断效应程度,仅仅分析两个相关国家的海岸线可能过于狭隘。在喀麦隆诉尼日利亚"陆地和海洋边界案"中,法院指出,"如果海岸线的凹入位于划界区内",则可能构成划界的有关情况。[④] 然而,需要回顾该案的具体情况,特别是法院的意见,即"主要在面向比奥科岛(Bioko)的喀麦隆海岸线部分凹入程度明显",[⑤]但比奥科岛的主权属于第三国,即赤道几内亚。法院认为"喀麦隆的部分海岸线面向比奥科岛……因此,不能将其视为面向尼日利亚,从而与喀麦隆和尼日利亚之间的海洋划界有关"。[⑥] 因此,不能认为法院的观点是在任何情况下都排除考虑在更广泛地理轮廓中的海岸线凹入情况。

165. 在更广泛的地理轮廓中分析海岸线的凹入情况,符合法院和国际法庭采取的方法。在两个"北海大陆架案"中,法院分析了三个国家的海岸,其中德国位于中间。法院对截断效应进行了以下说明:

在海岸凹入或内凹的情况下……使用等距离方法会将边界线向凹入方向内拉……"截断"沿海国与该三角区之外大陆架区域的联系。[⑦]

法院在合并诉讼的背景中表达了这一观点,尽管两个案件本身可以分开。法院指出,"虽然存在两个不同的划界问题,但它们涉及——实际上造成——一

① Bangladesh/Myanmar case, ITLOS, 2012, p. 81, para. 292.
② See Barbados/Trinidad and Tobago case, 2006, RIAA, p. 238, para. 346.
③ See Costa Rica v. Nicaragua case, 2018, p. 187, para. 123.
④ See Cameroon v. Nigeria case, 2002, p. 445, para. 297.
⑤ Cameroon v. Nigeria case, 2002, p. 445, para. 297.
⑥ Cameroon v. Nigeria case, 2002, p. 443, para. 291.
⑦ North Sea Continental Shelf case, 1969, p. 17, para. 8.

种情况”。[①] 法院强调，“在时间上，其中任一划界问题可能已经产生并且需要单独解决，但这并不改变法院实际面临的问题的性质”。[②]

166. 在孟加拉国和缅甸“孟加拉湾划界案”、孟加拉国诉印度“孟加拉湾海洋划界仲裁案”中，尽管涉及两组不同国家之间的边界问题，但国际海洋法法庭在前一案件中，以及仲裁庭在后一案件中，都将三个国家海岸的凹入视为一个整体，孟加拉国位于中间。在孟加拉国诉印度“孟加拉湾海洋划界仲裁案”中，仲裁庭援引了“北海大陆架案”、几内亚和几内亚比绍“海洋划界案”，以及孟加拉国和缅甸“孟加拉湾划界案”的裁决，指出当凹形海岸线上有三个相邻国家时，等距离方法的“缺点是导致位于中间的国家被另外两个国家包围”。[③]

167. 在本案中，应该在更广泛的地理轮廓中评估肯尼亚海洋权利可能被截断的问题。这也是仲裁庭在几内亚和几内亚比绍“海洋划界案”中所采取的办法。仲裁庭考虑到“整个西非”的情况，从而寻求“一种全面考虑其海岸线形状的解决方案”。仲裁庭指出，“这意味着不再局限于考虑短海岸线，而是考虑包括塞拉利昂海岸线在内的长海岸线”。[④] 仲裁庭认为：“虽然几内亚和几内亚比绍的连续海岸线——或者包括塞拉利昂在内的三国——总体是凹形的，但整个西非海岸线无疑是凸形的”。[⑤] 仲裁庭认为，“为了使几内亚和几内亚比绍之间的划界能够公平地纳入西非地区已有的划界……有必要考虑所有这些划界如何与西非海岸线的总体轮廓相协调”。[⑥] 仲裁庭还注意到，如果考虑“更南边的塞拉利昂”，几内亚位于几内亚比绍和塞拉利昂之间，两国海岸线的整体凹入就“更加突出”。[⑦]

168. 如果单独分析肯尼亚和索马里海岸，将无法适当注意到肯尼亚海洋权益可能被截断的问题。如果将索马里、肯尼亚和坦桑尼亚的大陆海岸作为整体，可以发现其海岸线无疑是凹入的，凹入程度甚至明显高于几内亚比绍、几内亚和塞拉利昂的整体海岸线，而仲裁庭认为后者的海岸线是凹入的（参见上文第 167 段）。肯尼亚作为位于索马里和坦桑尼亚之间的中间国家，其海洋权利

① North Sea Continental Shelf case, 1969, p. 9, para. 11.

② North Sea Continental Shelf case, 1969, p. 9, para. 11.

③ Bangladesh v. India case, 2014, RIAA, pp. 123 – 124, paras. 413 – 416.

④ Delimitation of the Maritime Boundary between Guinea and GuineaBissau, Award of 14 February 1985, International Law Reports, Vol. 77 (hereafter Guinea and Guinea Bissau case, 1985, ILR), p. 683, para. 108, emphasis in the original.

⑤ Guinea and Guinea Bissau case, 1985, ILR, p. 683, para. 108.

⑥ Guinea and Guinea Bissau case, 1985, ILR, p. 684, para. 109.

⑦ Guinea and Guinea Bissau case, 1985, ILR, pp. 681 – 682, paras. 103 – 104.

被截断。彭巴岛(Pemba Island)是坦桑尼亚人口众多的大岛,它的存在加剧了这种截断效应,因为它影响了肯尼亚和坦桑尼亚之间假设等距离线的走向。

169. 索马里和肯尼亚之间的临时等距离线逐渐缩小了肯尼亚的海岸投影,显著减少了肯尼亚200海里以内的海洋权利。产生这种截断效应的原因是,从索马里延伸到坦桑尼亚的海岸线的轮廓,与肯尼亚和坦桑尼亚的协议边界线无关,而该边界线实际上减轻了对南部专属经济区和200海里以内大陆架的截断效应。

170. 根据法院和国际法庭的判例,如果截断效应是"严重"或"明显"的(serious or significant),则有理由调整临时等距离线。①

171. 法院认为,尽管本案的截断效应不如其他一些案件明显,但它仍然严重到需要作出一些调整,以解决肯尼亚潜在权利显著缩减的问题。

172. 法院申明,"要实现公平解决,划界线应尽可能地使当事方的海岸以合理和相互平衡的方式产生海洋权利"。② 这是调整临时等距离线时应采用的重要标准。但法院牢记以下原则:"……不存在重塑地理或补偿自然不平等的问题"、"公平并不一定意味着均等"以及"不存在分配正义的问题"。③ 换言之,调整不应该给索马里带来不合理的结果。

173. 临时等距离线的调整必须进行个案评估。正如仲裁庭在"巴巴多斯与特立尼达和多巴哥仲裁案"中所指出的那样,"没有神奇公式(magic formulas)"可用于调整临时等距离线。④ 相反,这是法院在寻求公平解决时全面评估有关情况的结果。为了减轻上述截断效应,法院认为调整临时等距离线是合理的。

174. 鉴于上述考虑,法院认为有必要将等距离线向北移动,使其从A点开始,沿初始方位角为114°的大地测量线移动。该线将以合理和相互平衡的方式减轻未经调整的等距离线因三国海岸的地理轮廓而产生的截断效应。该线的终点是与肯尼亚海岸200海里界限的交点(B点),坐标为南纬3°4′21.3″、东经44°35′30.7″(见附图4⑤)。

---

① See Costa Rica v. Nicaragua case, 2018, pp. 196 – 197, para. 156; Ghana/Côte d'Ivoire case, ITLOS, 2017, p. 120, para. 425; Bangladesh v. India case, 2014, RIAA, p. 124, para. 417.

② Nicaragua v. Colombia case, 2012, p. 703, para. 215.

③ Libya /Malta case, 1985, pp. 39 – 40, para. 46.

④ See Barbados/Trinidad and Tobago case, 2006, RIAA, p. 243, para. 373.

⑤ 附图4为判决原文第271页"草图11"。

问题 2.4.5:不成比例检验(第 175 ~177 段)

175. 在最后阶段,法院将检查拟划界线是否导致当事方各自相关海岸长度的比率与该线所划分的相关海域面积的比率明显不成比例。

176. 索马里相关海岸线长 733 公里,肯尼亚的相关海岸线长 511 公里(参见上文第 137 段)。相关海岸线的比率是 1 : 1.43,索马里占比大。法院划定的海洋边界在海岸 200 海里范围内划分了相关海域,其中约 120,455 平方公里属于肯尼亚,其余约 92,389 平方公里属于索马里。索马里和肯尼亚各自拥有的海域面积比率为 1 : 1.30,肯尼亚占比大。这两个比率的比较并未显示出任何显著或明显的不成比例。

177. 因此,作为索马里和肯尼亚印度洋专属经济区和 200 海里以内大陆架的边界,法院确信调整后的边界线(参见上文第 174 段)实现了《公约》第 74 条第 1 款和第 83 条第 1 款所要求的公平解决。

问题 2.5:200 海里以外大陆架的划界(第 178 ~197 段)

178. 法院最后处理 200 海里以外大陆架的划界问题。法院回顾道,双方都请求法院划定它们之间的完整海洋边界,包括 200 海里以外大陆架。

186. 法院在 2017 年判决中裁定,其对索马里 2014 年 8 月 28 日提交的请求书具有管辖权,并且请求书可受理。[①] 在该请求书中,索马里请求法院划定双方在印度洋的海洋边界线,包括 200 海里以外大陆架。[②]

187. 法院回顾,正如在尼加拉瓜诉洪都拉斯“加勒比海领土和海洋争端案”中所述,“(《公约》成员国)对 200 海里以外大陆架权利的任何主张必须符合《公约》第 76 条,并由根据该条款成立的大陆架界限委员会审查”。[③]

188. 法院注意到,两国都按照《公约》第 76 款向委员会提交了关于 200 海里以外大陆架界限的“划界案”。肯尼亚于 2009 年 5 月 6 日向委员会提交了“划界案”,索马里于 2014 年 7 月 21 日提交了“划界案”,并于 2015 年 7 月 16 日提供了修正版执行摘要(amended Executive Summary)。此外,各方都反对委员会审议对方的“划界案”,但随后又撤回了反对意见。法院注意到,索马里和肯尼亚都履行了《公约》第 76 条规定的义务。与此同时,委员会尚未审议相关划界案,也未对此向索马里和肯尼亚提出任何建议。只有在提出建议后,索马

① See Somalia v. Kenya case, Preliminary Objections, 2017, p. 53, para. 145 (3).

② See Somalia v. Kenya case, Preliminary Objections, 2017, p. 10, para. 11.

③ Nicaragua v. Honduras case, 2007, p. 759, para. 319.

里和肯尼亚才能根据《公约》第 76 条第 8 款的规定,划定其大陆架确定和有约束力的外部界限。

189. 法院强调,没有确定大陆架外部界限本身并不妨碍两个海岸相邻国家之间的大陆架划界,本案也是此种情况。正如国际海洋法法庭所指出的:

> 国际法院和法庭行使海洋划界的管辖权,包括大陆架划界,并不妨碍委员会行使其大陆架外部界限定界的职责。①

190. 索马里主张,法院可根据双方向委员会提交的划界案所载资料划定 200 海里以外大陆架边界,为此,索马里特别援引了孟加拉国和缅甸"孟加拉湾划界案"的判决。诚然,在该案判决中,法庭根据孟加拉国和缅甸向委员会提交的划界案,划定了 200 海里以外大陆架的海洋边界。法庭确信,根据关于孟加拉湾独特性的无争议科学证据以及在诉讼期间向法庭提交的信息,从缅甸海岸到 200 海里以外的海域有连续和相当的沉积岩层。法庭指出,"厚厚的沉积岩层几乎覆盖了整个孟加拉湾海底"。② 因此,法庭认定,双方都有权主张 200 海里以外大陆架。③ 法院注意到,在该案中,法庭在得出这一结论时,特别考虑了"(孟加拉湾的)独特情况,该情况得到了第三次联合国海洋法会议谈判过程的承认"。④

191. 法院认为,当事方对 200 海里以外大陆架的权利应当根据《公约》第 76 条第 4 款和第 5 款确定的大陆边外缘来确定。⑤

192. 第 76 条第 4 款和第 5 款的规定如下:

> 4. (a)为本公约的目的,在大陆边从测算领海宽度的基线量起超过 200 海里的任何情形下,沿海国应以下列两种方式之一,划定大陆边的外缘:
>
> (1)按照第 7 款,以最外各定点为准划定界线,每一定点上沉积岩厚度至少为从该点至大陆坡脚最短距离的百分之一;或
>
> (2)按照第 7 款,以离大陆坡脚的距离不超过 60 海里的各定点为准划定界线。
>
> (b)在没有相反证明的情形下,大陆坡脚应定为大陆坡底坡度变动最

---

① Bangladesh/Myanmar case, ITLOS, 2012, p. 100, para. 379.

② Bangladesh/Myanmar case, ITLOS, 2012, p. 115, para. 445.

③ See Bangladesh/Myanmar case, ITLOS, 2012, pp. 115 – 116, paras. 446, 449.

④ Bangladesh/Myanmar case, ITLOS, 2012, p. 115, para. 444.

⑤ See Bangladesh/Myanmar case, ITLOS, 2012, p. 114, para. 437.

大之点。

5. 组成按照第4款(a)项(i)和(ii)目划定的大陆架在海床上的外部界线的各定点,不应超过从测算领海宽度的基线量起350海里,或不应超过连接2500公尺深度各点的2500公尺等深线100海里。

193. 国家对200海里以外大陆架的权利取决于地质和地貌标准,并应遵守第76条第5款的限制。划界的关键步骤是确定是否存在此种权利以及权利是否重叠。本案的情况与国际海洋法法庭在孟加拉国和缅甸“孟加拉湾划界案”处理情况不同。在该案中,孟加拉湾的独特情况以及第三次联合国海洋法会议的谈判记录特别阐明了当事方对该问题的主张,足以使法庭能够进行200海里以外海域的划界。

194. 法院注意到,在索马里和肯尼亚向委员会提交的划界案中,双方都根据科学证据主张200海里以外大陆架,并且其主张重合。在许多重叠主张的地区,双方都主张其大陆架延伸至最大距离的350海里。此外,法院还注意到,各方均不质疑另一方对200海里以外大陆架权利的存在以及主张的范围。它们之间对大陆架划界存在争端。双方在诉求中均请求法院划定在印度洋的边界,直至大陆架外部界限。基于上述原因,法院决定进行划界。

195. 关于肯尼亚为调整临时等距离线而援引的有关情况,法院先前已经考虑过这些情况,并相应地调整了专属经济区内和200海里以内大陆架上的等距离线。法院回顾,在大部分主张重叠海域,索马里和肯尼亚都主张延伸至350海里的大陆架。法院因此认为,将200海里以内划定专属经济区和大陆架界限的大地测量线延长,从而划定200海里以外的大陆架是适当的。

196. 因此,法院认为,200海里以外的海洋边界应当沿200海里以内经调整的同一大地测量线继续延伸,直至双方大陆架的外部界限,该界限将由索马里和肯尼亚根据委员会的建议分别确定;或者直到第三国权利可能受到影响的区域。该线的走向参见附图5①。

197. 根据肯尼亚200海里以外大陆架权利的范围(由肯尼亚将来根据委员会的建议确定),划界线可能产生有限面积的海域,位于肯尼亚海岸200海里以外、索马里海岸200海里以内,但位于肯尼亚边界线一侧的灰区(grey area)(参见附图5)。因为“灰区”的存在仅是一种可能,法院认为,在本案的情况下,没

① 附图5为判决原文第278页“草图12”。

有必要对适用于该区域的法律制度发表观点。

问题 3:肯尼亚据称违反的国际义务(第 198 ~ 213 段)

203. 法院将首先分析索马里的主张,即肯尼亚在争议海域的单方行动侵犯了索马里的领海主权及对专属经济区和大陆架的主权权利和管辖权。法院回顾,索马里的诉求“是在海洋划界的诉讼过程中提出的,而边界在法院作出裁决之前尚未解决。法院判决的结果是……当事方之间的海洋边界现在才划定”。[①]法院认为,当各国的海洋权利主张重叠时,关于一国在根据判决归属于另一国的海域中进行的海洋活动,“如果这些活动是在判决作出之前进行的,并且两国均对相关海域提出善意主张,则不能认为相关活动侵犯后者的主权权利”。[②]

204. 索马里控诉肯尼亚在拉穆海盆(Lamu Basin)进行或授权进行的测量和钻井活动。法院注意到,这些许可区块全部或部分位于索马里所主张的等距离线海洋边界以北。没有证据表明肯尼亚对相关海域的主张并非出于善意。在这种情况下,法院认为,不能确定肯尼亚的海上活动,包括在现属于索马里的部分争议海域中进行的活动,侵犯了索马里的主权或主权权利和管辖权。

205. 法院现在分析索马里的另一主张,即肯尼亚的活动违反了《公约》第 74 条第 3 款和第 83 条第 3 款。这两款分别涉及专属经济区和大陆架,其规定如下:

> 在达成第 1 款规定的协议以前,有关各国应基于谅解和合作精神,尽一切努力作出实际性的临时安排,并在此过渡期间内,不危害或阻碍最后协议的达成。这种安排应不妨害最后界限的划定。

206. 尚未就专属经济区或者大陆架划界达成协议的国家有义务“尽一切努力……在此过渡期间内,不危害或阻碍最后协议的达成”。法院认为,这些条款所称的“过渡期间”是指“海洋划界争端产生后到通过协议或裁决完成最终划界的期间”。[③] 如前文所述(参见上文第 83 段),法院认为,当事方之间的海洋划界争端自 2009 年确立。因此,法院仅需分析肯尼亚 2009 年之后进行的活动是否危害或阻碍了海洋划界最后协议的达成。

207. 法院认为,索马里控诉某些活动,包括将石油许可区块授予私人经营

---

① Nicaragua v. Colombia case, 2012, p. 718, para. 250.

② Ghana/Côte d'Ivoire case, ITLOS, 2017, p. 159, para. 592.

③ Ghana/Côte d'Ivoire case, ITLOS, 2017, p. 168, para. 630.

者以及在这些区块进行地震勘测和其他调查,这些活动具有暂时性(transitory character)。[①] 这些活动不会导致海洋环境发生永久性物理变化,也没有证明它们会危害或阻碍海洋划界最后协议的达成。[②]

208. 索马里还控诉了某些钻探活动,可能会导致海洋环境发生永久性物理变化。这种活动可能改变海洋争端当事方之间的现状,并可能危害或阻碍最后协议的达成。[③] 索马里特别提到了 2011 年在拉穆海盆钻探的 4 口油井,2013 年和 2014 年在 L-22 区块进行的钻井作业,以及“计划于 2015 年”在 L-5 区块进行的勘探钻井。肯尼亚没有否认在拉穆海盆进行了授权的钻井作业,但表示 2014 年在 L-22 区块没有钻探,L-5 区块的钻探计划“从未实施”。

209. 法院指出,肯尼亚能源和石油部的一名专员在 2011 年提交的报告中提到了拉穆海盆的海上钻井作业,但只列出了 2007 年之前钻探的油井。2016 年 12 月,肯尼亚能源和石油部发布了《肯尼亚石油部门战略环境和社会评估最终报告》,其中一张地图显示,2009 年之后在拉穆海盆钻探了 4 口油井,但这些油井均位于索马里主张的等距离线海洋边界以南,并且距离很远。这张地图没有显示 2009 年以后在索马里提到的石油许可区块中钻探的油井。关于所称的 L-22 区块中的钻探,私营运营商发布的两份文件称,2013 年“根据 L-22 海上许可正在进行钻探作业”,并且“根据 L-22 海上许可,2014 年年初进行了钻探作业”。但这些文件都没有明确说明这些作业的确切位置。至于据称在 L-5 区块进行的钻探,索马里没有向法院提供证据以证明曾进行过任何此类钻探作业。因此,根据法院获得的证据,无法充分确定 2009 年之后进行了可能导致争议海域发生永久性物理变化的钻井作业。

210. 法院还注意到,双方在 2014 年进行了海洋划界谈判(参见上文第 69 段),并且肯尼亚在 2016 年暂停了在争议海域的活动,并提出将与索马里达成临时安排。

211. 鉴于上述情况,法院不能认定肯尼亚在争议海域的活动危害或阻碍了海洋划界最后协议的达成,从而违反了《公约》第 74 条第 3 款或第 83 条第 3 款。

---

① See Aegean Sea Continental Shelf (Greece v. Turkey), Interim Protection, Order of 11 September 1976, I. C. J. Reports 1976, p. 10, para. 30.

② See Arbitration regarding the Delimitation of the Maritime Boundary between Guyana and Suriname, Award of 17 September 2007, RIAA, Vol. XXX (hereafter Guyana and Suriname case, 2007, RIAA), pp. 132-133, paras. 466-467 and 470.

③ See Guyana and Suriname case, 2007, RIAA, p. 137, para. 480.

212. 因此,法院认为肯尼亚没有因其在争议海域的海上活动而违反国际义务。由于没有引起肯尼亚的国际责任,法院无需审查索马里的赔偿请求。因此,驳回索马里的诉求。

213. 当事方之间的海洋边界已经划定,法院期待当事方根据国际法充分尊重对方的主权、主权权利和管辖权。

(五)裁判结果(第 214 段)

第一,全体一致认定,索马里与肯尼亚之间没有沿纬线延伸的协议海洋边界;

第二,全体一致判定,划定索马里与肯尼亚的单一海洋边界的起点是从 PB 29 点开始、与海岸大致方向垂直的直线与低潮线的交点,其坐标为南纬 1°39′44. 0″、东经 41°33′34. 4″;

第三,全体一致判定,领海的海洋边界从该起点开始,沿第 117 段所述中间线延伸,直至 12 海里界限处的 A 点,该点坐标为南纬 1°47′39. 1″、东经 41°43′46. 8″;

第四,以 10 票对 4 票判定,划定索马里与肯尼亚专属经济区和 200 海里以内大陆架的单一海洋边界从领海边界的终点(A 点)开始,沿初始方位角为 114°的大地线延伸,直至与肯尼亚海岸 200 海里界限的交点(B 点),该点的坐标为南纬 3°4′21. 3″、东经 44°35′30. 7″;

第五,以 9 票对 5 票判定,划定大陆架界限的海洋边界从 B 点开始,沿同一条大地线继续延伸,直至到达大陆架外部界限或第三国权利可能受到影响的区域为止;

第六,全体一致驳回索马里最终诉求的第四项主张。

(六)法官意见

本案中,多诺霍院长(President Donoghue)发表了个别意见,亚伯拉罕法官(Judge Abraham)和优素福法官(Judge Yusuf)发表了个别意见,薛捍勤法官(Judge Xue)发表了声明,罗宾逊法官(Judge Robinson)发表了部分赞成和部分反对的个人意见,专案法官纪尧姆(Judge *ad hoc* Guillaume)发表了个别意见。

二、国际法制度

(一)领海划界

《公约》第15条是领海划界的规则,基本延续了1958年《领海及毗连区公约》第12条的规定:"如果两国海岸彼此相向或相邻,两国中任何一国在彼此没有相反协议的情形下,均无权将其领海延伸至一条其每一点都同测算两国中每一国领海宽度的基线上最近各点距离相等的中间线以外。但如因历史性所有权或其他特殊情况而有必要按照与上述规定不同的方法划定两国领海的界限,则不适用上述规定。"该规则反映了习惯国际法,也被称为"等距离/特殊情况"规则。[①]

根据《公约》第15条的规定,领海划界应当首先考虑当事方之间是否存在协议的边界。根据国际法庭的判例,"协议"可以采用书面形式,也可采取其他形式,关键是有关国家达成了海洋边界的"共识"。[②] 例如,当事方可能通过其不作为默认海洋边界,或者通过行为对海洋边界达成默示协议。[③]

在没有相反协议的情况下,第15条将中间线作为首要的划界规则。[④] 法院曾指出"最合乎逻辑和广泛采用的方法是首先划一条临时等距离线,然后再考虑是否必须根据存在的特殊情况调整该线"。[⑤] 是否存在特殊情况,需要国际法庭根据个案的具体情况进行判断。例如,在哥斯达黎加诉尼加拉瓜"加勒比海和太平洋海洋划界案"中,法院认为影响领海划界的特殊情况是,圣胡安河河口附近的沙洲非常不稳定和狭窄,以至于无法在哥斯达黎加领土上选择适当的基点;[⑥]而在同案中,法院认为尼加拉瓜部分海岸的凹入和哥斯达黎加部分海岸的凸出的影响有限,因而没有将其作为调整等距离线的特殊情况。[⑦]

为了构建临时等距离线,法院需要根据当事方海岸的地理情况,选择适当的基点。在这个过程中,法院会考虑当事方的建议,但如果法院认为某一基点

---

① See Qatar v. Bahrain case,2001,p. 94,para. 176.

② See Peru v. Chile case,p. 23,para. 43; p. 31,para. 69.

③ 关于默认和默示协议的具体分析,参见下文"专属经济区和200海里以内大陆架划界"部分。

④ See Guyana and Suriname case,2007,RIAA,p. 82,para. 296.

⑤ Qatar v. Bahrain case,2001,p. 94,para. 176; Nicaragua v. Honduras case,2007,p. 740,para. 268.

⑥ See Costa Rica v. Nicaragua case,2018,p. 178,para. 104.

⑦ See Costa Rica v. Nicaragua case,2018,p. 178,para. 103.

不合适,即使当事方同意选择该基点,法院也会拒绝;同时,法院也可选择双方均未提出的基点。[①] 此外,为了消除小岛屿造成的不成比例影响,也可以不在这类小型海洋地物上选择基点。[②] 在索马里诉肯尼亚"划界案"中,法院分析了当事方选择基点的适当性,拒绝在微小的岛屿和边界起点附近的低潮高地设置基点。[③]

(二)专属经济区和200海里以内大陆架划界

1.《公约》的规定

《公约》第74条第1款规定了专属经济区的划界规则,第83条第1款规定了大陆架的划界规则,法院认为这两条规则也反映了习惯国际法。[④] 第74条第1款规定:"海岸相向或相邻的国家间专属经济区的界限,应在《国际法院规约》第38条所指国际法的基础上以协议划定,以便得到公平解决。"第83条第1款规定:"海岸相向或相邻的国家间大陆架的界限,应在《国际法院规约》第38条所指国际法的基础上以协议划定,以便得到公平解决。"这两个条款的内容基本一致,这也是实践中当事方经常要求国际法庭进行单一划界的原因。

2. 协议划界

根据《公约》的规定,划界首先应当通过协议进行。法院多次强调,国家间的海洋划界必须通过彼此之间的协议进行;如果没有达成此类协议,则应诉诸拥有必要权限的第三方。[⑤] 因此,海洋划界不能由其中任何一个相关国家单方面进行。[⑥] 协议的常见形式是当事方通过谈判达成的划界条约,也可采取其他形式,关键是有关国家达成了海洋边界的共识。[⑦] 在索马里诉肯尼亚"印度洋海洋划界案"中,法院主要分析了当事方是否通过默认和默示协议等非书面形式对海洋边界达成了协议。

关于是否存在通过默认或默示协议确定的海洋边界,法院设置了相当高的证明标准,这是因为确定永久性海洋边界是极为重要的事项,因此,相关证据必

---

① See Romania v. Ukraine case, 2009, p. 101, paras. 116 – 117, p. 103, para. 123, p. 104, para. 125, and p. 108, para. 138.

② See Qatar v. Bahrain case, 2001, pp. 104 – 109, para. 219; Bangladesh/Myanmar case, ITLOS, 2012, p. 47, para. 151.

③ See Maritime Delimitation in the Indian Ocean (Somalia v. Kenya), Judgment, I. C. J. Reports 2021 (hereafter Somalia v. Kenya case, 2021), paras. 112 – 114.

④ See Qatar v. Bahrain case, 2001, p. 91, paras. 167.

⑤ See Canada/United States of America case, 1984, p. 299, para. 112 (1).

⑥ See Canada/United States of America case, 1984, p. 299, para. 112 (1); Continental Shelf (Tunisia/Libyan Arab Jamahiriya), Judgment, I. C. J. Reports 1982, p. 66, para. 87; United Kingdom v. Norway case, 1951, p. 132.

⑦ See Peru v. Chile case, p. 23, para. 43, and p. 31, para. 69.

须令人信服。[①] 关于默认，法院认为如果另一国的行为要求在合理期间内作出反应，而一国没有反应，则可能构成默认。[②] 根据法院在该案中的分析，默认确定海洋边界应当满足以下条件：一方面，须有令人信服的证据表明，一国明确和一贯主张了某一海洋边界，以至于另一方需要作出反应。[③] 在该案中，肯尼亚虽然在诉讼中主张存在沿纬线的海洋边界，但其 1972 年《领海法》、1989 年《海洋区域法》以及 2009 年向委员会提交的“划界案”均表明其与索马里的边界尚未确定。[④] 另一方面，须有令人信服的证据表明，另一国明确和接受了该海洋边界。在该案中，没有证据表明索马里接受了肯尼亚主张的边界线，索马里甚至多次明确表示双方边界尚未确定，并且明确主张以等距离线作为边界。除此之外，法院还考虑了索马里内战的背景，内战使索马里在 1991 ~2005 年缺乏全面有效的政府和行政当局，法院认为应当结合该背景评估索马里在此期间对肯尼亚主张作出反应的能力。[⑤]

3. 公平解决与三阶段划界方法

除了协议划界之外，《公约》第 74 条第 1 款和第 83 条第 1 款规定了划界目标，即实现公平解决。可以发现，该规定非常笼统和模糊，[⑥]并没有规定具体的划界方法，这也为国际法庭在实践中发挥自由裁量权留下空间。为了实现公平划界，国际法庭进行了多种尝试，总体而言可以分为三个历史阶段。[⑦]

第一个历史阶段是从 1969 年“北海大陆架案”到 1984 年“缅因湾案”。这一阶段的突出特点是国际法庭强调公平划界的结果，否定存在特定的划界方法，特别是否定等距离划界方法的强制性和优先性。虽然这种实践考虑了个案的具体情况，但是划界缺乏稳定性和可预期性。第二个历史阶段是从 1985 年利比亚和马耳他“大陆架划界案”到 2007 年尼加拉瓜诉洪都拉斯“加勒比海领土和海洋争端案”。这一阶段的突出特点是单一划界的趋势明显，并且国际法庭逐渐开始肯定等距离划界方法，并形成了以等距离线为出发点的两阶段划界方法。第三个历史阶段是从 2009 年罗马尼亚诉乌克兰“黑海划界案”开始，其

---

① See Nicaragua v. Honduras case, 2007, p. 735, para. 253; see also Peru v. Chile case, pp. 38 – 39, para. 91; Ghana/Côte d'Ivoire case, ITLOS, 2017, p. 70, para. 212.

② See Malaysia/Singapore case, 2008, pp. 50 – 51, para. 121; Temple case, 1962, p. 23.

③ See United Kingdom v. Norway case, 1951, pp. 138 – 139.

④ See Somalia v. Kenya case, 2021, para. 71.

⑤ See Somalia v. Kenya case, 2021, para. 79.

⑥ See Somalia v. Kenya case, 2021, para. 121.

⑦ 参见高健军：《国际海洋法》，法律出版社 2022 年版，第 95 ~115 页。

突出特点是形成了三阶段划界方法,并在之后的案件中得到了多次适用。

三阶段划界方法的具体步骤是:

在第一阶段,国际法庭将从当事方海岸上选择最适当的基点从而构建临时等距离线,“该线根据客观数据严格按照几何标准绘制”。[①] 如上文所述,应当由国际法庭在当事方海岸上选择适当的基点,避免产生不公平的划界结果,但在选择过程中国际法庭享有很大的裁量权。[②]

在第二阶段,法院将考虑有关情况,从而决定是否需要调整或者移动临时等距离线,以实现公平的结果。[③] 需要注意的是,不存在有关情况的完整清单,需要国际法庭根据个案的情况进行分析,[④]并且如何根据有关情况调整等距离线,国际法庭拥有很大的自由裁量权。例如,在索马里诉肯尼亚“印度洋海洋划界案”中,法院主要考虑的因素是索马里、肯尼亚和坦桑尼亚三国的整体海岸线呈凹形,截断了肯尼亚海岸产生的权利。[⑤] 在以往的案件中,国际法庭还考虑过当事方海岸线长度的悬殊差异,岛屿的特殊位置等因素。可以发现,能够调整临时等距离线的有关情况主要是地理性因素。对于非地理性因素,国际法庭一般持非常谨慎的态度。例如,在索马里诉肯尼亚“印度洋海洋划界案”中,肯尼亚提出了安全利益,尽管法院表示了关切,但指出一般在边界特别靠近一国海岸的情况下,安全利益才可以作为有关情况进行考虑;[⑥]关于肯尼亚提出的对渔业资源的获取,法院认为,只有在临时等距离线可能对有关国家人民的生计和经济福祉造成灾难性影响时,才可以作为例外情况予以考虑;[⑦]肯尼亚还要求法院考虑石油许可、海军巡逻、捕鱼等行为证据,但法院认为仅在相关证据表明当事方之间存在明示或默示协议边界时才会予以考虑,[⑧]但根据上文的分析,协议边界的证据标准非常高。

在第三阶段,国际法庭将进行不成比例检验,比较双方相关海岸长度的比率和在相关海域内通过划界获得的各自份额的比率,确定两者之间没有明显不

---

① Romania v. Ukraine case,2009,p. 101,para. 118.

② 参见上文“领海划界”部分。

③ See Romania v. Ukraine case,2009,p. 101,para. 120.

④ See Barbados/Trinidad and Tobago case,2006,RIAA,p. 215,para. 242.

⑤ See Somalia v. Kenya case,2021,paras. 167 – 174.

⑥ See Somalia v. Kenya case,2021,para. 158;see also Nicaragua v. Colombia case,2012,p. 706,para. 222.

⑦ See Somalia v. Kenya case,2021,para. 159;see also Canada/United States of America case,1984,p. 342,para. 237;Maritime Delimitation in the Area between Greenland and Jan Mayen (Denmark v. Norway),Judgment,I. C. J. Reports 1993,pp. 71 – 72,paras. 75 – 76.

⑧ See Somalia v. Kenya case,2021,para. 160;see also Cameroon v. Nigeria case,2002,pp. 447 – 448,para. 304.

成比例,从而确保划界实现了《公约》所要求的公平解决。相关海岸是指当事方权利投影重叠的海岸,[①]相关海域是指当事方潜在权利重叠的海域。[②] 至于两个比率是否明显不成比例,则主要由法院根据划界海域的总体地理情况进行个案判断。[③] 法院强调,并不会适用严格的比例原则,海洋划界不是为了使当事方的相关海岸线长度与各自在相关海域获得的份额相关联。[④] 根据国际法庭的判例,在适用不成比例检验时需要非常谨慎。[⑤] 在实践中,国际法庭基本没有在第三阶段认定存在明显的不成比例,尽管部分案件中的比例差异较大,甚至出现截然相反的情况。例如,在索马里诉肯尼亚"印度洋海洋划界案"中,索马里与肯尼亚相关海岸的长度比率为1.43∶1,而划界后各自拥有海域的面积比是1∶1.30,在这种情况下,法院仍然认为这两个比率没有显著或明显的不成比例。[⑥] 并且,部分案件因为涉及众多第三国权利,有时甚至无法确切确定相关海域或者划界后当事方各自划得的海域面积,导致无法确定相关海域的比率。[⑦] 因此,第三阶段的实际作用可能较为有限。

由此可见,三阶段划界方法以客观的地理标准为基础,同时考虑影响海洋边界公平性的有关情况,该方法为海洋划界过程带来了可预见性。[⑧] 然而,该方法并不是来源于《公约》的直接和明确规定,而是产生和形成于国际法庭争端解决的实践。法院也多次强调,该方法并不具有强制性。[⑨] 如果存在适用等距离方法的不适当的因素,法院也不会适用三阶段划界方法。[⑩] 例如,从海岸构建等距离线不可行的情况。[⑪] 然而,目前国际法庭存在机械和僵化适用三阶段划界方法的倾向。例如,2012年尼加拉瓜诉哥伦比亚"领土和海洋争端案"涉及尼加拉瓜陆地和附近哥伦比亚分散岛屿的划界,法院仍然坚持首先构建一条临时等距离线,在第二阶段结合有关地理情况进行调整,但从根本上改变了最初的临时等距离线,引起了对优先考虑临时等距离线必要性的质疑。

尽管三阶段划界方法提供了划界的稳定性和可预见性,但也需注意,在所

① See Romania v. Ukraine case, 2009, p. 97, para. 99.
② See Costa Rica v. Nicaragua case, 2018, p. 184, para. 115; Nicaragua v. Colombia case, 2012, p. 683, para. 159.
③ See Romania v. Ukraine case, 2009, p. 129, para. 213.
④ See Somalia v. Kenya case, 2021, para. 158; see also Nicaragua v. Colombia case, 2012, p. 715, para. 240.
⑤ See Nicaragua v. Colombia case, 2012, p. 717, para. 245.
⑥ See Somalia v. Kenya case, 2021, para. 176.
⑦ See Libya/Malta case, 1985, p. 53, para. 74.
⑧ See Somalia v. Kenya case, 2021, para. 128.
⑨ See Somalia v. Kenya case, 2021, para. 128; Nicaragua v. Colombia case, 2012, p. 696, para. 194.
⑩ See Nicaragua v. Honduras case, 2007, p. 741, para. 272.
⑪ See Nicaragua v. Honduras case, 2007, p. 745, para. 283.

有的阶段中,国际法庭仍然享有相当大的自由裁量权,包括基点的选择、有关情况的确定、根据有关情况调整临时等距离线的方式,以及是否存在明显不成比例的认定等。此种自由裁量权对于海洋划界这种高度依赖事实的争端来说,在一定程度上无法避免,但应当尽量形成较为稳定的实践。

(三)200 海里以外大陆架

1. 大陆架的概念

大陆架制度起源于 1945 年美国总统杜鲁门的声明,主张处于公海下但毗连美国海岸的大陆架的海床和底土的自然资源属于美国,受美国的管辖和控制。这是对传统公海自由原则的违反,但之后的实践表明,越来越多的国家主张对大陆架的权利,1958 年《大陆架公约》正式建立了大陆架制度。

1958 年《大陆架公约》第 1 条将大陆架定义为:“邻接海岸但在领海范围以外,深度达 200 米或者超过此限度而上覆水域的深度容许开采其自然资源的海底区域的海床和底土。”该规定采取了深度和可开发性标准,但该标准缺乏稳定性和确定性,尤其是随着技术的发展,会导致一国的大陆架范围变大,并且各国的开发能力并不一致。

鉴于此,第三次联合国海洋法会议通过的《公约》规定了新的大陆架定义,第 76 条第 1 款规定:“沿海国的大陆架包括其领海以外依其陆地领土的全部自然延伸,扩展到大陆边外缘的海底区域的海床和底土,如果从测算领海宽度的基线量起到大陆边的外缘的距离不到 200 海里,则扩展到 200 海里的距离。”因此,《公约》采取了自然延伸和距离两个标准来界定大陆架:其一,如果沿海国仅主张 200 海里以内的大陆架,确定其范围的标准较为简单,主要取决于距离;其二,如果沿海国主张 200 海里以外的大陆架,则须考虑自然延伸到大陆边外缘的情况。第 76 条第 3 款规定了大陆边的范围,“包括沿海国陆块没入水中的延伸部分,由陆架、陆坡和陆基的海床和底土构成,它不包括深洋洋底及其洋脊,也不包括其底土”。

因此,《公约》主要是在法律背景中使用了科学术语,但其含义有时同公认的科学定义和术语相去甚远。[①] 法律意义上的大陆架实际上包括了陆架、陆坡和陆基,范围要大于科学意义上的大陆架。此外,由于采取了距离标准,即使沿

① 参见委员会:《大陆架界限委员会科学和技术准则》,CLCS/11,1999 年 5 月,导言第 1.3 段。

海国实际不存在科学意义上的大陆架,也可以主张200海里的大陆架。

2. 200海里以外大陆架的外部界限

对大陆架外部界限的确定也被称为定界(delineation),主要受《公约》第76条规制,该过程不同于《公约》第83条规定的大陆架划界(delimitation)。[①] 对于自然延伸超过200海里的国家,确定其大陆架的外部界限是较为复杂的法律与科学问题。根据第76条第1款的规定,"大陆边外缘"是判断自然延伸的核心要素,第3款和第4款为此进一步解释了大陆边外缘的概念,特别是第4款规定了确定大陆边外缘的具体方法,[②]即大陆边的外缘应以最外各定点为准划定界线,每一定点上沉积岩厚度至少为从该点至大陆坡脚最短距离的1%;或以离大陆坡脚的距离不超过60海里的各定点为准划定界线。此外,根据《公约》第76条第5款,即使按照第4款的方法确定的大陆架也存在最大宽度的限制,即不应超过从领海基线量起350海里,或不应超过连接2500米等深线100海里。因此,《公约》关于大陆架采取了距离、自然延伸、坡脚线、沉积、深度等复合标准,涉及地形学、地貌学、地质学、测绘学和测深学等众多学科。[③]

为了确定200海里以外大陆架的外部界限,防止对作为人类共同继承财产的国际海底区域的侵占,《公约》建立了大陆架界限委员会,由地质学、地球物理学或水文学方面的专家组成,[④]其职责是审议200海里以外大陆架外部界限的资料,并为沿海国提供相关科学和技术咨询意见。[⑤] 在具体确定200海里以外大陆架外部界限时,根据《公约》第76条第8款的规定,沿海国应当向委员会提交外部界限的情报,委员会审议后提出建议,沿海国在建议的基础上划定的大陆架界限才具有确定性和拘束力。

三、案例评析

(一)对临时等距离线的调整

肯尼亚在本案中提出了多个有关情况要求法院在第二阶段调整临时等距

---

① See Bangladesh/Myanmar case, ITLOS, 2012, p. 99, para. 376.

② See Bangladesh/Myanmar case, ITLOS, 2012, p. 112, paras. 429, 430.

③ 参见张海文:《〈联合国海洋法公约〉若干条款的解释和适用问题》,载中国国际法学会主办:《中国国际法年刊(2020)》,法律出版社2021年版,第37页。

④ 参见《公约》附件二,第2条。

⑤ 参见《公约》附件二,第3条。

离线,法院驳回了肯尼亚的绝大多数诉求,但是支持了肯尼亚的一项主张,即整体考虑索马里、肯尼亚和坦桑尼亚的大陆海岸,可以发现其海岸线是凹入的,肯尼亚作为位于索马里和坦桑尼亚之间的中间国家,其海洋权利被截断。① 最终法院将临时等距离线向北调整,但该过程中存在一定的问题。

首先,在喀麦隆诉尼日利亚"陆地和海洋边界案"中,法院明确指出,"如果海岸线的凹入位于划界区内",则可能构成划界的有关情况。② 但在本案中,法院明确承认处于划界区中的索马里与肯尼亚海岸上没有明显的凹入。罗宾逊法官在其意见中指出,本案中,不处于划界区中坦桑尼亚海岸的凹入似乎比处于划界区中的肯尼亚海岸的凹入更加明显,调整等距离线更主要是因为坦桑尼亚海岸的凹入。然而,索马里因为不处于划界区中的凹入而受到不利影响,这并不是公平的结果。③

其次,法院认为仅考虑索马里和肯尼亚的海岸线过于狭隘④,而应在更广阔的地理轮廓中分析海岸的凹入情况,⑤为此法院考虑了肯尼亚南部邻国坦桑尼亚的海岸。然而,"更广阔的地理轮廓"这个概念本身具有模糊性,正如罗宾逊法官所言,难以合理确定地理轮廓的起点和终点位置,⑥而这对于判断海岸的凹陷程度非常重要。例如,在几内亚和几内亚比绍"海洋划界案"中,仲裁庭认为:"虽然几内亚和几内亚比绍的连续海岸线——或者包括塞拉利昂在内的三国——总体是凹形的,但整个西非海岸线无疑是凸形的"。⑦

最后,即使可以在更广阔的地理轮廓中考虑海岸的凹入情况,法院在本案中对临时等距离线的调整也缺乏说服力。国际法庭多次强调海岸凹入本身不一定构成有关情况,只有当两国之间的等距离线由于海岸的凹入而对其中一国的海洋权利产生截断效应时,才有必要调整该线以达到公平的结果。⑧ 需要注意的是,截断效应本身并不足以证明移动临时等距离线是正当的,因为对两个海洋权利重叠的国家进行划界将不可避免地对一国或两国产生截断效应。⑨ 因此,根据国际法庭的判例,如果截断效应是"严重"或"明显"的(serious or

---

① See Somalia v. Kenya case, 2021, paras. 168 – 169.
② See Cameroon v. Nigeria case, 2002, p. 445, para. 297.
③ See Somalia v. Kenya case, 2021, p. 343, para. 30.
④ See Somalia v. Kenya case, 2021, para. 164.
⑤ See Somalia v. Kenya case, 2021, para. 165.
⑥ See Somalia v. Kenya case, 2021, Individual Opinion of Judge Robinson, p. 343, para. 30.
⑦ Guinea and Guinea Bissau case, ILR, 1985, p. 683, para. 108.
⑧ See Bangladesh/Myanmar case, ITLOS, 2012, p. 81, para. 292.
⑨ See Somalia v. Kenya case, 2021, Separate Opinion of Judge Abraham, p. 292, para. 14.

significant)，才有理由调整临时等距离线。① 然而，国际法庭从未明确说明能够使等距离线产生截断效应的海岸的凹入程度。② 比较类似判例可以发现，整体考虑索马里、肯尼亚和坦桑尼亚的海岸凹入程度，远不如孟加拉湾两起划界案中的印度、缅甸和孟加拉国以及“北海大陆架案”中丹麦、德国和荷兰的相关海岸的凹入程度。③

(二)对200海里以外大陆架的权利问题

索马里诉肯尼亚“印度洋海洋划界案”是法院第一次决定对200海里以外大陆架进行划界，其判断沿海国有权主张200海里以外大陆架的方法，在一定程度上改变了之前其他国际法庭采取的相对谨慎的态度。

如上文所述，沿海国对200海里以外大陆架的权利涉及复杂的法律规则与科学证据。如果相关国家能够先等待委员会对200海里以外大陆架的外部界限作出建议，并在建议的基础上确定界限，然后再通过谈判或者诉诸国际法庭进行海洋划界，则可能减少法律与科学混合争端的产生。但现实情况是，部分沿海国在没有获得委员会建议的情况下，先请求国际法庭进行海洋划界。国际法庭在这种情况下面临着是否有管辖权以及是否应当行使管辖权的问题。2012年国际海洋法法庭审理的孟加拉国和缅甸“孟加拉湾海洋划界争端案”明确和具体地分析了该问题。国际海洋法法庭认为其可以行使管辖权，主要理由是：第一，应当区分国际法庭的划界(delimitation)工作与委员会的定界(delineation)工作，因此，国际法庭对尚未确定外部界限的大陆架进行划界不会妨碍委员会之后履行职责；④第二，国际法庭首先进行海洋划界能够克服“管辖权黑洞”(jurisdictional black hole)问题，⑤打破僵局，从而使沿海国能够充分享受《公约》规定的权利。⑥ 国际海洋法法庭在孟加拉国和缅甸“孟加拉湾海洋划界争端案”中采取的划界与定界二分法以及避免“管辖权黑洞”的立场得到

① See Ghana/Côte d'Ivoire case, ITLOS, 2017, p. 120, para. 425; Bangladesh v. India case, RIAA, 2014, p. 124, para. 417.

② See Somalia v. Kenya case, 2021, Individual Opinion of Judge Robinson, pp. 332 - 335, paras. 23 - 29.

③ See Somalia v. Kenya case, 2021, Separate Opinion of Judge Abraham, p. 291, para. 13.

④ See Bangladesh/Myanmar case, ITLOS, 2012, pp. 99 - 102, paras. 376 - 393.

⑤ 根据《大陆架界限委员会议事规则》附件1第5(a)条的规定，如果已存在陆地或海洋争端，除非争端所有当事国事前表示同意，委员会不应审议和认定与任一争端当事国的申请提出的划界案。如果当事方认为存在海洋划界争端，则可以请求委员会推迟审议其他争端当事方的划界案。在这种情况下，如果国际法庭拒绝行使管辖权解决海洋划界争端，继续等待委员会提出建议，就会陷入僵局，这也被称为“管辖权黑洞”。

⑥ See Bangladesh/Myanmar case, ITLOS, 2012, p. 102, paras. 390 - 392.

了后续司法和仲裁的支持,[①]从此拉开了国际法庭200海里以外大陆架划界的“大幕”。

尽管国际法庭认为其有权行使管辖权对200海里以外大陆架进行划界,但海洋划界的前提是当事方之间存在权利重叠的海域。[②] 因此,尽管国际法庭无需确定大陆架的确切范围,但仍应确定相关沿海国有权主张200海里以外大陆架。由于该问题涉及复杂的法律解释与科学证据,有国家主张国际法庭无需也不能确定沿海国是否有权主张200海里以外大陆架,而应由专业机构即委员会发挥关键作用。[③]

在索马里诉肯尼亚“印度洋海洋划界案”之前,国际法庭曾在三个案件中认定当事方有权主张200海里以外的大陆架,并进行了划界,包括2012年孟加拉国和缅甸“孟加拉湾划界案”、2014年孟加拉国诉印度“孟加拉湾海洋划界仲裁案”以及2017年加纳和科特迪瓦“大西洋海洋划界案”。这三个案件都有其特别的案件事实。在两起孟加拉湾划界案中,国际法庭裁定当事方有权主张200海里以外大陆架,主要是因为对关于孟加拉湾特殊情况的科学证据没有争议,以及诉讼过程中提交的信息。厚厚的沉积岩层几乎覆盖了其整个海底,包括附属于争端各方的地区,而根据《公约》第76条第4款,沉积岩的厚度是证明外大陆架权利基础的重要因素。这种特殊情况得到了第三次联合国海洋法会议的承认,并且当事方在诉讼过程中都未对此质疑。[④] 在加纳和科特迪瓦“大西洋海洋划界案”中,加纳已经完成了委员会程序,获得了建议;而科特迪瓦仅提交了划界案,委员会尚未给出建议。尽管如此,国际海洋法法庭特别分庭仍然确信科特迪瓦存在外大陆架,因为其地质情况与加纳相同,而后者已经获得了委员会的肯定建议。[⑤] 上述实践表明,国际法庭判断当事方有权主张200海里以外大陆架的方法较为审慎,不会完全依据当事方的主张和证据,独立第三方机构的专业意见对于确定潜在权利较为重要。

与之形成对比的是,在索马里诉肯尼亚“印度洋海洋划界案”中,法院完全依据当事方的共识判定其有权主张200海里以外大陆架。因为在提交委员会的划界案中,双方都根据科学证据主张200海里以外大陆架,并且其主张重合。在许多重叠主张的地区,双方都主张其大陆架延伸至最大距离的350海里。此

① See Bangladesh v. India case, RIAA, 2014, p. 39, para. 80; Ghana/Côte d'Ivoire case, ITLOS, 2017, pp. 136 – 137, para. 493; Somalia v. Kenya case, 2021, para. 189.

② See Bangladesh/Myanmar case, ITLOS, 2012, p. 103, para. 397.

③ See Bangladesh/Myanmar case, ITLOS, 2012, p. 106, para. 405.

④ See Bangladesh/Myanmar case, ITLOS, 2012, p. 115, paras. 444 – 446.

⑤ See Ghana/Côte d'Ivoire case, ITLOS, 2017, p. 135, para. 491.

外，各方均不质疑另一方对200海里以外大陆架权利的存在及主张的范围。双方在诉求中均请求法院划定在印度洋的边界，直至大陆架外部界限。基于上述原因，法院决定进行划界。[①] 可以发现，法院在该案中既没有去分析任何关于大陆架的科学证据，也没有考虑寻求任何独立第三方的证据或协助。

长期以来，法院对科学证据的处理具有较大的自由裁量权，其认为“为了裁决争端，没有必要一般性探讨专家和律师准备的文件和研究的实质问题、可靠性以及权威性……尽管面临众多和复杂的事实信息，应由法院负责在仔细考虑当事方提交的所有证据之后，确定哪些事实具有相关性，权衡其证据效力，并从中得出适当的结论”。[②] 索马里诉肯尼亚“印度洋海洋划界案”延续了法院处理科学证据的此种立场，即避免从专业角度分析当事方主张的实质问题，而是倾向立足于当事方的主张，对于当事方没有争议的问题，即使实际可能存在科学争议，法院也表示支持。[③] 通过这种方式，法院可以避免处理复杂而有争议的科学证据。

尽管如此，法院的此种消极立场受到了批评，[④]这种立场可能会降低其判决的质量并影响其判例的长远价值。[⑤] 事实上，当事方不质疑彼此依据的科学证据，与法院客观分析科学证据从而确定存在权利是两个不同的问题。[⑥] 进行“薛定谔式的划界”不仅无助于当事方明确其权利范围，还有可能与之后委员会的审议结果发生冲突。在这方面，即使法庭无需依据科学证据确切地确定大陆架外部界限，仍应客观分析相关证据，从而确定沿海国存在对外大陆架的权利基础。

（宋　岩　胡心怡）

① See Somalia v. Kenya case, 2021, para. 194.

② Pulp Mills on the River Uruguay (Argentina v. Uruguay), Judgment, I. C. J. Reports 2010 (hereafter Pulp Mills case, 2010), pp. 72 – 73, para. 168; Nicaragua v. Colombia case, 2012, pp. 643 – 644, para. 34.

③ See Pulp Mills case, 2010, pp. 72 – 73, para. 168; Whaling in the Antarctic (Australia v. Japan: New Zealand Intervening), Judgment, I. C. J. Reports 2014, paras. 158 – 159; Nicaragua v. Colombia case, 2012, p. 645, para. 37.

④ See Pulp Mills case, 2010, Joint Dissenting Opinion of Judges Al-Khasawneh and Simma, p. 110, para. 4.

⑤ See Anna Riddell, "Scientific Evidence in the International Court of Justice-Problems and Possibilities", (2009) 20 *Finnish Yearbook of International Law* 229, p. 232.

⑥ See Xuexia Liao, "Evaluation of Scientific Evidence by International Courts and Tribunals in the Continental Shelf Delimitation Cases", (2016) 48 *Ocean Development and International Law* 136, p. 146.

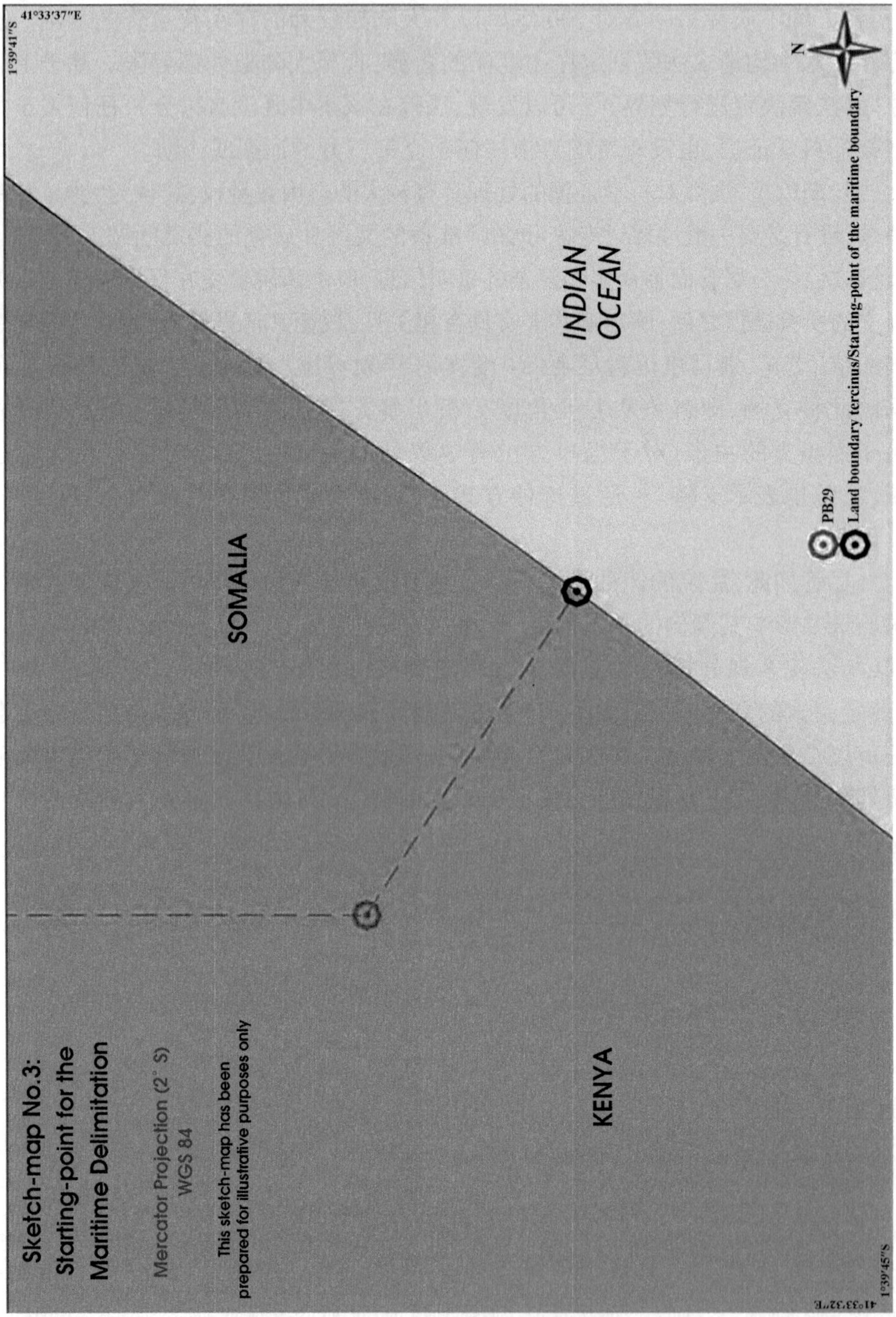

附图 1　海洋边界的起点

来源:判决书第 242 页"草图 3"。

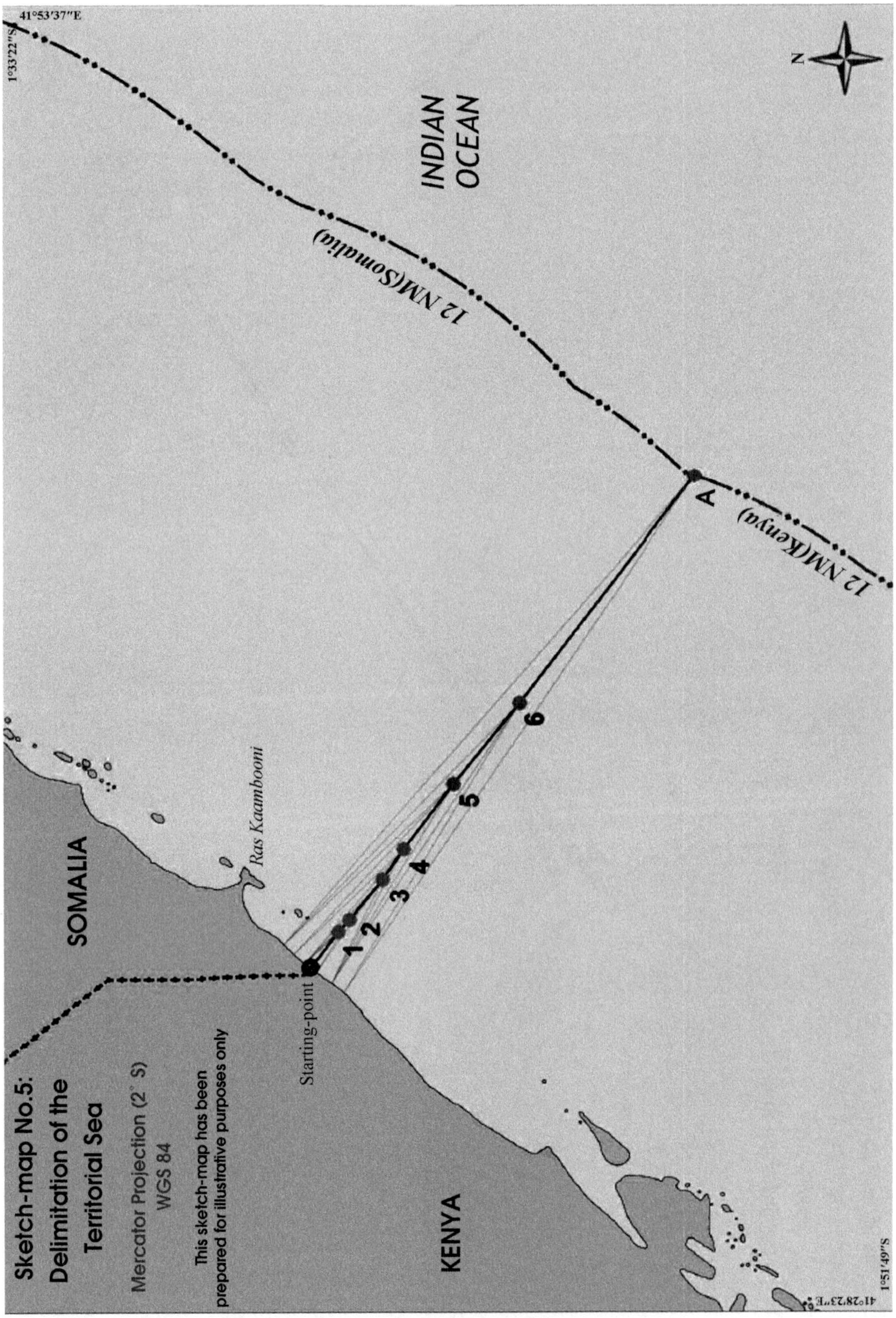

附图 2　领海划界

来源：判决书第 249 页“草图 5”。

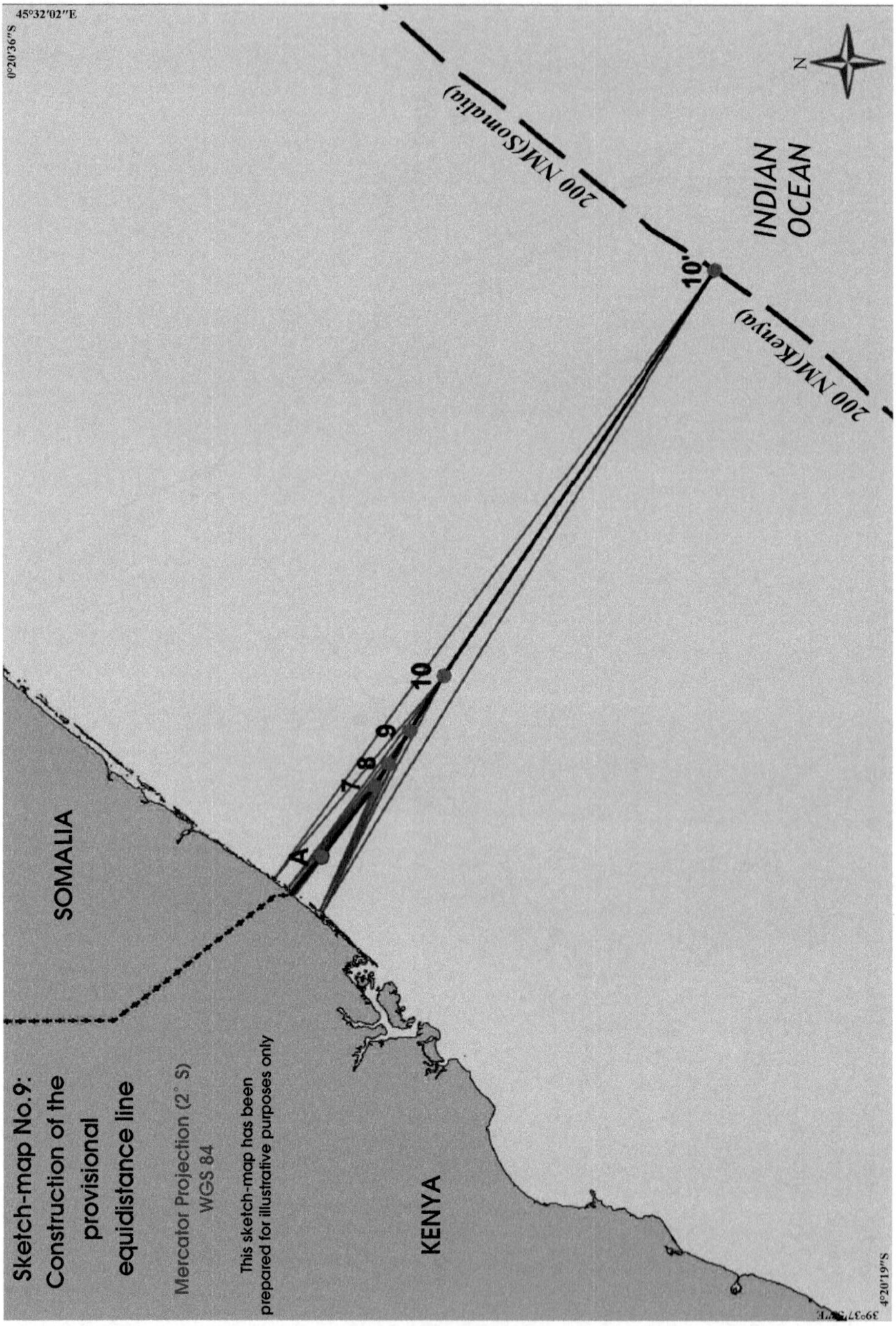

附图 3　临时等距离线

来源:判决书第 261 页“草图 9”。

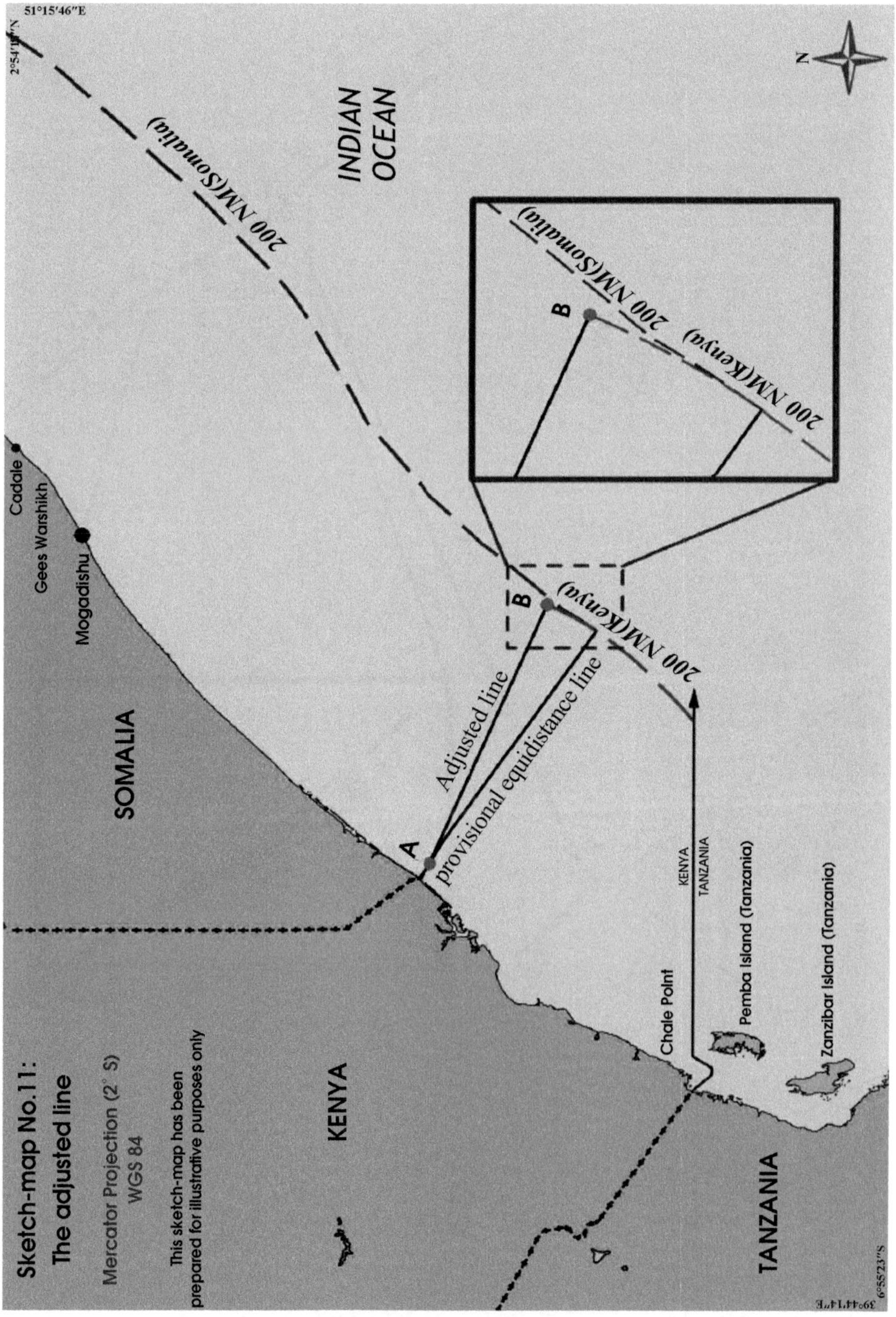

附图 4 调整线

来源：判决书第 271 页“草图 11”。

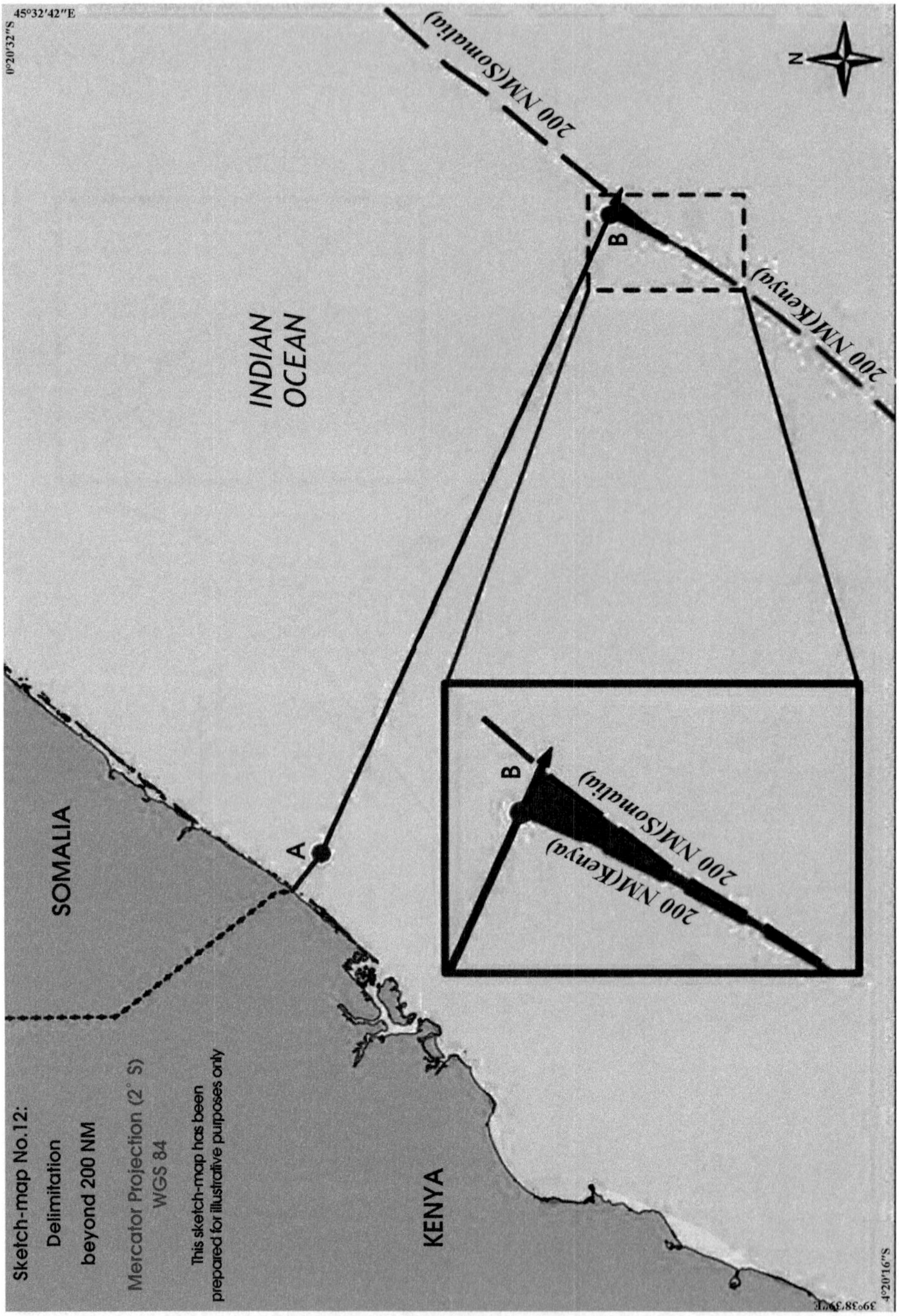

附图 5　200 海里以外边界

来源:判决书第 278 页“草图 12”。

刚果民主共和国诉乌干达“刚果境内的武装活动案”

赔偿问题判决

国际法院

2022 年 2 月 9 日

一、判决书摘录

（一）事实背景（第 61～68 段）

1998 年至 2003 年，多国武装部队与非正规武装部队在刚果民主共和国（以下简称刚果）领土上活动。1999 年，刚果向国际法院（以下简称法院）提起了针对布隆迪和卢旺达的诉讼。之后，刚果撤回了对布隆迪的诉讼；针对卢旺达的申请法院认为其没有管辖权。

1999 年，刚果也向法院提起了针对乌干达的诉讼。2005 年，法院做出判决（以下简称 2005 年判决），认为乌干达违反部分国际法义务，因此应承担对刚果的赔偿责任。但双方不能就赔偿问题达成协议，因此，刚果向法院提起了关于赔偿问题的请求。

法院强调，乌干达违反了国际法的一些基本原则和规则，即不使用武力和不干涉的原则、国际人道法和基本人权。乌干达的行为——以杀戮、伤害、残忍和非人道的对待、破坏财产和掠夺刚果的自然资源等为形式——造成了大规模的权利侵犯和对国际人道法的严重违反。整个伊图里地区处于乌干达的军事占领和实际控制之下。在基桑加尼，乌干达与卢旺达军队进行了大规模战斗。

法院指出，自冲突爆发到当前程序已经过了约 20 年，使确定事件过程和进行法律归类变得比较困难。但法院指出，双方认为 2005 年判决可为当前程序提供证据。

(二)诉讼程序概述(第1~44段)

1999年6月23日,刚果向法院书记官处提交申请书,控诉乌干达在刚果领土上公然实施违反《联合国宪章》和《非洲统一组织宪章》的武装侵略。刚果以双方接受根据《国际法院规约》(以下简称《规约》)第36条第2款的法院强制管辖权的声明为管辖权基础。

乌干达提出三项反诉请求,其中两项于2001年11月29日被法院认定为可受理,并构成案件实质问题的一部分。2003年1月29日,法院授权刚果仅针对反诉增加一项请求。

2005年4月11~29日,法院就该案的实质问题进行了公开审理。2005年12月19日,法院就案件实质问题作出判决,认定乌干达由于在刚果领土上通过占领伊图里地区和对在刚果领土上的非常规武装积极进行军事、运输、经济和金融方面的支持参加了武装活动,而违反了在国际关系中不使用武力原则和不干涉原则;由于其武装部队杀戮、酷刑和其他对刚果平民的不人道对待,破坏村庄和平民建筑,在与其他参战方战斗时未能区分民事、军事目标和保护平民,训练儿童兵、煽动武装冲突和未能采取措施结束冲突,以及作为占领方未能采取措施在伊图里地区尊重和确保人权与国际人道法,违反了国际人权法和国际人道法义务;由于其武装部队成员在刚果领土上对刚果自然资源进行抢劫、掠夺和剥削,乌干达未能履行其作为伊图里地区占领国的阻止义务,违反了根据国际法对刚果的义务。[①] 针对上述违法行为,法院认为乌干达有义务赔偿对刚果造成的损害。

针对乌干达提出的反诉,法院认定,刚果的武装部队袭击了乌干达驻金沙萨大使馆,虐待了大使馆内的乌干达外交官和其他人员,虐待了在恩吉利国际机场的乌干达外交官,未能为乌干达大使馆和外交官提供有效保护,未能阻止乌干达大使馆内的档案和财产被没收,因而刚果违反了其根据1961年《维也纳外交关系公约》对乌干达的义务。[②] 针对上述违法行为,法院认为刚果有义务赔偿给乌干达造成的损害。法院在2005年判决中进一步裁定,如双方无法就赔偿数额达成一致,该问题将由法院解决。

---

① See Armed Activities on the Territory of the Congo (Democratic Republic of the Congo v. Uganda), Judgment, I. C. J. Reports 2005 (hereafter Congo v. Uganda case, 2005), p. 280, para. 345.

② See Congo v. Uganda case, 2005, p. 280, para. 345.

2019年至2015年，双方多次举行会议谈判赔偿问题，并持续将其谈判情况通知法院。2015年3月17～19日，在南非比勒陀利亚举行的第四次也是最后一次部长级会议结束时，缔约方承认，他们未能就确定应付赔偿金额的原则和方式达成一致。

2015年5月，刚果请求恢复诉讼程序，表示“双方于2015年3月19日在南非比勒陀利亚签署的联合公报清楚地表明，乌干达与刚果就赔偿问题进行的谈判已经失败了”。然而，乌干达政府认为向法院提交赔偿问题的条件尚未满足。

2015年7月1日，法院发布命令，决定恢复诉讼程序，并确定了双方提交诉状和庭审的时间。

2020年7月8日，法院书记官处通知当事方，法院认为有必要根据《国际法院规则》第67条第1款的规定，就人员生命损失、自然资源损失和财产损失三个方面的损害取得鉴定意见。2020年7月15日，乌干达向法院表示其“强烈反对”取得鉴定意见的程序，认为“这相当于免除刚果证明其索赔（或任何特定索赔责任人）的主要责任，并将责任分配给第三方”。2020年9月8日，法院决定安排取得鉴定意见的程序。根据2020年10月12日的命令，委员会任命了四名专家。2020年12月，专家提交了报告，法院书记官处将报告转交给双方当事人，供其提出意见。

2021年4月20～30日，法院通过线上和线下相结合的方式，公开审理了本案的赔偿问题。2022年2月9日，法院就“刚果境内的武装活动案”的赔偿问题作出判决，在判决中确定了乌干达应支付刚果的赔偿金额。

（三）当事方立场（第45～47段）

1. 刚果提出的诉讼请求

刚果在庭审中提出了如下请求：

第一，要求乌干达向刚果支付以下款项，以赔偿2005年判决认定的乌干达违反国际法行为所造成的损害：针对人员生命损失，支付不少于4,350,421,800美元；针对财产损失，支付不少于239,971,970美元；针对自然资源损失，支付不少于1,043,563,809美元；针对给宏观经济造成的损害，支付不少于5,714,000,775美元。

第二，除由法院在整体评估的基础上考虑时间流逝的因素而裁定的部分款项外，其他名目的赔偿款项须按4%的利率支付补偿性利息，自针对损害问题的诉状归档之日起算。

第三,要求乌干达向刚果支付2500万美元,用作促进伊图里赫马族和伦杜族和解的基金,并另外支付1亿美元,用于赔偿刚果因2005年判决认定其违反国际法行为而遭受的非物质损害。

第四,要求乌干达以令人满意的方式,对1998~2003年在刚果境内违反国际人道法或国际人权准则的乌干达人民国防军军官和士兵进行刑事调查和起诉。

第五,如果延迟付款,则从法院判决日起,对任何逾期款项按6%累计利息。

第六,要求乌干达承担刚果因本案而产生的所有费用。

对此,乌干达在庭审中要求法院判决并宣告:

第一,刚果只有履行了法院在2005年判决第260段中施加于它的责任——证明并证实由于构成乌干达应负责任的国际不法行为而遭受的确切损害的范围,才有权获得赔偿金;

第二,法院在2005年判决中对乌干达应就其不法行为承担国家责任的宣告本身即构成对刚果损失的合理赔偿;

第三,各方应自行承担诉讼程序造成的费用;

第四,驳回刚果的其他诉讼请求。

2. 乌干达的反诉

乌干达在其诉状中提出:

第一,刚果部队在乌干达外交馆舍虐待人员、在恩吉利机场虐待乌干达外交官,侵入、扣押和长期占领乌干达大使在金沙萨的住所,扣押乌干达在金沙萨的外交馆舍的公共和个人财产。法院在其2005年判决中对刚果国际责任的正式认定构成了适当的补偿形式,为所遭受的伤害提供了赔偿。

第二,针对因入侵、扣押和长期占领乌干达在金沙萨的大使馆而造成的损失,刚果有义务向乌干达支付总额为982,797.73美元的赔偿金。

对此,刚果在庭审中表示,愿意支付982,797.73美元的赔偿金,通过从向乌干达的索赔款项中抵扣上述金额的方式支付。

最后,在庭审结束时,乌干达代理人告知法院,乌干达政府正式放弃上述反诉。

(四)法律问题分析

问题1:本案评估赔偿的适用原则与规则(第69~110段)

72. 法院将确定本案中评估赔偿的适用原则和规则。为此,法庭首先区分在伊图里冲突期间和在刚果其他地区冲突期间出现的不同局势,然后分析乌干达的国际不法行为与请求国所受损害之间必要的因果关系,最后审查赔偿的性质、形式和数额。

问题1.1:适用于武装冲突中产生的不同情势的原则和规则(第73~84段)

问题1.1.1:在乌干达占领下的伊图里地区(第74~79段)

78.法院认为,伊图里地区作为被占领土的地位直接影响本案中的举证问题和必要的因果关系。作为占领国,乌干达有义务保持谨慎,防止被占领土上的其他行为者侵犯人权和违反国际人道法,包括以自己名义行事的叛乱团体。由此,法院认为,“由于被告未能……采取措施……确保在伊图里地区尊重人权和国际人道法”,[①]因此被告国负有责任。考虑到该结论,乌干达应在本诉讼程序中证明,刚果在伊图里地区指称的某一特定损害,不是由乌干达未能履行其作为占领国的义务造成的。如果不存在这方面的证据,则乌干达应就损害作出赔偿。

79.关于自然资源,法院回顾,在2005年判决中,法院认为乌干达作为占领国,有“义务采取适当措施,防止[伊图里]地区的私人主体在被占领土上盗采、掠夺和滥用自然资源”。[②] 法院认为,乌干达“没有履行1907年《海牙章程》第43条规定下作为伊图里占领国对被占领土上所有盗采、掠夺和滥用自然资源行为的义务”,[③]因此承担了国际责任。其后将讨论乌干达对伊图里的盗采、掠夺和滥用自然资源的行为所应作出的赔偿。

问题1.1.2:伊图里以外地区(第80~84段)

80.关于在伊图里以外地区的损害,刚果认为乌干达必须对其武装部队或其支持的非正规力量,即刚果解放运动和其武装分支刚果解放部队造成的所有损害进行赔偿。申请国认为,没有乌干达的支持,就不可能造成损害。申请国补充道,乌干达还应赔偿其他受其支持的非正规力量在该地区造成的损害。虽然申请国承认,在基桑加尼发生的损害可能是包括乌干达行动在内的诸多因素造成的,但是如果乌干达不违反国际法侵入刚果领土就不会发生。刚果要求对所有损害进行赔偿。另外,申请国提到了由乌干达和其他国家或乌干达未予支持的其他特定群体共同造成的损害,对此,刚果要求乌干达进行部分赔偿

---

① Congo v. Uganda case, 2005, p. 231, paras. 178 – 179, p. 245, para. 211, and p. 280, para. 345, subpara. (3).

② Congo v. Uganda case, 2005, p. 253, para. 248.

③ Congo v. Uganda case, 2005, p. 253, para. 250.

(45%)。

81. 乌干达认为,赔偿必须限于其武装部队直接造成的损害,证明责任在于申请国。对于非正规力量造成的损害,即使乌干达对其进行了支持,乌干达也不应赔偿,除非刚果证明损害是由乌干达非法支持造成的。乌干达还补充道,不能抽象地认为没有乌干达的支持,应归于叛乱团体造成的损害就不会发生。

82. 法院回顾2005年判决,认为在伊图里以外的刚果领土上活动的叛乱团体不在乌干达的控制之下,他们的行为不能归因于乌干达,乌干达在叛乱团体的非法活动方面并没有违反其审慎义务。[①] 因此,乌干达不需要对这些团体的行动造成的损害予以赔偿。

83. 法院在该判决中认定,尽管刚果解放运动不在被告国的控制之下,但被告国后来向该组织提供了资助。[②] 乌干达对刚果解放部队的培训和资助违反了国际法的某些义务。[③] 法院在审议刚果的赔偿请求时,将考虑这一点。

84. 法院将逐案评估每一类提出诉请的损害,并审查乌干达对有关叛乱团体的支持是否是造成损害的充分、直接和确定原因。损害的范围和后续的赔偿必须由法院在审查所涉及的每一项损害时分别确定。上述规则同样适用于基桑加尼所遭受的损害,法院将在其后审议这一损害。

问题1.2:国际不法行为与所受损害之间的因果关系(第85~98段)

93. 法院指出,只有在一国的国际不法行为造成损害的情况下,法院才可裁定赔偿。作为一般规则,应由寻求赔偿的当事方证明国际不法行为与所受损害之间存在因果关系。根据法院的判例,只有在"不法行为与请求国遭受的损害,包括物质或精神上的任何类型的所有损害之间存在充分、直接和确定的因果关系"[④]的情况下,才能给予赔偿。法院在出现赔偿问题的另外两个案件中适用了同样的标准。[⑤] 然而,应当指出,所需的因果关系可能因违反的主要规则以及损害的性质和程度而异。

---

① See Congo v. Uganda case, 2005, p. 226, paras. 160 - 161, pp. 230 - 231, para. 177 and p. 253, para. 247.

② See Congo v. Uganda case, 2005, p. 226, para. 160.

③ See Congo v. Uganda case, 2005, p. 226, para. 161.

④ Application of the Convention on the Prevention and Punishment of the Crime of Genocide (Bosnia and Herzegovina v. Serbia and Montenegro) I. C. J. Reports 2007 (I) (hereafter Bosnia and Herzegovina v. Serbia and Montenegro case, 2007), p. 234, para. 462.

⑤ See Certain Activities Carried Out by Nicaragua in the Border Area (Costa Rica v. Nicaragua), Compensation, Judgment, I. C. J. Reports 2018 (I) (hereafter Costa Rica v. Nicaragua, Compensation, 2018), p. 26, para. 32; Ahmadou Sadio Diallo (Republic of Guinea v. Democratic Republic of the Congo), Compensation, Judgment, I. C. J. Reports 2012 (I) (hereafter Diallo case, Compensation, 2012), pp. 331 - 332, para. 14.

94. 特别是在战争造成损害的情况下,因果关系的问题可能会引起某些困难。在长期和大规模武装冲突的情况下,如本案的情况,不法行为与请求国寻求赔偿的某些损害之间的因果关系很容易确立。对于一些其他损害,国际不法行为与所称的损害之间的联系可能不够直接和确定,不足以要求赔偿。损害可能由几个同时发生的原因引起,包括被告国的作为或不作为。若干性质相同但可归因于不同行为体的国际不法行为也有可能导致单一损害或若干不同损害。法院指出,它将根据本案的事实和现有证据,在出现这些问题时予以审议。归根结底,应由法院决定乌干达的国际不法行为与据称刚果遭受的各种形式的损害之间是否存在足够直接和确定的因果关系。

95. 法院认为,在分析因果关系时,必须区分据称发生在乌干达占领和实际控制下的伊图里的作为和不作为,以及发生在刚果其他地区的作为和不作为,乌干达不一定对这些地区进行了有效控制,尽管它向若干叛乱团体提供了支持,而这些叛乱团体的行为造成了损害。法院回顾,乌干达有义务赔偿因伊图里冲突造成的一切损害,即使是第三方行为造成的损害,除非乌干达已就某一具体损害确证,这一损害不是由于乌干达未能履行其作为占领国的义务造成的。

96. 最后,法院不能接受被告国基于与“《防止及惩治灭绝种族罪公约》适用案”(波斯尼亚和黑塞哥维那诉塞尔维亚和黑山)2007 年判决作类比所提出的论点。在该判决中,法院明确将自己限于确定《防止及惩治灭绝种族罪公约》中防止灭绝种族罪的义务的具体范围,并没有意图确立适用于其他条约和具有约束力的法律规范包含国家防止某些行为的义务的所有案件的一般判例。[①] 法院认为,鉴于本案与上述灭绝种族案不同,本案涉及占领局势,有关的法律制度和事实情况不能一概而论。

97. 关于在伊图里以外遭受的损害,法院必须考虑到这样一个事实,即有些损害是其他国家和在刚果境内活动的叛乱团体的作为和不作为共同作用的结果。法院不能接受请求国的评估,即乌干达有义务赔偿武装冲突期间在刚果领土上发生的所有损害的 45% 。这一评估既没有法律依据,也没有事实依据。但是,损害是多种原因同时作用产生的结果这一事实,不足以免除被告国的任何赔偿义务。

98. 双方还讨论了在多个行为体参与造成损害的情况下适用的法律,这与

---

① See Bosnia and Herzegovina v. Serbia and Montenegro case, 2007, p. 234, para. 462.

基桑加尼发生的事件特别相关。在这些事件中,刚果指称的损害是由乌干达部队和卢旺达部队之间的冲突引起的。法院回顾,在可归因于两个或多个行为体的多种原因造成损害的情况下,可能要求单一行为体对所受损害进行全额赔偿。① 在多个行为体的行为造成损害的另一些情况下,则应在这些行为体之间分配造成损害的部分责任。② 法院表示,在评估刚果关于基桑加尼的赔偿要求时,将再次审议这个问题。

问题 1.2.1:赔偿的性质、形式和数额(第 99~110 段)

100. 国际法早已确认,违反承诺会引发以适当形式作出赔偿的义务。③ 换言之,这是对国际不法行为造成的损害作出充分赔偿的义务。④

101. 正如国际法委员会《国家对国际不法行为的责任条款草案》第 34 条所规定:"充分赔偿国际不法行为造成的损害,应单独或合并地采取恢复原状、补偿和抵偿的方式。"因此,补偿可能是一种适当的赔偿形式,特别是在实质上无法恢复原状的情况下。⑤

102. 鉴于本案的情况,法院强调,国际法已经确定,向一国支付的赔偿应是补偿性的,而不应具有惩罚性。⑥ 此外,法院认为,任何赔偿的目的都是尽可能惠及所有因国际不法行为而受到损害的人。⑦

103. 法院指出,双方没有就适用于评估损害或确定应支付赔偿额的原则和方法达成一致。

106. 法院回顾,赔偿必须尽可能消除不法行为的所有后果。⑧ 法院指出,在其他案件中,法院承认,在任何情况下,没有充分证据证明实质性损害的程度,

---

① See Corfu Channel (United Kingdom v. Albania), Merits, Judgment, I. C. J. Reports 1949 (hereafter Corfu Channel case, 1949), pp. 22 – 23; see also Commentary to Article 31 of the ILC Articles on State Responsibility, Yearbook of the International Law Commission (YILC), 2001, Vol. II, Part Two, p. 91, and particularly pp. 93 – 94, paras. 12 – 13, as well as the commentary to Article 47, pp. 124 – 125, paras. 1 – 8.

② See Commentary to Article 31, YILC, 2001, Vol. II, Part Two, p. 93, para. 13, and to Article 47, p. 125, para. 5.

③ See Factory at Chorzów, Jurisdiction, Judgment No. 8, 1927, P. C. I. J., Series A, No. 9, p. 21.

④ See Costa Rica v. Nicaragua, Compensation, 2018, p. 26, para. 30; Ahmadou Sadio Diallo (Republic of Guinea v. Democratic Republic of the Congo), Merits, Judgment, I. C. J. Reports 2010 (II) (hereafter Diallo case, Merits, 2010), p. 691, para. 161; Avena and Other Mexican Nationals (Mexico v. United States of America), Judgment, I. C. J. Reports 2004 (I), p. 59, para. 119; Gabčíkovo-Nagymaros Project (Hungary/Slovakia), Judgment, I. C. J. Reports 1997, p. 80, para. 150.

⑤ See Costa Rica v. Nicaragua, Compensation, 2018, p. 26, para. 31; Pulp Mills on the River Uruguay (Argentina v. Uruguay), Judgment, I. C. J. Reports 2010 (I) (hereafter Pulp Mills case, 2010), pp. 103 – 104, para. 273.

⑥ See Costa Rica v. Nicaragua, Compensation, 2018, p. 26, para. 31.

⑦ See Diallo case, Compensation, 2012, p. 344, para. 57.

⑧ See Factory at Chorzów, Merits, Judgment No. 13, 1928, P. C. I. J., Series A, No. 17, p. 47.

都不会妨碍裁定对这种损害作出补偿。[①] 虽然法院承认所造成损害的确切程度存在一些不确定性,但这并不妨碍法院确定补偿数额。法院可例外地,在证据所表明的可能数额范围内,并考虑到公平性,裁定一个整体的补偿数额。这种方法适用于有确凿的证据表明某一国际不法行为造成了已证实的损害,但不能准确评估这种损害的程度或规模的情形。[②]

107. 法院指出,在大多数情况下,针对涉及一大批在武装冲突局势中遭受严重损害的受害者的案件,在给予补偿时,有关司法机构或其他机构根据其掌握的证据,就某些类别的损害裁定整体的赔偿数额。例如,厄立特里亚 - 埃塞俄比亚索偿委员会(EECC)曾表示,司法机构在这种情况下面临内在困难。它承认,它裁定的补偿反映了"可以通过现有证据充分肯定地确定的损害",尽管裁决"很可能不能反映任何一方因违反国际法而遭受的全部损害"。[③] 该委员会还承认,在旨在就影响到大量受害者的损害提供补偿的诉讼中,有关机构采取了不那么严格的举证标准。它们相应地降低了裁定的补偿额,以应对适用较低举证标准所带来的不确定性。[④]

108. 法院确信,应以这种方式处理本案。在审议刚果索偿的不同形式的损害时,法院将适当考虑上述关于赔偿的性质、形式和数额的结论。

110. 法院回顾,EECC 提出在确定补偿数额时,鉴于责任国的经济状况,如果对该国是否能在不损害其满足人民基本需要的能力的情况下支付补偿存有任何怀疑,则是否应考虑给责任国造成的财政负担。[⑤] 法院指出,它将在下文进一步处理有关被告国财政能力的问题。

问题 2:举证问题(第 111 ~126 段)

111. 在确立了本案评估赔偿的适用原则和规则后,法院分析了与举证相关的一系列问题,包括:谁应承担举证责任、证据标准和不同类型证据的证明力。

113. 乌干达提请法院注意,刚果承担证明在特定地点和时间,特定人或财产遭受的损失、损害或侵害的义务。被告指出,根据 2005 年判决,特别是第 260 段,刚果必须证明损害是由乌干达应承担责任的国际不法行为造成的,应提供

---

① See Costa Rica v. Nicaragua, Compensation, 2018, pp. 26 - 27, para. 35.

② See Costa Rica v. Nicaragua, Compensation, 2018, pp. 26 - 27, para. 35; Diallo case, Compensation, 2012, p. 334, para. 21, pp. 334 - 335, para. 24 and p. 337, para. 33.

③ Final Award, Eritrea's Damages Claims, Decision of 17 August 2009, RIAA, Vol. XXVI (hereafter Eritrea's Damages Claims, 2009, RIAA), p. 516, para. 2.

④ See Eritrea's Damages Claims, 2009, RIAA, pp. 528 - 529, para. 38.

⑤ See Eritrea's Damages Claims, 2009, RIAA, pp. 522 - 524, paras. 19 - 22.

损害是由具体哪一应归于乌干达的行为造成的证据。被告指出,刚果应提供具体损害、因果联系和具体归于乌干达的行为造成损害的证据。

114. 法院否认了乌干达所称的刚果必须证明在特定时间、特定地点的特定人或财产遭受的具体损害以获得赔偿的观点,认为在大规模损害案件中,法院可对补偿所依据的损害程度作出判断,而不必查明所有受害者的姓名或受到损害的每一处财产的具体信息。

问题 2. 1:举证责任(第 115 ~ 119 段)

115. 法院首先回顾了举证责任的规则。根据其关于这一问题的既定判例,"作为一般规则,声称某一事实存在以支持其主张的一方应证明该事实的存在"。[①] 因此,原则上,声称某一事实存在的一方"应提交相关证据来证实其主张"。[②]

116. 不过,法院认为,这不是适用于所有情况的绝对规则。正如法院在此前案件中所述,在某些情况下,"必须灵活适用这一一般规则……特别是[在]被告国可能更能确定某些事实的情况下"。[③] 正如在陆地、岛屿和海上边界争端案中所指出的那样,法院"不能适用这样的推定,即目前没有的证据如若出示将会产生支持某一当事方的理由;更不用说存在尚未出示的证据的推定"。[④]

117. 因此,法院此前曾强调,"举证责任的确定实际上取决于提交法院审理的每一项争端的标的和性质,它因裁定案件而必须确定的事实类型而异"。[⑤] 应由法院评估双方提出的、经过其适当审查的所有证据,以期形成其结论。根据案件的情况,"举证责任可能不是由任何一方单独承担"。[⑥]

118. 关于在乌干达占领下的伊图里地区发生的破坏,法院认为在诉讼程序的这一阶段,应由乌干达确定,刚果在伊图里遭受的具体损害不是由于其未能履行作为占领国的义务造成的。

119. 然而,关于发生在伊图里以外的刚果领土上的损害,尽管武装冲突的存在可能使确立事实更加困难,但法院根据其判例认为,"最终……寻求确立事实的当事人承担证明该事实的责任;在可能无法提供证据的情况下,可在判决

---

① Costa Rica v. Nicaragua, Compensation, 2018, p. 26, para. 33; Diallo case, Merits, 2010, p. 660, para. 54.

② Pulp Mills case, 2010, p. 71, para. 163.

③ Diallo case, Compensation, 2012, p. 332, para. 15.

④ Land, Island and Maritime Frontier Dispute (El Salvador/Honduras: Nicaragua intervening), Judgment, I. C. J. Reports 1992, p. 399, para. 63.

⑤ Diallo case, Merits, 2010, p. 660, para. 54.

⑥ Diallo case, Merits, 2010, p. 661, para. 56.

中以未经证明为由驳回意见”。[①]

问题 2.2:证据标准和确定性程度(第 120~126 段)

120. 在实践中,法院适用了各种标准来评估证据。[②] 它认为,证据标准可能因案而异,并可能取决于所指控行为的严重性。[③] 它还确认,无法提供某些事实的直接证据的国家“应被允许更自由地诉诸事实推断和间接证据”。[④]

121. 法院此前曾处理过证据的证明力问题。法院回顾,正如其在 2005 年判决中所指出的,法院“将谨慎对待为本案特别准备的证据材料以及来自单一来源的材料。法院将更倾向于直接了解情况者提供的同期证据,将特别注意代表某一国家的人员提出的承认对该国不利的事实或行为的可靠证据。[⑤] 法院还将重视即使在本诉讼之前也没有受到公正人士质疑其所载内容正确性的证据”。[⑥]

122. 法院指出,官方或独立机构提交的报告的价值“取决于若干因素:(1)证据的来源(倾向于某一方或中立);(2)产生证据的过程(匿名新闻报道或者是一个审慎的法院在司法或类司法程序中产生);以及(3)证据的质量或性质(如违背利益的陈述,以及协商一致或无可争辩的事实)”。[⑦]

123. 其他一些国际机构处理武装冲突背景下大规模非法行为的赔偿确定问题。法院认为宜参考这些机构的做法。EECC 认识到,在审查对国际武装冲突中违反战时法和诉诸战争权所规定义务的赔偿要求时,举证存在困难。虽然它要求“明确和令人信服的证据来证明发生了损害”,但 EECC 指出,如果对损害的量化要求同样高的标准,它将阻碍任何赔偿的实现。因此,为量化的目的,它要求提供“不那么严格的证据”。[⑧] 此外,国际刑事法院在其关于“加丹加案”的赔偿令中意识到,“鉴于刚果的情况,请求国并不总是能够提供证明所指控的

---

① Diallo case, Merits, 2010, p. 660, para. 54.

② See Bosnia and Herzegovina v. Serbia and Montenegro case, 2007, pp. 129 – 130, paras. 209 – 210; Corfu Channel case, 1949, p. 17.

③ See Bosnia and Herzegovina v. Serbia and Montenegro case, 2007, p. 130, para. 210.

④ Corfu Channel case, 1949, p. 18.

⑤ See Military and Paramilitary Activities in and against Nicaragua (Nicaragua v. United States of America), Merits, Judgment, I. C. J. Reports 1986 (hereafter Nicaragua v. United States of America case, 1986), p. 41. para. 64.

⑥ Congo v. Uganda case, 2005, p. 201, para. 61; see also Bosnia and Herzegovina v. Serbia and Montenegro case, 2007, pp. 130 – 131, para. 213.

⑦ Application of the Convention on the Prevention and Punishment of the Crime of Genocide (Croatia v. Serbia), Judgment, I. C. J. Reports 2015 (I) (hereafter Croatia v. Serbia case, 2015), p. 76, para. 190.

⑧ Eritrea's Damages Claims, 2009, RIAA, p. 528, para. 36.

所有损害的书面证据”。[①]

124. 鉴于上述情况,并鉴于自武装冲突以来的多年间大量证据被销毁或变得无法获取,法院认为,确定责任所需的证据标准高于关于赔偿的现阶段的标准,该阶段需要一些灵活性。

125. 法院指出,刚果提交的案卷中包含的证据,在很大程度上不足以准确确定应支付的赔偿金额。然而,鉴于本案涉及的武装冲突的背景,法院必须考虑其他证据,如案卷中的各种调查报告,特别是来自联合国机关的调查报告。法院在 2005 年判决中已经审查了这些证据中的大部分,并认为,联合国的一些报告以及 2001 年设立的非法开采刚果自然资源和其他形式财富指控司法调查委员会的最后报告(以下简称波特委员会报告),在得到其他可靠来源的佐证后具有证明价值。[②] 虽然法院在 2005 年指出,它没有必要对每一起事件作出事实认定,但这些文件记录了相当数量的事件,法院现在可以根据这些事件来评估损害和应支付的赔偿金额。法院还将考虑最近的证据,特别是人权事务高级专员办事处 2010 年公布的《记录 1993 年 3 月至 2003 年 6 月在刚果民主共和国境内实施的最严重侵犯人权和违反国际人道法行为的摸底调查报告》(以下简称《摸底调查报告》)。法院还将在其认为法院任命专家的报告具有相关性的情况下考虑这些报告。

126. 在本案的情况下,鉴于有关事实发生以来的背景和时间,法院认为,它必须在证据表明的可能性范围内评估损害的存在和程度。这可能是在双方的案卷、法院任命专家提交的报告或联合国和其他国家或国际机构的报告中包含的证据。最后,法院认为,在这种情况下,对损害的存在和程度的评估必须以合理的估计为基础,同时考虑某一特定事实的认定是否得到一个以上证据来源的支持。[③]

问题 3:应予赔偿的损害形式(第 127 ~ 131 段)

131. 法院已经在 2005 年判决中裁定,乌干达有义务对可归责于该国的若干作为和不作为给刚果造成的损害作出赔偿。法院认为,诉讼程序的这个阶段的任务是就乌干达因 2005 年判决确定的可归责于该国的各种形式损害而应支

---

① The Prosecutor v. Germain Katanga, ICC - 01/04 - 01/07, Trial Chamber II, Order for Reparations pursuant to Article 75 of the Statute, 24 March 2017, p. 38, para. 84.

② See Congo v. Uganda case, 2005, p. 249, para. 237.

③ See Nicaragua v. United States of America case, 1986, p. 83, para. 152.

付给刚果的赔偿的性质和数额作出裁决。事实上,法院 2005 年判决的目标并不是确定刚果遭受的确切损害,请求国声称的损害属于 2005 年确定的类别就足够了。① 正如法院在以前关于赔偿的案件中所做的那样,它将确定每一项赔偿要求是否属于其先前关于赔偿责任的认定的范围。②

问题 4:刚果方主张的赔偿(第 132 ~ 384 段、第 405 ~ 408 段)

问题 4.1:人身损害(第 133 ~ 226 段)

134. 刚果就乌干达的国际不法行为造成的人身损害提出了总计至少 4,350,421,800 美元的赔偿要求,并将这一索偿按五种形式的损害进行划分:生命损失、人身伤害、强奸和性暴力、招募儿童兵以及人民流离失所。

问题 4.1.1:生命损失(第 145 ~ 166 段)

145. 法院回顾,在其 2005 年判决中,其认为乌干达从事了杀戮平民的行为,且不能区分平民和军事目标,未能在与其他战斗团体战斗时保护平民,以及作为占领方未能在伊图里地区尊重和保障人权和国际人道法。③ 此外,法院还认为乌干达由于非法武力干涉刚果而违反了《联合国宪章》第 2 条第 4 款。④ 法院重申,作为原则问题,上述国际不法行为造成的生命丧失引起了乌干达充分赔偿的义务。为了裁定赔偿,法院必须确定申请国所遭受的损害的存在和程度,并确认损害与被告国的国际不法行为之间存在充分、直接和确定的因果关系。

146. 刚果所提交的受害人身份表格,在数字方面少于刚果所称的死亡数字,因此不能支持乌干达要赔偿 180,000 名死亡平民的主张。

147. 此外,绝大多数的受害人身份表格不含死者的姓名。尽管如此,考虑到当前案件的特殊性,法院不能接受乌干达的主张,即表格必须确定死者的身份才具证明价值。受害人身份表格还有其他缺陷,特别是没有证明文件。此外,许多表格不能体现乌干达的国际不法行为与所称损害之间的充分因果联系,反而涉及可能造成损害的其他行为体,如乌干达和伊图里地区以外的武装部队,乌干达不应为它们的行为承担责任。法院在此前的案件中称,在相关事

① See Congo v. Uganda case, 2005, p. 241, para. 211, p. 245, para. 220, pp. 252 – 253, paras. 246 – 250, p. 257, para. 259, and pp. 280 – 281, para. 345, subparas. (3) and (4) of the operative part.

② See Diallo case, Compensation, 2012, pp. 332 – 333, para. 17 and p. 343, para. 53.

③ See Congo v. Uganda case, 2005, p. 241, para. 211 and p. 280, para. 345, subpara. (3) of the operative part.

④ See Congo v. Uganda case, 2005, p. 227, para. 165.

件发生多年后收集的证人证言,特别是在没有证明文件的时候,必须谨慎对待。[①] 因此,在评估乌干达所应赔偿的死亡人数方面,刚果提交的受害人身份表的证据价值非常有限。

148. 刚果依赖科学分析以计算"超额死亡"的数量,即国际救援委员会报告(以下简称 IRC 报告)和应用科学研究发展协会报告(以下简称 ADRASS 报告)。这些研究不能证实充分、直接和确定的因果关系。法院认为,无论调查的科学性和方法质量如何,这些调查都不能说明死亡人数和乌干达的不法行为之间存在充分、直接和确定的因果关系。古哈·萨丕尔女士在她的报告中估计"有 95% 的置信度认为这一时期武装冲突至少造成了 320 万超额死亡",但法院不采纳她对这一估计的解释。在听证会上,古哈·萨丕尔女士承认她的报告中确定的"超额死亡"无法归因于单一原因。即使 320 万人丧生的数字被接受为一项在武装冲突中丧生的人数指标,法院也没有任何合理的依据来确定对于哪些丧生,"不法行为与申请国所受损害之间有足够直接和确定的因果关系"。[②] 冲突中丧失的一些生命(数字无法确定)可能与乌干达的国际不法行为的因果关系过于薄弱以至于不能作为赔偿请求的基础。[③] 因此,法院认为死亡率调查不能作为确定可归因于乌干达的生命丧失的依据。

149. 法院还注意到关于"冲突死亡"的报告,即由法院指定的专家乌尔达尔先生准备的"武装冲突直接造成的生命损失"报告。乌尔达尔先生的报告基于学术数据库——UCDP 数据库,他用它来识别基于个别事件的"直接冲突死亡人数"。利用 UCDP 数据库,乌尔达尔先生估计在 1998 年 8 月到 2003 年 6 月之间的相关期间,在整个刚果有 14,663 名平民直接死亡,包括伊图里的 5769 人。这个数字也包括"因蓄意针对性暴力而被杀害"的平民和作为"平民附带受害者"而死亡的平民。乌尔达尔先生在其报告中指出,UCDP 数据库仅收录了在刚果境内与乌干达部队的冲突中的 32 例平民死亡。但是,法院指出,其在 2005 年判决中认为,乌干达未能履行作为占领国在伊图里地区应尽的义务,以及防止其占领区内违反国际人权法和国际人道法的义务。[④] 在此基础上,除非乌干达确定刚果在伊图里声称的死亡不是由乌干达的不遵守作为占领国的义

---

① See Croatia v. Serbia case, 2015, pp. 78 – 79, paras. 197 and 199; Territorial and Maritime Dispute between Nicaragua and Honduras in the Caribbean Sea (Nicaragua v. Honduras), Judgment, I. C. J. Reports 2007 (II), p. 731, para. 244.

② Costa Rica v. Nicaragua, Compensation, 2018, p. 26, para. 32; Diallo case, Compensation, 2012, p. 332, para. 14, citing Bosnia and Herzegovina v. Serbia and Montenegro case, 2007, pp. 232 – 233, para. 462.

③ See commentary to Article 31 of the ILC Articles on State Responsibility, YILC, 2001, Vol. II, Part Two, p. 93, para. 10.

④ See Congo v. Uganda case, 2005, p. 245, para. 220.

务造成的,否则乌干达应承担在伊图里冲突造成的生命损失的责任,无论这些死亡是否是乌干达部队冲突造成的。关于在伊图里以外丧生的生命,UCDP数据库的帮助不大,因为根据专家的说法,它“不是旨在确定死亡的法律归属”。

150. 此外,法院指出UCDP数据库在司法程序中作为证据的固有缺陷。UCDP数据库主要基于新闻报道和非政府组织的报告。如果在司法程序中直接提交上述文件,且没有其他形式的证据证明,则法院只会赋予其非常有限的证明价值。[①] 另外,UCDP数据库的数字非常保守,并且很可能低估了直接死亡的平民总数。乌尔达尔先生在听证会上也证实了这一点,他说14,663例死亡人数(根据UCDP数据库发生在1998年8月到2003年6月的刚果全境,包括伊图里地区的5769例)“几乎可以肯定是低估了”,无法确定“误差偏幅”。他有关低估的评价,在一定程度上被ACLED数据库证实,该数据显示冲突造成了总计23,791例(平民和部队人员)的死亡。

151. 尽管乌尔达尔先生所提供的信息可能大致提示直接死亡的平民人数,但是法院不能单独依据乌尔达尔先生的报告和UCDP数据库来评估死亡人数,有必要考虑其他形式的证据。

152. 法院考虑了由联合国授权的报告和由独立第三方准备的其他文件。在2005年判决中,法院依赖联合国报告为“具有可信赖质量的充分证据”,但是“只有当其具有证明价值并在必要的情况下由其他可信来源所证实”[②](时才值得采信)。包括联合国机构所通过的任何报告的准确的证据价值,同样依赖于其方法和在准备时的研究量。[③] 因此,法院特别信赖《摸底调查报告》。值得注意的是,《摸底调查报告》中的所有信息至少被两个独立来源所证实,包括证人访谈,由此构成了可信证据。[④] 然而,即使是摸底报告,也“没有进行深入调查或收集法庭上可以接受的证据,而是旨在通过了解违法行为的规模、发现模式和确定潜在的线索,为制定初步调查假设提供基础或证据来源”。[⑤]

153. 法院还考虑了联合国的其他文件,如秘书长关于联合国组织刚果民主

---

① See Congo v. Uganda case, 2005, p. 204, para. 68; Oil Platforms (Islamic Republic of Iran v. United States of America), Judgment, I. C. J. Reports 2003, p. 190, para. 60; Nicaragua v. United States of America case, 1986, pp. 40 - 41, paras. 62 - 63; United States Diplomatic and Consular Staff in Tehran (United States of America v. Iran), Judgment, I. C. J. Reports 1980, pp. 9 - 10, paras. 12 - 13.

② Congo v. Uganda case, 2005, pp. 239 - 240, paras. 205 - 208 and p. 249, para. 237.

③ See Croatia v. Serbia case, 2015, p. 76, paras. 189 - 190; Bosnia and Herzegovina v. Serbia and Montenegro case, 2007, pp. 135 - 137, paras. 227 - 230.

④ See Mapping Report, para. 10.

⑤ Mapping Report, para. 5.

共和国特派团(以下简称联刚特派团)的报告,了解到这些报告并不总是对于所采用的方法提供充分的资料,因此其大部分内容不如《摸底调查报告》严谨。

154. 法院认为,包括《摸底调查报告》在内的联合国机构的各种报告,提供了冲突期间特定时间的特定信息,但是却未能提供法院确定可归因于乌干达的死亡人数的充分基础。《摸底调查报告》中所列举的被杀害的个别死亡实例总是用不准确的术语(如"一些"或"无数")。在其他情况下,《摸底调查报告》至少提供了可能的伤亡的大体数据。基桑加尼的局势就是例子,那里的情况被记录得很好。《摸底调查报告》描述称,基桑加尼的乌干达和卢旺达部队之间的冲突造成了在 1999 年 8 月的"超过 30 例"平民死亡,在 2000 年 5 月的"超过 24 例"平民死亡,以及在 2000 年 6 月的"244 到 760 例"平民死亡。[①] 虽然这些数字可能足以使人怀疑刚果声称的与这些有关的 920 名平民伤亡事件,但它们为法院提供了一定的范围,使其对生命损失的规模有了全面的了解。此外,由于《摸底调查报告》并非旨在将责任归咎于特定行为者,因此其中提供的数字并不一定能使法院得出有关乌干达的国际不法行为与生命损失事件之间存在足够直接和确定的因果关系的结论。

155. 法院注意到乌干达估计,《摸底调查报告》所列举的 2291 例死亡可以合理怀疑为归因于乌干达。然而,这一评估没有考虑到乌干达未能履行其作为伊图里的占领者所应遵守的义务而造成的死亡数字,也没有认识到乌干达可能对伊图里以外的某些死亡事件负有赔偿责任,即使《摸底调查报告》没有具体提及乌干达在特定事件中的作用。

156. 法院还认为,即使将《摸底调查报告》记录的牵涉乌干达的发生在伊图里和刚果其他地区的丧生都加在一起,其总数可能无法完全反映乌干达应对生命损失负责的程度。《摸底调查报告》的目的只是记录严重违反国际人道主义和人权法的情况。例如,2003 年 5 月 27 日,联合国秘书长关于联刚特派团的第二次特别报告估计,1999 ~ 2003 年间仅在伊图里就有"60,000 多人"死亡。[②] 虽然法院不能在没有支持分析的情况下简单地采用一个在一份报告中出现的数字,但联刚特派团的报告仍然表明,仅仅依靠《摸底调查报告》将导致死亡人数被低估。

157. 在审议刚果提出的证据的不足之处时,法院考虑了本案的特殊情况,

---

① See Mapping Report, paras. 361 – 363.

② See UN doc. S/2003/566 of 27 May 2003, para. 10.

这些情况限制了刚果出示具有更大证明价值的证据的能力。法院回顾 1998 ~ 2003 年,由于乌干达的战时占领,刚果没有对伊图里行使有效控制。在"科孚海峡案"中,法院认定,一国在其边界内行使的专属领土控制通常对其他国家可用的证据方法有影响,可以允许后者更自由地诉诸推断事实和间接证据。[①] 这一一般原则也适用于通常应承担举证责任的国家因另一国战时占领其领土而失去对关键证据所在领土的有效控制的情况。

158. 此外,刚果正确地强调,在有关人身伤害的案件中,包括死亡证明和医院记录等这类证据在偏远的、缺乏基本平民设施的地区常常很难得到,这一现实被国际刑事法院所承认。法院回顾了国际刑事法院的发现,其中指出在同一场冲突中,受害者常常难以得到文书证据。尽管在国际刑事法院的有关程序中,许多受害者事实上提供了死亡证明和医院记录。[②] 虽然在本案中刚果不是不可能制作相当人数的有关证明,但是法院承认对于成千上万受害者来说,获取此类证据存在困难。

159. 法院指出,其意识到对于近二十年前的一场毁灭性战争中发生在偏远地区的具体事件,详细证据往往无法获取。同时,法院认为,尽管刚果处境艰难,但可以预计自法院作出 2005 年判决以来,刚果已收集到更多有关生命损失的证据。

160. 法院观察到它所拥有的证据,特别是《摸底调查报告》证明 1998 ~ 2003 年在刚果境内发生了大量的平民死亡事件,其中的相当部分与乌干达的国际不法行为有关。然而,没有充分的证据证明刚果所主张的乌干达应对 180,000 例平民死亡进行赔偿。法院也不能认可 UCDP 数据库所录入的涉及乌干达武装部队的冲突造成的 32 例死亡,即使只是因为这一数字不包括伊图里地区的武装部队造成的死亡。

161. 法院认为,乌尔达尔先生和联合国许多机构的报告一起,为乌干达应赔偿的死亡数字的估算提供了更扎实的基础。乌尔达尔先生指出,UCDP 数据库推算出在整个刚果境内发生了 14,663 例平民死亡,其中 5769 例发生在伊图里,8894 例发生在伊图里之外。关于伊图里的死亡事件,法院未能获得证据证明平民死亡是由于乌干达不履行其占领国义务。此外,乌尔达尔先生还提示

---

① See Corfu Channel case, 1949, p. 18.

② See The Prosecutor v. Germain Katanga, ICC - 01/04 - 01/07, Trial Chamber II, Order for Reparations pursuant to Article 75 of the Statute, 24 March 2017, paras. 111 - 112.

UCDP 数据库可能低估了伊图里地区平民死亡的总数字。结论是乌干达应赔偿的在伊图里地区的平民死亡很可能超过了乌尔达尔从 UCDP 数据库中得出的 5769 例。在伊图里以外,法院不能简单地假定乌干达应予赔偿的平民死亡人数与乌尔达尔先生计算的该地区发生的 8894 起与冲突有关的死亡事件相符。一方面,考虑到伊图里以外武装冲突有多方参与,不能假定所有的死亡都是乌干达的不法行为造成的。另一方面,乌尔达尔先生观察到 UCDP 数据库可能也低估了伊图里以外地区的平民死亡人数。

162. 法院认为,无论是刚果提交的材料,还是法院任命专家提供的报告或联合国机构编写的报告,都没有足够的证据来确定乌干达应赔偿的平民死亡人数的准确甚或大致数字。考虑到这些限制因素,法院认为,提交给它的证据表明,乌干达应赔偿的死亡人数在 10,000 ~ 15,000 人。

163. 关于估值,法院认为刚果没有提出令人信服的证据,证明其声称刚果法院判给战争罪受害者家属的平均赔偿金额为 34,000 美元。就与刚果局势有关的案件向国际刑事法院提交的专家报告显示这个数字太高了。[①]因此,法院不会依赖刚果所建议的因蓄意暴力行为而造成的平民死伤的平均赔偿金额,不管国内法院的判决通常是否可以作为合适的指导。法院同样也不认为法院指派的专家塞内戈斯先生的替代性定额费率适合本程序。专家从联合国赔偿委员会的实践得出费率,但是却无法提供在本案适用的合理性依据。他建议的生命损失比率是以赔偿委员会的 C 类索赔为依据的,该索赔允许个人索赔最高 100,000 美元的实际损失,条件是有适当的证据证明情况和索赔损失的估价。法院指出,在赔偿委员会的 B 类索赔中,在举证标准较低的快速程序中,索赔人可以要求固定金额,从遭受严重人身伤害或配偶、子女或父母死亡的每人 2500 美元到每个受害者家庭 10,000 美元不等。

164. 刚果提出的对非直接袭击造成的平民死亡进行估价的方法,类似于基于预期未来终身收益的方法。法院指出,关于生命损失的索赔通常基于对尚存继承人或继承人损失的评估,以及医疗和丧葬费用等行政费用。[②] 这种方法被 EECC 所认可,"如果在适当情况下适当适用,可以作为评估国家间索赔赔偿的

---

① See The Prosecutor v. Bosco Ntaganda, ICC - 01/04 - 02/06, Trial Chamber VI, Reparations Order, 8 March 2021, para. 237; The Prosecutor v. Germain Katanga, ICC - 01/04 - 01/07, Trial Chamber II, Order for Reparations pursuant to Article 75 of the Statute, 24 March 2017, para. 230.

② See Corfu Channel (United Kingdom v. Albania), Assessment of Amount of Compensation, Judgment, I. C. J. Reports 1949, pp. 249 - 250; Opinion in the Lusitania Cases, 1 November 1923, RIAA, Vol. VII, p. 35.

有用参考”，其中“可以粗略地衡量一国的损害，如一组其已知规模的国民也遭受了类似的伤害”。[①] 除了伤害这一物质因素，法院还可以对给个人造成的伤害的非物质（“精神”或“非金钱”）因素，即他们幸存的亲人因他们的丧生所遭受的心理伤害，作出赔偿决定。[②] 在“迪亚洛案”中，法院认为非实质性的伤害可以在没有具体证据的情况下确定，而且对这种伤害的赔偿的任何量化都必须基于公平的考虑。[③] 但是，对于本诉讼的目的，法院不认为如刚果所提出的那样为蓄意失去的生命赋予更高的价值是合适的。法院注意到，EECC 认为，在它面前的形势下，对于人均赔偿额很大的非物质损害，在个别情况下可能是合理的，但在涉及大量身份不明和假设的受害者的情况下就不合理了。[④]

165. 关于刚果要求赔偿 2000 例其武装部队成员的死亡，法院指出刚果几乎没有提供任何证据来支持这一说法。《摸底调查报告》在这方面给出的指示非常有限，一般指的是刚果武装部队在 1999 年遭受的损失，并注意到 2000 年 8 月发生的一起事件。[⑤] 法院不认为刚果提交的其他材料，包括刚果解放运动领导人让-皮埃尔·本巴的回忆录，是可靠的证据。法院强调，鉴于在刚果难以获得书面证据而所采用的较宽松的证据标准并不同样适用于军事人员的生命损失，因为一个国家可以预计至少拥有关于其本国武装部队的最基本的记录，包括那些在行动中丧生的人。法院以缺乏证据为由驳回了刚果的这一主张，因此没有处理与此相关的任何其他问题。

166. 法院回顾，在本案的特殊情况下，法院可在证据所表明的可能性范围内，并考虑到公平性，以整体数额的形式判给赔偿金。法院指出，虽然现有证据不足以确定乌干达造成的平民死亡人数的合理精确数字甚或大致数字，但仍有可能确定这类平民死亡人数的可能性范围。考虑到所有现有证据，为确定人员生命损失赔偿额而提议的各种方法，以及法院的判例和其他国际机构的宣告，法院决定判给平民生命损失赔偿，作为所有人身损害整体赔偿的一部分。

问题 4.1.2：人身伤害（第 167～181 段）

173. 法院在 2005 年判决中认定乌干达应对对平民的酷刑和其他形式不人道待遇、未能区分民用和军事目标、未能在与其他战斗人员的战斗中保护平民，

---

① Eritrea's Damages Claims, 2009, RIAA, p. 669, para. 83.

② See Diallo case, Compensation, 2012, p. 333, para. 18.

③ See Diallo case, Compensation, 2012, pp. 334 – 335, paras. 21 and 24.

④ See Eritrea's Damages Claims, 2009, RIAA, pp. 664 – 665, paras. 61 and 64.

⑤ See Mapping Report, paras. 385 and 392.

以及在伊图里地区作为占领国未能采取措施尊重和确保尊重人权和国际人道主义法的行为负责。[①] 由于这些行为以及违反禁止使用武力和不干涉原则而造成的平民伤亡[②]属于2005年判决的范围,原则上有义务作出赔偿。

174. 关于伊图里,刚果提出了30,000名平民受伤的数字。刚果以伊图里60,000名平民丧生为出发点,估计受伤人数至少必须达到这一数字的一半。法院指出,在武装冲突期间,受伤人数通常超过死亡人数,据此,将受伤人数估计为死亡人数的一半并不过分。然而,刚果没有提供足够的证据证明在伊图里丧生的人数确实达60,000人。因此,法院没有理由将据称在伊图里丧生的60,000人作为参考,即使是作为受伤平民人数的近似值。刚果承认,其做法是由于"缺乏关于这一点的更精确数据"。

175. 法院已经注意到,刚果提交的受害者身份证明表格不能被视为可靠的证据,也不能证明其所声称的伤害的全部程度。根据刚果的统计,这些表格中不超过1353份记录了据称的伤害,包括性暴力。因此,除了证据价值低外,这些表格仅占刚果所称伤害的一小部分。

176. 此外,法院注意到相关的联合国报告都没有对受伤平民的总人数作出估计。联合国秘书长关于联刚特派团的第二次特别报告估计了在伊图里丧生和流离失所的人员数字,但是对于其他人员的伤害,就只是表示"还有无数人被致残或严重肢解"。[③] 同样,这份特别报告对于伊图里地区的事件,也描述了一些受伤的平民的例子,但是没能为法院提供达成总体预估的基础。[④]《摸底调查报告》还包含以下示例:蓄意攻击平民,包括酷刑和肢解等造成伤害的事件。[⑤] 然而,《摸底调查报告》承认,"大部分工作必须集中在涉及大量受害者的死亡的事件上"。[⑥]《摸底调查报告》中查明的各类事件加起来有数百名平民受伤,法院认为这一数字令人难以置信的低,特别是考虑到伊图里旷日持久和普遍的暴力。

177. 关于乌干达和卢旺达部队在基桑加尼的战斗中造成的伤亡程度,有更可靠的估计。《摸底调查报告》指出,乌干达人民国防军与卢旺达部队于1999

---

① See Congo v. Uganda case, 2005, p. 280, para. 345, subpara. (3) of the operative part.

② See Congo v. Uganda case, 2005, p. 280, para. 345, subpara. (1) of the operative part.

③ UN doc. S/2003/566 of 27 May 2003, para. 10.

④ See UN doc. S/2004/573 of 16 July 2004, paras. 74 – 75 and 93.

⑤ See Mapping Report, paras. 369, 407 – 408, 413 – 414 and 422.

⑥ Mapping Report, para. 535.

年 8 月在基桑加尼的战斗导致 100 名平民受伤。[1] 联合国派往基桑加尼的机构间评估报告(以下简称机构间报告)指出,在 2000 年 6 月 5～10 日,乌干达和卢旺达部队间的冲突导致 1700 人受伤。[2] 这一数字被《摸底调查报告》所大体证实,报告指出在事件中大致有超过 1000 名平民在基桑加尼受伤。[3] 因此,法院可以得出结论,刚果提出的 1937 名受伤平民的人数,就基桑加尼而言,属于一个合理的范围。法院无法将在基桑加尼受伤的人有关的损失总额的具体份额分摊给乌干达。

178.《摸底调查报告》也提到了在刚果其他地区的相关事件。例如,《摸底调查报告》指出在贝尼的乌干达部队“任意拘押大量人员以及对他们施以酷刑和其他各种残忍、不人道或有辱人格的对待”。[4] 此外,报告还提到布塔镇平民和一名人权活动家遭受酷刑。[5] 虽然这些例子表明,乌干达部队对平民的故意攻击和虐待,有时相当于酷刑,且并不局限于伊图里或基桑加尼,但是《摸底调查报告》不能作为判给赔偿而在其他地方的此类行为确定范围的可靠依据。

179. 根据所审查的证据,法院认为,它甚至无法完全确定乌干达国际不法行为所致受伤平民的大致人数。法院指出,刚果未能提出适当的证据来证实其关于 30,000 名平民在伊图里受伤的请求。然而,法院重申其结论,即刚果普遍存在困难情况,并且这种情况影响请求国提供在与人身伤害有关的索赔中通常预期的那种证据的能力。法院认为,现有证据至少证实在许多地方发生了大量人员受伤事件。

180. 关于估值,法院指出,刚果的索赔确定了因故意伤害平民而造成的每人 3500 美元的赔偿,以及 150 美元的故意轻伤赔偿。关于“附带”伤害,刚果要求至少每人 100 美元。刚果没有提供令人信服的证据证明这些数字是根据刚果法院在犯下严重国际罪行的背景下判给的平均金额得出的。法院注意到“附带”伤害的拟议金额旨在支付医疗费用和收入损失,并且仅对非物质伤害的赔偿程度支付较少的费用,而直接攻击平民造成的伤害和伤残将获得更高的赔偿是合理的,因为存在相关的创伤和心理伤害。但是,在涉及大量身份不明和假设的受害者的情况下,大额的非物质伤害赔偿可能是不合适的。此外,法院指

---

① See Mapping Report, para. 361.
② See UN doc. S/2000/1153 of 4 December 2000, para. 57.
③ See Mapping Report, para. 363.
④ Mapping Report, para. 349.
⑤ See Mapping Report, para. 402.

出,很难对严重伤害和轻伤之间的任何区别作出结论,因为没有根据以确定它们各自的比例。

181. 法院回顾,其可例外地,在证据所表明的可能数额范围内,并考虑到公平性,裁定一个整体的补偿数额。法院指出,关于人身伤害的现有证据比生命损失的还要少,而且无法确定,甚至无法大致确定乌干达应赔偿的伤者人数。法院只能认定发生了大量此类伤害,并且可以发现当地模式。考虑到所有现有证据、为人身伤害确定价值的拟议方法,以及其判例和其他国际机构的声明,法院将裁定把人身伤害作为所有人员损害的总额中的一部分进行赔偿。

问题 4.1.3:强奸和性暴力(第 182 ~ 193 段)

188. 法院指出,在其 2005 年判决中,乌干达被认定对违反其根据国际人道法和国际人权法所承担义务的行为,包括酷刑行为和其他形式的不人道待遇负有责任。[①] 国际刑事法庭以及人权法院和机构已经确认,在武装冲突中实施的强奸和其他性暴力行为可能构成严重违反《日内瓦四公约》或违反战争法规和习惯,也可能构成一种酷刑和不人道待遇。[②] 因此,法院认为,即使 2005 年判决没有具体提到此类行为,法院仍可以要求乌干达为强奸和性暴力行为支付赔偿,只要有相关证据予以证实。

189. 关于刚果请求的证据基础,法院重申刚果提交的受害人身份表格证明价值有限。法院注意到性暴力的受害者往往遭受心理创伤和社会耻辱,因此,这种暴力行为经常不被报道,而且众所周知难以记录。[③] 但是,本院不认为使用未经证实的倍数来克服这种证据上的挑战是适当的。因此,即使根据刚果 342 起性暴力案件有受害者身份证明表格支持,被认为有充分证据,但法院不能接受刚果声称的 1740 起此类案件的数量得到充分证明。

190. 法院认为,从它得到的报告和其他数据中,甚至不可能对强奸和其他形式的性暴力受害者的人数作出一个广泛的估计。这种缺乏充分文件的情况也已得到联合国各方面的报告的承认。例如,联刚特派团关于伊图里事件的特

---

① See Congo v. Uganda case, 2005, p. 241, para. 211.

② See The Prosecutor v. Kunarac et al., IT – 96 – 23 and IT – 96 – 23/1 – A, International Criminal Tribunal for the former Yugoslavia, Appeals Chamber, Judgement of 12 June 2002, pp. 46 – 47, paras. 149 – 151; Mrs. A. v. Bosnia and Herzegovina (United Nations, Committee against Torture, Communication No. 854/2017, decision of 2 August 2019, UN doc. CAT/C/67/D/854/2017), para. 7.3;有关区域实践,可参见 African Commission on Human and Peoples' Rights, General Comment No. 4 on the African Charter on Human and Peoples' Rights: The Right to Redress for Victims of Torture and Other Cruel, Inhuman or Degrading Punishment or Treatment (Art. 5), pp. 17 – 18, paras. 57 – 58.

③ See Eritrea's Damages Claims, 2009, RIAA, pp. 675 – 676, paras. 104 – 105.

别报告指出,“目前无法估计强奸或性奴役的女性受害者的确切人数”。[①] 同样,《摸底调查报告》承认其自身在性暴力方面的缺点:“意识到这种方法妨碍为众多性暴力受害者伸张正义,也未能适当反映在刚果参与不同冲突的武装团体普遍使用这种形式的暴力的情况,其从一开始就决定寻求支持在某些情况下实施性暴力的信息和文件,而不是试图确认每一个案例,鉴于不幸的受害者太多了,分散在全国各地。”[②]

191. 然而,法院认为,毫无疑问,在刚果存在大规模的强奸和其他形式的性暴力。《摸底调查报告》注意到“所有武装团体广泛使用这种形式的暴力”,并重申受害者“数不胜数”。[③] 报告提供了在伊图里地区占领时期涉及乌干达人民国防军和其他武装团体的许多例强奸事件,[④]还有乌干达人民国防军在伊图里以外地区的事件。[⑤] 联刚特派团关于伊图里事件的特别报告指出,在这一地区,“无数妇女被绑架成为‘战妻’,而其他人则在被释放前遭到强奸或性虐待”。[⑥] 国际刑事法院发现,在伊图里地区被乌干达占领期间,伊图里发生了强奸和性暴力,这是一种“常见做法”。[⑦]

192. 关于对强奸和性暴力受害者所受伤害的评估,法院认为,刚果没有提供足够充分的证据来证实刚果法院对“严重强奸”的平均赔偿金额为每名受害者 23, 200 美元,对强奸的平均赔偿金额为 12, 600 美元。法院注意到提交给国际刑事法院的一份有关刚果的专家报告,该报告指出,刚果法院正在形成一项新标准,即在强奸案件中向每名受害者赔偿 5000 美元。[⑧]

193. 法院回顾,在本案的特殊情况下,在证据表明的可能性范围内并考虑到公平因素。法院注意到关于强奸和性暴力的现有证据不如关于生命损失的证据丰富,而且不可能确定乌干达境内发生的强奸和性暴力案件的大约数目。法院只能发现发生了相当数量的这种伤害。考虑到所有现有的证据、为强奸和性暴力评估的拟议方法,以及法院的判例和其他国际机构的声明,法院将决定

① UN doc. S/2004/573 of 16 July 2004, para. 1.

② Mapping Report, para. 535.

③ Mapping Report, paras. 35 and 530.

④ See Mapping Report, paras. 405, 408 – 409, 416 and 419.

⑤ See Mapping Report, paras. 330 and 443.

⑥ UN doc. S/2004/573 of 16 July 2004, para. 1.

⑦ The Prosecutor v. Bosco Ntaganda, ICC – 01/04 – 02/06, Trial Chamber VI, Judgment of 8 July 2019, paras. 293, 940 – 948, 1196 and 1199.

⑧ See The Prosecutor v. Bosco Ntaganda, ICC – 01/04 – 02/06, Trial Chamber VI, Reparations Order, 8 March 2021, para. 238.

对强奸和性暴力给予赔偿,作为对所有人员损害的赔偿总额的一部分。

问题 4.1.4:招募儿童兵(第 194~206 段)

199.法院在 2005 年判决中认为,“有令人信服的证据表明,乌干达人民国防军的训练营训练儿童兵,而且国防军未能阻止在其控制地区招募儿童兵”。[①] 因此,刚果的主张包含在 2005 年判决中。

200.法院认为,支持刚果关于招募或部署儿童兵人数的说法的证据有限。法院注意到,联合国秘书长关于联刚特派团的第六次报告发现,在 2000 年,600 名显然被转移到乌干达接受军事训练的儿童很快将被人道主义组织遣返。报告特别提到:

> 正如我在 2000 年 12 月 6 日的报告中所指出的,有相当多数量的刚果儿童被从布尼亚、贝尼和布滕博地区带走,显然是为了在乌干达接受军事训练。人们对这些儿童有可能被部署回刚果作为平民士兵表示关切。在本报告定稿时,收到的资料称,下星期将有 600 名儿童移交人道主义组织看管。[②]

此外,法院注意到联刚特派团关于伊图里事件的特别报告,其中“数千名 7 至 17 岁的儿童被强行或自愿拉入武装团体”。[③] 报告载有各种迹象,证实在伊图里招募或部署了大量儿童兵。[④]《摸底调查报告》还指出,“根据从事儿童解除武装、复员和重返社会工作的儿童保护机构,在冲突期间至少有 3 万名儿童被武装部队或团体招募或利用”。[⑤]

201.法院注意到乌干达对《摸底调查报告》的依赖,根据该报告,最终只有 163 名儿童被遣返。[⑥] 但是,《摸底调查报告》的相关部分指出,2000 年“这些儿童中至少有 163 人被送往乌干达,在克扬宽齐的乌干达人民国防军的营地接受军事训练,最后于 2001 年 2 月被儿童基金会遣返伊图里”。[⑦] 法院解读《摸底调查报告》的意思是,儿童基金会最终在 2001 年将为数较多的儿童中的 163 名遣返到伊图里。

---

① Congo v. Uganda case, 2005, p. 241, para. 210.

② UN doc. S/2001/128 of 12 February 2001, para. 66.

③ UN doc. S/2004/573 of 16 July 2004, para. 1.

④ See UN doc. S/2004/573 of 16 July 2004, paras. 39, 147 and 148.

⑤ Mapping Report, para. 673.

⑥ See Mapping Report, para. 429.

⑦ Mapping Report, para. 429.

202. 对《摸底调查报告》的这种解读得到了证人关于国际刑事法院对卢班加审判中同样事件的证词的支持。在该案中，证人 P－0116 回忆说，2000 年，被告曾将儿童送到乌干达：“P－0116 在指控时限前不久住在布尼亚，他作证说，他被告知在 2000 年夏天把孩子送到乌干达，卢班加先生和他们一起在营地……目睹大约 700 名孩子被转移到乌干达的一些人告诉 P－0116，他们是被乌干达的货机带走的，看来被告与乌干达军事当局有联系，后者给了他必要的军事支持。”①

203. 法院注意到乌干达的观点，即 P－0116 不是目击证人，并回顾法院对道听途说的证词赋予的证据分量。② 然而，法院也注意到证人已被国际刑事法院审判分庭评估为可信，他或她对事件的描述与《摸底调查报告》中所载的描述相符。

204. 关于乌干达据称支持民族解放运动征募和部署儿童兵的问题，《摸底调查报告》指出，“刚果解放运动的军队——刚果解放部队在乌干达军队——人民国防军的支持下，据称也招募儿童，主要是在赤道省的姆班达卡”。③ 报告还提到在 2001 年，刚果解放部队承认其队伍中有 1800 名儿童兵。④ 法院不认可乌干达的论点，即刚果在地理上将其权利要求限制在伊图里。虽然刚果的诉状的某些部分给人的印象确实是，2500 起招募儿童兵的事件都声称发生在伊图里，其他部分指出“在其他地区，包括赤道省也报告了这种做法”。

205. 关于对儿童兵所造成伤害的评估，法院指出，刚果没有提供证据证明据称刚果法院判给的数额。法院进一步指出，法院指定的专家建议，对儿童兵所受伤害的估值应参照联合国儿童权利委员会的 E 类索赔。然而，这一类别涉及被扣为人质或被非法拘留的个人，因此不能反映儿童兵在刚果遭受的物质伤害和心理创伤。法院进一步指出，在“卢班加案”中，国际刑事法院预审分庭考虑到刚果法院的判决，将这种受害者的赔偿额定为 8000 美元。⑤ 在目前赔偿程序的框架内，这些方法并没有提供充分的依据来对儿童兵的损害作出具体估价。

---

① The Prosecutor v. Thomas Lubanga Dyilo, ICC－01/04－01/06, Trial Chamber I, Judgment pursuant to Article 74 of the Statute, 14 March 2012, paras. 1031 and 1033.

② See Nicaragua v. United States of America case, 1986, p. 42, para. 68; Corfu Channel case, 1949, pp. 16－17.

③ Mapping Report, para. 697.

④ See Mapping Report, para. 697.

⑤ See The Prosecutor v. Thomas Lubanga Dyilo, ICC－01/04－01/06, Trial Chamber II, Decision Setting the Size of the Reparations Award for which Thomas Lubanga Dyilo Is Liable, 21 December 2017, para. 259.

206. 法院回顾,在本案的特殊情况下,在证据表明的可能性范围内并考虑到公平因素,它可以以总金额的形式作出赔偿。法院注意到关于招募和部署儿童兵的现有证据提供了乌干达应赔偿的一系列可能的受害人数。考虑到所有现有的证据、为招募和部署儿童兵所造成的损害确定价值的方法,以及法院的判例和其他国际机构的声明,法院将决定对招募和部署儿童兵进行赔偿,作为对所有人员损害的赔偿总额的一部分。

问题 4.1.5:人民流离失所(第 207~226 段)

214. 法院重申,在其 2005 年判决中,它认为乌干达应对不分青红皂白和蓄意袭击平民,以及对其在与其他部队作战过程中未能保护平民负责。① 此外,法院认定乌干达没有履行其作为占领国的义务,并在伊图里煽动种族冲突。② 乌干达有义务对上述行为以足够直接和确定的方式造成的平民流离失所作出赔偿。这包括与乌干达违反战时法有充分、直接和某些因果关系的流离失所情况,即使这些情况没有违反国际人道主义法或人权义务。③

215. 法院认识到,刚果寻求赔偿的绝大多数流离失所案件发生在伊图里。在这方面,法院注意到秘书长关于联刚特派团的第二次特别报告,其中指出,"根据人道主义事务协调厅的说法,截至 2003 年 5 月,有 50 万至 60 万国内流离失所者"分散在伊图里各地。④ 虽然考虑到冲突的规模及其对伊图里的影响,这个数字似乎是合理的,但法院回顾其 2005 年判决,决定不考虑联合国报告中仅依赖第二手来源的要素。⑤ 此外,法院不能根据一份报告的估计来确认这么大的数字。法院重申,在目前的情况下,它认为联合国的报告只有在"具有证明价值并在必要时得到其他可靠的来源的证实"的情况下才是可靠的证据。⑥

216. 法院注意到,刚果声称的流离失所者人数在联刚特派团关于伊图里事件的特别报告中得到了支持,该报告指出,2002 年 1 月~2003 年 12 月,"有 60 多万人被迫逃离家园"。⑦ 然而,特别报告没有说明其估计数的来源。此外,法院指出,报告所述期间延至 2003 年 12 月,因此比乌干达占领伊图里和 2005 年判决的时间范围长几个月。法院在 2005 年判决中提到的刚果人权状况特别报

---

① See Congo v. Uganda case, 2005, p. 241, para. 211.
② See Congo v. Uganda case, 2005, p. 241, para. 211.
③ See Eritrea's Damages Claims, 2009, RIAA, p. 731, para. 322.
④ See UN doc. S/2003/566 of 27 May 2003, para. 10.
⑤ See Congo v. Uganda case, 2005, p. 225, para. 159.
⑥ See Congo v. Uganda case, 2005, p. 225, para. 205.
⑦ UN doc. S/2004/573 of 16 July 2004, para. 40.

告员早先编写的一份报告[①]指出,由乌干达引起的种族紧张局势到2000年8月已经造成5万人流离失所。[②] 虽然报告有价值地说明了伊图里局势在冲突的早期阶段是如何演变的,但它没有提供后续的数据,因此既不能证实也不能推翻刚果所声称的数字。

217. 非政府组织“人权观察”(Human Rights Watch,HRW)在2003年7月编写的一份报告中也采用了50万名流离失所平民的数据,法院在2005年判决中提到了该报告。[③] 然而,法院指出,这一数字所用的资料来源是“联合国人道主义事务协调厅2003年1月的估计数”,因此很可能与秘书长关于联刚特派团的第二次特别报告所依赖的资料来源相同。因此,法院不能排除这样一种可能性,即表明50多万流离失所者人数的所有三份报告都是同一来源,法院无法确定其方法的理论、准确性和证明价值。

218. 但是,法院承认,已经提出了关于伊图里大规模流离失所具体事例的额外证据。联刚特派团关于伊图里事件的特别报告指出,2002年2~4月,乌干达人民国防军和盟军民兵在伊鲁穆地区对兰度村庄开展了大规模行动,导致4万人流离失所。[④] 此外,该特别报告回顾了2002年8月乌干达人民国防军部队未能阻止当地赫马(Hema)和盖杰雷(Gegere)民兵对班巴拉镇的攻击,致使2000人流离失所。[⑤] 根据同一份报告,随后在布尼亚发生的战斗,特别是刚果爱国武装联盟参与其中的屠杀,导致1万个家庭流离失所。[⑥] 最后,特别报告叙述了刚果爱国武装联盟于2003年1~5月在利普里、班布和科布地区进行的大规模“奇卡纳纳穆科诺”(“Chikana Namukono”)军事行动,迫使6万平民逃入周围的灌木丛。[⑦] 法院注意到对这些事件的描述不是根据第三方的估计,而是根据联刚特派团人权调查人员收集的目击者证词。此外,法院注意到,《摸底调查报告》还提到2002年9月在伊鲁穆地区发生的另一起案件,伊图里爱国主义反抗武装部队发动的袭击造成“几千人”流离失所。[⑧]

219. 还有更具体的证据表明,在伊图里以外的地方,特别是在基桑加尼市

---

① See Congo v. Uganda case, 2005, p. 240, para. 209.

② See UN docs. A/55/403 of 20 September 2000, para. 26, and E/CN. 4/2001/40 of 1 February 2001, para. 31.

③ See HRW, “Ituri: Covered in Blood. Ethnically Targeted Violence in Northeastern DR Congo”, p. 50.

④ See UN doc. S/2004/573 of 16 July 2004, para. 42.

⑤ See UN doc. S/2004/573 of 16 July 2004, para. 45.

⑥ See UN doc. S/2004/573 of 16 July 2004, para. 49.

⑦ See UN doc. S/2004/573 of 16 July 2004, para. 70.

⑧ See Mapping Report, para. 41.

以外的地方,人们流离失所。在2005年判决中,法院承认"根据[根据安全理事会第1304(2000)号决议第14段设立的]基桑加尼机构间评估团的报告,乌干达和卢旺达部队在基桑加尼的武装冲突导致'战斗蔓延到居民区,并发生了6天的不分青红皂白的炮击'。65,000名居民被迫逃离战火,到附近的森林里避难"。[①]

220. 法院提到机构间报告,是为了确定乌干达违反了国际法所规定的各项义务,而不是确定这些违反行为所造成损害的确切程度。在这方面,尽管法院早先对机构间报告提出了意见,但它不能忽视后来出现的新证据。《摸底调查报告》采用了比机构间报告更严格的方法。特别是《摸底调查报告》没有采用与2000年6月基桑加尼"六日战争"有关的68,000名流离失所者的数字,而是更谨慎地指出,这次冲突造成"成千上万人流离失所"。[②] 因此,在缺乏进一步证据的情况下,法院不能采纳刚果所声称的基桑加尼68,000名流离失所者的数据。

221. 法院回顾,基桑加尼的流离失所者是乌干达和卢旺达军队战斗的结果。在考虑了现有的证据后,本院特别重视《摸底调查报告》的结论,即由于这些对抗,"成千上万"人从基桑加尼流离失所。在刚果看来,乌干达应该对基桑加尼的所有损害进行赔偿,因为这种损害既有累积的原因,也有互补的原因。另一方面,乌干达坚持认为,这两个国家分别犯下了国际不法行为,每个国家只对其自己的行动所造成的损害负责。法院认为,每个国家都应对其本国武装部队的独立行动在基桑加尼造成的损害负责。但是,根据它所能得到的非常有限的证据,法院只能对基桑加尼冲突造成的流离失所者总数作出一般估计。在这种情况下,法院无法将流离失所者总数的具体份额分配给乌干达。它在计算所有受伤人员的总赔偿额时,已考虑到基桑加尼人流离失所的现有证据。

222. 关于据称发生在刚果其他地区的流离失所,法院指出,刚果提交的唯一证据是受害者身份证明表格。这些表格只具有非常有限的证明价值。

223. 总之,法院认为原告提供的证据没有充分、确定可以单独给予赔偿的流离失所者人数。然而,证据确实表明了由证实的估计产生的一系列可能性。法院深信,考虑到仅在伊图里流离失所的人数似乎就在100,000~500,000的情况,乌干达应对相当多的流离失所者予以赔偿。

224. 关于流离失所造成的损失的评估,法院没有如刚果所建议的那样,以

① Congo v. Uganda case, 2005, p. 240, para. 208.

② Mapping Report, para. 363.

受害者是否逃离家园以逃避针对平民的蓄意暴力行为或被战斗赶出家园来区分两种流离失所。与评估流离失所造成的损害更为相关的包括个人流离失所的时间长度和流离失所期间所忍受的困难。对这些事项,刚果却没有提供证据。法院还注意到,刚果没有充分解释为确定的两种类型的流离失所寻求 300 美元和 100 美元数额赔偿的依据。

225. 法院回顾了本案的特殊情况,在证据表明的可能性范围内并考虑到公平因素,它可以以总额的形式作出赔偿。法院注意到关于流离失所的现有证据提供了一系列可归咎于乌干达的受害者人数。考虑到所有可用的证据、确定一个人流离失所的价值的可能方法,以及其判例和其他国际机构的声明,法院将判给流离失所者赔偿,作为对所有人损害的赔偿总额的一部分。

226. 根据上述所有考虑,并鉴于乌干达不能证明刚果所称在伊图里的具体损害不是由于未能履行其作为占领国的义务造成的,法院认定,就生命损失和其他人身损害判给一整笔 2.25 亿美元的赔偿金是适当的。

问题 4.2:财产损失(第 227~258 段)

问题 4.2.1:一般方面(第 240~242 段)

240. 法院回顾其 2005 年的判决,认定乌干达对伊图里内外的财产损失负有责任。法院的结论是,乌干达人民国防军“摧毁村庄和平民建筑物”和“无法区分民用和军用目标”。①

241. 在同一判决书中,法院还裁定乌干达“作为占领国,未能采取措施尊重和确保尊重伊图里地区的人权和国际人道主义法”。② 法院回顾在诉讼程序这一阶段,乌干达应确定刚果所指控的伊图里的具体财产受损情况并不是由于其未能履行作为占领国的义务造成的。在没有证据证明这一点的情况下,可以得出乌干达应该对这种损害作出赔偿的结论。

242. 法院强调,鉴于冲突的特殊性质以及随后难以为大多数形式的财产损害收集详细证据,不能指望刚果提供在乌干达非法军事介入的五年中,每座被摧毁或严重损坏的建筑物的具体文件。与此同时,法院认为,尽管刚果处境艰难,但自法院 2005 年判决以来,预计刚果已收集了更多证据,特别是与刚果本身拥有并控制的资产和基础设施有关的证据。法院在评估刚果提交的证据时将牢记这些考虑因素。

---

① Congo v. Uganda case, 2005, p. 241, para. 211.

② Congo v. Uganda case, 2005, p. 280, para. 345, subpara. (3) of the operative part.

问题 4.2.2:在伊图里地区(第 243～249 段)

243. 法院认为,刚果没有提供令人信服的证据,证明其所声称的在伊图里有 8693 所私人住宅被毁。一些受害人身份表格提供了对个人损失的不同类型财产的某种印象。然而,这些表格并不载有资料,以证实所称的损害程度以及受影响财产的性质和价值。因此,提交根据受害人身份表格编制的汇总表,即使在可能的范围内也无助于查明损害的规模。关于伊图里私人住宅受损的索赔也有很大的差别。例如,刚果在其诉状中指出,80% 被摧毁的私人住宅是"基本的"。然而,刚果为伊图里提供的汇总表表明,其中 98% 是"基本的"。

246. 刚果提供的证据甚至无法使法院估计损害的程度,法院指定的专家的报告也没有提供任何相关的额外信息。因此,法院的评估必须基于联合国的报告,特别是《摸底调查报告》。法院认为,报告载有若干可信的调查结果,说明伊图里的"住宅""建筑物""村庄""医院"和"学校"遭到破坏。例如,关于伊图里,它指出,在 2002 年 8 月 31 日,刚果爱国武装联盟的组成部分得到了乌干达人民国防军的支持,在伊鲁穆地区的瓦伦杜宾迪(Walendu Bindi)点燃了"1000 多所房屋"。①《摸底调查报告》还指出,2002 年 10 月 15 日,刚果爱国武装联盟民兵在瓦伦杜塔西(Walendu Tatsi)社区的祖姆贝(Zumbe)摧毁了"500 多座建筑物";②2003 年 3 月 6 日,在一次联合军事行动中,人民民主力量、民族团结阵线和卢旺达爱国阵线的成员"摧毁了当地和国际非政府组织使用的许多建筑物、私人住宅和房舍"。③ 此外,《摸底调查报告》指出,至少有十次整个村庄被乌干达人民国防军或在伊图里活动的武装团体纵火,④以及在攻击期间烧毁或摧毁数百座建筑物的其他事件。⑤ 法院还考虑到联刚特派团关于伊图里事件的特别报告载有在伊图里关于整个村庄和建筑物被武装团体烧毁或以其他方式摧毁的描述。⑥

247.《摸底调查报告》和联合国其他报告令人信服地记录了乌干达武装部队和其他行为体在伊图里进行的大规模掠夺。⑦

① Mapping Report, para. 413.

② Mapping Report, para. 414.

③ Mapping Report, para. 421.

④ See Mapping Report, paras. 366, 370, 414 and 422.

⑤ See Mapping Report, paras. 409 and 413 - 414.

⑥ See UN doc. S/2004/573 of 16 July 2004, paras. 47 and 63.

⑦ See Mapping Report, paras. 366, 369 - 370, 405, 407 - 408, 413 - 414, 416, 419 - 421 and 428; MONUC special report on the events in Ituri, UN doc. S/2004/573 of 16 July 2004, paras. 42, 49, 51, 73 - 74, 100 and 114.

248. 关于损失财产的估价问题，法院认为，刚果没有提供确凿的证据，支持对私人住宅、公共建筑和被掠夺财产平均价值的估计。法院任命的专家塞内戈斯先生的报告承认了这一点。然而，专家建议法院通过刚果提出的关于私人住宅的数字，因为这些数字“比较合理”。关于不同形式的财产损害，专家适用无法解释的“证据折扣系数”，即25%用于公共建筑，50%用于伊图里的抢劫。法院认为专家没有充分证实他建议的“证据折扣系数”的应用。

249. 关于财产损失的估值，法院认为，就同一冲突向国际刑事法院提起的诉讼程序具有相关性。在“加丹加案”中，第二审判分庭评估了与2003年2月Bogoro村（伊图里）每一所房屋被毁有关的损失，为600美元。[①] 关于学校和保健中心的估值，国际刑事法院受害者信托基金提供了一个估计数额，不同于审判分庭提出的估计数额，即2020年2月在伊图里重建一所学校或保健中心将花费5万美元。[②]

问题4.2.3：伊图里以外地区（第250～253段）

250. 至于伊图里以外的损害，刚果主要依靠据称根据受害人身份识别表格和“机构间报告”编制的汇总表，其中列出了2000年6月在基桑加尼造成私人住宅、学校和行政大楼受损的事件清单。刚果没有应法院的要求解释其在乌干达人民国防军所在的基桑加尼、贝尼和布滕博计算财产损失的方法。法院还指出，通过扩展对“如果不是”乌干达非法使用武力不会发生的所有财产损失提出索赔，刚果无视了以下事实，即法院在2005年判决中裁定，武装团体在伊图里以外的行动不在乌干达的控制之下。[③] 因此，即使法院能够确定对伊图里以外财产的损害范围，也没有充分的证据证明何种财产损害是由乌干达造成的。关于乌干达人民国防军在贝尼和布滕博的行动，《摸底调查报告》证实了几起导致财产严重破坏的事件，但没有说明这种破坏的程度。[④]

251. 刚果提出的证据甚至不能让法院大致评估损失程度，法院指定的专家的报告也没有提供任何相关的补充资料。塞内戈斯先生只是简单地应用了无法解释的“证据折扣系数”，指出对贝尼、布滕博和格梅纳的索赔占25%，对基

---

① See The Prosecutor v. Germain Katanga, No. ICC-01/04-01/07, Trial Chamber II, Order for Reparations pursuant to Article 75 of the Statute, 24 March 2017, para. 195.

② See The Prosecutor v. Bosco Ntaganda, No. ICC-01/04-02/06, Trial Chamber VI, Reparations Order, 8 March 2021, para. 236 (iv); The Prosecutor v. Bosco Ntaganda, No. ICC-01/04-02/06, Trial Chamber VI, Trust Fund for Victims' observations relevant to reparations, 28 February 2020, para. 130 (d).

③ See Congo v. Uganda case, 2005, p. 226, para. 160, pp. 230-231, para. 177 and p. 253, para. 247.

④ See Mapping Report, paras. 330, 347-349, 361 and 443.

桑加尼的索赔占40%。

252. 法院指出,关于基桑加尼,《摸底调查报告》提到"2000 年 6 月 5 日至 10 日,乌干达和卢旺达武装部队之间用重型武器不分青红皂白地发动攻击,400 多处私人住宅和……对公共和商业财产、礼拜场所、教育机构和包括医院在内的医疗设施的严重破坏……",[①]因此,《摸底调查报告》证实了机构间报告的结论。法院认为是其 2005 年判决的可靠来源。[②]

253. 法院认为,《摸底调查报告》和联合国基桑加尼机构间报告载有充分的证据,可以得出结论,乌干达在基桑加尼造成了广泛的财产损失。在刚果看来,乌干达应赔偿基桑加尼的所有损失,因为乌干达为这些损失的发生起到了累积或补充的作用。另一方面,乌干达坚持认为,乌干达和卢旺达这两个国家分别犯下了国际不法行为,每个国家都只对自己的不法行为造成的损失负责。法院认为,每个国家都应对本国武装部队的独立行为在基桑加尼造成的损失负责。然而,根据法院掌握的非常有限的证据,法院无法将损失的一个具体份额分配给乌干达。法院考虑到关于基桑加尼财产损失的现有证据,得出了对所有财产损失的总赔偿额。

问题 4. 2. 4:国家电力公司(第 254 ~ 255 段)

255. 法院注意到,国家电力公司是一个公共实体,作为国家服务提供者,受刚果政府的监督。鉴于政府与国家电力公司间的密切关系,尤其是它可能拥有相关文件这一事实,刚果本可以向法院提供一些证据,以证明其索赔请求。在这些情况下,法院认为不能解除刚果对国家电力公司的索赔的证明责任。

问题 4. 2. 5:军事财产(第 256 段)

256. 同样的考虑也适用于刚果对其武装部队某些财产的损害索赔(69, 417, 192 美元)。刚果只是在提交其关于赔偿问题的文书之前,由刚果官员编写了一份简短和初步的报告,以证实这一索赔请求。该报告没有为法院提供充分依据。鉴于政府对其武装部队的直接权力,刚果本可以更充分地证实其主张,但它没有这样做。法院以缺乏证据为由驳回了刚果的这一索赔,因此没有解决与这一索赔有关的任何其他问题。

---

① Mapping Report, para. 363.

② See Congo v. Uganda case, 2005, p. 240, para. 208.

问题 4.2.6：结论（第 257 ~ 258 段）

257. 法院认定，刚果提出的关于财产损失的证据特别有限。尽管如此，法院仍然相信，乌干达的非法行为造成了大量财产损失，正如法院在 2005 年判决中所认定的那样。[①] 特别是，《摸底调查报告》提供了关于乌干达及伊图里其他行为体造成财产损失的许多实例的可靠和确凿信息。[②] 法院还得出结论认为，乌干达尚未确证刚果所称在伊图里造成的具体财产损失不是由于乌干达未能履行其作为占领国的义务造成的。

258. 法院回顾本案的特殊情况，认为法院可在证据所表明的可能性范围内，并考虑到公平性，以整笔数额的形式判给赔偿金。法院指出，与乌干达造成的财产损失有关的现有证据有限，但《摸底调查报告》至少证实了乌干达造成财产损失的许多情况。考虑到所有现有证据、确定财产损失赔偿额的提议以及法院的判例和其他国际机构的宣告，法院裁定财产损失赔偿总额为 40,000,000 美元。

问题 4.3：与自然资源有关的损失（第 259 ~ 366 段）

问题 4.3.1：一般规则（第 273 ~ 281 段）

273. 法院在 2005 年判决中指出，“在就刚果[关于自然资源]的索赔作出裁决时，法院没有必要对所指控的每一起事件作出事实认定”。[③] 法院随后认定，“它没有可信的证据来证明乌干达政府有一项旨在开采刚果自然资源的政策，或者乌干达是为获得刚果资源而进行了军事干预”。[④] 但是，法院“认为有可信和具说服力的充分证据，可从中得出结论，乌干达人民国防军的军官和士兵，包括最高级别的军官，参与了对刚果自然资源的盗采、掠夺和滥用，而且军事当局没有采取任何措施制止这些行为”。[⑤]

274. 关于伊图里以外的自然资源，法院认定，“只要有”乌干达人民国防军成员参与盗采、掠夺和滥用自然资源，乌干达就对此负有责任，[⑥]但乌干达不对不在乌干达控制之下的“叛乱团体”成员实施的任何此类行为负责。2005 年判决没有具体说明法院认为哪些盗采、掠夺和滥用自然资源的行为可归咎于乌干

---

① See Congo v. Uganda case, 2005, p. 241, para. 211.
② See Congo v. Uganda case, 2005, paras. 246, 247, 252 and 253.
③ Congo v. Uganda case, 2005, p. 249, para. 237.
④ Congo v. Uganda case, 2005, p. 251, para. 242.
⑤ Congo v. Uganda case, 2005, p. 251, para. 242.
⑥ See Congo v. Uganda case, 2005, p. 252, para. 245.

达。这一裁决留待赔偿阶段作出,在这一阶段,刚果必须提供证据,说明伊图里以外的自然资源受到的损害程度及其归责于乌干达的情况。

275. 关于位于伊图里的自然资源,法院认定"有足够的可信证据"证明,乌干达"在对被占领土自然资源进行盗采、掠夺和滥用的所有行为方面,违反了1907年《海牙章程》第43条规定的作为伊图里占领国的义务"。[①] 这意味着乌干达有责任对伊图里所有盗采、掠夺和滥用自然资源的行为进行赔偿,即使实施此类行为者是武装团体成员或其他第三方。[②] 在赔偿阶段,法院仍需确信现有证据证明存在所指称的盗采、掠夺和滥用自然资源带来的损害,并在本案的特殊情况下,至少确定其程度的可能性范围。

276. 法院回顾,它仅就法院在2005年判决中确定的国际不法行为造成的损害的赔偿数额作出裁决,[③]法院在该判决中具体处理了关于开采黄金[④]、钻石[⑤]和咖啡[⑥]的报告。法院没有提到对钽铁矿石、锡、钨、木材或对动植物的破坏。尽管如此,钽铁矿石、锡、钨和木材仍是"自然资源"这一通用术语所涵盖的原材料。此外,法院认为,2005年判决的范围涵盖了与动物有关的索赔,该判决将"捕猎和掠夺受保护物种"作为刚果关于自然资源的指控的一部分加以提及。[⑦] 鉴于对植物造成的损害是砍伐森林掠夺木材的直接后果,法院认为这种损害属于2005年判决的范围。然而,在目前的赔偿阶段,法院必须确信,确实发生了2005年判决中没有明确提到的所指控开采资源行为,而且乌干达有责任对由此造成的损害作出赔偿。

277. 法院认为,专家报告所采取的方法总体上是令人信服的。法院指出,专家所采用的方法略有不同,这取决于有关资源和他作出估计所依据数据的可靠性程度。专家报告也坦承自身局限性,承认"数据的不完整性意味着必须依靠其他来源为资源分布和资源分布的估计提供信息,包括矿床地图、刚果实地观察的资源分布的口头描述或必须从多个来源合并的生产数据"。尽管有这些局限性,但内斯特先生的方法为法院关于乌干达应予赔偿的损害程度的结论提供了依据。鉴于非法开采自然资源的性质,包括冲突局势和有关非正式经济部

---

① Congo v. Uganda case,2005,p. 252,para. 250.
② See Congo v. Uganda case,2005,p. 252,para. 248.
③ See Congo v. Uganda case,2005,p. 257,para. 260.
④ See Congo v. Uganda case,2005,pp. 249 – 250,para. 238 and pp. 250 – 251,paras. 240 – 242,
⑤ See Congo v. Uganda case,2005,p. 250,para. 240,p. 251,para. 242 and p. 253,para. 248.
⑥ See Congo v. Uganda case,2005,p. 250,para. 240.
⑦ See Congo v. Uganda case,2005,p. 246,para. 223.

门缺乏文件，法院认为，就本案的情况而言，内斯特先生使用的在本案的情况下以适当的近似度估计损失的“代理税”方法是适当的。法院不采纳乌干达建议的标准，根据该标准，刚果必须证明与每一次剥削时间有关的具体时间、地点和损害。鉴于本案中普遍存在的剥削模式和证据方面的挑战，乌干达建议的办法似乎并不合适。相反，法院认为，专家报告中采取的办法是以可靠的经济数据、科学出版物和案件档案得出的估计为基础，对损害进行了更有说服力的评估。专家还考虑了刚果生产和乌干达出口各自顺差的其他解释。关于估值，专家报告对国际市场价格进行了合理的折让。

278. 如前所述，专家没有将平民从伊图里自然资源中提取的价值列入其原始报告估计的赔偿额，其依据是，在占领期间，平民自愿参与这些资源的生产、贸易和出口。他们保留的利润仍然在他们的控制之下。在专家假设的情况下，可以得出结论，经营者继续保留自己的利润并不构成“盗采、掠夺和滥用”行为，正是由于“盗采、掠夺和滥用”行为，法院认为乌干达没有履行其作为1907年10月18日《海牙第四公约》所附《陆战法规和惯例章程》第43条规定的占领国的义务。[①] 因此，乌干达不需要进行赔偿。然而，2005年判决也提到乌干达人民国防军成员为商业实体非法贩运自然资源提供便利。[②] 法院所掌握的证据无法说明，与其他私人通过盗采、掠夺和滥用自然资源的行为剥夺经营者利润的情况相比，内斯特先生所假定的情况在伊图里占了多大上风。因此，在考虑赔偿时，对于所有盗采、掠夺和滥用自然资源的行为，法院强调内斯特先生使用“代理税”方法进行的计算。

279. 法院指出，法院向专家提供的职权范围不包括毁林对动物群的损害和对植物群的损害，因此，专家没有就这些形式的自然资源损害（木材商业贸易除外）作出任何结论。

280. 法院认为，刚果在支持其对自然资源损害的索赔时，援引了联合国环境规划署的报告、波特委员会的报告、《摸底调查报告》、非政府组织的报告和国内机构编写的报告。在2005年的判决中，法院表达了其总体意见，即波特委员会的报告和联合国的报告提供了关于乌干达是否参与盗采、掠夺和滥用刚果自然资源的充分和令人信服的证据。[③] 法院认为这些报告的调查结果具有证明价

① See Congo v. Uganda case, 2005, p. 253, para. 250.

② See Congo v. Uganda case, 2005, p. 253, para. 248.

③ See Congo v. Uganda case, 2005, p. 201, para. 61, and p. 249, para. 237.

值,特别是如果这些结论得到《摸底调查报告》和内斯特先生的专家报告的证实的话。

281. 在对提交给法院的各种证据的价值作出一般性考虑之后,法院表示,将根据其认为可靠的证据得出结论,以确定乌干达对刚果自然资源造成的损害和应判给的赔偿。

问题 4.3.2:矿藏(第 282 ~ 327 段)

问题 4.3.2.1:黄金(第 282 ~ 298 段)

293. 在 2005 年判决中,法院在确定乌干达对盗采、掠夺和滥用自然资源的责任时,参考了波特委员会关于开采黄金的调查结果。[①]然而,法院没有把在伊图里以外开采黄金的具体行为归咎于乌干达。

294. 法院不认可刚果评估乌干达应赔偿的被盗采、掠夺和滥用的黄金的数量和价值所依据的方法和数字,特别是刚果的方法没有排除商业实体在乌干达占领和控制期间继续获得的黄金生产和贸易的价值,也没有考虑乌干达的非正式黄金生产。

295. 然而,法院认为,有充分证据表明乌干达部队在整个刚果参与金矿开采。[②] 关于在五年内广泛的个别开采事件,证据表明在刚果有一种盗采、掠夺和滥用黄金的模式,其中涉及乌干达部队。本院认为,内斯特先生的方法和评估是其评估乌干达非法行为造成的损失的有益基础。

296. 特别是关于伊图里,法院收到的证据确定了一种开采黄金的模式,[③]在专家报告中也有反映。根据 2005 年判决第 249 段和第 250 段的调查结果,乌干达没有履行其作为占领国的义务,对伊图里的"一切剥削行为"负有责任。正如法院所指出的,这意味着乌干达有责任对所有盗采、掠夺和滥用伊图里的自然资源作出赔偿,即使从事这种行为的人是武装团体或其他第三方的成员。

297. 法院进一步认为,它收到的证据显示了在伊图里以外开采黄金的模式。[④] 内斯特先生在计算伊图里以外的"代理税"时,使用了关于黄金和乌干达部队地点的资料来估计乌干达部队相对于其他部队的开采,因此法院不需要减

---

① See Congo v. Uganda case, 2005, pp. 249 – 251, paras. 238 and 240 – 242.

② See e. g. Porter Commission Report, pp. 19 – 20, 64 – 72, 81 – 82, 177, 197; see also Congo v. Uganda case, 2005, pp. 249 – 250, para. 238, and pp. 250 – 251, paras. 240 – 241.

③ See e. g. Porter Commission Report, p. 69; Mapping Report, paras. 753 – 757 and 761; First UNPE report, UN doc. S/2001/357 of 12 April 2001, para. 59; see also Congo v. Uganda case, 2005, p. 250, para. 240, and p. 253, para. 248.

④ See First UNPE report, UN doc. S/2001/357 of 12 April 2001, paras. 56 – 57 as confirmed by the Porter Commission Report, pp. 21 – 23 and 64 – 72.

少这个数字以考虑这一事实,即伊图里以外其他部队的行为不能归咎于乌干达。

298. 法院认为,有充分的证据可以断定乌干达应对在卢旺达境内盗采、掠夺和滥用黄金所造成的大量损害在专家报告的评估范围内负责。在此基础上,法院将对这种形式的损害作出赔偿,作为对所有自然资源损害的赔偿总额的一部分。

问题 4.3.2.2:钻石(第 299～310 段)

306. 在 2005 年的判决中,法院在确定乌干达对盗采、掠夺和滥用自然资源的责任时,参考了波特委员会关于开采钻石的调查结果。[①] 值得注意的是,法院在伊图里方面认定“从波特委员会的各种调查结果可以明显看出,乌干达人民国防军的高级成员非但没有阻止包括钻石在内的自然资源的非法贩运,反而为商业实体从事这些活动提供便利”。[②] 但是,法院没有指出乌干达对开采钻石负有责任的具体行为,也没有具体说明开采钻石的数量或价值。

307. 法院认为,刚果提出的关于乌干达应赔偿的开采钻石的数量和价值的数字不是基于令人信服的方法,特别是因为刚果依赖的是不充分和未经验证的数据。

308. 然而,法院认为,有充分证据表明乌干达部队在刚果各地参与了一种盗采、掠夺和滥用钻石的模式。法院注意到波特委员会的报告叙述了涉及开采乌干达钻石的多起事件。[③] 此外,发表在波特委员会之后的联合国报告证实在伊图里[④]和伊图里以外[⑤]存在这种钻石开采模式。

309. 在这种情况下,本院认为内斯特先生的方法基本上与他对黄金所采用的方法相一致,他的评估是本院作出乌干达应赔偿的损害程度和价值的决定的有说服力的参考资料。

310. 法院认为,有足够的证据得出结论,乌干达应在专家报告评估范围内对盗采、掠夺和滥用钻石所造成的损害负责。在此基础上,法院将对这种形式的损害作出赔偿,作为对所有自然资源损害的赔偿总额的一部分。

---

① See Congo v. Uganda case, 2005, pp. 250 – 251, paras. 240 and 242, and p. 253, para. 248.

② Congo v. Uganda case, 2005, pp. 250 – 251, paras. 240 and 242, and p. 253, para. 248.

③ See Porter Commission Report, pp. 51, 82, 88 – 89, 117, 121 – 123 and 162.

④ See e. g. the MONUC special report on the events in Ituri, UN doc. S/2004/573 of 16 July 2004, para. 133; Mapping Report, para. 768.

⑤ See e. g. Mapping Report, para. 748.

问题 4.3.2.3:钶钽铁矿(第 311～322 段)

319. 刚果并没有为其对钶钽铁矿索赔 2,915,880 美元提供令人信服的依据。波特委员会发现,刚果所依赖的 La Conmet 公司"案例研究"以及联合国非法开采刚果自然资源和其他形式财富问题专家小组报告中的指控没有可靠的证据支持。法院还注意到,从现有证据可以查明涉及卢旺达开采钶钽铁矿的各种事件,从而证实内斯特先生的意见,即大多数非正式钶钽铁矿生产都在内斯特先生所说的"卢旺达势力范围"内。

320. 同时,某些迹象表明,乌干达人民国防军人员在伊图里和伊图里以外开采钶钽铁矿石。联合国非法开采刚果自然资源和其他形式财富问题专家小组在其最后报告中指出,各种武装团体在乌干达人民国防军的保护下在伊图里开采钶钽铁矿石。[①] 联合国专家还描述了乌干达人民国防军与其他部队之间,甚至在乌干达人民国防军内部,为控制伊图里以外富含钶钽铁矿石的地区而发生的几次冲突,[②]还记录了乌干达人民国防军参谋长用车辆跨界运输钶钽铁矿石的情况。例如,《摸底调查报告》详述了乌干达人民国防军为报复而在前往布滕博的途中袭击其一支钶钽铁矿石车队而采取的措施。[③] 2001 年的《人权观察报告》描述了麦麦组织武装人员埋伏袭击了乌干达人民国防军战士,目的是拦截一辆价值约 70,000 美元的运输钶钽铁矿石的卡车。

321. 鉴于这些情况,法院认为,内斯特先生的方法和评估是法院确定乌干达国际不法行为造成的损害的程度和估价的有说服力的基础。

322. 法院认为,有充分的证据可以得出结论,乌干达应在专家报告评估范围内对钶钽铁矿石的劫掠和开采造成的损害负责。在此基础上,法院将对这种形式的损害作出赔偿,作为对自然资源的所有损害的赔偿总额的一部分。

问题 4.3.2.4:锡和钨(第 323～327 段)

326. 法院认为,根据职权范围,允许将锡和钨纳入专家报告的范围。法院指出,内斯特先生的专家报告仅提及少量锡和钨从伊图里过境的证据,这本身并不构成盗采、掠夺和滥用。他特别强调,之所以把这两种矿物列入名单,只是"为了表明作为伊图里或伊图里之外人员所开采的价值来源,两种矿物相对微不足道"。

---

① See Final UNPE report, UN doc. S/2002/1146 of 16 October 2002, p. 21, para. 108.

② See Final UNPE report, UN doc. S/2002/1146 of 16 October 2002, p. 20, para. 101.

③ See Mapping Report, para. 743.

327. 鉴于有关锡和钨的证据有限，而且专家指出，就开采数量和相应价值而言，这些资源相对微不足道，法院决定，在确定对自然资源损害的赔偿时，将不考虑这两种矿物。

问题 4.3.3：植物（第 328～350 段）

问题 4.3.3.1：咖啡（第 328～332 段）

331. 法院认为，根据职权范围，允许将咖啡列入专家报告的范围。内斯特先生关于咖啡的发现，在一定程度上得到了其他证据的证实。例如，波特委员会证实了关于在伊图里以外盗采、掠夺和滥用乌干达咖啡的指控，[①]据专家称，其中 70% 被开采的咖啡获得生产。法院在 2005 年也援引了波特委员会关于咖啡的调查结果。[②] “人权观察”2001 年的一份报告也提及了在伊图里对咖啡的开采。[③] 因此，法院认为，有充分的证据可以得出结论，乌干达应对盗采、掠夺和滥用咖啡造成的损害负责。

332. 然而，由于专家报告仅载有传闻证据及非政府组织未经证实的报告，因此法院认为，裁定的赔偿额应低于法院指定的专家计算的数额。在此基础上，法院裁定对这种形式的损害给予赔偿，作为对自然资源的所有损害的赔偿总额的一部分。

问题 4.3.3.2：木材（第 333～344 段）

340. 法院认为，刚果提交的证据不能支持对非法开采木材的赔偿要求。刚果为证实其主张而采用的方法并不令人信服。波特委员会的结论是，DARA 森林公司的案例研究“从根本上是有缺陷的”，并且“无法为这个所谓的案例研究中提出的任何单一指控找到支持”。[④] 此外，关于伊图里以外的地区，刚果所依据的证据并不能证明乌干达参与了 DARA 森林公司对木材的开采。根据联合国和平教育基金会报告的增编，DARA 森林公司持有的开采许可证是由刚果政府颁发的，刚果政府继续批准该公司在叛乱团体控制地区的业务。此外，根据波特委员会的报告，在占领伊图里期间，DARA 森林公司继续像在该地区被叛乱团体控制之前一样在同一家银行纳税。[⑤]

---

① See Porter Commission Report, pp. 18, 82 – 83 and 89.

② See Final UNPE report, UN doc. S/2002/1146 of 16 October 2002, pp. 250 – 251, paras. 240 and 242, with reference to para. 13.1 of the Porter Commission Report.

③ See HRW, "Uganda in Eastern DRC. Fueling Political and Ethnic Strife", p. 39.

④ Porter Commission Report, p. 64.

⑤ See Porter Commission Report, pp. 62 – 63.

341. 在根据《国际法院规则》第 62 条第 1 款向当事方提出的问题中，法院请刚果向其提供证据，说明“每个……森林的地点、所有权、平均产量及特许经营权或许可证”。然而，刚果没有这样做。相反，刚果在口述程序中继续依赖 DARA 森林公司的案例研究。

342. 法院还认为，内斯特先生的报告对刚果索赔的数额几乎没有提供任何证据。值得注意的是，他给出的木材平均价格低于刚果提出的价格。

343. 然而，法院承认，波特委员会的报告显示乌干达有参与木材开采的迹象。法院还指出，还有更多证据证明在伊图里开采木材。[①] 此外，法院任命的专家在报告中估计，相当数量的开采木材来自他所说的“乌干达势力范围”。

344. 法院认为，有充分证据可以得出结论，乌干达应赔偿因劫掠和开采木材而造成的损害。然而，法院注意到，专家报告的有关信息并不精确。因此，赔偿金额应远低于专家的估计数额。在此基础上，法院裁定对这种形式的损害给予赔偿，作为对自然资源的所有损害的赔偿总额的一部分。

问题 4.3.3.3：毁林造成的环境损害（第 345～350 段）

348. 法院回顾认为“对环境造成的损害本身就应得到赔偿，这符合关于国际不法行为后果的国际法原则，包括充分赔偿原则”，[②]而“对环境造成的损害，以及由此造成的环境提供物品和服务的能力的损害或丧失，根据国际法应予以赔偿”。[③]

349. 法院还回顾了同样在“尼加拉瓜在边境地区开展的某些活动（哥斯达黎加诉尼加拉瓜）案”，法院在环境损害方面认定：“损害可能是由几个同时发生的原因造成的，关于不法行为和损害之间因果关系可能不确定。这些都是法院有待解决的问题，需要根据案件事实和提交给法院的证据加以解决。最终，应由法院决定不法行为与受到的损害之间是否有充分的因果关系。”[④]

350. 然而法院指出，在本案中，刚果没有向法院提供任何依据，以评估毁林对环境特别是对生物多样性造成的损害。由于无法确定刚果的损害程度，即使是近似的程度，法院驳回了对毁林造成的环境损害的索偿。

问题 4.3.4：动物（第 351～363 段）

358. 法院回顾认为刚果关于动物损害的索赔包含在 2005 年判决的范围之

① See e. g. Final UNPE report, UN doc. S/2002/1146 of 16 October 2002, p. 22, para. 116; Mapping Report, para. 751.

② Costa Rica v. Nicaragua, Compensation, 2018, p. 28, para. 41.

③ Costa Rica v. Nicaragua, Compensation, 2018, p. 28, para. 42.

④ Costa Rica v. Nicaragua, Compensation, 2018, p. 26, para. 34.

内。但是,法院认为刚果提供的证据不能支持其索赔的数量。2016年金沙萨大学专家小组编写的研究报告需要谨慎对待,同时铭记法院在2005年判决中指出的,它“将谨慎对待专门为[其审理的案件]准备的证据材料以及单一来源的材料”。[①] 此外,法院指出,根据国际刑事法院的资料进行的研究,以及刚果援引的联合国教科文组织报告,都未能充分解释得出各自估计数的方法。此外,这些报告不足以确定伊图里以外公园区域的任何破坏与乌干达的不法行为之间的因果关系。因此,法院的进一步审查仅限于刚果关于位于伊图里的霍加皮野生动物保护区和维龙加国家公园部分的索赔。

359. 法院认为,刚果声称的一些损害据称发生在霍加皮野生动物保护区,其中90%位于伊图里及维龙加国家公园北部,一小部分位于伊图里。法院回顾乌干达作为占领国,未能履行其在伊图里的占领义务,包括未能防止所有盗采、掠夺和滥用自然资源行为的义务,包括对野生生物的损害的义务负有国际责任,乌干达应就这种损害作出赔偿。

360. 法院还回顾道,“在所有情况下,缺乏关于物质损害程度的充分证据并不排除对这种损害的赔偿”。[②] 法院指出,与人类或商品相比,野生动植物受到的社会和技术监测往往较少。在这方面,法院特别重视专门负责监测有关地点的国际组织的报告,只要这些报告具有证明价值,并在必要时得到其他可靠来源的证实。

361. 法院注意到,国际组织的各种报告载有大量迹象表明,在被乌干达占领期间,伊图里的野生动植物遭受了重大损害。[③] 法院还指出,乌干达本身已经证实在被占领土上存在严重的偷猎行为,它指出,从2000年10月下旬起,乌干达在霍加皮野生动物保护区和维龙加国家公园开始了一项反偷猎行动(“探戈行动”)。乌干达在其书面诉状的附件中特别指出,“虽然偷猎活动始于1996年,但最严重的野生动植物屠杀发生在1998年至2000年”,而且“根据可靠的贸易来源,乌干达市场上的大部分加工象牙都是从伊图里走私来的”。由于霍加皮野生动物保护区90%位于伊图里,乌干达在有关时间有义务履行其作为占领国的职责。

362. 在这种情况下,法院认为,国际组织在报告中提供的资料足以得出结

① Congo v. Uganda case, 2005, p. 201, para. 61.

② Costa Rica v. Nicaragua, Compensation, 2018, pp. 26 – 27, para. 35.

③ See UNESCO, World Heritage in the Congo Basin, 2004, p. 25; Mapping Report, para. 745; UNPE Interim report, UN doc. S/2002/565 of 22 May 2002, para. 52.

论,在乌干达是占领国的地区对动物群造成了重大损害。因此,法院得出结论认为,乌干达有责任对乌干达作为占领国的伊图里霍加皮野生动物保护区和维龙加国家公园这些地区所遭受的损害作出赔偿。

363. 虽然现有证据不足以确定乌干达应赔偿的动物死亡的较为准确的数量,甚至无法确定大致数量,但法院根据收到的报告确信,乌干达应对霍加皮野生动物保护区和维龙加国家公园北部在伊图里的范围内的动物遭受的大量破坏负责。在此基础上,法院裁定对这种形式的损害给予赔偿,作为对自然资源的所有损害的赔偿总额的一部分。

问题 4.3.5:结论(第 364 ~ 366 段)

364. 法院认为,向其提交的证据和专家报告表明,1998 ~ 2003 年,刚果境内有大量自然资源遭到掠劫和开采。对于伊图里,乌干达有责任对所有此类行为作出赔偿。至于伊图里以外的地区,大量的自然资源被盗采、掠夺和滥用的责任也归于乌干达。然而,无论是法院任命的专家的报告,还是刚果提出的证据或波特委员会、联合国各机构和非政府组织的报告中所列的证据,都不足以证明乌干达应承担责任的盗采、掠夺和滥用行为的确切程度。专家报告在现有证据的基础上提供了方法上可靠、有说服力的估计,在评估所涵盖的不同自然资源(矿物、咖啡和木材)的价值方面尤其有帮助。然而,虽然内斯特先生的专家报告和联合国各专门机构关于动物的报告可能对在这种情况下剥夺自然资源的规模提供了尽可能最好的估计,但这仍无法使法院足够精确地确定损害的程度或价值。

365. 与对人员和财产损害所采用的办法一样,法院必须考虑到本案的特殊情况,这种情况限制了刚果和专家提出具有更大证明价值的证据的能力。法院回顾,在本案的特殊情况下,法院可在证据显示的可能性范围内,并考虑公平因素,以总额的形式裁定赔偿。

366. 考虑到所有现有证据,特别是法院任命的专家的报告中所载的调查结果和估计数,以及法院的判例和其他国际机构的声明,法院裁定对劫掠和开采自然资源的行为给予赔偿,总额为 60,000,000 美元。

问题 4.4:宏观经济损害(第 367 ~ 384 段)

381. 在本诉讼程序中,法院无须决定因违反禁止使用武力规定而造成的宏观经济损害索赔,或更普遍地说,对这种损害是否应根据国际法予以赔偿。法院只需指出,刚果没有证明乌干达的国际不法行为与任何指称的宏观经济损害之间存在足够直接和确定的因果关系就足够了。无论如何,刚果没有提供对任何可能的宏观经济损害进行粗略估计的基础。

382. 法院认为,不是如刚果所声称的那样,仅仅展示“将损害与乌干达的不法行为联系起来的一连串事件”就足够了。相反,法院必须确定“不法行为……以及申请人所受的伤害之间是否存在足够直接和确定的因果关系”。[①] 因此,只能对与非法使用武力相距不远的损失给予赔偿。违反禁止使用武力的规定并不产生对后来发生的一切进行赔偿的义务,乌干达的行为并不是冲突期间发生的一切的唯一相关原因。[②]

383. 乌干达非法使用武力很可能对刚果的经济产生负面影响。然而,在这些诉讼程序中,法院必须确定据称刚果遭受的任何宏观经济损害是否有证据支持,以及刚果是否在法院 2005 年判决中确定的乌干达国际不法行为与这一损害之间建立了足够直接和确定的因果关系。刚果所依据的金沙萨研究报告没有确定刚果所称的对经济的负面影响是否存在及程度如何。科利尔和霍夫勒的反驳评估对金沙萨的研究产生了严重怀疑,至少在任何可能的损害程度和任何独立因果因素的潜在影响方面是这样的。法院还指出,金沙萨研究中使用的方法以计量经济学模型为基础,该模型旨在显示一般趋势或核实某些可能足以用于抽象科学目的或政策建议的假设。法院认为,研究中使用的方法对于在司法程序中裁定赔偿而言不够可靠。

384. 法院在审查证据后指出,刚果没有表明乌干达的国际不法行为与任何指称的宏观经济损害之间存在足够直接和确定的因果关系。法院不能为因武装冲突导致经济秩序被普遍扰乱而造成的损失向刚果提供赔偿。[③] 因此,法院拒绝刚果关于宏观经济损害的索赔。

问题 5:刚果方主张的抵偿(第 385 ~ 392 段)

387. 在审议刚果寻求的三种抵偿形式之前,法院回顾认为,一般来说,在大多数情况下,宣布行为违法本身就是适当的抵偿。[④] 但是,视案件的情况而定,抵偿可以采取完全不同的形式,只要补偿无法消除国际不法行为造成的所有

---

① para. 93 above; Costa Rica v. Nicaragua, Compensation, 2018, p. 26, para. 32; Diallo case, Compensation, 2012, p. 332, para. 14; Bosnia and Herzegovina v. Serbia and Montenegro case, 2007, pp. 233 – 234, para. 462.

② See Eritrea's Damages Claims, 2009, RIAA, p. 719, para. 282.

③ See Eritrea's Damages Claims, 2009, RIAA, p. 747, para. 395.

④ See Pulp Mills case, 2010, p. 106, para. 282 (1); Certain Questions of Mutual Assistance in Criminal Matters (Djibouti v. France), Judgment, I. C. J. Reports 2008, p. 245, para. 204; Bosnia and Herzegovina v. Serbia and Montenegro case, 2007, p. 234, para. 463, and p. 239, para. 471 (9); Corfu Channel case, 1949, p. 35.

后果。

388. 对于刚果寻求的第一项措施,即刑事调查和起诉,法院回顾了国际法委员会《国家对国际不法行为的责任条款草案》第 37 条:

> 1. 一国际不法行为的责任国有义务抵偿该行为造成的损失,如果这种损失不能以恢复原状或补偿的方式得到赔偿;
>
> 2. 抵偿可采取承认不法行为、表示遗憾、正式道歉,或另一种合适的方式。

389. 法院认为,《国家对国际不法行为的责任条款草案》第 37 条第 2 款所列的抵偿形式(承认不法行为、表示遗憾、正式道歉或另一种合适的方式)并非详尽无遗。原则上,抵偿可包括"对其行为造成国际不法行为的个人采取纪律或刑事行动"等措施。[①]

390. 法院回顾了其 2005 年判决,认定乌干达人民国防军严重违反了《日内瓦四公约》。法院认为,根据 1949 年 8 月 12 日《关于战时保护平民之日内瓦第四公约》第 146 条和 1949 年 8 月 12 日《日内瓦四公约关于保护国际性武装冲突受难者的附加议定书》(《第一议定书》)第 85 条,乌干达有义务调查、起诉和惩罚对这种违法行为负责的人。法院没有必要就进行刑事调查或起诉下令采取任何额外的具体抵偿措施。被告必须根据其应承担的义务进行调查和起诉。

391. 关于刚果寻求的第二项抵偿措施,即支付 2500 万美元,用于设立一项基金,促进伊图里希马族和伦杜族的和解,在 2005 年判决中,法院认为乌干达人民国防军"煽动种族冲突,没有采取任何行动防止伊图里地区的此类冲突"。[②]在本案中,伊图里的族裔冲突所造成的物质损失赔偿已经包括在对人员和财产损失的赔偿中。然而,法院请各方真诚合作,确定不同的方法和手段,促进伊图里希马族和伦杜族的和解,确保他们之间的持久和平。

392. 最后,法院不能支持刚果寻求的第三项抵偿措施,即为刚果因战争而遭受的非物质损害支付 1 亿美元。鉴于国际法和国际实践中的有关赔偿,在这种情况下对刚果的非物质损害给予补偿是没有根据的。EECC 驳回了埃塞俄比亚关于埃塞俄比亚人和国家本身因厄立特里亚非法使用武力而遭受精神损害

---

① See Commentary to Article 37 of the ILC Articles on State Responsibility, YILC, 2001, Vol. II, Part Two, p. 106, para. 5.

② Congo v. Uganda case, 2005, p. 240, para. 209.

的索赔。[①] 而且，在本案的情况下，法院认为，刚果寻求赔偿的非物质损害包括在法院裁定的各类损害赔偿总额中。

问题 6：其他请求（第 393～404 段）

问题 6.1：费用（第 394～396 段）

396.《规约》第 64 条规定："除本法院另有决定外，每一当事方应自行承担费用。"考虑到本案的情况，包括乌干达赢得了对刚果的一项反诉，随后又放弃了自己的赔偿要求，法院认为没有充分理由证明本案有理由偏离《规约》第 64 条既定的一般规则。因此，每一缔约方应自行承担费用。

问题 6.2：判决前和判决后利息（第 397～402 段）

401. 对于刚果关于判决前利息的索赔，法院认为，在国际法院和法庭的实践中，虽然如果对国际不法行为造成的损害进行全额赔偿，可以判给判决前利息，但利息不是一种自主的赔偿形式，也不是每起案件赔偿的必要部分。[②] 法院指出，在确定每一项损害赔偿额时，考虑到了时间的流逝。在这方面，法院认为，刚果本身在其最后陈述中指出，它不要求对损害赔偿金支付判决前利息，因为"法院根据总体评估裁定的赔偿金额已经考虑到了时间的流逝"。因此，法院认为，根据案件的情况，没有必要判给判决前利息。

402. 对于刚果关于判决后利息的索赔，法院回顾说，法院在以往裁定赔偿的案件中准予了这种利息，并指出"判决后利息的裁定与其他国际法院和法庭的做法是一致的"。[③] 法院期望及时付款，没有理由认为乌干达不会采取相应行动。然而，根据其惯例，法院决定，如果延迟付款，应支付判决后利息。任何逾期金额将按 6% 的年利率累积。

问题 6.3：请求法院继续审理此案（第 403～404 段）

404. 法院认为，刚果的请求，实质上是在要求法院监督其判决的执行情况。在这方面，法院指出，在以往关于赔偿的判决中，法院不认为有必要在收到最后付款之前继续审理此案。此外，法院还认为，判决后利息的裁决解决了刚果对答辩人及时履行本判决中规定的付款义务的担忧。鉴于上述情况，法院没有理由继续审理此案，因此必须驳回刚果的请求。

---

① See Eritrea's Damages Claims, 2009, RIAA, p. 662, paras. 54 – 55, and p. 664, para. 61.

② See Costa Rica v. Nicaragua, Compensation, 2018, p. 58, para. 151.

③ Diallo case, Compensation, 2012, p. 343, para. 56; see also Costa Rica v. Nicaragua, Compensation, 2018, p. 58, paras. 154 – 155.

问题7:总额(第405~408段)

405.判给刚果的赔偿总额为3.25亿美元。这一整体金额包括225,000,000美元的人身损失、40,000,000美元的财产损失和60,000,000美元的自然资源损失。

406.总额将在2022~2026年每年9月1日分期支付,金额为65,000,000美元。法院裁定,如果延迟付款,则从分期付款到期日的次日起支付利息,每期逾期付款的判决后利息按年利率6%计算。

407.法院确信,裁定的总额和付款条件仍在乌干达的支付能力范围内。因此,在确定赔偿数额时法院无需考虑责任国的经济状况及对其造成的财政负担。

408.法院指出,对刚果的人身和财产损失作出的赔偿,反映了乌干达违反其国际义务对个人和社区造成的伤害。在这方面,法院充分承认并欢迎刚果代理人在口述程序中就刚果政府设立的基金作出的承诺,根据该承诺,乌干达支付的赔偿在由其成员包括受害者和民间社会代表的机构的监督下,有效、公平地分发给受害者,其运作将得到国际专家的支持。在分配所判款项时,鼓励基金考虑是否可能采取措施造福整个受影响社区。

(五)裁判结果(第409段)

法院判决的执行部分内容如下:

第一,以12票对2票,确定人身损害赔偿额为225,000,000美元;

第二,以12票对2票,确定财产损失赔偿额为40,000,000美元;

第三,一致认定与自然资源损害有关的赔偿额为60,000,000美元;

第四,以12票对2票,裁定应从2022年9月1日起分五次支付应付总额,每年支付65,000,000美元;

第五,一致裁定如果付款出现延误,则从分期付款到期日第二日起,对任何逾期未付款计收6%的判决后利息;

第六,以12票对2票,驳回刚果关于由乌干达承担本案费用的主张;

第七,一致裁定驳回刚果提出的其他任何主张。

(六)法官意见

本案中,通卡法官(Judge Tomka)在法院判决书后附加了一项声明,优素福法官（Judge Yusuf）在法院判决书后附加了一项个别意见，罗宾逊法官（Judge Robinson）在法院判决书后附加了一项个别意见，萨拉姆法官（Judge Salam）在法院判决书后附加了一项声明，岩泽法官（Judge Iwasawa）在法院判决书后附加了一项个别意见，专案法官都德（Judge *ad hoc* Daudet）在法院的判决书后附加了一项反对意见。

二、国际法制度

国家责任也称国际法律责任，是指国际责任主体对其国际不法行为或损害行为所应承担的法律后果。[①] 国际不法行为是指依国际法应归于一国的违背该国国际义务的行为，包括作为和不作为。

国家责任问题一直是国际法理论和实践中的重点问题。1949 年，国际法委员会召开第一次会议，国家责任问题在当时便成为国际法委员会重点关注并决定有限审议的 14 个“编纂和逐渐发展”的主题之一。2001 年，《国家对国际不法行为的责任条款草案》在国际法委员会第 53 届会议上通过，同年，该责任条款也在联合国大会获得通过。尽管该责任条款并不是一项国际条约，但其在国际法上的分量与意义仍不可小觑。其中提出的许多规则作为国际习惯法已为国际社会所广泛接受，国际法院及其他裁判机构在裁决过程中也屡次援引该文件的内容，以佐证自己的观点，因此该条款成为研究国家责任问题的重要法律渊源之一。除此之外，国际法院、一些国际仲裁庭、国际刑事法院等国际裁判机构也都在裁判中对国家责任问题进行认定与论述，不断补充、丰富、发展国家责任制度，在研究国家责任问题的过程中亦起到了不可忽视的作用。

（一）国际不法行为的责任形式

早在 1928 年，常设国际法院便在“霍茹夫工厂案”中阐述了国际不法行为的责任制度的基本原则，即：赔偿必须尽可能消除非法行为的所有后果，并使受害方恢复到如果国际不法行为未发生则可能存在的情形。[②] 此后，国际法院在裁决中多次重申了上述原则。[③]

---

① 参见《国际公法学》编写组编：《国际公法学》，高等教育出版社 2022 年版，第 422 页。

② See Factory at Chorzów, Merits, Judgment No. 13, 1928, P. C. I. J., Series A, No. 17, p. 47.

③ See Gabčíkovo-Nagymaros Project (Hungary/Slovakia), Judgment, I. C. J. Reports 1997, p. 80; Bosnia and Herzegovina v. Serbia and Montenegro case, 2007, pp. 233 – 234; M/V Saiga (No. 2), ICJ Reports, 2007, p. 43.

在上述原则的指引下,国际法委员会将国际不法行为的责任形式分为不法行为所产生的法律后果和赔偿两类。其中,前者包括继续履约的义务、停止不法行为和保证不再重犯,后者包括恢复原状、赔偿和抵偿。[①] 由于本案主要涉及以赔偿形式出现的国际责任,因此本文主要关注恢复原状、赔偿和抵偿三种责任形式。

1. 恢复原状(restitution)

恢复原状旨在消除不法行为的后果,是赔偿受害国损失的最直接、最自然的方式之一,但是学术界对这一概念的理解有所不同,在国际实践中也存在一定的分歧。一部分学者认为,恢复原状意味着使受害国回到不法行为发生前的状态,[②]因为该状态最为清楚确定,能够确切地确定赔偿的范围;另一部分学者则认为,恢复原状意味着使受害国处于如果不法行为未发生而本应处于的情形与状态,[③]因为恢复原状属于一种完整的损害赔偿方式,如果仅仅达到不法行为发生前的状态,对于受害国来说并不公平。

尽管恢复原状是由国家责任的基本原则直接发展而来的最自然、最直接的赔偿方式,但其并不是绝对的,因为在实践中恢复原状的履行可能存在一定的困难。实践中,恢复原状的例外情形包括:事实上不可能、受国际强行法限制以及对不法行为一方造成的负担过重。

首先,如果国际不法行为造成的损害与后果是不可逆的,事实上无法通过恢复原状的方式加以补救,也不可能恢复到未发生的情形,在这种情况下,可以不采取恢复原状的赔偿方式。其次,恢复原状的赔偿方式不可以突破国际强行法的限制。一般情况下,恢复原状并不会违背国际强行法,但仍存在少部分适用场景,如国家不得以武力相威胁要求不法行为一方通过恢复原状的方式对己方造成的损害进行赔偿。最后,国际法中的公平原则要求当事人中一方得到的利益与另一方需承担的负担不得严重失衡,因此如果恢复原状会给实施不法行为一方造成过于沉重的责任与负担,甚至严重影响到该国家的经济自主与政治独立,则应当对恢复原状这种赔偿形式进行限制。但需要特别注意的是,这种例外情形的适用应当被严格限制在一定范围内,防止其成为实施不法行为一方

---

① 参见邵津主编:《国际法》(第5版),北京大学出版社、高等教育出版社2014年版,第431页。

② 参见邵津主编:《国际法》(第5版),北京大学出版社、高等教育出版社2014年版,第432页;Malcom Shaw (eds.), *International Law* (Cambridge University Press,2021), p. 698。

③ 参见《国际公法学》编写组编:《国际公法学》,高等教育出版社2022年版,第431页;李寿平:《现代国际责任法律制度》,武汉大学出版社2003年版,第154~155页。

逃脱责任的借口与理由。此外,这一例外情形并不是绝对的,当国际不法行为严重违反国际强行法,构成国际犯罪时,不得援引该例外情形。

2. 赔偿(compensation)

赔偿是当恢复原状不能或者不足以消除不法行为造成的损害后果时采取的手段,以支付金钱的方式补偿受害国的损失。在理解赔偿的概念并确定赔偿的范围时,需要特别注意的是,赔偿并不具备惩罚性,仅仅旨在补偿受害国遭受的损失。

通常情况下,赔偿的数额根据财产损失的公允市场价值评估计算而得出,但具体的计算方法与评估方式则由于案件的具体情形和损失的不同情况而异。因此,现行的国际法规则中实际上并不存在明确的、确定的、统一适用的赔偿标准。在国际司法案件的裁决过程中,具体赔偿数额的确定及赔偿标准的适用在大多数情况下均由法官或仲裁员自由裁量。

尽管如此,国际司法实践以及国际公法学者仍然试图建立一些原则与标准,为国家责任中损害赔偿的判断提供具有一定确定性的指引。其中一种划分标准是将损害划分为直接损害和间接损害,从而引申出一种确定损害赔偿范围的标准,即对直接损害进行赔偿,而对于定性为间接损害的损失不予以赔偿。① 但该标准在适用中面临困难,因为间接损害的概念并不明确。一般而言,直接损害是指在不法行为一个原因的直接作用下发生的损害,而间接损害的发生原因可能是多样的,不法行为只是其中的一个原因或者一个环节,但对于最后结果的产生仍具有不可推卸的责任。这一概念具有极大的不确定性与模糊性,因此在国际法学界也并没有得到统一的意见。② 尽管如此,除了少数案件外,大多数案件中针对被定性为间接损害的损失进行求偿,在实践中极少获得法院的支持。③

作为上述标准的例外情形,德国—美国混合索赔委员会在1923年11月1日的第二号行政裁决中提出了另外的判断标准,舍弃了直接损害与间接损害的区分方式,转而采用因果关系链条是否中断作为判断是否应当予以赔偿的标准。换言之,只要不法行为与损害结果之间具有明确的、不中断的因果关系,顺着因果关系链条可以确定地、无疑地从损害结果追溯到不法行为,则不法行为者应当为这一损害结果承担责任。④ 其中,在判断因果关系的连续性时,可以采

---

① 参见联合国国际法委员会编:《1989年国际法委员会年鉴》(第2卷第1部分),第27~28页。
② 参见李寿平:《现代国际责任法律制度》,武汉大学出版社2003年版,第152页。
③ 参见联合国国际法委员会编:《1989年国际法委员会年鉴》(第2卷第1部分),第27~28页。
④ 参见李寿平:《现代国际责任法律制度》,武汉大学出版社2003年版,第150页。

用可预见性标准加以辅助。如果不法行为者在主观上可以预见损害结果的发生,且在客观上"正常情况下"一个理性第三人也可以预见到不法行为将引发损害结果,则不法行为者将需要对该损害结果承担赔偿责任。① 这一判断方式也得到了国际仲裁庭判例的支持,在葡萄牙与德国关于葡萄牙殖民地案的争端的判决中,德国的入侵引起了葡萄牙殖民地土著居民的起义,给葡萄牙造成了间接损害,仲裁庭裁决德国应当对其能预见到的间接损害负责。②

此外,赔偿包含的范围并不仅仅限于物质损失。物质损失的范围一般包括财产损失和人身损害,如本案中在战争中受到伤害甚至失去生命的平民遭受的损失、刚果境内财产及自然资源的损失等,此外也有可能包括损失的收益。具体是否可以将收益纳入损害赔偿的范畴,还需要结合上文所述的判断标准,根据案件的不同情况逐案进行分析。有学者提出,收益损失与其他财产损失的最大区别在于其只是一个可能发生的事件而非一个确定的事实,因此在通常需要的因果关系连续性之外,还应当增加一个"完全有可能获得"的条件,即如果不发生不法行为,收益是完全可以预期获得的。③

除物质损失外,赔偿的范围还可以包括精神损失,如情感上的伤痛或者受到侮辱等,也可以纳入赔偿的范围。④ 国际法庭经常对遭受精神伤害的个人予以经济赔偿。⑤ "卢西塔尼亚号案"仲裁员认为,尽管精神损伤、情感伤害、羞辱、耻辱、人格受损、社会地位与声誉受损等非物质损失难以按金钱衡量或估价,但只要其是切实存在的,难以估价并不影响其真实性,因此受害人有正当理由获得赔偿。⑥ 该案提出,索赔人应获得的赔偿包括将"索赔人因死者死亡可能实际遭受的突然丧亲的精神痛苦或冲击"换算成的金额。⑦

3. 抵偿(satisfaction)

关于抵偿这一术语,学界存在多种翻译方式,如补偿⑧、道歉⑨。实际上,道歉只是抵偿的多种形式之一,且学界部分学者将赔偿称作"补偿",为避免混淆

---

① 参见联合国国际法委员会编:《1989 年国际法委员会年鉴》(第 2 卷第 1 部分),第 29 页,脚注 70。

② See Reports of International Arbitral Awards, Vol II, p. 1011.

③ 参见李寿平:《现代国际责任法律制度》,武汉大学出版社 2003 年版,第 153 页。

④ See Malcom N. Shaw, *International Law* (Cambridge University Press, 9th edn, 2021), p. 700.

⑤ See Lusitania case, RIAA, Vol. VII, p. 32; Chevreau (France v. United Kingdom), RIAA, Vol. II, p. 1113; Gage case, RIAA, Vol. X, p. 226.

⑥ See Lusitania case, RIAA, Vol. VII, pp. 32, 35.

⑦ See Lusitania case, RIAA, Vol. VII, pp. 32, 35.

⑧ 参见李寿平:《现代国际责任法律制度》,武汉大学出版社 2003 年版,第 160 页。

⑨ 参见王铁崖主编:《国际法》,法律出版社 1995 年版,第 156 页;邵津主编:《国际法》(第 5 版),北京大学出版社、高等教育出版社 2014 年版,第 433 页。

与歧义,本书选取了“抵偿”[①]的翻译方式。

这一责任形式主要涉及非金钱方面的赔偿,《国家对国际不法行为的责任条款草案》第37条规定:“抵偿可以采取承认不法行为,表示遗憾、正式道歉或其他合适的方式。”此外,还可能包括宣告行为为不法行为、惩罚肇事人等方式。在部分案件中,这种责任形式对于受害国家的作用与意义甚至大于金钱赔偿,尤其是在领土争端案件中,抵偿可以在维护受害国主权领土完整的同时对双方之间的权利义务关系进行明确的宣告,对于当事人而言具有极其重大的意义。

同样,抵偿并不是没有边界限制的,抵偿不应与损失不成比例,而且不得采取羞辱责任国的方式。

(二)国际犯罪行为的责任形式

国际法委员会认为,二战后,国际社会越发认识到有必要按照不法行为者违背的国际义务的类型将国际不法行为划分为两种类别,一种是违反各种相对不严重的义务的一般国际不法行为,而另一种是被视为“国际犯罪行为”的严重违反国际强行法的行为。[②] 但是,在国际实践中尚未找到确立国家刑事责任制度的路径,学界针对国家的国际罪行能否引发国际刑事责任也存在争议。本书在此仅就《国家对国际不法行为的责任条款草案》中关于国际罪行的规定进行讨论,而不涉及上述争议。尽管如此,在条款草案拟定过程中,国际法委员会对于国际罪行的概念、范围及应当承担的责任形式仍存在较大分歧。

1996年,国际法委员会通过了《国家对国际不法行为的责任条款草案》的一读。其中,针对国际罪行的概念与范围,该草案规定,国际罪行包括两个构成要件:首先,该国违反的国际义务对于保护国际社会的根本利益至关重要;其次,违反该义务构成犯罪已经成为国际社会的普遍共识。[③] 该草案列举的国际罪行包括侵略其他国家、奴隶制、灭绝种族罪、种族隔离罪、严重破坏环境等。但在提交联合国大会征求意见的过程中,各国对这一概念与范围难以取得一致意见,在最终的条款中该概念被摒弃,但从当时对规定的责任形式的研究中,仍可以看出国际法委员会对严重国际不法行为的责任承担的态度与观点。

该草案第51条规定:“国家罪行的后果是一般国际不法行为后果加上特殊

① 参见《国际公法学》编写组编:《国际公法学》,第432页;白桂梅:《国际法》,北京大学出版社2006年版,第230页。
② 参见国际法委员会:《1976年国际法委员会年鉴》(第2卷第2部分),第19条第6段。
③ 参见邵津主编:《国际法》(第5版),北京大学出版社、高等教育出版社2014年版,第434页。

后果的总和。”如前所述,一般国际不法行为的后果分为停止侵害和赔偿两种,在停止侵害方面,国家罪行并没有区别于一般国际不法行为的特殊后果;而在赔偿方面,二者存在一定的区别,主要表现如下:

第一,在采用恢复原状的救济措施时,取消“不得给行为国造成不成比例的负担”这一要求,即使行为国为恢复原状付出的代价之大使得其经济自主和政治独立受到影响与威胁,也不能成为豁免其采取相关行为的理由;在适用抵偿的救济措施时,也不必考虑“不得侵犯不法行为国尊严”的要求。上述两种特殊后果实际上都削减了不法行为国原有的豁免理由,这样的制度设计背后反映出国际社会对于国际罪行的否定评价:一旦一个国家决定实行国际罪行,则其相关的利益与尊严也将不受国际社会的保护。

此外,该草案第 53 条在削减不法行为国原有的豁免理由的基础上,规定了除该国以外的国际社会所有其他国家的义务,其中消极义务包括:不得承认罪行所产生的状况、不得对国际罪行行为国提供帮助与支持;积极义务包括:帮助其他国家履行上述消极义务、与其他国家合作消除国际罪行产生的后果。该条义务之所以针对国际社会上所有其他国家,而非仅仅针对直接受害国,是因为国际犯罪行为实际上危害的是整个国家社会的共同利益,包括国际和平与安全、国际社会的公共社会和人类的尊严、生存与发展等。[①] 因此,国际上所有国家都有义务对这种行为的不法后果作出反应,以维护国际社会的共同秩序。

1998 ~ 2001 年,国际法委员会对《国家对国际不法行为的责任条款草案》进行二读审议时,对上述草案内容作出了较大修改。首先,国际法委员会决定不再使用“国际罪行”这一有争议的概念,取而代之使用了“严重违反一般国际法强制规则义务”的表述。针对这一表述的概念,条款草案借鉴了《维也纳条约法公约》中强行法的概念,在实践中上述违反一般国际法强制规则的行为包括侵略、种族灭绝等,实际上与国际罪行范围的划定区别不大。其次,条款为了进一步限定上述行为的范围,体现上述行为的严重性,要求违法行为必须是“严重的”或者“系统性的”,而非偶发的、轻微的。

第二,在严重国际不法行为的责任承担方面,国际社会全体成员负有不得承认不法行为结果的义务,并且仍负有携手合作终止不法行为的义务。此外,提出索赔的国家不只限于直接受害国,在特定情况下,其他利益相关国与多边

---

① 参见李寿平:《现代国际责任法律制度》,武汉大学出版社 2003 年版,第 116 页。

条约中除不法行为国和直接受害国外的其他国家也可以提出索赔,要求不法行为国停止侵害、承担责任。

在学术界与实践过程中,上述讨论仍然存在着较大的争议,条款草案中关于违反国际强行法的不法行为的责任承担问题还没有在国际社会上取得共识,因此暂时还没有成为国际习惯,不具备国际法的地位。①

三、案例评析

本案情况非常特殊,涉及乌干达在刚果领土上非法从事针对刚果的军事活动。乌干达占领了刚果的伊图里地区,并积极向在刚果领土上活动的非正规部队提供军事、后勤、经济和财政支持,对刚果及其人民造成了重大损害。尽管后果极其严重,但是法院却面临着证据缺乏的情况,正如法院在其判决中提到的“刚果案卷中包括的证据在很大程度上不足以准确确定应支付的赔偿金额”。②而法院所能得到的其他来源的证据,如法院指定的专家报告、联合国和非政府组织的报告在一些情况下被认定“没有提供足够的证据来评估刚果或其领土内人员所遭受的损害,或对这种损害进行哪怕是近似的量化”。③ 面对这一难题,法院最后创造性地利用“总额”(a global sum)的方式对损害赔偿的数额进行计算,多位法官也围绕这种估计损害赔偿数额的方式进行了激烈的讨论。

在本案所代表的一类由武装冲突引发的求偿案件中,在确定损害赔偿数额时面对的首要困难即难以确定损害的具体数额。在这类案件的背景下,损害的范围是广阔的,往往涵盖了各种类型的人身与财产损害,此外还可能剥夺了受害国发展经济的权利和能力,给受害国的宏观经济发展造成一定的损害。受到侵害的人员或财产的数量多、范围广,且由于发生冲突的时间较早,许多证据已经湮没而不可得,因此受害国几乎不可能提出能够完整证明每一个人身损害事例的证据,法院能够据以进行裁判的资料也因此受到了限制,给法院确定武装冲突案件中的损害赔偿数额带来了一定的难度。

鉴于上述实际困难,各类索偿委员会及国际裁判机构往往采用估算的方法,“在证据表明的可能性范围内”确定一个大致的损害数额,并以此为依据计

① 参见邵津主编:《国际法》,武汉大学出版社 2003 年版,第 435 页。

② Congo v. Uganda case, 2005, para. 125.

③ Congo v. Uganda case, 2005, paras. 179, 190 and 363 – 364.

算出每一项损失应予以的赔偿数额。国际法院在本案中也多次采用了“在证据表明的可能性范围内”等表述,但是其并没有对不同类别的损失进行分别计算从而计算总和,而是评估每一类损失是否应被纳入赔偿的整体考量范畴,最后给出一个整体的赔偿数额。这种计算方法固然灵活,但也给国际法的理论与实践带来了一定的挑战。具体而言,国际法院在本案中创设的“总额”计算方法主要存在以下问题:

首先,法院未对“公平考虑”(equitable considerations)进行必要解释。法院在判决中一再强调“公平考虑”,作为辅助从“在证据表明的可能性范围内”确定一个具体数额作为受害国应当获得的损害赔偿金额的手段。但是,法院并没有详细阐述“公平考虑”的标准与内涵。此前,法院在实践中虽然曾诉诸“公平考虑”来量化损害,但它从未在“总额”计算方法中适用这一原则。而且,“公平考虑”并非不受限制。事实上,它“不应被用来弥补索赔案件中的缺点,以取代如果确实存在的话本来可以提出的证据”。另外,“公平考虑”也不能作为偏离法院司法职能的借口。[①] 然而,本案中,在专家报告等证据完全无法提供可靠数据的情形下,公平考虑发挥的作用甚至高于证据的作用,而对于一个如此重要的考量因素,法院作出的判决却语焉不详,并没有对“公平考虑”的标准与适用方法作出任何解释或阐释,给损害赔偿数额的计算增添了极大的不确定性。最终,使判决的赔偿金额看起来并不是基于证据和法律。

其次,法院未对不同类型的损害进行必要区分。法院在判决中仅将赔偿大体分为三类,即人身损害赔偿、财产损失赔偿和与自然资源损害有关的赔偿。以人身损害赔偿为例,就包括生命损失、人身伤害、强奸和性暴力、招募儿童兵和人民流离失所五类。不同损害类别的赔偿应适用不同的计算方法和标准。例如,生命损失的严重性远远高于其他类型的人身损害,这种严重性与特殊性应当体现在赔偿的计算方法与标准中,应当与其他类别损害的赔偿的计算方法与标准有所不同,然而采用“总额”计算的方式将导致无法体现出这种不同。实际上,法院以这样的方式作出的“总额”赔偿是史无前例的。一方面,法院如此使用“总额”的概念在其工作中是前所未有的。虽然在“科孚海峡案”、“迪亚洛案”和“尼加拉瓜在边境地区开展的某些活动案”中,法院应用了“总额”(a total sum)的概念,但是与本案不同,实际上赔偿总额反映了每一项具体赔偿额的总

① See Armed Activities on the Territory of the Congo (Democratic Republic of the Congo v. Uganda), Reparations, Separate Opinion of Judge Yusuf, para. 28.

和;另一方面,法院所依赖的 EECC 也并未使用“总额”(a global sum)的概念。相反,EECC 以特定金额的形式对每类伤害给予赔偿,其作出的最后裁决反映了这些具体金额的总和。① 因此,法院的“总额”方法缺乏法律和实践支持。

最后,法院未对受害人的利益进行充分考虑。随着国际人权与人道法的不断发展,人们普遍认识到,武装冲突造成的伤害不仅仅是针对国家这一行为体的,更是针对每一个在战争中受到伤害的个人与社区,因此针对武装冲突的损害赔偿应当越来越倾向于使得受害的个人和社区能够获得应有的补偿。正如优素福法官所指出的,“判决对赔偿采取了过于狭隘的办法……没有考虑到因乌干达的不法行为而直接遭受生命损失的社区、集体和个人……这些个人和社区尚未从暴力冲突对其生活的影响中恢复过来。因此,应考虑到他们的困境”。② 然而,“总额”计算方法恰恰与这种观点背道而驰,没有对各个类别的损害赔偿进行区分。这种国家中心主义的观点将使得国家可以自由裁量分配自己获得的损害赔偿,不一定能够保障受到损害的个人和社区成为损害赔偿的最终受益者。

总体来说,本案为如何在无法确定损害的具体金额时判断损害赔偿数额作出了具有突破性的尝试,创造性地采用了“总额”这一概念,为灵活地解决损害赔偿问题提供了新的思路与路径。但是,在“总额”计算方法之下,法院无法阐释其在计算损害赔偿时采用的具体证明标准,这使得“总额”的产生背后的法律与证据支撑并不充足,可能很难为未来的类似案件提供有益的、明确的指导。

(张一诺　王　佳)

① See Armed Activities on the Territory of the Congo (Democratic Republic of the Congo v. Uganda), Reparations, Separate Opinion of Judge Robinson, para. 5.

② Armed Activities on the Territory of the Congo (Democratic Republic of the Congo v. Uganda), Reparations, Separate Opinion of Judge Yusuf, para. 43.

尼加拉瓜诉哥伦比亚“侵犯加勒比海主权权利和海洋空间案”

实质问题判决

国际法院

2022 年 4 月 22 日

一、判决书摘录

(一)事实背景(第 25 ~ 32 段)

本案涉及的海域位于加勒比海,尼加拉瓜的东海岸面向加勒比海的西南部,哥伦比亚位于加勒比海的南岸。哥伦比亚的圣安德烈斯岛(San Andrés)、普罗维登西亚岛(Providencia)和圣卡塔利娜岛(Santa Catalina)位于加勒比海西南部,距离尼加拉瓜海岸以东约 100 ~ 150 海里。

国际法院(以下简称法院)于 2012 年 11 月 19 日对尼加拉瓜诉哥伦比亚“领土和海洋争端案”作出判决(以下简称 2012 年判决),裁定哥伦比亚对阿尔博克基(Alburquerque)、新巴霍岛(Bajo Nuevo)、东 - 东南礁(East-Southeast Cays)、基塔苏埃尼奥(Quitasueño)、隆卡多尔(Roncador)、塞拉纳(Serrana)和塞拉尼亚(Serranilla)等各岛屿拥有主权。[①] 法院还对尼加拉瓜和哥伦比亚的大陆架和专属经济区进行了单一划界,直至从尼加拉瓜领海基线量起的 200 海里界限。[②] 但法院指出,由于尼加拉瓜尚未根据 1982 年《联合国海洋法公约》(以下简称《公约》)第 16 条第 2 款通知联合国秘书长其基线位置,因此无法确定东

---

① Territorial and Maritime Dispute (Nicaragua v. Colombia), Judgment, I. C. J. Reports 2012 (hereafter Nicaragua v. Colombia case, 2012), p. 718, para. 251, subpara (1).

② Nicaragua v. Colombia case, 2012, pp. 719 - 720, para. 251, subpara (4).

端海洋边界的确切位置,而只进行了大致的说明。[①]

对于本案涉及的圣安德烈斯群岛,法院在 2012 年判决中解决了该群岛的组成问题,但当事方对于某些地物是否属于该群岛仍存在分歧。法院认为,尽管 1928 年 3 月 24 日当事方签署的《关于哥伦比亚和尼加拉瓜之间争议领土问题的条约》(以下简称《1928 年条约》)没有具体规定圣安德烈斯群岛的组成部分,也不能仅根据争议岛礁的地理位置或历史记录从而明确确定该群岛的组成。但根据该条约,群岛至少包括最接近圣安德烈斯岛、普罗维登西亚岛和圣卡塔利娜岛的海洋地物。因此,考虑到地理位置和距离问题,法院认为阿尔博克基和东-东南礁是该群岛的一部分,但塞拉尼亚和新巴霍岛不属于该群岛。法院还指出,《1928 年条约》将基塔苏埃尼奥、隆卡多尔、塞拉纳排除在适用范围之外,不足以确定尼加拉瓜和哥伦比亚是否将这些地物视为群岛的一部分。[②]

本案中,尼加拉瓜指控哥伦比亚侵犯了尼加拉瓜在其专属经济区的主权权利和管辖权,具体包括:第一,哥伦比亚海军船舶和飞机干扰在尼加拉瓜专属经济区内悬挂尼加拉瓜国旗或获得尼加拉瓜许可的渔船和海洋科学研究船,此外,哥伦比亚多次指示其海军护卫舰和军用飞机阻挠尼加拉瓜海军在其水域执行任务;第二,哥伦比亚授予本国和第三国国民许可,允许他们在尼加拉瓜专属经济区内捕鱼和进行海洋科学研究;第三,哥伦比亚提供并授予了包括尼加拉瓜部分专属经济区的油气区块,侵犯了尼加拉瓜勘探和开发自然资源的专属主权权利;第四,哥伦比亚经 2014 年 6 月 17 日第 1119 号法令修正了 2013 年 9 月 9 日第 1946 号总统令(以下简称第 1946 号总统令)建立了“整体毗连区”(integral contiguous zone),将哥伦比亚在该地区的所有岛屿、礁石和其他海洋地物的毗连区联为一个整体,该整体毗连区与法院认定属于尼加拉瓜专属经济区的海域重叠,并且违反了习惯国际法。

哥伦比亚在其反诉中主张:第一,圣安德烈斯群岛的居民,特别是莱萨尔人(Raizales),在圣安德烈斯群岛领海之外的传统渔场享有手工捕鱼的权利,尼加拉瓜侵犯了圣安德烈斯群岛居民进入传统渔区进行捕鱼的权利;第二,尼加拉瓜 2013 年 8 月 19 日第 33-2013 法令(以下简称第 33 号法令)规定的直线基线不合法,扩大了尼加拉瓜的内水、领海、专属经济区和大陆架,妨碍了哥伦比亚在加勒比海的权利和管辖权。

---

① Nicaragua v. Colombia case, 2012, p. 713, para. 237.

② Nicaragua v. Colombia case, 2012, pp. 648-649, paras. 52-56.

(二)诉讼程序概述(第1~21段)

2013年11月26日,尼加拉瓜向法院提起针对哥伦比亚的诉讼,争端涉及侵犯2012年判决裁定的尼加拉瓜主权权利和海洋空间,以及哥伦比亚威胁使用武力。尼加拉瓜主张,法院的管辖权依据是1948年4月30日签署的《美洲和平解决争端公约》(以下简称《波哥大公约》)第31条。

2014年12月19日,哥伦比亚在《国际法院规则》(以下简称《规则》)第79条第1款规定的期限内提交了对法院管辖权的初步反对意见。根据2014年12月19日的法院命令,关于案件实质问题的程序暂停。2015年9~10月,法院对初步反对意见进行公开庭审,并在2016年3月17日作出判决(以下简称2016年判决)。法院认为,根据《波哥大公约》第31条,其对本案有管辖权。法院支持了哥伦比亚提出的一项初步反对意见,因为涉及是否存在关于哥伦比亚违反禁止使用武力或以武力相威胁义务的争端。

之后,关于案件实质问题的程序恢复,哥伦比亚按时提交了辩诉状,并根据《规则》第80条提出了四项反诉,尼加拉瓜主张这些反诉不可受理。2017年11月15日法院发布命令,认为哥伦比亚提交的前两项反诉不可受理,第三项和第四项反诉可被受理。

法院在2021年9~10月公开庭审了案件的实质问题,庭审采取线上线下混合方式进行。

(三)当事方立场(第22~24段)

1. 尼加拉瓜的立场

尼加拉瓜请求法院审理并宣判:

第一,哥伦比亚违反了尊重2012年判决裁定的属于尼加拉瓜海域的义务,并且违反了尊重尼加拉瓜相关主权权利和管辖权的义务;

第二,哥伦比亚必须立刻停止在尼加拉瓜海域内的国际不法行为,并采取一切必要措施切实尊重尼加拉瓜的主权权利与管辖权,相关措施包括但不限于:撤销所有不符合2012年判决的法律法规、许可、执照和其他法律文书,包括与海洋保护区有关的条例,撤销第1946号总统令中涉及尼加拉瓜海域的条款,撤销授予渔船在尼加拉瓜专属经济区内作业的许可;

第三,哥伦比亚必须保证2014年5月2日宪法法院的裁决或任何其他当局的决定不妨碍其遵守 2012 年判决；

第四，哥伦比亚赔偿尼加拉瓜因其违反国际法义务而造成的所有损失；

第五，哥伦比亚作出适当的保证，不再重复其国际不法行为，包括正式承认 2012 年判决中划定的边界是两国的国际海洋边界；

第六，请求法院审理并宣判将继续审理本案，直至哥伦比亚承认并尊重 2012 年判决所确定的尼加拉瓜在加勒比海的权利；

第七，驳回哥伦比亚的所有反诉。

2. 哥伦比亚的立场

哥伦比亚请求法院驳回尼加拉瓜的各项诉求，审理并宣判：

第一，哥伦比亚没有以任何方式侵犯尼加拉瓜在加勒比海的主权权利或海洋空间；

第二，哥伦比亚第 1946 号总统令没有侵犯尼加拉瓜主权权利和海洋空间；

第三，圣安德烈斯群岛的居民，特别是莱萨尔人，在圣安德烈斯群岛领海以外的传统渔场享有手工捕鱼的权利；

第四，尼加拉瓜侵犯了圣安德烈斯群岛居民的传统捕鱼权利；

第五，尼加拉瓜第 33 号法令中确定的直线基线违反了国际法并侵犯了哥伦比亚的权利和海洋空间；

第六，关于第三项和第四项诉求，哥伦比亚请求法院命令尼加拉瓜确保圣安德烈斯群岛居民能够不受约束地进入相关传统渔场进行捕鱼；

第七，尼加拉瓜赔偿哥伦比亚因其违反国际法义务而造成的所有损失，包括利润损失；

第八，尼加拉瓜向哥伦比亚作出适当保证，不再重复不法行为。

（四）法律问题分析

问题 1：法院对本案是否有属时管辖权（jurisdiction *ratione temporis*）（第 33～47 段）

39. 法院回顾，在初步反对意见阶段，哥伦比亚的第一项初步反对意见是法院缺乏管辖权，因为在尼加拉瓜提交本案申请书之前，哥伦比亚已于 2012 年 11 月 27 日通知退出《波哥大公约》。法院驳回了哥伦比亚的反对意见，因为根据《波哥大公约》第 56 条第 1 款的规定，赋予法院管辖权的第 31 条在本案申请书提交之日对当事方仍然有效。《波哥大公约》随后在两国之间终止并不影响法院在诉讼开始之日存在的管辖权。

哥伦比亚当下提出的问题涉及对《波哥大公约》第31条和第56条的解释,法院在2016年判决中详细阐述了该问题。

《波哥大公约》第31条规定:

> 根据《国际法院规约》第36条第2款的规定,各缔约国声明,在本条约有效期间,他们承认其与任何其他美洲国家发生的有关下列事项的任何法律争端,法院对此有当然的强制性管辖权,而无需任何其他特别协定:(a)条约的解释;(b)任何国际法问题;(c)任何事实的存在,如经确定即构成对国际义务的违反;(d)对违反国际义务而应给予赔偿的性质或范围。

哥伦比亚主张,第31条中"在本条约有效期间"在时间上限制了哥伦比亚对法院管辖权的同意。它认为,对于发生在《波哥大公约》对哥伦比亚不再有效之后的事件,法院对相关主张没有管辖权。

40. 法院认为,哥伦比亚的观点没有正确理解第31条的含义。该条款(b)项和(c)项指出了法院可以行使管辖权的事项。[①] "在本条约有效期间"限制了此种争端产生的期限。由于法院2016年判决已裁定,当事方在尼加拉瓜提交请求书之日存在属于第31条范围的争端,因此,在诉讼的现阶段,不存在根据第31条同意法院管辖的问题。法院现在需处理的问题是,它对该争端的管辖权是否延伸到管辖权依据失效后发生的事实或事件。

41. 哥伦比亚认为,2016年判决支持其关于法院属时管辖权的观点。哥伦比亚称,法院在判决中指出,争端仅限于提交申请书之前发生的事实。然而,哥伦比亚曲解了2016年判决,法院在该判决中适用已有判例,指出确定其管辖权的日期是向法院提交请求书的日期。[②] 为了确定法院对特定案件的管辖权,它必须确定在提交请求书之日当事方之间是否存在争端。为此,法院的裁决必须基于该日期之前发生的行为。与哥伦比亚的主张相反,2016年判决并不排除法

---

① Border and Transborder Armed Actions (Nicaragua v. Honduras), Jurisdiction and Admissibility, Judgment, I. C. J. Reports 1988, p. 84, para. 34.

② Alleged Violations of Sovereign Rights and Maritime Spaces in the Caribbean Sea (Nicaragua v. Colombia), Preliminary Objections, Judgment, I. C. J. Reports 2016(I) (hereafter Nicaragua v. Colombia case, Preliminary Objections, 2016), p. 18, para. 33, citing Application of the Convention on the Prevention and Punishment of the Crime of Genocide (Croatia v. Serbia), Preliminary Objections, Judgment, I. C. J. Reports 2008 (hereafter Croatia v. Serbia case, Preliminary Objections, 2008), pp. 437 – 438, paras. 79 – 80, and Application of the Convention on the Prevention and Punishment of the Crime of Genocide (Bosnia and Herzegovina v. Yugoslavia), Preliminary Objections, Judgment, I. C. J. Reports 1996 (II), p. 613, para. 26.

院审理发生在提交请求书之后的事件。

42.关于管辖权依据失效的问题,法院已在部分案件中指出,“根据既定判例,如果管辖权依据在提起诉讼之日已经存在,那么之后管辖权文件的任何失效或者撤回均不影响法院的管辖权”。[①] 法院的判例没有表明,如果管辖权依据在提起诉讼后失效,法院的属时管辖权将因此局限于失效前发生的事实。

43.虽然法院之前没有处理过哥伦比亚提出的问题,但法院裁判过提交请求书后提出的主张或诉求,相关考量对处理该问题具有指导意义。法院认为,其判例确定了对此种主张或诉求属时管辖权的限制,应适用相关标准审查本案的属时管辖权范围。

44.在裁判提交请求书后提出的主张或诉求的案件中,该问题有时被作为管辖权问题处理,有时则被作为可受理性问题处理。在这种情况下,法院分析了此种主张或诉求是否直接产生于请求书的主题事项,还是对其审理将改变最初提交法院的争端的主题。[②] 关于提交请求书之后发生的事实或事件,法院在“刑事事项互助的若干问题案”中参考了上述判例,并指出:

> 当审查提交请求书后发生的事实或事件的管辖权时,法院强调,必须确定这些事实或事件是否与已属于法院管辖的事实或事件有关,以及考虑这些后来的事实或事件是否会改变“争端的性质”。[③]

尽管法院不认为上述标准适用于该案,因为该案涉及属事管辖权而非属时管辖权,但“连续性”(continuity)和“关联性”(connexity)的标准与“确定属时管辖权的限制”相关。[④]

45.法院在2016年判决中没有处理哥伦比亚退出《波哥大公约》后发生事件的属时管辖权问题。但该判决表明,法院有权审查其认为在提交请求书时已

---

① Croatia v. Serbia case, Preliminary Objections, 2008, p. 445, para. 95; see also Nicaragua v. Colombia case, Preliminary Objections, 2016, p. 18, para. 33; Military and Paramilitary Activities in and against Nicaragua (Nicaragua v. United States of America), Merits, Judgment, I. C. J. Reports 1986 (hereafter Nicaragua v. USA case, 1986), p. 28, para. 36; Nottebohm (Liechtenstein v. Guatemala), Preliminary Objection, Judgment, I. C. J. Reports 1953, p. 123.

② Fisheries Jurisdiction (Federal Republic of Germany v. Iceland), Merits, Judgment, I. C. J. Reports 1974, p. 203, para. 72; La Grand (Germany v. United States of America), Judgment, I. C. J. Reports 2001, p. 484, para. 45; Certain Phosphate Lands in Nauru (Nauru v. Australia), Preliminary Objections, Judgment, I. C. J. Reports 1992, pp. 266 – 267, paras. 67 and 69 – 70; and Arrest Warrant of 11 April 2000 (Democratic Republic of the Congo v. Belgium), Judgment, I. C. J. Reports 2002, p. 16, para. 36.

③ Certain Questions of Mutual Assistance in Criminal Matters (Djibouti v. France), Judgment, I. C. J. Reports 2008 (hereafter Djibouti v. France case, 2008), pp. 211 – 212, para. 87.

④ Djibouti v. France case, 2008, p. 212, para. 88.

存在的争端的各个方面。正如法院所指出的:

> 国家在向法院提交请求书时保留提出更多事实和法律考虑的权利,这已经成为一种惯例。对提出此种事实和考虑的自由的限制是,“其结果不会将请求书中提交给法院的争端转变成另一个性质不同的争端”[①]。[②]

因此,法院的任务是裁决管辖依据失效后发生的事件是否符合上述法院判例所总结的标准。

46. 整体上,据称发生在2013年11月27日之后的事件涉及哥伦比亚军舰和飞机干扰尼加拉瓜在其海域的捕鱼活动和海洋科学研究,哥伦比亚在尼加拉瓜海域开展警务行动并干扰尼加拉瓜军舰,以及哥伦比亚授权在尼加拉瓜专属经济区进行捕鱼活动和海洋科学研究。这些被指控事件与2013年11月26日之前发生的事件性质相同。它们都引起了一个问题,即哥伦比亚是否违反尊重尼加拉瓜在其专属经济区内权利的习惯国际法义务,该问题恰恰涉及法院在2016年判决中认定的拥有管辖权的争端。

47. 综上,法院裁定,尼加拉瓜对于2013年11月27日之后发生的事件所提出的主张和诉求直接源于请求书中的主要问题。相关事件与已被认定属于法院管辖的事件有关,并且对其审理不会改变本案当事方之间争端的性质。因此,法院对尼加拉瓜相关主张具有属时管辖权。

问题2:哥伦比亚是否侵犯了尼加拉瓜在其本国海域的权利?(第48~199段)

48. 本案中,当事方的争端涉及沿海国以及其他国家在专属经济区的权利和义务问题。请求国和被告国同意,它们之间的可适用法律是习惯国际法。尼加拉瓜是《公约》的缔约国,但哥伦比亚不是,因此《公约》在它们之间不适用。法院注意到当事方承认,部分提及的《公约》条款反映了习惯国际法。但它们对本案中其他相关条款是否如此持不同意见。法院在处理尼加拉瓜的诉求和哥伦比亚的反诉时,将考虑《公约》中与本案有关的具体条款是否反映习惯国际法。

---

① Military and Paramilitary Activities in and against Nicaragua (Nicaragua v. United States of America), Jurisdiction and Admissibility, Judgment, I. C. J. Reports 1984, p. 427, para. 80.

② Land and Maritime Boundary between Cameroon and Nigeria (Cameroon v. Nigeria), Preliminary Objections, Judgment, I. C. J. Reports 1998, pp. 318 – 319, para. 99. See also Oil Platforms (Islamic Republic of Iran v. United States of America), Judgment, I. C. J. Reports 2003, pp. 213 – 214, paras. 116 – 118.

问题 2.1:哥伦比亚在尼加拉瓜海域的争议活动是否违反国际法(第 49 ~ 144 段)

问题 2.1.1:尼加拉瓜声称在加勒比海西南部发生的事件(第 49 ~ 101 段)

问题 2.1.1.1:可适用法律(第 56 ~ 63 段)

56. 法院回顾了当事方之间的可适用法律是习惯国际法。法院指出,在《公约》缔结时,专属经济区的概念已得到国家广泛接受。1985 年,法院认定专属经济区制度已无可争辩地成为习惯国际法的一部分。① 迄今为止,约 130 个国家,包括《公约》的缔约国和非缔约国,已通过宣布专属经济区的国内立法或行政法令。

57.《公约》的若干条款反映了沿海国和其他国家在专属经济区的权利和义务的习惯规则,包括第 56 条、第 58 条、第 61 条、第 62 条和第 73 条。第 56 条的规定如下:

第 56 条　沿海国在专属经济区内的权利、管辖权和义务

1. 沿海国在专属经济区内有:

(a)以勘探和开发、养护和管理海床上覆水域和海床及其底土的自然资源(不论为生物或非生物资源)为目的的主权权利,以及关于在该区内从事经济性开发和勘探,如利用海水、海流和风力生产能等其他活动的主权权利;

(b)本公约有关条款规定的对下列事项的管辖权:

(1)人工岛屿、设施和结构的建造和使用;

(2)海洋科学研究;

(3)海洋环境的保护和保全;

(c)本公约规定的其他权利和义务。

2. 沿海国在专属经济区内根据本公约行使其权利和履行其义务时,应适当顾及其他国家的权利和义务,并应以符合本公约规定的方式行事。

3. 本条所载的关于海床和底土的权利,应按照第六部分的规定行使。

58. 第 61 条和第 62 条规定了专属经济区内生物资源的养护和利用。根据第 61 条,沿海国有责任养护该海域内的生物资源。为此,沿海国应决定其专属

---

① Continental Shelf (Libya Arab Jamahiriya/Malta), Judgment, I. C. J. Reports 1985 (hereafter Libya/Malta case, 1985), p. 33, para. 34.

经济区内生物资源的可捕量,并应通过正当的养护和管理措施,参照其可得到的最可靠的科学证据,确保专属经济区内生物资源的维持不受过度开发的危害。沿海国应该采取措施,根据有关的环境和经济因素,包括沿海渔民群体的经济需要和发展中国家的特殊要求,使捕捞鱼种的数量维持在或恢复到能够生产最高持续产量的水平。第 62 条规定,为了实现对专属经济区内生物资源的最佳利用,沿海国应该决定其捕捞专属经济区内生物资源的能力,沿海国在没有能力捕捞全部可捕量的情形下,应通过协定或其他安排,准许其他国家捕捞可捕量的剩余部分,并且特别注意内陆国和地理不利国的权利。第 62 条还规定,在专属经济区内捕鱼的其他国家的国民应遵守沿海国根据《公约》所制定的法律和规章中的养护措施。

59. 此外,根据《公约》第 73 条,沿海国行使其勘探、开发、养护和管理在专属经济区内的生物资源的主权权利时,有权采取必要的措施,包括登临、检查、逮捕和进行司法程序,以确保其依照《公约》制定的法律和规章得到遵守。

60. 沿岸国在专属经济区行使主权权利和管辖权时,应适当顾及其他国家的权利和义务,并应遵守海洋法规定的其他义务。

61. 习惯国际法也规定了其他国家在专属经济区内的权利和义务,这反映在《公约》第 58 条中,该条规定:

第 58 条　其他国家在专属经济区内的权利和义务

1. 在专属经济区内,所有国家,不论为沿海国或内陆国,在本公约有关规定的限制下,享有第 87 条所指的航行和飞越的自由,铺设海底电缆和管道的自由,以及与这些自由有关的海洋其他国际合法用途,诸如同船舶和飞机的操作及海底电缆和管道的使用有关的并符合本公约其他规定的那些用途。

2. 第 88 条至第 115 条以及其他国际法有关规则,只要与本部分不相抵触,均适用于专属经济区。

3. 各国在专属经济区内根据本公约行使其权利和履行其义务时,应适当顾及沿海国的权利和义务,并应遵守沿海国按照本公约的规定和其他国际法规则所制定的与本部分不相抵触的法律和规章。

62. 因此,根据习惯国际法,所有国家在另一国的专属经济区均享有航行和飞越自由,以及与这些自由有关的其他国际合法用途。此外,《公约》第 88 条和第 115 条反映的习惯规则及其他相关国际法规则在不与专属经济区制度相抵触的情况下,也适用于专属经济区。

63. 其他国家在专属经济区行使其权利和履行其义务时,应适当顾及沿海国在该海域的主权权利和管辖权。

问题 2.1.1.2:证据问题(第 64 ~ 70 段)

64. 法院在分析证据能否证明尼加拉瓜所指称的违反习惯国际法的行为时,将依据其关于证据问题的判例。法院回顾,“作为一般规则,应当由主张特定事实以支持其诉求的一方证明该事实的存在”。[①] 法院将谨慎地对待专为案件目的而准备的证据材料以及二手来源的证据(evidence from secondary sources)。[②] 法院认为来自同时期和直接来源的证据更具证明力和可信性,并且“提出证据者承认的对其所代表的国家不利的事实或行为,法院也将特别重视此种可靠证据”。[③] 最后,虽然类似的二手性报刊文章和书面证据不能证明事实,但在某些情况下,它们可以证实其他证据确定的事实的存在。[④]

65. 在本案中,尼加拉瓜提到了 50 多起海上事件。法院注意到,对于其中大多数事件,尼加拉瓜主要将以下材料作为证据:2014 年 8 月 26 日尼加拉瓜海军致尼加拉瓜外交部的信件,内有根据外交部要求完成的对所称事件的报告,并附有海军的每日报告,还有关于部分事件所涉船只之间交流的录音。据尼加拉瓜称,这些每日报告是在事件发生的同时完成的,并保存在尼加拉瓜军队的日志中。上述报告还附在尼加拉瓜 2014 年 9 月 13 日致哥伦比亚的外交照会中。此外,尼加拉瓜还援引了尼加拉瓜渔业协会会长在 2014 年 1 月 6 日、2014 年 7 月 1 日和 2014 年 7 月 24 日致尼加拉瓜渔业和水产养殖研究所(INPESCA)执行主任的三封信件,每封信都提到了渔船船长或船员向其船东报告的某些事件。对于 2015 ~ 2017 年的事件,尼加拉瓜还出示了海军的每日报告,其中部分附有录音。除了这些信件和材料外,尼加拉瓜还提出了外交照会、

---

① Certain Activities Carried Out by Nicaragua in the Border Area (Costa Rica v. Nicaragua), Compensation, Judgment, I. C. J. Reports 2018 (I), p. 26, para. 33; see also Ahmadou Sadio Diallo (Republic of Guinea v. Democratic Republic of the Congo), Merits, Judgment, I. C. J. Reports 2010 (II), p. 660, para. 54.

② Territorial and Maritime Dispute between Nicaragua and Honduras in the Caribbean Sea (Nicaragua v. Honduras), Judgment, I. C. J. Reports 2007 (II) (hereafter Nicaragua v. Honduras case, 2007), p. 731, para. 244; Armed Activities on the Territory of the Congo (Democratic Republic of the Congo v. Uganda), Judgment, I. C. J. Reports 2005 (hereafter Congo v. Uganda case, 2005), pp. 201, 204 and 225, paras. 61, 68 and 159; Nicaragua v. USA case, 1986, p. 41, para. 65.

③ Congo v. Uganda case, 2005, p. 201, para. 61, citing Nicaragua v. USA case, 1986, p. 41, para. 64.

④ Application of the Convention on the Prevention and Punishment of the Crime of Genocide (Croatia v. Serbia), Merits, Judgment, I. C. J. Reports 2015 (I), p. 87, para. 239, citing Nicaragua v. USA case, 1986, p. 40, para. 62.

宣誓证言、照片和视听材料以及媒体报道。

66. 在分析尼加拉瓜海军报告(其中一些附有录音)的证据效力时,法院考虑到尼加拉瓜的主张,即相关报告是在事件发生的同时完成的;同时,也考虑到相关报告似乎是为了本诉讼而完成的,并且其中很多没有包含一手证据。法院将谨慎地对待尼加拉瓜渔业协会会长致 INPESCA 执行主任的信件,因为其中没有关于事件的一手记录,并且至少部分信件似乎是专门为本案而准备的。

67. 作为回应,哥伦比亚对部分事件提交了其海军海上航行报告和航行日志,以证明其海军护卫舰在尼加拉瓜所指称的时间和地点没有遇到尼加拉瓜船只,或者有关海军护卫舰根据记录在相关时间停靠港口或其他地点。关于部分事件,哥伦比亚也提供了海军军官的通信、录音、照片证据、录像片段及宣誓证词。此外,对于发生在 2014 年 3 月 18 日前的事件,哥伦比亚提及尼加拉瓜军队首长该日发表的声明,即不存在涉及哥伦比亚或其海军的事件。

68. 关于哥伦比亚的证据,法院认为其海军海上航行报告和航行日志具有证明价值,因为其提供了来自同时期和直接来源的信息。法院将特别重视承认或确立不利于哥伦比亚的事实的可靠证据。与尼加拉瓜提出的证据一样,法院将谨慎对待哥伦比亚提出的似乎是为本案专门准备的报告和宣誓证词。

69. 在审查尼加拉瓜提交的证据后,法院认为,对于很多指称的事件,尼加拉瓜力图证明哥伦比亚军舰侵犯了尼加拉瓜在其海域的权利。但对法院而言,其证据不能证明哥伦比亚在尼加拉瓜专属经济区的行为超出了《公约》第 58 条反映的习惯国际法允许的范围。关于其他部分所指称的事件,尼加拉瓜的证据主要基于渔民向船主报告的情况、显然是为本案而准备并缺乏其他佐证的材料、不够清晰的录音以及没有表明信息来源或未经证实的媒体报道。法院认为,这些证据不足以证明尼加拉瓜对哥伦比亚的指控。

法院认为,关于上述指称的事件,尼加拉瓜未能履行证明哥伦比亚违反国际义务的举证责任。因此,法院以缺乏证据为由驳回这些指控。

70. 对于其余的指控事件,法院将详细审查尼加拉瓜提出的证据以及哥伦比亚对各指控事件的回应。

问题 2.1.1.3:哥伦比亚能否以行使航行和飞越自由以及保护和保全海洋环境为由正当化其行为(第 91 ~ 101 段)

91. 法院认为,根据上述证据材料,尼加拉瓜主张所依据的部分事实是成立的。首先,就多数指控事件而言,证据支持尼加拉瓜关于哥伦比亚护卫舰位置的指控(2013 年 11 月 17 日、2014 年 1 月 27 日、2014 年 3 月 12 日和 13 日、2014 年 4 月 3 日、2014 年 7 月 28 日、2016 年 8 月 21 日以及 2018 年 10 月 6 日和 8 日事件)。哥伦比亚自己的海军报告和航行日志作为同时期的文件,也证实了尼加拉瓜提出的具体地理坐标,这些坐标位于 82 度经线以东地区,主要是在卢纳韦尔德(Luna Verde)或周围渔场,位于法院所宣布的尼加拉瓜海域内。

92. 此外,哥伦比亚军舰声称在尼加拉瓜专属经济区行使执法管辖权(2014 年 1 月 27 日、2014 年 3 月 13 日、2014 年 4 月 3 日、2014 年 7 月 28 日、2015 年 3 月 26 日和 2016 年 8 月 21 日事件)。哥伦比亚海军官员在与尼加拉瓜军舰及在尼加拉瓜专属经济区内作业的渔船沟通时,有时宣读政府公告,要求尼加拉瓜渔船停止捕捞活动,声称这些活动对环境有害,是非法的或未经授权的。哥伦比亚官员还对尼加拉瓜渔船说,有关海域是“哥伦比亚管辖水域”,哥伦比亚将根据其政府关于 2012 年判决“不适用”的决定,对其“继续行使主权”。证据充分证明,哥伦比亚军舰的行为是为了执行政策,即哥伦比亚寻求继续控制尼加拉瓜专属经济区的捕鱼活动和资源养护。

93. 哥伦比亚依据两项法律理由来正当化其海上行为:第一,哥伦比亚声称,其行为是行使航行和飞越自由而被允许的行为;第二,哥伦比亚声称,它有保护和保全加勒比海西南部的海洋环境以及该群岛的莱萨尔人和其他居民的生存环境的国际义务。哥伦比亚认为,无论是出于主权还是主权权利的考量,环境问题都需要被充分考虑。

94. 对于被告国的第一项主张,法院认为,根据《公约》第 58 条反映的关于专属经济区的习惯国际法,其他国家在沿海国专属经济区享有的航行和飞越自由并不包含勘探、开发、养护和管理海域内自然资源的权利,也没有被赋予在沿海国专属经济区内执行养护措施的管辖权。正如《公约》第 56 条和第 73 条反映的习惯国际法,此种权利和管辖权专属于沿海国。

95. 对于哥伦比亚主张的保护加勒比海西南部海洋环境的国际义务,当事方对所有国家根据习惯国际法都有保护和保全海洋环境的义务没有争议。然而,在专属经济区,只有沿海国才有履行这项义务的管辖权。正如国际海洋法法庭(ITLOS)指出的:“海洋生物资源的养护是保护和保全海洋环境的一个要素。”[①]在这方面,为了养护海洋资源并保护和保全海洋环境,沿海国需要根据

① Southern Bluefin Tuna Cases (New Zealand v. Japan; Australia v. Japan), Provisional Measures, Order of 27 August 1999, ITLOS Reports 1999, p. 295, para. 70.

《公约》相关条款所反映的习惯国际法,承担在其专属经济区内采取立法、行政和执法措施的责任。第三国作为船旗国也有义务确保悬挂其国旗的船只遵守沿海国为其专属经济区制定的有关养护生物资源的措施。[①] 但是,第三国在专属经济区内没有对其他国家的渔船执行养护标准的管辖权。

96. 法院注意到,被告国特别重视其根据《卡塔赫纳公约》和《特别保护区和野生动物议定书》(简称卡塔赫纳制度)保护加勒比海西南部海洋环境以及莱萨尔人和群岛其他居民生活环境的义务。缔结《卡塔赫纳公约》是为了加强国际合作,在泛加勒比地区预防、减少和控制各种来源的污染,并确保健全的环境管理。《特别保护区和野生动物议定书》是《卡塔赫纳公约》三个议定书之一。根据该议定书,缔约国承诺建立保护区并采取措施保护濒危物种和海洋区域。哥伦比亚和尼加拉瓜分别在 1988 年 4 月 2 日和 2005 年 9 月 24 日成为《卡塔赫纳公约》缔约国。两国都是 2000 年 6 月 17 日生效的《特别保护区和野生动物议定书》缔约国。哥伦比亚和尼加拉瓜分别于 1998 年 1 月 5 日和 2021 年 5 月 4 日交存了其批准书。

97. 在实施卡塔赫纳制度时,哥伦比亚建立了海花生物圈保护区(Seaflower Biosphere Reserve)和海花海洋保护区(Seaflower Marine Protected Area)。法院注意到这两个海洋自然保护区都位于加勒比海西南部,哥伦比亚和尼加拉瓜在该地区有重叠的海洋主张。由于 2012 年判决进行的海洋划界,这两个海洋保护区现在与尼加拉瓜的专属经济区部分重叠。[②] 本案的问题在于,哥伦比亚在多大程度上可以在目前属于尼加拉瓜专属经济区的海域内根据卡塔赫纳制度行使权利和履行义务。哥伦比亚认为,如果尼加拉瓜不能控制和监督尼加拉瓜或第三国国民在该区域内进行的掠夺性或其他非法捕鱼活动,哥伦比亚就有权利和义务根据卡塔赫纳制度审慎地控制这些活动。

98. 海洋划界直接影响了哥伦比亚在其海洋保护区与尼加拉瓜专属经济区重叠部分的权利和义务。在这些区域内,哥伦比亚有国际义务尊重尼加拉瓜主权权利和管辖权,这不仅是基于习惯国际法,也基于《卡塔赫纳公约》和《特别保护区和野生动物议定书》。《卡塔赫纳公约》第 10 条规定:

> 各缔约国应该单独或共同采取一切适当措施,保护和保全在公约区域

---

① Request for Advisory Opinion submitted by the Sub-Regional Fisheries Commission, Advisory Opinion, 2 April 2015, ITLOS Reports 2015, p. 37, para. 120.

② See the Map "Colombia's Seaflower Marine Protected Area", figure 2. 3, Colombia's Counter-Memorial, p. 51.

内稀有或脆弱的生态系统,以及枯竭、受威胁或濒危物种的生存环境。为此目的,各缔约国应该努力建立保护区。保护区的建立不应影响其他缔约国和第三国的权利。此外,各缔约国应该交流有关此类区域的行政和管理信息。

该条款规定“保护区的建立不应影响其他缔约国和第三国的权利”意味着哥伦比亚在履行《卡塔赫纳公约》义务时必须尊重尼加拉瓜在其专属经济区内的主权权利和管辖权。因此,哥伦比亚不得在尼加拉瓜专属经济区内实施养护标准和保护措施。

99.《特别保护区和野生动物议定书》也有类似的规定。该议定书第 3 条第 1 款规定,各缔约方“应……采取必要措施,在其行使主权、主权权利或管辖权的泛加勒比区域内,以可持续的方式保护、保全和管理[某些地区和动植物物种]”。第 3 条第 2 款进一步规定:

各缔约方应努力合作执行这些措施,但不得损害其他缔约方的主权或主权权利或管辖权。缔约方为执行或尝试执行根据本议定书议定措施而采取的任何措施应限于该缔约方权限范围内的措施,并且应符合国际法。

因此,与哥伦比亚的主张相反,根据该议定书,缔约国采取和实施养护措施的权力限于其行使主权、主权权利或管辖权的海域。缔约国建立保护区的生态环境的脆弱性不能成为其在另一缔约国主权、主权权利或管辖权下的海域内采取措施的合法依据。

100. 根据专属经济区的习惯国际法,尼加拉瓜作为沿海国在其专属经济区享有管理渔业活动的主权权利、采取保护和保全海洋环境措施的管辖权。提交法院的证据表明,哥伦比亚海军护卫舰在尼加拉瓜海域从事的行为并不限于哥伦比亚所称的“观察”掠夺性或非法捕鱼活动或“通报”从事此类活动的渔船。这种行为通常相当于管控尼加拉瓜专属经济区内的捕鱼活动,对悬挂尼加拉瓜国旗或持有尼加拉瓜执照的船只实施养护措施,并妨碍尼加拉瓜军舰的作业。法院认为,哥伦比亚的法律论据不能证明其在尼加拉瓜专属经济区的行为是正当的。哥伦比亚的行为违反了《公约》第 56 条、第 58 条和第 73 条所反映的习惯国际法规则。

101. 鉴于上述考量,法院认为,哥伦比亚妨碍悬挂尼加拉瓜国旗或尼加拉瓜许可船只的捕鱼活动和海洋科学研究,妨碍尼加拉瓜军舰,并且意图实施养护措施,违反了尊重尼加拉瓜在其专属经济区内的主权权利和管辖权的国际义务。

问题 2.1.2:哥伦比亚许可在尼加拉瓜专属经济区内的捕鱼活动和海洋科学研究是否侵犯尼加拉瓜权利(第 102~134 段)

110. 在分析相关证据前,法院将首先分析相关决议,尼加拉瓜主张哥伦比亚据此授权悬挂哥伦比亚国旗的船只和外国船只在尼加拉瓜专属经济区内捕鱼。

111. 决议涉及哥伦比亚的两个政府部门:国防部海事总局(DIMAR)和圣安德烈斯群岛总督。根据决议,DIMAR 获得"授权船舶和海军船只在哥伦比亚水域作业的职权"。虽然 DIMAR 颁布的外国船只在圣安德烈斯群岛停留和作业的许可须经圣安德烈斯群岛总督批准,但仍属于 DIMAR 授权渔船作业的职权。哥伦比亚主张 DIMAR 不是颁发许可的主管部门,但法院不能仅仅根据该主张,在没有进一步审查提交证据的情况下,就驳回尼加拉瓜的指控。

112. 根据案卷,自 2012 年判决作出以来,DIMAR 每年都颁布与圣安德烈斯群岛的产业化捕鱼有关的决议。尼加拉瓜提到了五项决议:2013 年第 0311 号决议、2014 年第 305 号决议、2015 年第 0437 号决议、2016 年第 0459 号决议和 2017 年第 550 号决议。

113. 第一项决议的序言指出,考虑到 2012 年判决造成的"负面经济和社会影响","有必要对在上述国家领域内从事产业化捕鱼的本国和外国的船只实施特别临时措施"。该决议第 2 条规定了决议的适用范围,"本决议的规定专门适用于在圣安德烈斯和普罗维登西亚港务局管辖范围内从事产业化捕鱼的下列船舶"。

关于向外国船只发放捕鱼许可,该决议规定:

> 第 4 条 外国船只停留和作业许可证。经圣安德烈斯、普罗维登西亚和圣卡塔利娜政府农业和渔业部长办公室的授权,自本决议生效之日起,本决议第 2 条第 2 节所列的悬挂外国国旗的机动船获得在圣安德烈斯和普罗维登西亚港务局管辖范围内停留和作业的许可证,期限为一年。

114. 该决议规定的"特别临时措施"包括给予决议中所列的本国和外国船只(第 3 条)豁免以免于缴费。之后的决议不断重申 2013 年第 0311 号决议第 2 条和第 4 条的内容以及免于缴费的豁免。

115. 对于财政豁免,法院指出,就本案而言,没有必要确定哥伦比亚采取的这些措施是否如尼加拉瓜所指称的那样,是为了授权或者鼓励产业化捕鱼,或者如哥伦比亚所称仅仅是为了实现决议目的而提供的财政救济。既然圣安德烈斯和普罗维登西亚港务局的管辖范围符合当事方之间的海洋边界,那么根据决议所采取的措施属于哥伦比亚的管辖事项。法院需要裁决的关键问题是,哥伦比亚政府颁发的捕鱼许可的地理范围。

116. 法院认为,上述条款和 DIMAR 决议的其他条款都没有明确说明“圣安德烈斯和普罗维登西亚港务局的管辖范围”,而这是本案的关键问题。基于这些决议本身,法院无法确定所列渔船授权作业的地理范围是否延伸至尼加拉瓜海域。因此,法院必须审查提交的其他证据,包括圣安德烈斯群岛总督发布的决议。

117. 尼加拉瓜提交的文件包括圣安德烈斯群岛总督发布的五项决议:2013 年 10 月 22 日第 5081 号决议、2014 年 11 月 10 日第 4997 号决议、2015 年 9 月 1 日第 4356 号决议、2015 年 9 月 24 日第 4780 号决议和 2016 年 6 月 30 日第 2465 号决议,每项决议都规定了捕鱼作业的区域。其中,2015 年第 4356 号决议、2014 年第 4997 号决议和 2016 年第 2465 号决议对管辖范围的界定与上述 DIMAR 决议同样不清楚。但是,2013 年 10 月 22 日第 5081 号决议和 2015 年 9 月 24 日第 4780 号决议对捕鱼区范围进行了更为准确的界定。

118. 在 2013 年 10 月 22 日第 5081 号决议中,捕鱼区被界定为:

> 所有的沙洲(隆卡多尔、塞拉纳、基塔苏埃尼奥、塞拉尼亚)和浅滩[艾丽西亚和努埃沃(Alicia and Nuevo)],以及被称为“埃斯奎那”(“La Esquina”)或“卢纳韦尔德”(“Luna Verde”)的地区,其中包括我们的岛屿领土和捕鱼区,但必须遵守保护区和渔业法规以及渔业法律。

第 4780 号决议中的渔业区同样提到了“被称为‘La Esquina’或‘Luna Verde’的地区,其中包括哥伦比亚岛屿领土和渔区”。

119. 如前文所述,埃斯奎那或卢纳韦尔德渔场位于 2012 年判决划定的尼加拉瓜专属经济区内。2012 年判决后,圣安德烈斯群岛总督发布的决议中明确将埃斯奎那或卢纳韦尔德渔场列入捕鱼区,这表明哥伦比亚继续主张其有权授权在尼加拉瓜部分专属经济区内进行捕鱼活动。

120. 鉴于上述对哥伦比亚相关决议的分析,法院现在将分析所指称的海上事件,从而确定哥伦比亚是否授权在尼加拉瓜专属经济区进行捕鱼活动和海洋科学研究。

131. 当事方提出的证据主要基于与上文所述同类型的材料。法院认为这些证据至少表明了三个方面的事实。第一,据称得到哥伦比亚授权的渔船在相关时间内确实在尼加拉瓜专属经济区内从事捕鱼活动。在这方面,法院注意到DIMAR和圣安德烈斯群岛总督的一些决议,提到了上述事件中涉及的六艘外国渔船。第二,此种捕鱼活动往往是在哥伦比亚海军护卫舰的保护下进行的,哥伦比亚没有否认该事实。第三,哥伦比亚承认卢纳韦尔德地区位于尼加拉瓜专属经济区内。

132. 法院认为,哥伦比亚对尼加拉瓜的指控的答复并不完全令人信服。哥伦比亚关于尼加拉瓜试图主张海洋空间主权的答复,没有提供法律依据支持哥伦比亚能够对在尼加拉瓜专属经济区的捕鱼授权(参见哥伦比亚对2015年9月12日以及2016年1月12日和13日指称事件的回复)。根据习惯国际法,尼加拉瓜防止和制止哥伦比亚授权的捕鱼活动的行为是合法行使其主权权利和管辖权。此外,证据表明,哥伦比亚海军护卫舰不仅明确表示渔船得到哥伦比亚海事当局授权在该地区捕鱼,而且还明确告知尼加拉瓜海军军舰,这些渔船"受哥伦比亚政府保护"。哥伦比亚在回复尼加拉瓜指控时否认了曾授权在尼加拉瓜专属经济区内的捕鱼活动。但哥伦比亚并没有解释,为什么当尼加拉瓜海军军舰干预未经授权的在其专属经济区的捕鱼活动时,哥伦比亚海军护卫舰却一直宣称其有权对此进行保护。可归因于哥伦比亚海军护卫舰的行为证实,哥伦比亚对捕鱼活动的授权延伸到现在属于尼加拉瓜的海域。

133. 关于哥伦比亚授权在尼加拉瓜专属经济区进行海洋科学研究的指控,法院在所收到的决议中没有发现任何明确提及准许进行海洋科学研究活动的内容。在没有其他可信证据证实尼加拉瓜相关指控的情况下,法院无法从现有证据中得出哥伦比亚授权了在尼加拉瓜专属经济区进行海洋科学研究的结论。

134. 基于上述考量,法院认为哥伦比亚授权船只在尼加拉瓜专属经济区进行捕鱼活动,侵犯了尼加拉瓜在其专属经济区的主权权利和管辖权。

问题2.1.3:尼加拉瓜指称哥伦比亚颁发石油勘探许可是否侵犯尼加拉瓜权利(第135~143段)

139. 法院将首先处理尼加拉瓜该项主张的可受理性问题。

140. 法院已在上文第44段中讨论了在提交请求书后提出主张的判例。尼加拉瓜关于哥伦比亚石油勘探许可的指控涉及哥伦比亚是否侵犯了尼加拉瓜在其专属经济区的主权权利问题。尽管涉及不同种类的活动,尼加拉瓜的指控并没有改变请求书中所述争端的主题事项,因为争端涉及当事方在 2012 年判决所划定的全部海域内的权利。尼加拉瓜的主张直接产生于请求书的主题事项。因此,法院认为尼加拉瓜的请求可被受理。

141. 关于该主张的实质问题,证据表明,包括根据尼加拉瓜自己的陈述在内,哥伦比亚在 2011 年确定了 11 个石油特许区块以供许可,并授予了两个区块,而当时当事方之间的海上边界尚未划定。法院收到的文件还表明,有关各方先是在 2011 年暂停签署上述石油区块合同,2012 年又因圣安德烈斯、普罗维登西亚和圣卡塔利娜行政法庭的裁决再次暂停。尼加拉瓜还承认,有关合同迄今尚未签署。

142. 关于此后的事实,尼加拉瓜仅提供了一份来自哥伦比亚国家碳氢化合物管理局(ANH)网站的日期为 2017 年 2 月 17 日的“土地地图”作为证据,其中显示了在与尼加拉瓜专属经济区部分重叠的地区内有部分“可利用”区块。该地图没有得到其他可信证据的印证,表明 ANH 仍打算提供并授予这些区块。法院注意到,尼加拉瓜没有在口头诉讼中继续提出该主张,并且承认哥伦比亚的声明,即未授予相关区块的特许权。哥伦比亚则重申,相关区块“尚未被执行,也不会继续或者被授予”。

143. 根据上述分析,法院认定,尼加拉瓜未能证明哥伦比亚将继续提供许可尼加拉瓜专属经济区内的石油区块。因此,法院应当驳回尼加拉瓜的相关指控。

问题 2. 1. 4:结论(第 144 段)

144. 鉴于上述考量,法院认为哥伦比亚的以下行为违反了尊重尼加拉瓜在其专属经济区的主权权利和管辖权的国际义务:第一,在尼加拉瓜专属经济区妨碍悬挂尼加拉瓜国旗或获得尼加拉瓜许可的船只的捕鱼活动和海洋科学研究活动,并且妨碍尼加拉瓜军舰作业;第二,声称在尼加拉瓜专属经济区实施养护措施;第三,授权在尼加拉瓜专属经济区的捕鱼活动。哥伦比亚因其不法行为而应承担国际法规定的责任。

问题 2. 2:哥伦比亚建立的整体毗连区是否违反国际法(第 145 ~ 194 段)

问题 2. 2. 1:关于毗连区的可适用规则(第 147 ~ 155 段)

149. 正如各国一般实践所表明的和当事方所接受的那样,国际法中已经确立了毗连区的概念。在通过 1958 年《领海及毗连区公约》和《公约》之前,各国就已建立了毗连区。迄今为止,约有 100 个国家,其中包括非《公约》缔约国,已经建立了毗连区。

当事方对于《公约》第33条现今是否反映了关于毗连区的习惯规则持有不同意见。第33条的规定如下：

> 1. 沿海国可在毗连其领海称为毗连区的区域内，行使为下列事项所必要的管制：
>
> (a)防止在其领土或领海内违犯其海关、财政、移民或卫生的法律和规章；
>
> (b)惩治在其领土或领海内违犯上述法律和规章的行为。
>
> 2. 毗连区从测算领海宽度的基线量起，不得超过24海里。

151. 关于毗连区制度，法院首先指出，根据海洋法，毗连区有别于其他海域，因为毗连区的建立并不赋予沿海国对该区域或其中资源的主权或主权权利。《领海及毗连区公约》第24条和《公约》第33条的起草历史表明，各国普遍接受沿海国在毗连区的权力限于第33条第1款所规定的海关、财政、移民和卫生事项。关于毗连区的宽度，大多数已建立毗连区的国家按照《公约》第33条第2款将宽度限制在24海里以内。一些国家甚至缩小了以前建立的毗连区的宽度，使之符合这一限制。

152. 在毗连区制度的发展过程中，各国广泛审议了沿海国是否可将“安全”列入其可在毗连区内行使管控权的事项的问题。对此，国际法委员会在其海洋法条款草案第66条(后成为《领海及毗连区公约》第24条)的评注中，对不将“安全”列入沿海国可在其毗连区内行使管控权的事项给出了以下理由：

> 委员会不承认毗连区内的特殊安全权利。委员会认为“安全”一词极为模糊，这会导致滥用，而且没有必要授予这种权利。在大多数情况下，执行海关和卫生条例已足以保障国家安全。至于国家受到迫在眉睫的直接威胁而需采取的自卫措施，可以参考国际法一般原则和《联合国宪章》。

153. 在1958年第一次联合国海洋法会议上，波兰提案在毗连区事项清单中增加“安全”，并在第一委员会以微弱多数票通过，但是没有获得全体会议通过所需的多数票。[①] 相反，会议以压倒性多数接受了在该条款中增加“移民”事

---

① Official Records of the First United Nations Conference on the Law of the Sea (1958), Vol. II, doc. A/CONF. 13/38, p. 40, para. 63.

项的提案。[①] 在第三次联合国海洋法会议谈判中,《公约》第33条第1款采用了《领海及毗连区公约》第24条第1款的措辞,对沿海国可行使管控权的事项未作任何改动。

154. 尽管若干国家在其国内法中保留了对毗连区内安全行使控制的权力,但这种做法受到了其他国家反对。哥伦比亚援引的毗连区国内立法并不支持其主张,即自《公约》通过以来,关于毗连区的习惯规则已经得到发展,允许沿海国将毗连区的最大宽度扩大到24海里以外或扩大其在毗连区内可行使的权力。

155. 最后,法院认为,《公约》第33条关于沿海国可在毗连区内行使的权力和毗连区宽度限制在24海里以内(以下简称24海里规则)的规定反映了现今关于毗连区的习惯国际法。

问题2.2.2:2012年判决的效力和哥伦比亚建立毗连区的权利(第156~163段)

158. 法院指出,在做出2012年判决的诉讼程序中,当事方讨论了毗连区问题,但没有请求法院在划定单一海洋边界时对其划界,由于在划界中没有出现该问题,法院也未对此做处理。在这方面,法院回顾道,在判决书的执行部分,裁决哥伦比亚"对阿尔博克基、新巴霍岛、东-东南礁、基塔苏埃尼奥、隆卡多尔、塞拉纳和塞拉尼亚的各岛拥有主权",并裁定了当事方"划定大陆架和专属经济区的单一海洋边界"以及"基塔苏埃尼奥和塞拉纳周围的单一海洋边界"。[②] 法院指出,由于没有提及毗连区,不能认为2012年判决的专属经济区划界也划定了毗连区。2012年判决没有明确或以其他方式划定任何一方的毗连区。

159. 关于哥伦比亚整体毗连区与尼加拉瓜专属经济区重叠的海域,法院注意到,尼加拉瓜主张哥伦比亚无权在当事方海洋划界后建立与尼加拉瓜专属经济区重叠的毗连区。尼加拉瓜还主张,哥伦比亚在尼加拉瓜专属经济区的权利限于《公约》第58条规定的权利,其中不包括对毗连区的权利。

160. 首先,法院指出,毗连区和专属经济区受两种不同制度规制。法院认为,一般而言,一国在特定区域建立毗连区,这与另一国在同一区域建立专属经

① Official Records of the First United Nations Conference on the Law of the Sea (1958), Vol. II, doc. A/CONF. 13/38, p. 40, para. 64.

② Nicaragua v. Colombia case, 2012, pp. 718 - 720, para. 251, subparas. (1), (4) and (5).

济区并不冲突。原则上,尼加拉瓜和哥伦比亚之间的海洋划界没有剥夺哥伦比亚在圣安德烈斯群岛周围建立毗连区的权利。

161. 根据海洋法,一国在毗连区内可行使的权力不同于沿海国在其专属经济区内的权利和义务。这两个区域可能重叠,但在其中可行使的权力和地理范围并不相同。建立毗连区的基础是沿海国为了防止和惩治违反其国内法律法规的行为而扩大其控制范围,而建立专属经济区则是为了保障沿海国对自然资源的主权权利和保护海洋环境的管辖权。《公约》的谈判过程承认了这两种制度之间的区别。[①] 各国在行使任一制度规定的权利和义务时,都必须适当顾及另一国的权利和义务。

162. 尼加拉瓜主张《公约》第 58 条包括了哥伦比亚在其毗连区内的所有权利,法院对此表示不接受。在整体毗连区与尼加拉瓜专属经济区重叠的部分内,哥伦比亚可以根据《公约》第 33 条第 1 款行使其管制权,并且拥有《公约》第 58 条规定的权利和义务,这两条规定反映了习惯国际法。法院认为,当哥伦比亚在其整体毗连区与尼加拉瓜专属经济区相重叠的部分行使权力时,有义务适当顾及尼加拉瓜根据《公约》第 56 条和第 73 条在其专属经济区享有的主权权利和管辖权,这两条规定也反映了习惯国际法。

163. 基于上述考量,法院作出结论,即根据习惯国际法,哥伦比亚有权在圣安德烈斯群岛周围建立毗连区。

问题 2. 2. 3:哥伦比亚的整体毗连区是否符合习惯国际法(第 164 ~ 186 段)

170. 当事方对第 1946 号总统令第 5 条的规定是否符合习惯国际法存在分歧,该条规定了整体毗连区的地理范围和可在其中行使权力的事项范围。第 5 条内容如下:

> 西加勒比海岛屿领土的毗连区
>
> 1. 在不影响本条第 2 部分规定的情况下,哥伦比亚岛屿领土在西加勒比海的毗连区从第 3 条规定的基线量起不超过 24 海里。
>
> 2. 除了塞拉尼亚岛和新巴霍岛,与哥伦比亚西加勒比海岛屿领海相邻的毗连区形成了一片连绵不断的毗连区,横跨圣安德烈斯、普罗维登西亚和圣卡塔利娜群岛省。国家主管部门可对其行使本条第 3 部分规定的国

① Official Records of the Third United Nations Conference on the Law of the Sea, Vol. II, Summary records of the 31st Meeting of the Second Committee, 7 August 1974, UN doc. A/CONF. 62/C. 2/SR. 31, pp. 233 - 234.

际法和哥伦比亚法律认可的权力。

为了确保对整个圣安德烈斯、普罗维登西亚和圣卡塔利娜群岛及其岛屿、珊瑚礁和其他结构以及海域和资源进行适当和有序的管理，并为了避免不规则的轮廓线对实际适用造成的困难，将使用大地测量线将毗连区外部界线相连接。同样，这些界线将通过大地测量线与塞拉尼亚岛毗连区相连，大地测量线的方向为北纬 14°59′08″，与西经 79°56′00″经线平行，然后向北延伸，从而形成圣安德烈斯、普罗维登西亚和圣卡塔利娜群岛的整体毗连区。

3. 经 2014 年第 1119 号法令第 2 条修改。在实施前述条款所规定的内容时，为了保护领土和领海主权，在本条规定的整体毗连区，哥伦比亚行使必要的执法和管控权，以便：

(a) 经 2014 年第 1119 号法令第 2 条修改。防止和管制违反国家整体安全法律和规章的行为，包括海盗和贩运毒品与精神药物的行为，以及在其岛屿领土或领海内发生的违反海上安全和国家海洋利益、海关、财政、移民和卫生事项的行为。并以同样方式防止和管制违反保护环境和文化遗产法律法规的行为。

(b) 惩处在岛屿领土或领海内发生的违反与上述(a)项所述事项有关的法律和规章的行为。

本段由 2014 年第 1119 号法令第 3 条增加。本条款应按照国际法和本法令第 7 条的规定适用。

171. 哥伦比亚提供了一份描述整体毗连区的说明地图，并声称该地图准确展示了法令的实际适用情况。尼加拉瓜也提供了一张地图，声称是哥伦比亚总统在第 1946 号总统令发布当天展示的。这两张地图对整体毗连区的描述不一致，但是都显示整体毗连区的某些部分超出了自哥伦比亚领海基线量起的 24 海里界限，并与尼加拉瓜的专属经济区重叠。

172. 哥伦比亚不否认整体毗连区的不同部分延伸至 24 海里以外，但声称这种做法依据了习惯国际法。哥伦比亚认为，根据习惯国际法，允许沿海国建立超出《公约》第 33 条明确规定界限的不同宽度的毗连区。

173. 如上文所述，《公约》第 33 条第 2 款规定的 24 海里规则是一项既定的习惯规则。沿海国无权随意扩大其毗连区的宽度。法院指出，在两国进行海洋划界时，简化边界线并不少见，但这种情况是通过双方协议或者第三方解决简化边界。相反,在本案中,整体毗连区外部界限的建立是哥伦比亚的单方行为,直接影响到尼加拉瓜的权利和利益。

174. 哥伦比亚提及英国诉挪威"渔业案"(以下简称"渔业案")和 2012 年判决作为简化整体毗连区布局的判例依据。然而,哥伦比亚援引的两项判决都不适用于本案。哥伦比亚对地理情况的任何考虑都必须遵守《公约》第 33 条第 2 款反映的 24 海里规则的习惯国际法。如果哥伦比亚想要简化整体毗连区的轮廓,可以选择缩小整体毗连区的宽度,但无权将其扩大到 24 海里以外,从而损害尼加拉瓜在其专属经济区内行使主权权利和管辖权。

175. 总而言之,哥伦比亚有遵守 24 海里规则的国际义务。整体毗连区的地理范围不符合《公约》第 33 条第 2 款反映的习惯国际法。

176. 关于哥伦比亚在整体毗连区内行使权力的事项范围,第 1946 号总统令第 5 条第 3 款(a)项规定,哥伦比亚应在整体毗连区内行使权力,防止和管制违反下列法律和规章的行为:

> 国家整体安全,包括海盗和贩运毒品与精神药物的行为,以及在其岛屿领土或领海内发生的违反海上安全和国家海洋利益、海关、财政、移民和卫生事项的行为。并以同样方式防止和管制违反保护环境和文化遗产法律和规章的行为。

根据该条款,哥伦比亚当局可在毗连区行使管制权的范围比《公约》第 33 条第 1 款列举的权力的范围要宽泛得多(参见上文第 150 段)。

177. 法院指出,就安全而言,第 5 条第 3 款提到了"国家整体安全",哥伦比亚称,其中包括制止海盗、贩毒和违反海上安全的行为。正如法院之前所认定的,安全并不是各国同意列入沿海国可在毗连区行使管控权清单中的事项;并且,自《公约》通过以来,这方面的习惯国际法也没有任何发展(参见上文第 154 段)。因此,将安全事项列入哥伦比亚整体毗连区管控权范围不符合相关习惯规则。

178. 关于保护"国家海洋利益"的权力,仅考虑第 1946 号总统令第 5 条第 3 款宽泛的措辞,似乎侵犯了尼加拉瓜根据《公约》第 56 条第 1 款享有的主权权利和管辖权。关于违反"保护海洋环境的法律和规章",情况也是如此。哥伦比亚通过的"法律和规章"赋予了其当局确保在尼加拉瓜专属经济区内执行这些法律和规章的权力,因而违反了《公约》第 56 条第 1 款 b 项ⅲ目的规定。根据该条款，沿海国即本案中的尼加拉瓜，在其专属经济区内享有“保护和保全海洋环境”的管辖权。

179. 尽管如上文所述，根据《公约》，所有缔约国都有义务保护专属经济区内的海洋环境，但其他国家必须遵守沿海国为养护生物资源和保护海洋环境通过的法律和规章。船旗国可对在专属经济区内作业的本国船只执行沿海国通过的此类养护措施。① 在本案中，第 1946 号总统令所授予的权力并非如此。如果第 5 条第 3 款授予哥伦比亚当局的权力在与尼加拉瓜专属经济区重叠的区域内行使，那么将侵犯尼加拉瓜的主权权利和管辖权。

180. 哥伦比亚主张，“卫生”一词现在可被视为包含保护海洋环境，对此，法院不认为《公约》第 33 条第 1 款中该用语的含义已经发展到能涵盖保护海洋环境，该事项由关于环境的习惯国际法单独规制。最初将“卫生”一词纳入毗连区条款是因为它与海关条例有关。② 无论是在法律还是在国家实践中，都没有依据对该用语作出哥伦比亚提议的扩大解释。

181. 第 1946 号总统令第 5 条第 3 款(a)项也提到了文化遗产。哥伦比亚援引了《公约》第 303 条第 2 款来支持其观点。尼加拉瓜对此表示质疑，因为哥伦比亚作为《公约》的非缔约国不得主张第 303 条规定的权利，而且哥伦比亚也没有证明第 303 条第 2 款反映了习惯国际法。

182. 法院回顾道，第 303 条的标题为“在海洋发现的考古和历史文物”，其第 1 款和第 2 款规定如下：

> 1. 各国有义务保护在海洋发现的考古和历史性文物，并应为此目的进行合作。
>
> 2. 为了控制这种文物的贩运，沿海国可在适用第 33 条时推定，未经沿海国许可将这些文物移出该条所指海域的海床，将造成在其领土或领海内对该条所指法律和规章的违犯。

183. 法院注意到，第 1946 号总统令第 5 条第 3 款(a)项使用了“文化遗产”一词。因为哥伦比亚的依据是第 303 条第 2 款，法院认为哥伦比亚使用该用语指代考古和历史性文物。

---

① Request for Advisory Opinion submitted by the Sub-Regional Fisheries Commission, Advisory Opinion, 2 April 2015, ITLOS Reports 2015, p. 37, para. 120.

② Commentary to the Articles concerning the Law of the Sea, Yearbook of the International Law Commission, 1956, Vol. II, p. 295, Article 66, Comment (3).

184. 第 303 条被规定在《公约》第十六部分的一般规定。相关条款的准备文件和国际法委员会的评注表明,谈判国不希望将在海床上发现的文化遗产作为大陆架自然资源。因此,大陆架制度没有规定文化遗产。[①] 在第三次联合国海洋法会议的谈判中,谈判国同意赋予沿海国管控在其毗连区内发现的考古和历史文物的权力,并且移走这些文物将违反沿海国的海关、财政、移民或卫生法律和规章。这种扩大的权力被严格限制在第 303 条第 2 款规定的 24 海里范围内,该条款经第三次联合国海洋法会议全体通过。[②]

185.《公约》缔结后,越来越多的国家将其文化遗产立法的适用范围扩大到毗连区,并且缔结了保护水下文化遗产的多边条约。

186. 考虑相关国家实践和其他法律发展,法院认为,《公约》第 303 条第 2 款反映了习惯国际法。因此,第 1946 号总统令第 5 条第 3 款规定的对毗连区内发现的考古和历史性文物的管控权,并不违反习惯国际法。

问题 2. 2. 4:结论(第 187 ~ 194 段)

187. 根据上述情况,法院认为,哥伦比亚第 1946 号总统令建立的整体毗连区在两方面不符合习惯国际法。第一,整体毗连区的地理范围违反了建立毗连区的 24 海里规则。第二,第 1946 号总统令第 5 条第 3 款赋予哥伦比亚某些权力,对在其整体毗连区内违反法律和规章的行为实施管控,超出了《公约》第 33 条第 1 款所反映的习惯规则允许的事项范围。

188. 在得出该结论之后,法院将考虑哥伦比亚通过颁布第 1946 号总统令建立整体毗连区本身是否违反了其对尼加拉瓜所承担的国际义务,从而使其承担国家责任。

191. 法院回顾了国际法委员会的意见,即对于一国是否因颁布国家立法而承担国际责任的问题,没有可适用的一般规则。该问题取决于有关义务的具体规定和案件的具体情况。国际法委员会评注解释称:

> 常见的问题是,当一国立法的内容表面上与国际义务的要求相冲突时,是否因颁布立法而违反义务,还是只有在特定情形下执行了该立法才构成了违反。需要再次说明的是,并不存在可适用于所有情况的一般规则。某些义务可能仅因为通过了与之冲突的立法而被违反。在这种情况

---

① Commentary to the Articles concerning the Law of the Sea, Yearbook of the International Law Commission, 1956, Vol. II, p. 298.

② UN doc. A. CONF. 62/L. 58, para. 15.

下，在归责方面，立法机构本身作为国家机构，一国通过立法就会引起其国际责任。在其他情形下，颁布法律本身可能没有违反义务，特别是，如果该国可以通过不违反有关国际义务的方式实施该立法。在这种情况下，是否违反义务取决于立法是否生效或者如何实施。①

192. 就本案而言，法院将根据哥伦比亚被指控违反的义务和本案的具体背景来裁判该问题。

193. 哥伦比亚第 1946 号总统令最初是在 2012 年判决作出不久后颁布的。结合哥伦比亚政府高层对 2012 年判决和海上事件发表的官方声明，第 1946 号总统令的颁布引起了当事方之间的争端，最终导致尼加拉瓜提起当前的诉讼。由于法院认定，哥伦比亚根据第 1946 号总统令建立的整体毗连区在两方面不符合毗连区的习惯国际法规则，并侵犯了尼加拉瓜在其专属经济区的权利，法院必须处理尼加拉瓜在其最终诉讼主张中关于第 1946 号总统令的请求。法院注意到，哥伦比亚于 2014 年修正了第 1946 号总统令，规定将根据国际法适用该总统令。然而，基于法院的认定和本案的情况，法院认为，这一补充规定不足以解决尼加拉瓜对第 1946 号总统令的关切。哥伦比亚负有纠正此种情况的国际义务。

194. 基于上述分析，法院认为，关于哥伦比亚整体毗连区与尼加拉瓜的专属经济区重叠的海域，哥伦比亚整体毗连区违反了《公约》第 33 条所反映的习惯国际法，侵犯了尼加拉瓜在其专属经济区的主权权利和管辖权。对此，哥伦比亚负有国家责任。哥伦比亚有义务通过其选择的方式，使第 1946 号总统令中涉及法院 2012 年判决裁定属于尼加拉瓜海域的规定符合习惯国际法。

问题 2.3：结论和救济（第 195 ~ 199 段）

195. 法院已认定哥伦比亚通过以下行为违反了尊重尼加拉瓜在其专属经济区的主权权利和管辖权的国际义务：第一，在尼加拉瓜专属经济区内，妨碍悬挂尼加拉瓜国旗或获得尼加拉瓜许可的船只进行捕鱼活动和海洋科学研究活动，以及妨碍尼加拉瓜军舰作业；第二，声称在尼加拉瓜专属经济区内实施养护措施；第三，授权在尼加拉瓜专属经济区进行捕鱼活动。哥伦比亚因其不法行

① Commentary to Article 12 of the ILC Articles on State Responsibility, Yearbook of the International Law Commission, 2001, Vol. II, Part Two, p. 57, para. 12.

为而需要承担国际法规定的责任。因此,哥伦比亚必须立即停止其不法行为。

196. 法院还认定(参见上文第 187 段和第 194 段),哥伦比亚第 1946 号总统令建立的整体毗连区不符合习惯国际法,因为其宽度超过了自领海基线量起的 24 海里,而且哥伦比亚在其整体毗连区主张的权力超出了习惯国际法允许的事项范围。在整体毗连区与尼加拉瓜的专属经济区重叠的海域,整体毗连区侵犯了尼加拉瓜在其专属经济区的主权权利和管辖权。哥伦比亚因此负有责任。哥伦比亚有义务通过其选择的方式,使第 1946 号总统令中涉及法院 2012 年判决裁定属于尼加拉瓜海域的规定符合习惯国际法。

197. 尼加拉瓜在其最终诉讼主张中提出了一些其他救济请求。法院认为,考虑到哥伦比亚国际不法行为的性质,上述补救办法足以弥补哥伦比亚国际不法行为对尼加拉瓜造成的损害。

198. 关于尼加拉瓜要求哥伦比亚支付赔偿的请求,法院认为,尼加拉瓜在诉讼过程中没有提供证据证明:因哥伦比亚海军护卫舰在尼加拉瓜专属经济区的妨碍行为,导致悬挂尼加拉瓜国旗的船只、获得尼加拉瓜许可的船只或者其渔民受到了物质损害,或者实际上不能捕鱼。尼加拉瓜声称,哥伦比亚授权在尼加拉瓜专属经济区进行的捕鱼活动已经给"尼加拉瓜及其持证渔民造成了巨大的利益损失",但这一说法没有得到证实。在缺少"任何证据能够证明……在经济上可评估损害"的情况下,法院不支持这一求偿主张。① 因此,法院驳回了尼加拉瓜的求偿请求。因而,法院没有理由将求偿问题推迟到下一个阶段审理。

199. 最后,尼加拉瓜请求法院持续审理本案,直到哥伦比亚承认并尊重 2012 年判决中裁定的属于尼加拉瓜在加勒比海的权利。法院认为,接受这一请求没有法律依据。因此,必须驳回尼加拉瓜的这一请求。

问题 3:哥伦比亚提起的反诉是否成立(第 200 ~ 260 段)

200. 法院回顾道,如本判决第 15 段所述,在 2017 年 11 月 15 日命令中,法院根据《规则》第 80 条裁定,"哥伦比亚的第一项和第二项反诉与尼加拉瓜的主要诉求之间在事实上或者法律上都没有直接联系",并且这些反诉本身不可受

---

① Dispute regarding Navigational and Related Rights (Costa Rica v. Nicaragua), Judgment, I. C. J. Reports 2009, p. 267, para. 149.

理,也不属于当前程序。[1] 但法院认为哥伦比亚的第三项和第四项反诉与尼加拉瓜的主要诉求之间存在直接联系,因此这些反诉可被受理,并属于当前程序。[2] 法院接下来将依次分析哥伦比亚的第三项和第四项反诉的实质问题。

问题 3.1:哥伦比亚指称尼加拉瓜侵犯圣安德烈斯群岛居民进入和利用传统渔场手工捕鱼的权利(第 201 ~233 段)

213. 法院注意到哥伦比亚的第三项反诉主要基于两个论点:首先,哥伦比亚主张,圣安德烈斯群岛居民,特别是莱萨尔人,几个世纪以来一直在现在属于尼加拉瓜的专属经济区从事传统或手工捕鱼。据称,当事方关于这些团体长期的实践形成了无异议的“地区习惯规范”(local customary norm),或者在尼加拉瓜专属经济区建立后仍然存在进入和开发的习惯权利。其次,哥伦比亚还提到尼加拉瓜国家元首奥尔特加总统(President Ortega)的声明,认为声明接受或者承认这些权利的存在,属于能产生“法律效力”的单方声明,因为这些声明赋予了渔民手工捕鱼权利。在确定哥伦比亚是否证明了尼加拉瓜被指称的侵权行为之前,法院将先分析各论点的实质问题。

214. 关于哥伦比亚的第一个主要论点,哥伦比亚有责任证明圣安德烈斯群岛居民,特别是莱萨尔人,在历史上曾在当前属于尼加拉瓜的专属经济区从事传统或手工捕鱼活动,从而产生了哥伦比亚所称的“无异议的地区习惯规范”,或者产生了在尼加拉瓜专属经济区建立后仍然存在的进入和开发的习惯权利。

215. 法院首先回顾了当事方在专属经济区的关系受习惯国际法的规制(参见上文第 48 段)。因此,为了具体确定当事方在尼加拉瓜专属经济区的权利和义务,法院将适用《公约》第五部分的相关条款,包括第 56 条和第 58 条所反映的习惯国际法规则(参见上文第 57 段和第 61 段)。

216. 根据《公约》第 56 条所反映的习惯国际法规则,尼加拉瓜作为沿海国在其专属经济区享有主权权利,包括“以勘探和开发、养护和管理海床上覆水域和海床及其底土的自然资源(不论为生物或非生物资源)为目的的主权权利”。此外,《公约》第 61 条和第 62 条所反映的习惯国际法赋予了沿海国尼加拉瓜“决定其专属经济区内生物资源的可捕量”的权利(第 61 条第 1 款);决定其捕

---

① Alleged Violations of Sovereign Rights and Maritime Spaces in the Caribbean Sea (Nicaragua v. Colombia), Counter-Claims, Order of 15 November 2017, I. C. J. Reports 2017, p. 314, para. 82 (A) (1) and (2).

② Alleged Violations of Sovereign Rights and Maritime Spaces in the Caribbean Sea (Nicaragua v. Colombia), Counter-Claims, Order of 15 November 2017, I. C. J. Reports 2017, p. 314, para. 82 (A) (3) and (4).

捞专属经济区内生物资源的能力,并且在沿海国没有能力捕捞全部可捕量的情形下,通过协定或其他安排,并根据条款、条件、法律和规章,准许其他国家捕捞可捕量的剩余部分(第62条第2款)。此外,习惯国际法要求,在准许其他国家为了捕捞尼加拉瓜可捕捞量的剩余部分而进入其专属经济区时,尼加拉瓜:

> 应考虑到所有有关因素,除其他外,包括:……该分区域或区域内的发展中国家捕捞一部分剩余量的要求,以及尽量减轻其国民惯常在专属经济区捕鱼的……国家经济失调现象的需要(第62条第3款)。

217. 根据《公约》第58条反映的习惯国际法,包括哥伦比亚在内的其他国家在尼加拉瓜专属经济区享有公海上的航行和飞越自由,以及与这些自由有关的其他国际合法海洋利用,但在行使这些权利时必须适当顾及尼加拉瓜作为沿海国的权利。

218. 法院现在讨论的问题是,哥伦比亚是否证明了圣安德烈斯群岛居民,特别是莱萨尔人,历史上曾在目前属于尼加拉瓜的专属经济区的地区享有"手工捕鱼权",而且这些"权利"在尼加拉瓜的专属经济区建立后依然存在。哥伦比亚依据其辩诉状所附的11份宣誓证词来证明,圣安德烈斯群岛居民,特别是莱萨尔人长期从事手工捕鱼的实践。法院回顾,在考虑为诉讼目的而特别准备的宣誓证词的效力时,法院必须谨慎行事:

> 应谨慎地对待以宣誓证词的形式提供的证人陈述。在评估此类宣誓证词时,法院应该考虑一系列因素,包括:这些证词是由国家官员还是与诉讼结果无关的个人作出的,以及某一证词是证明了事实的存在还是仅代表了对相关事件的看法。①

219. 在本案中,哥伦比亚辩诉状所附的宣誓证词似乎是专门为了本案的目的而宣誓的,并且签字的渔民与诉讼结果有关。这些因素影响到该证据的效力和证明价值。尽管如此,法院必须分析这些宣誓证词所反映内容的效用,并确定它们是否可以支持哥伦比亚的论点。②

220. 在审查了哥伦比亚所依据的宣誓证词后,法院注意到,它们表明了在过去属于公海而如今属于尼加拉瓜专属经济区的某些海域内,曾存在部分捕鱼

---

① Nicaragua v. Honduras case, 2007, p. 731, para. 244.

② Nicaragua v. Honduras case, 2007, p. 731, para. 244.

活动。但法院也注意到,宣誓证词没有确切说明这些活动进行的具体时期,也无法确定是否如哥伦比亚所称的那样,存在持续几十年或者几个世纪的手工捕鱼活动。一些宣誓人提到,在哥伦比亚岛屿以外进行的捕鱼活动仅限于“一年几次”,而其他人则主张自20世纪八九十年代以来一直在这些区域捕鱼。法院认为,就本案的情况而言,这一时间跨度不足以将这种捕鱼活动定性为“长期实践”,也不足以支持哥伦比亚主张的当地习惯或者当地手工捕鱼的习惯权利。在这方面,法院还注意到,大多数宣誓人说他们是在哥伦比亚地物周围的水域或哥伦比亚领海内的渔场中捕鱼,而不是在尼加拉瓜海域。证据还表明,技术发展扩大了手工捕鱼者的出海范围,同时,由于哥伦比亚岛屿周围的渔业资源枯竭,近几十年里,在目前属于尼加拉瓜专属经济区的海域内捕鱼的频率增加,哥伦比亚在其书状和口头辩论中也承认了该事实。最后,法院注意到,某些宣誓证词没有说明在目前属于尼加拉瓜的专属经济区从事的海域捕鱼具有所称的历史性,因此不能从这些证词中得出这方面的结论。

221. 法院考虑到,据称已经进行了几十年的传统渔业活动可能没有正式或官方记录,[①]因此,在考量哥伦比亚提交宣誓证词的证明价值时需要有一定的灵活性。尽管如此,法院认为,哥伦比亚提交的11份宣誓证词不足以证明圣安德烈斯群岛居民,特别是莱萨尔人长期在现位于尼加拉瓜专属经济区海域内的“传统渔场”从事手工捕鱼活动。

222. 法院还认为,哥伦比亚的立场,特别是在国际劳工组织的公约和建议书实施专家委员会的发言以及DIMAR 2004年4月28日的第0121号决议,与其在尼加拉瓜专属经济区内存在传统手工捕鱼做法的主张不一致。例如,哥伦比亚劳工总联合会(GCT)曾两次(2013年8月和2014年2~3月)代表圣安德烈斯、普罗维登西亚和圣卡塔利娜群岛的小规模莱萨尔渔民协会和团体,向国际劳工组织的公约和建议书实施专家委员会提交资料,说明哥伦比亚适用1989年国际劳工组织《土著和部落民族公约》的情况。在这些来文中,GCT声称,2012年判决对传统捕鱼活动造成了负面影响,因为“莱萨尔人不能再像其祖先一样平静地捕鱼”,并且“他们必须要穿越尼加拉瓜的海域,据说这导致了很多困难以及罚款”。委员会总结了如下哥伦比亚政府对GCT的意见进行的反驳:

---

① Dispute regarding Navigational and Related Rights (Costa Rica v. Nicaragua), Judgment, I. C. J. Reports 2009, pp. 265 - 266, para. 141.

> 哥伦比亚政府解释称,传统捕鱼地点正好位于不受国际法院判决影响的区域附近,因为涉及领海问题,并且国际法院对此的裁决有利于哥伦比亚。政府表示,圣安德烈斯、普罗维登西亚和圣卡塔利娜群岛的渔民可以继续以传统方式捕鱼。[①]
>
> 政府补充道,莱萨尔群体的小规模渔民进行传统捕鱼的水域仍然属于哥伦比亚,渔民可以继续像2012年11月国际法院裁决前那样作业。关于圣安德烈斯居民进入传统捕鱼区的权利,政府明确指出,这些捕鱼区域恰好位于礁石周围,并且不受国际法院判决的影响,因为它们包括判予哥伦比亚的领海……[②]

223. 哥伦比亚对上述意见作出回应,声称哥伦比亚劳工部"轻率地得出了圣安德烈斯群岛的手工渔民不可能受到2012年划界线影响的结论",而且"对于传统渔场恰好位于不受该判决影响的地区附近的说法,也没有提供任何支持证据"。哥伦比亚还指出,其政府为减轻2012年判决对手工渔民的不利影响制定了计划,并且认为渔民的来文证明了哥伦比亚在当前诉讼中的主张。然而,法院曾认为,"如果高级官员的声明承认了不利于其代表国家的事实或行为,那么该声明则具有特殊的证明价值"。[③] 法院还曾指出:

> 在特定领域代表国家的人可经该国授权,就其职权范围内的事项发表对该国有拘束力的声明。例如,在外交关系领域中,行使职权范围内权力的负责人,甚至是某些官员,都是这种情况。[④]

因此,法院只能认为,哥伦比亚劳工部合作与国际关系办公室主任作出的上述声明,进一步弱化了哥伦比亚关于在尼加拉瓜专属经济区存在手工捕鱼的传统做法的说法。

224. 法院还注意到了圣安德烈斯、普罗维登西亚和圣卡塔利娜群岛的总审计长办公室发布的一份报告。群岛总审计长在其2013年关于"自然资源和环境状况"的报告中,介绍了法院划定的新海洋边界以及2012年判决的影响,声

---

① International Labour Organization, Committee of Experts on the Application of Conventions and Recommendations, Observation (CEACR)-adopted 2013, published 103rd ILC session (2014).

② International Labour Organization, Committee of Experts on the Application of Conventions and Recommendations, Observation (CEACR)-adopted 2014, published 104th ILC session (2015).

③ Congo v. Uganda case, 2005, p. 206, para. 78. See also Nicaragua v. USA case, 1986, p. 41, para. 64.

④ Armed Activities on the Territory of the Congo (New Application: 2002) (Democratic Republic of the Congo v. Rwanda), Jurisdiction and Admissibility, Judgment, I. C. J. Reports 2006, p. 27, para. 47.

称法院的裁决导致群岛海域的大幅减少。关于2012年判决对渔民的影响，总审计长报告提到了渔业活动的减少，并将其与渔民担心同法院判决产生冲突联系起来。然而，法院注意到，在详细介绍2012年判决对渔民的各种影响时，该报告仅提及对产业化捕鱼的影响，并没有具体提及对手工渔民的不利影响。此外，报告还列出了“传统捕鱼地点”。

报告似乎也证实，手工渔民通常会停留在哥伦比亚岛屿附近，并很少进入尼加拉瓜专属经济区，上述书面证词也证明了该事实。鉴于上述情况，法院得出结论认为，哥伦比亚及其代表先前所采取的立场进一步弱化了其关于在尼加拉瓜专属经济区存在手工捕鱼的传统做法的说法。

225. 法院接下来将分析审查尼加拉瓜国家元首的几项声明。哥伦比亚认为，这些声明表明尼加拉瓜接受或承认群岛的手工渔民无需事先申请许可就有权在尼加拉瓜海域捕鱼，或者表明尼加拉瓜有法律义务尊重该捕鱼权。

226. 首先，法院注意到，奥尔特加总统在某些声明中提到，需要“尊重莱萨尔人祖先在目前完全属于尼加拉瓜水域中的权利”或者“尊重莱萨尔人……在该区域内的历史性权利”。在其他情形中，总统声明，“居住在圣安德烈斯的莱萨尔群体可以在目前属于尼加拉瓜的加勒比海域继续捕鱼，并且他们作为原住民的权利不会受到影响”。

227. 法院将首先考虑，根据上述声明能否推断出尼加拉瓜承认了所称的手工捕鱼权。关于这点，法院将仔细审查这些声明的用语，以确定能否从中得出此种承认。法院注意到，奥尔特加总统的几份声明提到莱萨尔人或群岛居民需要得到尼加拉瓜的捕鱼许可或授权，才可从事手工或工业捕鱼。此外，奥尔特加总统还提到，尼加拉瓜和哥伦比亚需要建立机制，之后手工渔民才可在2012年判决裁定属于尼加拉瓜专属经济区的水域内作业。在这一方面，奥尔特加总统提议设立一个委员会，“划定莱萨尔人可以行使其历史权利的捕鱼地点”，拟订“哥伦比亚和尼加拉瓜的协定，以规制该情况”，或在圣安德烈斯岛设立“尼加拉瓜领事处”，“以解决莱萨尔群体捕鱼许可证的问题”。法院认为，奥尔特加总统的声明并不能证明尼加拉瓜已承认圣安德烈斯群岛居民，特别是莱萨尔人，有权不经事先申请和许可就在尼加拉瓜海域捕鱼。因此，法院不能支持哥伦比亚的论点。

228. 法院现在将分析奥尔特加总统的声明是否构成了“给予手工渔民权利”的法律承诺。在确定国家官员的单方声明是否会产生法律义务时，法院提出：

众所周知,以单方行为作出的关于法律或事实情况的声明可能具有产生法律义务的效力。这类声明可能而且往往非常具体。如果作出声明的国家有意按照声明的用语而受其拘束,该意图使声明具有法律承诺的性质,国家从此在法律上必须采取符合声明的行为。这种承诺如果是公开作出的,并且国家具有受其拘束的意图,即使不是在国际谈判中作出的,对国家也有拘束力。

关于形式问题,应该指出,国际法并未对此规定任何特殊或严格的要求。口头或书面声明并无本质区别,因为在特定情况下作出的声明可能产生国际法中的承诺,而国际法并没有要求这些承诺以书面形式作出。因此,形式问题并不重要。①

229. 法院还强调,必须考虑作出单方声明的事实情况,并仔细考虑作出单方声明的国家是否有意受其拘束。② 在这方面,法院注意到某些声明可能表明了国家愿意采取特定行为,但没有表明其将承担法律义务。③ 法院还认为,"如果国家作出声明将限制其行动自由,需要对声明进行限制性解释"。④ "对于作出单方声明的主体想要表达的含义和范围,法院应自己进行判断。"⑤

230. 法院认为,尼加拉瓜国家元首的声明表明,尼加拉瓜当局了解群岛居民捕鱼活动出现的问题以及哥伦比亚执行2012年判决所面临的困难。在这方面,尼加拉瓜有与哥伦比亚达成协议的意愿,建立克服困难的适当机制和解决办法。法院注意到在被告国援引的一些声明中,尼加拉瓜国家元首对哥伦比亚拒绝接受法院的划界表达了关切,并申明需要与哥伦比亚合作达成协议,从而确保2012年判决的执行。奥尔特加总统进一步指出,需要了解国内政治的内部运作,并给予哥伦比亚适当时间,使其国内立法符合法院的判决。法院还注意到,当事方都同意这些声明是在2012年判决后的政治抗议背景中作出的,当

---

① Nuclear Tests (Australia v. France), Judgment, I. C. J. Reports 1974 (hereafter Nuclear Tests case (Australia v. France), 1974), pp. 267–268, paras. 43 and 45; Nuclear Tests (New Zealand v. France), Judgment, I. C. J. Reports 1974 (hereafter Nuclear Tests case (New Zealand v. France), 1974), pp. 472–473, paras. 46, 48.

② Nicaragua v. USA case, 1986, p. 43, para. 71; Frontier Dispute (Burkina Faso/Republic of Mali), Judgment, I. C. J. Reports 1986, p. 573, para. 39; Obligation to Negotiate Access to the Pacific Ocean (Bolivia v. Chile), Judgment, I. C. J. Reports 2018(II), p. 555, para. 146.

③ Obligation to Negotiate Access to the Pacific Ocean (Bolivia v. Chile), Judgment, I. C. J. Reports 2018 (II), p. 555, para. 147.

④ Nuclear Tests case (Australia v. France), 1974, p. 267, para. 44; Nuclear Tests case (New Zealand v. France), 1974, p. 473, para. 47.

⑤ Frontier Dispute (Burkina Faso/Republic of Mali), Judgment, I. C. J. Reports 1986, p. 573, para. 39, citing Nuclear Tests case (Australia v. France), 1974, p. 269, para. 48; Nuclear Tests case (New Zealand v. France), 1974, p. 474, para. 50.

时正在与哥伦比亚进行谈判,以期就执行2012年判决达成协议。考虑到上述背景并采用限制性解释,[①]法院不能接受哥伦比亚的另一论点,也就是上述奥尔特加总统的声明构成尼加拉瓜方面的法律承诺,即尊重圣安德烈斯群岛手工渔民无需尼加拉瓜事先授权即可在尼加拉瓜海域捕鱼的权利。

231. 由于这些原因,法院得出结论:哥伦比亚未能证明圣安德烈斯群岛居民,特别是莱萨尔人在目前位于尼加拉瓜专属经济区的水域内享有手工捕鱼权,也未能证明尼加拉瓜通过其国家元首的单方声明接受或承认他们的传统捕鱼权,或在法律上承诺尊重这些权利。鉴于该结论,法院没有必要分析当事方关于某一群体的传统捕鱼权是否或在何种情况下可以在另一国建立专属经济区后继续存在的论点,也没有必要分析哥伦比亚指称尼加拉瓜海军行为侵犯了上述权利的论点。根据上述所有考量,法院驳回了哥伦比亚的第三项反诉。

232. 尽管得出了上述结论,法院注意到,尼加拉瓜通过其国家元首的声明表示愿意与哥伦比亚谈判一项有关莱萨尔人进入尼加拉瓜专属经济区捕鱼的协议。法院认为,当事方谈判达成双边协议是解决哥伦比亚及其国民对进入尼加拉瓜专属经济区捕鱼关切的最适当办法。

233. 法院还强调,根据《公约》第58条所反映的适用于专属经济区的习惯国际法,第三国在该区域享有航行自由。因此,包括莱萨尔人在内的圣安德烈斯群岛居民可以在尼加拉瓜专属经济区自由航行,包括在有人居住岛屿与位于哥伦比亚海洋边界一侧的渔区之间的航行。

问题3.2:哥伦比亚指称尼加拉瓜使用的直线基线侵犯了哥伦比亚的主权权利和海洋空间(第234~260段)

240. 法院回顾,在2012年判决划定当事方海洋边界时,由于“尼加拉瓜尚未根据《公约》第16条第2款将基线的位置通知联合国秘书长”,尼加拉瓜基线的位置并不确定。因此,只能大致确定海洋边界东侧端点的位置。[②]

241. 当事方对划定适当直线基线的原则达成共识。当事方认为,《公约》第5条规定了确定正常基线的标准,即“沿海国官方承认的大比例尺海图所标明的沿岸低潮线”。当事方也同意,习惯国际法允许“在海岸线极为曲折的地方,或者如果紧接海岸有一系列岛屿”的情况下可偏离正常基线。当事方同意,《公

① Nuclear Tests case (Australia v. France), 1974, p. 267, para. 44; Nuclear Tests case (New Zealand v. France), 1974, p. 473, para. 47.

② Nicaragua v. Colombia case, 2012, p. 683, para. 159; p. 713, para. 237.

约》第7条反映了划定直线基线的习惯国际法。

242. 法院回顾,在“渔业案”的判决中,鉴于挪威海岸的地理特征,法院承认采用直线基线是“一般国际法对具体案件的适用”。[①] 在根据国际法评估挪威基线的有效性时,法院确实确定了某些标准,这些标准被编纂为《1958年公约》第4条。该条款与《公约》关于“直线基线”的第7条几乎逐字对应,其中第1款、第3款和第4款规定:

> 1. 在海岸线极为曲折的地方,或者如果紧接海岸有一系列岛屿,测算领海宽度的基线的划定可采用连接各适当点的直线基线法。
>
> 3. 直线基线的划定不应在任何明显的程度上偏离海岸的一般方向,而且基线内的海域必须充分接近陆地领土,使其受内水制度的支配。
>
> 4. 除在低潮高地上筑有永久高于海平面的灯塔或类似设施,或以这种高地作为划定基线的起讫点已获得国际一般承认者外,直线基线的划定不应以低潮高地为起讫点。

法院认为《公约》第7条反映了习惯国际法。

243. 法院回顾,应由沿海国根据国际法确定其基线,以测量其海域的宽度。然而,正如法院过去所述,确定基线“一直是具有国际性质的工作”,并且应该参照国际规则进行评估。[②] 此外,关于直线基线的使用和可适用规则方面,法院回顾道:

> 直线基线法是确定基线的正常规则的例外情况,只有在满足特定条件时才可适用。这种方法必须严格适用。[③]

244.《公约》第7条第1款反映的习惯国际法规定了确定直线基线的两个地理前提条件。这些前提条件是选择而非并列关系。对于从陆地上格拉西亚斯阿迪奥斯角(Cabo Gracias a Dios)到沿岸大科恩岛(Great Corn Island)之间的直线基线(基点1至基点8),尼加拉瓜声称,“紧接海岸有一系列岛屿”,因此有权使用直线基线而非正常基线。至于尼加拉瓜大陆海岸的最南部分,尼加拉瓜

---

① Fisheries (United Kingdom v. Norway), Judgment, I. C. J. Reports 1951 (hereafter Fisheries case, 1951), p. 131.

② Maritime Delimitation in the Black Sea (Romania v. Ukraine), Judgment, I. C. J. Reports 2009, p. 108, para. 137; Fisheries case, 1951, p. 132.

③ Maritime Delimitation and Territorial Questions between Qatar and Bahrain (Qatar v. Bahrain), Merits, Judgment, I. C. J. Reports 2001 (hereafter Qatar v. Bahrain case, 2001), p. 103, para. 212.

则主张，从猴角(Monkey Point)到与哥斯达黎加陆地边界终点的海岸线曲折，表明尼加拉瓜有理由从基点8(大科恩岛)到基点9[巴拉因迪奥麦斯(Barra Indio Maíz)]使用直线基线。

245. 法院指出，似乎没有单一的标准来确定某一海岸线是否“极其曲折”。由于尼加拉瓜承认，只有从猴角到巴拉因迪奥麦斯之间的加勒比海岸最南部分属于第二种地理前提条件的考虑情形，法院必须确定，修正后的第33号法令规定的基点8到基点9之间的直线基线段是否符合海岸线“极其曲折”的条件。分析相关地图可以发现，尼加拉瓜最南部海岸线确实向内凹陷。但根据《公约》第7条反映的习惯国际法，海岸线必须“极其曲折”，仅有轻微的凹陷不足以适用直线基线。从面向布卢菲尔兹湾(Bluefields)的维纳多岛(Isla del Venado)到猴角，尼加拉瓜大陆海岸线较为平顺。从彭塔格林斯顿湾(Punta Grindston Bay)到与哥斯达黎加陆地边界终点的波蒂略岛(Isla Portillos)，海岸线呈现出宽阔的凹陷。尼加拉瓜海岸线相关部分的凹陷并没有充分深入内陆，也不足以使法院认为其具有“极其曲折”的特征。该部分海岸线没有“极其独特的构造”(a very distinctive configuration)，也没有“全线支离破碎”或者“形成连续深入内陆的凹陷”。[①] 因此，考虑到直线基线法“必须严格适用”，法院认为，第33号法令规定从基点8到基点9的直线基线段不符合《公约》第7条第1款所反映的关于划定直线基线的习惯国际法。

246. 法院接下来将分析尼加拉瓜从基点1到基点8的直线基线部分，其中部分基点位于爱丁堡礁(Edinburgh Cay)、米斯基托斯礁(Miskitos Cays)、内德托马斯礁(Ned Thomas Cay)、战士礁(Man of War Cays)和科恩群岛(Corn Islands)等地物上。法院回顾道，用于构建直线基线的基点可以位于岛屿，但除特殊情况外不得位于高潮时没于水下的地物上(低潮高地)，而本案不存在这种情况。《公约》第121条第1款将“岛屿”定义为“四面环水并在高潮时高于水面的自然形成的陆地区域”。在“卡塔尔和巴林间海洋划界和领土问题案”中，法院认为第121条第1款中规定的岛屿法律定义属于习惯国际法，[②]并在2012年判决中重申了这一点。[③]

247. 在这方面，法院注意到，当事方的争议问题是尼加拉瓜沿海岛屿是否

---

① Fisheries case, 1951, p. 127.

② Qatar v. Bahrain case, 2001, p. 91, para. 167; p. 99, para. 195.

③ Nicaragua v. Colombia case, 2012, p. 674, para. 139.

构成《公约》第7条第1款意义上的“紧接海岸有一系列岛屿”。当事方的分歧主要包括:首先,某些地物是否属于岛屿,以及是否有足够数量的岛屿来划定直线基线;其次,相关岛屿是否“与大陆形成一个整体”,以及岛屿是否对尼加拉瓜海岸线产生了“遮挡效果”(masking effect);最后,岛屿的大小以及岛屿之间和岛屿到大陆的距离是否可以作为划定直线基线的依据。

248. 法院必须首先确定尼加拉瓜是否证明了存在“岛屿”;如果存在,那么这些岛屿是否满足了习惯国际法中“一系列……紧邻海岸”的要求。尼加拉瓜称,其海岸边共有95个岛屿,并在书状中附有这些岛屿的清单。哥伦比亚认为,由于尼加拉瓜没有提供这些地物的岛屿属性或特征的证据,不能证明存在“岛屿”。哥伦比亚还认为,作为尼加拉瓜基点的名为爱丁堡礁的地物不是第7条第1款所指的“岛屿”,其在第28130号海图上仅显示为“低潮高地”。

249. 正如当事方所指出的,2012年判决提到了“尼加拉瓜海岸边缘的岛屿”和“尼加拉瓜大陆和边缘岛屿”。虽然当事方对法院此种表述的法律意义有不同的看法,但都认为法院没有将上述岛屿定性为《公约》第7条第1款中的“一系列岛屿”,并且法院也没有处理尼加拉瓜对直线基线的主张。此外,法院明确指出,尼加拉瓜尚未根据《公约》第16条第2款通知其测量领海宽度的基线。① 尽管有了这些澄清,但根据上述表述和2012年判决的结论,即“尼加拉瓜大陆海岸外有一些尼加拉瓜岛屿”,②法院在总体上可以认为尼加拉瓜所列出的95个地物中有些是岛屿,而不是低潮高地。然而,法院必须强调,这并非自动意味着尼加拉瓜所列出的所有地物都是“岛屿”或构成《公约》第7条第1款意义上的“一系列”。尼加拉瓜仍需证明,确实存在符合条款的“紧接海岸有一系列岛屿”。

250. 当事方的争议问题包括:爱丁堡礁的岛屿性质,以及为了根据《公约》第7条划定直线基线,该地物是否可以被视为岛屿。法院指出,2012年判决在划定临时等距离线时,提到爱丁堡礁属于尼加拉瓜沿海岛屿,③并将其用于构建临时等距离线的基点。④ 然而,法院当时并没有考虑该地物是否适合用来划定直线基线,也没有将其定性为《公约》第7条第1款意义上的“岛屿”。法院曾强调:

---

① Nicaragua v. Colombia case, 2012, p. 683, para. 159.

② Nicaragua v. Colombia case, 2012, p. 638, para. 21.

③ Nicaragua v. Colombia case, 2012, p. 638, para. 21.

④ Nicaragua v. Colombia case, 2012, pp. 698 – 700, paras. 201 and 204.

为测量大陆架和专属经济区宽度而确定基线,与……划界时为构建等距离/中间线而确认基点,是两个不同的问题。[①]

251. 法院注意到,关于爱丁堡礁的性质,请求国提出了相互矛盾的数据。尼加拉瓜书状中所附的第28130号海图数据显示,爱丁堡礁不是岛屿。尼加拉瓜解释称,“领土与海洋争端案”诉状中的另一张海图(第1218号英国海图)显示“爱丁堡礁上有若干岛屿”。在这种情况下,法院认为有充分理由质疑爱丁堡礁作为《公约》第7条第1款所述岛屿的性质。因此,根据同一条款的规定,关于爱丁堡礁作为划定直线基线的基点的适当性,也产生了明显问题。法院认为,尼加拉瓜没有证明这一地物的岛屿性质。

252. 对于是否存在一系列岛屿的问题,法院注意到尽管“一系列岛屿”一词意味着,相对于海岸线长度而言,岛屿的数量不应该过少,但并不存在关于岛屿最低数量的具体规定。[②] 由于不能确定95个地物中哪些是岛屿,根据当事方提交的地图和数据,法院认为,尼加拉瓜的岛屿数量相对于其海岸线长度而言,不足以构成沿尼加拉瓜海岸的“一系列岛屿”。

253. 可以根据地理位置的远近将地图上的海洋地物分成两组:第一组位于尼加拉瓜大陆海岸的最北部,从爱丁堡礁到内德托马斯礁,包括米斯基托斯礁;第二组位于尼加拉瓜大陆海岸的中部,从战士礁到科恩群岛,包括泰拉礁(Tyra Cays)和珍珠点[Pearl Point (Punta de Perlas)]。

254. 当事方在诉状中提到了其认为与确定某一岛屿群是否构成“一系列”岛屿相关的若干因素。法院曾将“一系列岛屿”一词等同于“岛屿群”(fringe of islands)或“岛屿体系”(island system)。[③] 仲裁庭在厄立特里亚和也门之间的诉讼中提到“紧密相连的岛屿和小岛,或者‘地毯式’的岛屿和小岛”,或者“卫护着该部分海岸的复杂岛屿、小岛和礁石体系”。[④] 这些分析表明,有关岛屿必须具有一定的连续性,才能构成《公约》第7条第1款意义上的“一系列岛屿”。《公约》的其他作准语言中“一系列岛屿”一词的通常含义也证实了该结论,例如,法语文本使用的“un chapelet d'îles”一词意味着具有某种延续性或连续性。法院认为,“一系列”必须包含一组或一簇岛屿(a cluster of islands),这些岛屿

---

① Maritime Delimitation in the Black Sea (Romania v. Ukraine), Judgment, I. C. J. Reports 2009, p. 108, para. 137.

② Qatar v. Bahrain case, 2001, p. 103, para. 214.

③ Qatar v. Bahrain case, 2001, p. 103, para. 214.

④ Second Stage of the Proceedings between Eritrea and Yemen (Maritime Delimitation), Award, 17 December 1999, RIAA, Vol. XXII (hereafter Eritrea and Yemen case, 1999, RIAA), p. 369, para. 151.

构成一个相互联系的体系,具有一定的连贯性(consistency)或连续性。在某些情况下,"卫护着某一部分海岸"的一系列岛屿可能会从海上遮挡住大部分海岸。当事方在本诉讼中适用并讨论了这一标准,来证明或者反驳沿尼加拉瓜海岸线是否存在一系列岛屿。①

255. 为了确定请求国所指的地物是否可被视为"一系列岛屿",法院指出,根据《公约》第 7 条第 1 款所反映的习惯国际法,这一系列岛屿应该"紧邻海岸"。结合第 7 条第 3 款的其他要求来理解,即直线基线的划定"不应在任何明显程度上偏离海岸的一般方向"并且"基线内的海域必须充分接近陆地领土,使其受内水制度的支配",第 7 条第 1 款的具体要求表明"一系列岛屿"必须充分接近大陆,以确保其被视为该海岸的外部边缘或者末端(extremity)。② 相关海洋地物大致属于一国总体地理构造的一部分是不足够的,它们必须是该国海岸构造不可分割的部分。③

256. 考虑到这些因素,法院认为,尼加拉瓜"岛屿"彼此之间的距离不够近,不足以在沿岸形成一个连贯的"岛簇"(cluster)或"一连串岛屿"(chapelet),而且与大陆之间没有足够的联系,从而可被视为海岸的外部边缘。为了说明"岛屿"与大陆之间的关系,尼加拉瓜声称,"在大陆与科恩群岛之间有很多小礁石,因此两者的领海合并且重叠"。但法院注意到,尼加拉瓜的直线基线包围了大片海域,而在这些海域中并不存在有权拥有领海的海洋地物。这些海域位于内德托马斯礁和战士礁之间,大泰拉礁(Great Tyra Cay)以东和科恩群岛之间,从科恩群岛直到哥斯达黎加陆地边界的终点。法院还注意到,尼加拉瓜大陆海岸南部的海洋地物和岛屿,即战士礁和大泰拉礁以东、小科恩岛和大科恩岛,看起来与北部岛屿明显分离。此外,在基点 4 所在的内德托马斯礁和基点 5 所在的战士礁之间可以发现 75 海里以上的明显中断。尼加拉瓜承认,其沿岸岛屿群是"分散的"。

257. 此外,法院认为,尼加拉瓜岛屿没有"卫护……部分海岸",以至于遮挡了大部分大陆海岸。④ 尼加拉瓜大陆海岸面向内德托马斯礁和战士礁之间以及科恩群岛以南的部分,似乎并没有被岛屿遮挡。法院注意到,当事方对评估岛屿遮挡程度所采用的方法存在分歧,并通过不同的投影(projections)方式提出

① Eritrea and Yemen case, 1999, RIAA, p. 369, para. 151.
② Fisheries case, 1951, p. 128.
③ Qatar v. Bahrain case, 2001, p. 103, para. 214; Eritrea and Yemen case, 1999, RIAA, p. 338, para. 14.
④ Eritrea and Yemen case, 1999, RIAA, p. 369, para. 151.

了不同的方法。法院对此不发表意见,但认为,即使接受尼加拉瓜的方法,请求国确认的海洋地物的遮挡作用不充分,没有从海上遮挡住一大部分海岸。

258. 基于上述分析,法院不接受尼加拉瓜的主张,即存在连续的一系列岛屿或由岛屿、小岛和暗礁组成的复杂体系,卫护着尼加拉瓜的这部分海岸。[①] 因此,尼加拉瓜的直线基线不符合《公约》第 7 条第 1 款所反映的习惯国际法的要求。在得出这一结论后,法院无需考虑请求国的直线基线是否符合《公约》第 7 条第 3 款中的其他要求。

259. 尼加拉瓜的证据也表明,直线基线将某些本属于尼加拉瓜领海或专属经济区的海域变为内水,将某些本属于尼加拉瓜专属经济区的海域变为领海。尼加拉瓜建立的直线基线限制了哥伦比亚船只在上述海域中本应当享有的权利。根据《公约》第 8 条第 2 款,哥伦比亚可以在直线基线向陆地一侧的海域内行使无害通过权,但这并没有完全解决尼加拉瓜直线基线对哥伦比亚造成的影响。法院特别指出,尼加拉瓜的直线基线将其专属经济区的某些海域变为领海,这剥夺了哥伦比亚在专属经济区应享有的权利,包括《公约》第 58 条第 1 款所反映的习惯国际法规定的航行和飞越自由以及铺设海底电缆和管道的自由。

260. 基于上述理由,法院得出结论:经修正的第 33 号法令规定的直线基线不符合习惯国际法。法院认为,就此作出宣告性判决是适当的救济办法。

(五)裁判结果(第 261 段)

第一,以 10 票对 5 票判定,根据《波哥大公约》第 31 条,关于哥伦比亚据称侵犯 2012 年判决宣布属于尼加拉瓜海域内权利的争端,法院享有管辖权进行裁决。关于 2013 年 11 月 27 日(《波哥大公约》对哥伦比亚停止生效之日)之后发生的事件,管辖权也涵盖尼加拉瓜相关主张。

第二,以 10 票对 5 票判定,哥伦比亚的以下行为违反了尼加拉瓜在其专属经济区的主权权利和管辖权:妨碍悬挂尼加拉瓜国旗或获得尼加拉瓜许可的船只进行的捕鱼和海洋科学研究活动,并且妨碍尼加拉瓜军舰作业;声称在该海域内实施养护措施。

第三,以 9 票对 6 票判定,哥伦比亚授权在尼加拉瓜专属经济区进行捕鱼活动,由此侵犯了尼加拉瓜在该海域的主权权利和管辖权。

---

① Eritrea and Yemen case,1999,RIAA,p. 369,para. 151.

第四,以 9 票对 6 票判定,哥伦比亚必须立即停止上文第二点和第三点所述行为。

第五,以 13 票对 2 票判定,如上文第 170 ~ 187 段所述,哥伦比亚根据第 1946 号总统令建立的整体毗连区不符合习惯国际法。

第六,以 12 票对 3 票判定,哥伦比亚必须通过其选择的方式,使第 1946 号总统令中涉及法院 2012 年判决裁定属于尼加拉瓜海域的规定符合习惯国际法。

第七,以 12 票对 3 票判定,尼加拉瓜根据第 33 号法令确定的直线基线不符合习惯国际法。

第八,以 14 票对 1 票,驳回当事方提交的所有其他请求。

(六)法官意见

关于判决,格沃尔吉安副院长(Vice-President Gevorgian)发表了声明,通卡法官(Judge Tomka)发表了个别意见,亚伯拉罕法官(Judge Abraham)发表了反对意见,本努纳法官(Judge Bennouna)发表了声明,优素福法官(Judge Yusuf)发表了个别意见,薛捍勤法官发表了声明,罗宾逊法官(Judge Robinson)发表了个别意见,岩泽法官(Judge Iwasawa)发表了声明,诺尔特法官(Judge Nolte)发表了反对意见,专案法官麦克雷(Judge *ad hoc* Mcrae)发表了反对意见。

二、国际法制度

(一)毗连区制度

毗连区是指毗连领海位于领海之外,并从领海基线量起不超过 24 海里的海域。毗连区不是以海洋资源为导向的海域,沿海国在毗连区仅对特定事项享有管控权。

毗连区制度之所以产生,是因为沿海国为了保护其认为重要的利益而要求对领海以外海域行使特定权力,但不要求进一步扩大领海的范围,仅主张在领海以外建立一个有限的管辖海域。[①] 毗连区可以追溯到英国 18 世纪颁布的《游

---

① See Malcolm N. Shaw, *International Law* (Cambridge University Press, 9th edn, 2021), p. 495.

弋法案》(Hovering Acts),该法案是为了打击靠近英国海岸的船舶的走私行为。[①] 之后,越来越多的国家开始在领海之外建立类似的区域,主要是为了海关、财政、移民、卫生等目的。在1958年第一次联合国海洋法会议上,国家同意建立毗连区制度,并最终形成了1958年《领海及毗连区公约》第24条,其规定如下:

> 1. 沿海国得在毗连其领海之公海区内行使必要之管制以:
>
> (a) 防止在其领土或领海内有违犯其海关、财政、移民或卫生规章之行为。
>
> (b) 惩治在其领土或领海内违犯前述规章之行为。
>
> 2. 此项毗连区自测定领海宽度之基线起算,不得超出十二海里。
>
> 3. 两国海岸相向或相邻者,除彼此另有协议外,均无权将本国之毗连区扩展至每一点均与测算两国领海宽度之基线上最近各点距离相等之中央线以外。

第三次联合国海洋法会议通过的1982年《公约》对上述条款进行了部分修改,形成了第33条的规定:

> 1. 沿海国可在毗连其领海称为毗连区的区域内,行使为下列事项所必要的管制:
>
> (a) 防止在其领土或领海内违犯其海关、财政、移民或卫生的法律和规章;
>
> (b) 惩治在其领土或领海内违犯上述法律和规章的行为。
>
> 2. 毗连区从测算领海宽度的基线量起,不得超过二十四海里。

比较上述两个条款可以发现,在毗连区的法律地位及沿海国的权力方面,《公约》的修改较为有限,新的变化主要体现在其他方面。第一,由于《公约》规定了沿海国可以主张自领海基线量起不超过12海里的领海宽度,因此第33条修改了毗连区的宽度,即自领海基线起算不超过24海里。如果沿海国主张了12海里的领海,那么其毗连区的实际最大宽度则为12海里。第二,《公约》建立了专属经济区制度,因此,第33条删除了1958年《领海及毗连区公约》中毗

---

① See Hugo Caminos, “Contiguous Zone”, in *Max Planck Encyclopedias of International Law*, para. 1; Bill Gilmore, “Hovering Acts”, in *Max Planck Encyclopedias of International Law*, para. 1.

连区属于公海一部分的表述。如果沿海国宣布建立专属经济区,那么毗连区与专属经济区的海域重叠,属于专属经济区的一部分;如果沿海国没有宣布建立专属经济区,那么毗连区仍属于公海。第三,《公约》删除了关于毗连区划界的规定。部分学者认为,这是因为毗连区划界实际上被包括在专属经济区划界中。①

《公约》第 33 条还规定了沿海国在毗连区内有权管控的事项,即防止和惩治在沿海国领土或领海中对其关于海关、财政、移民或卫生事项的法律和规章的违反行为。根据《公约》第 111 条,对于违反上述法律和规章的外国船舶,沿海国可以对其行使紧追权。此外,根据《公约》第 303 条第 2 款,对于在毗连区的海底发现的考古或历史性文物,未经沿海国允许即移出这些物体的行为被视为违反了其关于海关、财政、移民或卫生事项的法律和规章,沿海国对此可以实施必要管制。

(二)专属经济区制度

1. 专属经济区的概念

专属经济区是指邻接领海以及位于领海之外,从基线量起不超过 200 海里的海域。专属经济区的部分范围与毗连区和大陆架重合。其中,沿海国享有勘探和开发自然资源的主权权利以及对特定事项的管辖权,而其他国家主要享有航行、飞越以及铺设电缆和管道的相关自由。专属经济区制度是《公约》新建立的海域,主要由《公约》第五部分规制。

专属经济区制度反映了二战后发展中国家发展经济以及控制其海岸之外经济资源的要求,特别是渔业资源。同时,专属经济区也是主张 200 海里领海的国家(部分拉美和非洲国家)以及反对扩张沿海国管辖权的发达国家(如日本、苏联和美国)之间的妥协。早在《公约》通过之前,无论是发达国家还是发展中国家都已开始单方面宣布建立专属经济区或类似海域,并且没有受到明显的反对,因此,在《公约》生效之前,部分专属经济区制度就已经发展成为习惯国际法。② 法院在 1985 年利比亚和马耳他“大陆架案”中指出,专属经济区制度已无可争辩地成为习惯国际法的一部分。③ 在尼加拉瓜诉哥伦比亚“侵犯加勒比海

---

① See Robin Churchill *et al.*, *The Law of the Sea* (Manchester University Press, 4th edn, 2022), p. 210.

② See Robin Churchill *et al.*, *The Law of the Sea* (Manchester University Press, 4th edn, 2022), pp. 255 – 256.

③ See Libya/Malta case, 1985, p. 33, para. 34.

主权权利和海洋空间案”中,法院明确指出,《公约》关于沿海国和其他国家在专属经济区内权利和义务的若干条款反映了习惯规则,包括第 56 条、第 58 条、第 61 条、第 62 条和第 73 条。①

2. 专属经济区的法律地位

在联合国第三次海洋法会议的早期阶段,对于专属经济区的法律地位进行了大量讨论。专属经济区的法律地位不同于领海与公海,是自成一类(*sui generis*)的海域。对于领海而言,权利归属的一般原则是沿海国的主权,即除《公约》和其他国际法规则明确规定属于其他国家的权利外,领海内的其他权利属于沿海国;而对公海而言,权利归属的一般原则是公海自由,即除《公约》和其他国际法规则明确的限制外,公海向所有国家开放。② 但是国家对专属经济区无法达成权利归属的一般原则,经过谈判和妥协,《公约》第 56 条和第 58 条采取了列举方式,分别规定了沿海国和其他国家在专属经济区的权利和义务。《公约》没有明确规定属于沿海国或其他国家的权利,被称为“剩余权利”,受《公约》第 59 条调整。

3. 沿海国在专属经济区的权利和义务

《公约》第 56 条规定了沿海国在专属经济区的权利和义务,其规定如下:

> 1. 沿海国在专属经济区内有:
>
> (a) 以勘探和开发、养护和管理海床上覆水域和海床及其底土的自然资源(不论为生物或非生物资源)为目的的主权权利,以及关于在该区内从事经济性开发和勘探,如利用海水、海流和风力生产能等其他活动的主权权利;
>
> (b) 本公约有关条款规定的对下列事项的管辖权:
>
> (1) 人工岛屿、设施和结构的建造和使用;
>
> (2) 海洋科学研究;
>
> (3) 海洋环境的保护和保全;
>
> (c) 本公约规定的其他权利和义务。
>
> 2. 沿海国在专属经济区内根据本公约行使其权利和履行其义务时,应适当顾及其他国家的权利和义务,并应以符合本公约规定的方式行事。

---

① See Alleged Violations of Sovereign Rights and Maritime Spaces in the Caribbean Sea (Nicaragua v. Colombia), Judgment of 21 April 2022, International Court of Justice (hereafter Nicaragua v. Colombia case, 2022), para. 57.

② 参见高健军:《国际海洋法》,法律出版社 2022 年版,第 83 页。

3. 本条所载的关于海床和底土的权利,应按照第六部分的规定行使。

(1)沿海国的权利

沿海国的权利主要包括三个部分:勘探和开发自然资源的主权权利、对特定事项的管辖权以及其他权利。需要注意的是,沿海国在专属经济区的权利并不是固有的,沿海国只有明确宣布建立专属经济区,才能享有相应的权利。

第一,沿海国的主权权利。

沿海国对专属经济区的主权权利具有专属性和排他性,非经沿海国同意,其他国家不得在专属经济区内勘探和开发自然资源。但不同于沿海国对内水和领海享有的更为全面的主权,沿海国对专属经济区的主权权利相对有限。沿海国的主权权利主要表现为勘探和开发、养护和管理位于海床、底土及上覆水域中的自然资源,以及在该区域内从事经济性开发和勘探活动,如利用海水、海流和风力生产能源。此外,根据《公约》规定,沿海国行使主权权利的对象是自然资源,包括生物资源与非生物资源,但不包括文物和沉船等非自然资源。对于此类资源可以依据其他国际法规则确定沿海国的权利。例如,2001 年《保护水下文化遗产公约》第 10 条第 2 款规定,缔约国有权依据包括《公约》在内的国际法,为保护其主权权利和管辖权不受干涉而禁止或授权开发本国专属经济区内或大陆架上的文化遗产。

第 56 条除规定了沿海国勘探和开发专属经济区专属权利外,同时也规定了沿海国负有养护和管理专属经济区内自然资源的义务。《公约》第 61 条和第 62 条规定了沿海国的基本义务,即保护资源不受过度开发的危害和促进资源的最佳利用。根据第 61 条,沿海国有责任养护专属经济区内的生物资源。为此,沿海国应决定其专属经济区内生物资源的可捕量,并应通过正当的养护和管理措施,参照其可得到的最可靠的科学证据,确保专属经济区内生物资源的维持不受过度开发的危害。沿海国应该采取措施,根据有关的环境和经济因素,包括沿海渔民社区的经济需要和发展中国家的特殊要求,使捕捞鱼种的数量维持在或恢复到能够生产最高持续产量的水平。根据第 62 条,为了实现对专属经济区内生物资源的最佳利用,沿海国应该决定其捕捞专属经济区内生物资源的能力,沿海国在没有能力捕捞全部可捕量的情形下,应通过协定或其他安排,准许其他国家捕捞可捕量的剩余部分,并且特别注意内陆国和地理不利国的权利。第 62 条第 4 款还规定,在专属经济区内捕鱼的其他国家的国民应遵守沿海国根据《公约》所制定的法律和规章中的养护措施。[①]此外,《公约》还对养护和管理跨界鱼类种群(第63条)、高度回游鱼种(第64条)、海洋哺乳动物(第65条)、溯河产卵种群(第66条)和降河产卵鱼种(第67条)作了专门规定。

第二,沿海国对特定事项的管辖权。

沿海国在专属经济区的管辖事项主要包括人工岛屿、设施和结构的建造与使用、海洋科学研究以及海洋环境的保护和保全。

《公约》第60条规定了沿海国在专属经济区有关人工岛屿、设施和结构的权利和义务。沿海国在专属经济区有专属权利建造并授权和管理建造、操作和使用人工岛屿、设施和结构,并对其享有关于海关、财政、卫生、安全和移民的法律和规章的管辖权,有权在周围设置合理的安全地带等。同时,沿海国对人工岛屿、设施和结构的权利也受限于特定义务。因此,沿海国必须妥为通知人工岛屿、设施和结构的建造,对其存在维持永久性的警告方法。已被放弃或不再使用的任何设施或结构,应予以撤除,以确保航行安全。此外,人工岛屿、设施和结构及其周围的安全地带,不得设在对使用国际航行必经的公认海道可能有干扰的地方。需要注意的是,人工岛屿、设施和结构不具有岛屿地位,不能拥有领海,也不影响领海、专属经济区和大陆架界限的划定。

《公约》第十三部分规定了海洋科学研究,沿海国对其专属经济区内海洋科学研究的管辖权应当遵守相关规定,其中第246条规定了专属经济区内的海洋科学研究。沿海国有权按照《公约》的有关条款规定、准许和进行在其专属经济区内的海洋科学研究。在专属经济区进行海洋科学研究,应经沿海国同意。在正常情形下,对于其他国家或各主管国际组织按照《公约》规定专为和平目的和为了增进关于海洋环境的科学知识以谋求全人类利益而进行的海洋科学研究计划,沿海国应当给予同意。但根据第246条第5款,如果其他国家或国际组织实施的海洋科学研究与自然资源的勘探和开发有直接关系,涉及大陆架的钻探、炸药的使用或将有害物质引入海洋环境,或者涉及人工岛屿、设施和结构的建造、操作或使用等情形,沿海国有权拒绝。

沿海国对专属经济区海洋环境的保护与保全应当遵守《公约》第十二部分的相关规定。第十二部分规定了沿海国在专属经济区内关于海洋环境保护与保全的立法和执法管辖权,从而防止、减少和控制陆地来源的污染(第207条)、

---

① See Nicaragua v. Colombia case, 2022, para. 58.

国家管辖的海底活动造成的污染(第208条)、来自"区域"内活动的污染(第209条)、倾倒造成的污染(第210条)、来自船只的污染(第211条)、来自大气层或通过大气层的污染(第212条)。此外,第十二部分也规定了沿海国的义务,包括第192条规定的保护与保全海洋环境的一般义务和第206条规定的环境影响评价义务等。[①]

第三,沿海国的其他权利。

第56条第1款c项规定,除了上述主权权利和管辖权之外,沿海国在其专属经济区还享有"本公约规定的其他权利和义务"。这些权利主要是沿海国根据《公约》第33条享有的在毗连区中的权利,因为毗连区与专属经济区在一定范围内重合。此外,根据《公约》第111条,对于违反专属经济区以及安全地带法律和规章的行为,沿海国可以比照行使紧追权。最后,根据《公约》第58条第2款的规定,第88~115条以及其他国际法有关规则,只要与专属经济区制度不相抵触,均适用于专属经济区。第88~115条是关于公海的规定,因此,沿海国也有权对专属经济区内涉嫌贩运奴隶(第99条)、从事海盗(第105条)、非法贩运麻醉药品或精神调理物质(第108条)和未经许可广播(第109条)的船舶采取措施。

(2)沿海国的义务

《公约》在赋予沿海国在专属经济区享有上述权利的同时也规定了具体义务。除此之外,第56条第2款规定了沿海国的适当顾及义务:应适当顾及其他国家的权利和义务,并应以符合本公约规定的方式行事。该条款平衡了专属经济区内沿海国的主权权利、管辖权和义务以及其他国家的权利和义务。[②] 在毛里求斯和英国"查戈斯海洋保护区仲裁案"中,仲裁庭解释该条款时指出,"适当顾及"的通常含义要求沿海国根据具体情况和其他国家的权利性质顾及这些权利,在这方面没有普遍适用的行为规则。《公约》既没有施加给沿海国避免损害其他国家权利的义务,也不允许沿海国完全按照自己的意愿行事,仅仅是指出了其他国家权利的存在。《公约》所要求的顾及程度将取决于毛里求斯权利的性质、重要性、预期损害的程度、英国所考虑开展的活动的性质和重要性以及是否存在替代办法。在大多数情况下,这种评估至少要求与享有权利的其他国家

---

① See Robin Churchill *et al.*, *The Law of the Sea* (Manchester University Press, 4th edn, 2022), p. 270.

② See Satya N. Nandan *et al.*, *United Nations Convention on the Law of the Sea 1982: A Commentary*, Vol. II (Brill, 2012), para. 56.11(f).

进行磋商。[①]

4. 其他国家的权利和义务

《公约》第 58 条规定了其他国家在专属经济区的权利和义务，其规定如下：

> 1. 在专属经济区内，所有国家，不论为沿海国或内陆国，在本公约有关规定的限制下，享有第 87 条所指的航行和飞越的自由，铺设海底电缆和管道的自由，以及与这些自由有关的海洋其他国际合法用途，诸如同船舶和飞机的操作及海底电缆和管道的使用有关的并符合本公约其他规定的那些用途。
>
> 2. 第 88 条至第 115 条以及其他国际法有关规则，只要与本部分不相抵触，均适用于专属经济区。
>
> 3. 各国在专属经济区内根据本公约行使其权利和履行其义务时，应适当顾及沿海国的权利和义务，并应遵守沿海国按照本公约的规定和其他国际法规则所制定的与本部分不相抵触的法律和规章。

首先，其他国家在专属经济区享有的权利主要包括航行自由、飞越的自由、铺设海底电缆和管道的自由、与这些自由有关的海洋其他国际合法用途。其中，“与这些自由有关的海洋其他国际合法用途”的范围并不明确，如水文调查可能与航行相关，也可能构成海洋科学研究，国际法庭还在以往的案件中分析过海上加油、[②]抗议行为是否属于相关的自由。[③] 需要指出的是，其他国家在专属经济区中的自由会受到更多限制，包括：《公约》第 56 条中沿海国对专属经济区的主权权利和管辖权，例如，其他国家需要遵守沿海国采取的渔业养护措施和防止海洋污染的措施；后文将要分析的《公约》第 58 条第 2 款涉及的义务，以及《公约》第 58 条第 3 款中规定的适当顾及义务。此外，由于一般沿海国的专属经济区和大陆架存在重合部分，其他国家铺设海底电缆和管道的自由也会受到《公约》第 79 条的限制，因为路线的划定需要取得沿海国的同意。

其次，根据《公约》第 58 条第 2 款，第 88 ~ 115 条的规定以及其他国际法有关规则，只要与专属经济区部分的规定不相抵触，均可以适用。实践中，得到国

---

① See Arbitration regarding the Chagos Marine Protected Area between Mauritius and the United Kingdom of Great Britain and Northern Ireland, Award of 18 March 2015, RIAA, Vol. XXXI, pp. 571 – 572, para. 519.

② See The M/V “Saiga” (No. 2) Case (Saint Vincent and the Grenadines v. Guinea), Judgment, ITLOS Report 1999, p. 54, para. 127; The M/V Virginia G Case (Panama v. Guinea-Bissau), Judgment, ITLOS Report 2014, pp. 66 – 69, paras. 208 – 217.

③ See Robin Churchill *et al.*, *The Law of the Sea* (Manchester University Press, 4th edn, 2022), p. 277.

际法庭认可的适用于专属经济区的规定主要包括:公海只用于和平目的(第88条)、航行权(第90条)、船舶的国籍(第91条)、船舶的地位(第92条)、船旗国的义务(第94条)、关于碰撞事项或任何其他航行事故的刑事管辖权(第97条)、合作制止海盗行为的义务(第100条)、登临权(第110条)及紧追权(第111条)。此外,"其他国际法有关规则"则主要包括国际海事组织的海上安全公约、《联合国禁止非法贩运麻醉药品和精神药物公约》、《联合国打击跨国有组织犯罪公约关于打击陆、海、空偷运移民的补充议定书》、《制止危及海上航行安全非法行为公约》等。①

最后,第58条第3款规定了其他国家在专属经济区行使权利和义务时的适当顾及义务。意大利诉印度"'艾瑞卡·莱克西号'事件案"对第58条第3款进行了解释。《公约》没有界定"适当顾及"的概念,其通常含义是适当地注意或关切,"顾及"一词也表示对某一事物或人的注意、关心或考虑,或者在决定行动时考虑某一事物或情况。"适当顾及"的表述不意味着某一活动优先于另一活动,这被反映在《公约》第56条第2款和第58条第3款两项条款的互补中。适当顾及义务平衡了属于沿海国和其他国家的并行权利。并且,"查戈斯海洋保护区仲裁案"关于第56条第2款中适当顾及义务的解释同样适用于对第58条第3款的解释,因此,顾及的程度也取决于一国所享有的权利性质。②

5. 专属经济区的剩余权利

《公约》第59条规定了第56条和第58条未列举权利的归属原则,其规定如下:

> 第59条　解决关于专属经济区内权利和管辖权的归属的冲突的基础
>
> 在本公约未将在专属经济区内的权利或管辖权归属于沿海国或其他国家而沿海国和任何其他一国或数国之间的利益发生冲突的情形下,这种冲突应在公平的基础上参照一切有关情况,考虑到所涉利益分别对有关各方和整个国际社会的重要性,加以解决。

一方面,《公约》第56条和第58条涵盖了关于专属经济区的主要用途,但仍可能存在没有分配的权利,如军事活动、打捞历史性沉船、收集海洋信息、海

① See Robin Churchill *et al.*, *The Law of the Sea* (Manchester University Press, 4th edn, 2022), p. 278.

② See The "Enrica Lexie" Incident (the Italian Republic v. the Republic of India), Award of 21 May 2020, PCA Case No. 2015-28, paras. 973-978.

上加油等，并且科学技术的进步可能导致更多情况的产生。另一方面，如果沿海国和其他国家对第 56 条和第 58 条涵盖的权利达成的共识越多，那么适用第 59 条的可能性就会越低。[①] 第 59 条并没有推定“剩余权利”属于沿海国还是其他国家，只是提出了冲突要以公平为基础来解决，考虑一切有关情况、利益的重要性等因素。因此，如果产生冲突只能结合个案的具体情况分析权利归属。鉴于专属经济区功能的实质，经济利益会成为最主要的关切问题。[②]

（三）直线基线制度

基线是一国领海与内水的分界线，也是测算领海、毗连区、专属经济区、大陆架宽度的起算线。一般来说，基线是沿海国官方承认的大比例尺海图所标明的沿岸低潮线，这种基线也被称为正常基线。[③] 正常基线主要适用于海陆分界明显、海岸线平缓的国家。然而，部分国家的海岸线情况较为复杂，例如海岸线极其曲折，或者沿岸有一系列岛屿，适用正常基线会导致各海域的外部界限过于曲折，增加管理以及资源开发和利用的困难。因此，有必要根据不同的地理情况适用不同的基线规则。作为适用正常基线的一种例外情况，直线基线制度由此产生。沿海国首先选择若干适当的基点，之后使用直线连接这些基点，这些直线构成的沿海岸的折线就是直线基线。

1.《公约》关于直线基线的规定

直线基线制度产生于挪威的主张，挪威的大部分海岸线分布着峡湾，附近有许多岛屿、小岛、岩礁和礁石。因此，从 19 世纪中期开始，挪威使用直线连接沿岸岛礁的最远端作为基线。1949 年，英国将该问题提交法院解决。法院认为，挪威的直线基线符合国际法，主要是因为该案中特殊的地理情况。[④] 此外，挪威从 1869 年就开始适用直线基线，但直到 1933 年英国才首次提出抗议，因此，英国和其他国家的默认也支持了法院的结论。[⑤] 尽管法院支持挪威划定直线基线，但同时也指出沿海国不能完全自由决定如何划定直线基线，并为此提出了若干应当遵守的条件。该案所确定的规则为国际法委员会所借鉴，最终被规定在 1958 年《领海及毗连区公约》第 4 条，后来成为 1982 年《公约》第 7 条的

---

① See Robin Churchill *et al.*, *The Law of the Sea* (Manchester University Press, 4th edn, 2022), p. 292.

② See Satya N. Nandan et al., *United Nations Convention on the Law of the Sea* 1982: *A Commentary*, Vol. II, p. 543, para. 59.6(b).

③ 参见《公约》第 5 条。

④ See Fisheries case, 1951, p. 139.

⑤ See Fisheries case, 1951, p. 139.

内容。在“侵犯加勒比海主权权利和海洋空间案”中,当事方同意第7条的规定反映了习惯国际法,法院也对此表示认可。[①] 第7条的规定如下:

1. 在海岸线极为曲折的地方,或者如果紧接海岸有一系列岛屿,测算领海宽度的基线的划定可采用连接各适当点的直线基线法。

2. 在因有三角洲和其他自然条件以致海岸线非常不稳定之处,可沿低潮线向海最远处选择各适当点,而且,尽管以后低潮线发生后退现象,该直线基线在沿海国按照本公约加以改变以前仍然有效。

3. 直线基线的划定不应在任何明显的程度上偏离海岸的一般方向,而且基线内的海域必须充分接近陆地领土,使其受内水制度的支配。

4. 除在低潮高地上筑有永久高于海平面的灯塔或类似设施,或以这种高地作为划定基线的起讫点已获得国际一般承认者外,直线基线的划定不应以低潮高地为起讫点。

5. 在依据第1款可以采用直线基线法之处,确定特定基线时,对于有关地区所特有的并经长期惯例清楚地证明其为实在而重要的经济利益,可予以考虑。

6. 一国不得采用直线基线制度,致使另一国的领海同公海或专属经济区隔断。

2. 直线基线的适用条件

由于直线基线客观上会导致沿海国内水范围的扩大,并使沿海国其他海域的外部界限向公海方向推进,因此,直线基线应该被严格适用。《公约》第7条第1款规定了可以适用直线基线的条件,即海岸线极为曲折的地方或者如果紧接海岸有一系列岛屿的情况。该条款使用了“可”字,表明即使满足相关条件,沿海国也可以决定不适用直线基线。[②] 在“侵犯加勒比海主权权利和海洋空间案”中,法院认为这两个条件是选择而非并列关系。[③] 然而,该条款的解释和适用较为困难,因为其用语较为模糊和抽象,《公约》并没有提供判断海岸线极其曲折的客观标准或者一系列岛屿的具体数量要求,导致沿海国在选择适用直线基线时享有较大的自由裁量权。法院在该案中的分析可以进一步澄清直线基

---

① See Nicaragua v. Colombia case, 2022, para. 242.

② See Yoshifumi Tanaka, *The International Law of the Sea* (Cambridge University Press, 3rd edn, 2019), p. 57.

③ See Nicaragua v. Colombia case, 2022, para. 244.

线的适用标准。

关于“海岸线极为曲折”的标准，法院认为并不存在单一的标准，而应当根据个案的情况进行判断，并且应当采取严格的适用标准。[①] 仅有轻微的凹陷不足以适用直线基线，相关的凹陷应当充分深入内陆，海岸线应当全线支离破碎或者形成连续深入内陆的凹陷才符合适用条件。[②]

关于“紧接海岸有一系列岛屿”的标准，规定的用语同样模糊和抽象。第一，需要判断海岸附近的海洋地物确实属于岛屿。《公约》第121条第1款规定了岛屿的定义，即“四面环水并在高潮时高于水面的自然形成的陆地区域”，实践中主要需要对岛屿与低潮高地进行区分。关于高潮的类型和测量方法，国际法庭并没有指出具体的标准，实践中主要是权衡和比较当事方的主张。[③] 在“侵犯加勒比海主权权利和海洋空间案”中，当事方关于爱丁堡礁的法律地位存在争议，法院并没有对其作出独立和深入的分析，而是主要依据尼加拉瓜前后矛盾的主张作出了认定，因为尼加拉瓜在案件中提交的一张海图显示爱丁堡礁不是岛屿。对于此种情况，法院认为，有充分的理由质疑爱丁堡礁的岛屿地位。[④] 第二，关于“一系列岛屿”一词，在部分案件中，法院将其解释为“岛屿群”(fringe of islands)或“岛屿体系”(island system)。[⑤] 仲裁庭在厄立特里亚和也门之间的诉讼中提到“紧密相连的岛屿和小岛，或者‘地毯式’的岛屿和小岛”，或者“卫护着该部分海岸的复杂岛屿、小岛和礁石体系”。[⑥] 法院在“侵犯加勒比海主权权利和海洋空间案”中指出，相对于海岸线长度而言，岛屿的数量不应该过少，但并不存在最低数量的具体规定；有关岛屿必须具有一定的连续性，并且在某些情况下，“卫护着某一部分海岸”的一系列岛屿可能会从海上遮挡住大部分海岸。[⑦] 第三，关于“紧邻”，法院认为岛屿必须充分接近大陆，从而可以作为海岸的外部边缘或者末端，[⑧]相关海洋地物必须是该国海岸构造中不可分割的部分。[⑨] 总体而言，法院关于该条件的判断标准较为严格。

① See Nicaragua v. Colombia case, 2022, para. 245.
② See Fisheries case, 1951, p. 127.
③ See Nicaragua v. Colombia case, 2012, para. 37.
④ See Nicaragua v. Colombia case, 2022, para. 251.
⑤ See Qatar v. Bahrain case, 2001, p. 103, para. 214.
⑥ Eritrea and Yemen case, 1999, RIAA, p. 369, para. 151.
⑦ See Nicaragua v. Colombia case, 2022, para. 254.
⑧ See Fisheries case, 1951, p. 128.
⑨ See Qatar v. Bahrain case, 2001, p. 103, para. 214; Eritrea and Yemen case, 1999, RIAA, p. 338, para. 14.

3. 适用直线基线应当遵守的条件

《公约》第7条的其他条款规定了适用直线基线应当遵守的条件。第一,直线基线的划定不应在任何明显的程度上偏离海岸的一般方向(第7条第3款);第二,直线基线内的海域必须充分接近陆地领土,受内水制度的支配(第7条第3款);第三,如果适用低潮高地作为基点,在低潮高地上应当筑有永久高于海平面的灯塔或类似设施,或以这种高地作为划定基线的基点已获得国际一般承认(第7条第4款);第四,一国不得采用直线基线制度致使另一国的领海同公海或专属经济区隔断(第7条第6款)。此外,根据第7条第5款,确定特定直线基线时,可以考虑对于有关地区所特有的并经长期惯例清楚地证明其为实在而重要的经济利益。需要注意的是,不同于《公约》第47条规定的群岛基线,《公约》并没有明确限定单条直线基线的长度。

(四)习惯国际法的识别

根据《国际法院规约》(以下简称《规约》)第38条,习惯国际法指作为通例之证明而经接受为法律者,是一种重要的国际法渊源。根据该定义,习惯国际法有两个构成要素:第一,物质要素,即存在一般实践(general practice),这主要反映了国家是怎样实践的;第二,心理要素,即这种普遍的实践是基于法律的要求,这也被称为法律确信(*opinio juris*),主要反映了国家为什么这样实践。国际法委员会通过了《习惯国际法识别结论草案》,总结了识别习惯国际法的存在及其内容的规则和方法。①

1. 一般实践

在识别习惯国际法的存在和内容时,应当主要考虑国家的实践,在一定情况下,也会考虑国际组织的实践。② 一般实践要求相关实践足够广泛、有代表性并且保持一致。③ 需要注意的是,在评估相关实践时并不存在绝对和确切的判断标准,而应当考虑背景情况,④特别是具体规则的内容、国家实践的能力和利

① See International Law Commission, *Draft Conclusions on Identification of Customary International Law, with Commentaries*, A/73/10 (2018), p. 119.

② See International Law Commission, *Draft Conclusions on Identification of Customary International Law, with Commentaries*, Conclusion 4, A/73/10 (2018), p. 130.

③ See International Law Commission, *Draft Conclusions on Identification of Customary International Law, with Commentaries*, Conclusion 8, A/73/10 (2018), pp. 135 - 136.

④ See International Law Commission, *Draft Conclusions on Identification of Customary International Law, with Commentaries*, Conclusion 3, A/73/10 (2018), p. 126.

益等。当评估一个特定国家的实践时,需要将其作为一个整体,考虑所有的已知实践。[①] 如果一国的相关实践存在前后矛盾的情况,那么其对一般实践的贡献可能会降低。[②]

第一,实践应当具有广泛性。在习惯国际法的形成过程中,应有足够数量的国家采取相关实践,这样才能反映出国际社会的共识。这并不要求所有的国家都采取某一实践,也没有关于进行相关实践的国家的具体数量要求,但需要考虑国家实践的可能性。例如,在空间法领域,只有少数国家能够进行相关实践。

第二,实践应当具有代表性,这需要综合考虑各种情况进行评估,包括各种相关利益和不同的地理区域。[③] 因此,应当着重考虑利益受到特别影响的国家的实践,[④]也就是那些特别参与了相关活动或者最有可能适用具体规则的国家。例如,识别关于海上航行的习惯国际法规则时,需要重点考虑沿海国和船旗国的实践。[⑤]

第三,实践应当具有一致性。如果实践过于多样,存在众多冲突和矛盾,以至于无法形成较为固定的行为模式,则不能表明国家关于相关规则达成了一致意见。但这并不要求实践绝对严格符合所涉规则,相关实践保持基本一致即可。[⑥]

第四,尽管习惯国际法的形成一般要经过一段时间的积淀,但国际法并没有规定实践持续时间的最低标准。如法院在“北海大陆架案”中所言,“仅经过很短的时间并不一定或本身能够妨碍形成新的习惯国际法规则”。[⑦] 形成习惯国际法的时间长短取决于具体的情况,如果在短时间内相关实践满足了足够广泛、有代表性并且保持一致的要求,就可以认为满足了一般实践的要素。例如,关于大陆架的某些规则就在较短的时间内被认定为习惯国际法。

---

① See International Law Commission, *Draft Conclusions on Identification of Customary International Law, with Commentaries*, Conclusion 7, A/73/10 (2018), p. 134.

② See International Law Commission, *Draft Conclusions on Identification of Customary International Law, with Commentaries*, A/73/10 (2018), p. 135, para. 5.

③ See International Law Commission, *Draft Conclusions on Identification of Customary International Law, with Commentaries*, A/73/10 (2018), p. 136, para. 3.

④ See North Sea Continental Shelf Cases (Federal Republic of Germany/Denmark; Federal Republic of Germany/Netherlands), Judgment, I. C. J. Reports 1969 (hereafter North Sea Continental Shelf cases, 1969), p. 43, para 7. 4.

⑤ See International Law Commission, *Draft Conclusions on Identification of Customary International Law, with Commentaries*, A/73/10 (2018), pp. 136 – 137, para. 4.

⑥ See Nicaragua v. USA case, 1986, p. 98, para. 186.

⑦ North Sea Continental Shelf cases, 1969, p. 43, para. 74.

第五,实践的表现形式较为丰富,可以是客观的,也可以是言语的,甚至包括了不作为。[①] 只有当国家已经意识到相关情况的存在,但仍不愿意采取行动或作出反应时,这种不作为才能被视为相关实践。[②] 在"渔业案"中,挪威划定了直线基线,但其他国家在之后很长时间内没有表示反对,在这种情况下,沉默也可以帮助证明习惯国际法。[③] 实践具体包括:一是在国际层面上的实践,如外交行为和通信、关于国际组织和国际会议通过决议的行为、关于条约的行为等;二是在国内层面的实践,如执法、立法、行政行为、国内法院的裁决等。国际组织除了为国家实践提供平台和促进实践之外,其本身的实践也可以作为识别习惯国际法的证据。例如,国际组织缔结条约、部署维和部队、就本组织及其官员的特权和豁免范围发表立场等实践,有助于形成或表述相应的国际习惯法规则。[④]

2. 法律确信

形成一项国际习惯法,不仅需要普遍的实践,还要证明国家从事相关实践的动机来源于法律权利和义务的要求,也就是应当伴随法律确信。[⑤] 国家可能因为便利、传统、礼让或者政治权宜等原因普遍采取某种实践,[⑥]在缺少法律确信的情况下,相关的规则只能被称为惯例(usage)。

然而,在实践中有时难以确定国家行为的内在动因,一般情况下,仍需通过客观实践的具体表现推断行为动机,判断国家对于规则内容以及是否认可该规则具有法律拘束力的态度。因此,法律确信并不能完全独立于国家实践。[⑦] 正如田中法官(Judge Tanaka)在"北海大陆架案"中的反对意见所言:"寻求每个国家实践的主观动机的证据是不可能实现的。因此,除了从特定习惯的外部存在及其在国际社会中的必要性这一事实来确定法律确信的存在之外,别无他法。"[⑧]

证明法律确信存在的证据同样具有多种表现形式,并且很多与一般实践的

---

① See International Law Commission, *Draft Conclusions on Identification of Customary International Law, with Commentaries*, Conclusion 6, A/73/10 (2018), p. 133.

② See International Law Commission, *Draft Conclusions on Identification of Customary International Law, with Commentaries*, A/73/10 (2018), p. 133, para 3.

③ See Fisheries case, 1951, p. 138.

④ See International Law Commission, *Draft Conclusions on Identification of Customary International Law, with Commentaries*, A/73/10 (2018), pp. 130 – 131, paras. 4 – 6.

⑤ See International Law Commission, *Draft Conclusions on Identification of Customary International Law, with Commentaries*, Conclusion 9, A/73/10 (2018), p. 138.

⑥ See North Sea Continental Shelf cases, 1969, p. 44, para 77; Asylum case (Colombia/Peru), Judgment, I. C. J. Reports 1950, pp. 277, 286.

⑦ See G. M. Danilenko, *Law-Making in the International Community* (Martinus Nijhoff Publishers, 1993), pp. 81 – 82; H. Thirlway, *The Sources of International Law* (Oxford University Press, 2014), p. 62.

⑧ North Sea Continental Shelf cases, 1969, Dissenting Opinion of Judge Tanaka, p. 176.

表现形式重合。具体包括:代表国家作出的公开声明、官方出版物、政府的法律意见、外交通信、国内法院的裁决、条约的规定、关于国际组织和国际会议通过决议的行为等。如果国家能够并且需要对某一实践作出反应,却没有作出反应,也可以作为证明法律确信存在的证据。①

(五)法院的证据规则

根据《规约》第 36 条,查明事实是法院在审理案件过程中的基本职责,法院将“首先自行确定事实,然后将国际法的相关规则应用于它所发现的事实”。②法院的事实查明依赖于当事方提交的证据和法院自行获取的证据,其必须评估当事方为支持各自主张的事实而提供的证据的相关性和证明价值。③ 然而,不同于国内法庭,无论是《规约》还是《规则》均没有规定非常具体的证据规则,尤其是缺乏关于证据的可接受性和证据效力的问题的条款。④《规约》中关于证据的规定见于第 48 ~ 54 条,《规则》第 56 ~ 70 条对此作出了更详细的规定,主要涉及证据的取得与出示等一般性规则。这意味着,法院在评估和衡量当事方提交的证据时,不受严格法律规则的约束,享有相当大的自由裁量权,⑤可以自由评估其重要性、可靠性和价值,以此确定有关事实。⑥ 因此,法院并没有形成一套系统完整的证据规则,而主要通过司法实践,在具体个案中结合案件事实进行阐释。

在“侵犯加勒比海主权权利和海洋空间案”中,双方提交了大量证据来证明其主张,包括尼加拉瓜指控哥伦比亚违反其海洋权利,哥伦比亚指控尼加拉瓜侵犯圣安德烈斯群岛居民进入和利用传统渔场进行手工捕鱼的权利。在分析相关证据能否证明上述违法行为的过程中,法院主要阐述和适用了以下证据

---

① See International Law Commission, *Draft Conclusions on Identification of Customary International Law, with Commentaries*, Conclusion 10, A/73/10 (2018), p. 140.

② Congo v. Uganda case, 2005, p. 200, para. 57; Pulp Mills on the River Uruguay (Argentina v. Uruguay), Judgment, I. C. J. Reports 2010, p. 71, para. 162.

③ See Congo v. Uganda case, 2005, p. 200, para. 58; Application of the Convention on the Prevention and Punishment of the Crime of Genocide (Croatia v. Serbia), Judgment, I. C. J. Reports 2015, p. 74, para. 180.

④ See Andreas Zimmermann *et al.*, *The Statute of the International Court of Justice: A Commentary* (Oxford University Press, 3rd edn, 2019), p. 1402, para. 103.

⑤ See James Devaney, "Evidence: International Court of Justice", in *Max Planck Encyclopedias of International Law*, para. 49; Nicaragua v. USA case, 1986, p. 40, para. 60; Application of the Convention on the Prevention and Punishment of the Crime of Genocide (Bosnia and Herzegovina v. Serbia and Montenegro), Judgment, I. C. J. Reports 2007, pp. 130 – 131, para. 213.

⑥ See Congo v. Uganda case, 2005, pp. 200 – 201, para. 59.

规则：

第一,作为一般规则,应当由主张特定事实以支持其诉求的一方证明该事实的存在。[①] 在该案中,尽管尼加拉瓜提出了众多证据,力图证明哥伦比亚侵犯了其海洋权利,但很多证据不能证明哥伦比亚在尼加拉瓜专属经济区的行为超出了《公约》第 58 条规定的范围,因此,法院认为尼加拉瓜未能履行举证义务,并以缺乏证据为由驳回了尼加拉瓜的指控。[②]

第二,法院将谨慎地对待专为案件目的而准备的证据材料以及二手来源的证据,[③]而来自同时期和直接来源的证据则更具证明力和可信性。[④] 哥伦比亚主张其圣安德烈斯群岛居民历史上曾在目前属于尼加拉瓜专属经济区的海域内享有手工捕鱼权。为此,哥伦比亚提供了其渔民的 11 份宣誓证词作为证据。法院曾表示,宣誓证词虽经过公证有权获得某些尊重,但其只是由一个当事方提供,充其量是未经核实的间接信息。[⑤] 对于这些宣誓证词,法院采取了非常谨慎的立场,指出在评估此类宣誓证词时,应当考虑相关证词是由国家官员还是由与诉讼结果无关的个人作出的,以及某一证词是证明了事实的存在还是仅代表了对相关事件的看法。[⑥] 法院认为,哥伦比亚提交的宣誓证词似乎是专门为了本案的目的而宣誓的,并且签字的渔民与诉讼结果有关,这将影响到证据效力及证明价值。[⑦]

第三,提出证据者承认的对其所代表的国家不利的事实或行为,将获得特别重视。[⑧] 在分析哥伦比亚圣安德烈斯群岛居民是否在尼加拉瓜专属经济区享有从事传统或手工捕鱼的权利时,法院认为哥伦比亚政府在部分国际组织的发言与其诉讼主张不一致。例如,哥伦比亚在国际劳工组织的发言称,"传统捕鱼地点正好位于不受国际法院判决影响的区域附近……圣安德烈斯、普罗维登西

---

① See Certain Activities Carried Out by Nicaragua in the Border Area (Costa Rica v. Nicaragua), Compensation, Judgment, I. C. J. Reports 2018 (I), p. 26, para. 33; Ahmadou Sadio Diallo (Republic of Guinea v. Democratic Republic of the Congo), Merits, Judgment, I. C. J. Reports 2010 (II), p. 660, para. 54; Nicaragua v. Colombia case, 2022, para. 64.

② See Nicaragua v. Colombia case, 2022, para. 69.

③ See Nicaragua v. Honduras case, 2007, p. 731, para. 244; Congo v. Uganda case, 2005, pp. 201, 204 and 225, paras. 61, 68 and 159; Nicaragua v. USA case, 1986, p. 41, para. 65.

④ See Nicaragua v. Colombia case, 2022, para. 64.

⑤ See Congo v. Uganda case, 2005, pp. 168, 218 – 219, para. 129.

⑥ See Nicaragua v. Honduras case, 2007, p. 731, para. 244.

⑦ See Nicaragua v. Colombia case, 2022, paras. 218 – 219.

⑧ See Congo v. Uganda case, 2005, p. 201, para. 61; Nicaragua v. USA case, 1986, p. 41, para. 64; Nicaragua v. Colombia case, 2022, para. 64.

亚和圣卡塔利娜岛的渔民可以继续以传统方式捕鱼”。[①] 法院认为,如果高级官员的声明承认了不利于其所代表国家的事实或行为,那么该声明则具有特殊的证明价值。[②] 因此,哥伦比亚的不利发言进一步弱化了其关于手工捕鱼权的主张。[③]

三、案例评析

“侵犯加勒比海主权权利和海洋空间案”进一步解释和明确了沿海国与其他国家在毗连区和专属经济区的权利义务的性质、内容及划分,解释了直线基线的适用条件,并且确认了《公约》的部分条款反映了习惯国际法。然而,法院的裁决存在若干需要进一步讨论的问题。

(一)哥伦比亚建立毗连区的权利

关于毗连区,《公约》的规定较为简单,“侵犯加勒比海主权权利和海洋空间案”是国际法庭作出的第一个详细解释和适用毗连区制度的案件。该案涉及的特殊事实是,法院在 2012 年判决中划定了尼加拉瓜和哥伦比亚岛屿“大陆架和专属经济区的单一海洋边界”以及“基塔苏埃尼奥和塞拉纳周围的单一海洋边界”。[④] 2012 年判决作出后,哥伦比亚通过第 1946 号总统令,宣布建立整体毗连区。该毗连区的范围从哥伦比亚岛屿基线量起不超过 24 海里,并且为了便于管理,使用大地测量线将毗连区的外部界线相连,形成一整片海域的毗连区。其中,整体毗连区的某些部分超出了自哥伦比亚领海基线量起的 24 海里界限,并且与 2012 年判决中划定的尼加拉瓜专属经济区重叠。[⑤]

尼加拉瓜主张两国的海洋边界已由 2012 年判决划定,因此,哥伦比亚无权建立与尼加拉瓜专属经济区重叠的毗连区。对此,法院认为,在 2012 年判决的诉讼程序中,当事方虽然讨论了毗连区问题,但没有请求法院在划定单一海洋边界时对其进行划界。由于 2012 年判决没有提及毗连区,不能认为该判决对

① International Labour Organization, *Committee of Experts on the Application of Conventions and Recommendations*, Observation (CEACR), adopted 2013, published 103rd ILC session (2014).

② See Congo v. Uganda case, 2005, p. 206, para. 78; Nicaragua v. USA case, 1986, p. 41, para. 64.

③ See Nicaragua v. Colombia case, 2022, paras. 222 – 224.

④ Nicaragua v. Colombia case, 2012, pp. 718 – 720, para. 251, subparas. (1), (4) and (5).

⑤ See Nicaragua v. Colombia case, 2022, para. 171.

专属经济区的划界也划定了毗连区边界。[①] 法院还认为,毗连区和专属经济区受两种不同法律制度规制,原则上两国之间的海洋划界不影响哥伦比亚在相关海域建立毗连区的权利。[②] 因此,法院不认为两国划定了单一边界的同时划定了毗连区的边界。由此可见,在已对专属经济区和大陆架划定单一边界的背景下,法院并没有否定哥伦比亚在尼加拉瓜专属经济区内建立毗连区的权利,这种裁决存在可以商榷之处。

首先,该问题可以参考毗连区划界规则的发展。1958 年《领海及毗连区公约》第 24 条第 3 款规定了划界应当遵守"协议—中间线"规则,但 1982 年《公约》第 33 条删除了毗连区划界的规定。有学者认为,在一定程度上,《公约》之所以删除了毗连区划界的规定是因为毗连区的划界实际上被包括在专属经济区划界中。[③] 因为在沿海国建立了专属经济区的情况下,毗连区实际上与专属经济区的海域重叠,属于专属经济区的一部分。

其次,如果如法院所裁决的那样,除非单一海洋划界明确提及毗连区,否则专属经济区划界将不包括毗连区划界,这将会导致混乱的后果。因为很多海洋划界条约并不会专门提及毗连区,实践中也鲜有专门针对毗连区的划界。按照法院的观点,相关国家还需要对毗连区另行划界。如果确实需要另行对毗连区进行划界,就会产生应当依据何种规则进行划界,以及是否可以与专属经济区划定不同的边界等众多问题。[④] 这将影响边界关系的稳定性和确定性。

最后,法院认为,哥伦比亚有权在尼加拉瓜专属经济区内建立毗连区,因为专属经济区和毗连区受两种不同法律制度规制。一国在特定海域建立毗连区,与另一国在同一海域建立专属经济区并不冲突。根据海洋法,一国在毗连区内可行使的权力不同于沿海国在其专属经济区内的权利和义务。[⑤] 但事实上两者会发生一定的重合,例如《公约》第 60 条第 2 款规定,沿海国对专属经济区内人工岛屿、设施和结构的管辖权涉及海关、财政、卫生、安全和移民事项,这与第 33 条规定的沿海国在毗连区内的权力非常类似。此外,关于保护水下文化遗产的权力也可能发生重叠。《公约》第 303 条第 2 款规定了沿海国对毗连区内发现的考古和历史文物的管控权。虽然《公约》没有直接规定沿海国在专属经济区

---

① See Nicaragua v. Colombia case, 2022, para. 158.

② See Nicaragua v. Colombia case, 2022, para. 160.

③ See Robin Churchill *et al.*, *The Law of the Sea* (Manchester University Press, 4th edn, 2022), p. 210.

④ 参见高健军:《国际法院"侵犯主权权利和海洋空间案"中的毗连区问题》,载《太平洋学报》2022 年第 10 期,第 6 页。

⑤ See Nicaragua v. Colombia case, 2022, paras. 160 – 161.

具有类似的权力，但根据2001年《保护水下文化遗产公约》第10条第2款规定，缔约国有权依据包括《公约》在内的国际法，为保护其主权权利和管辖权不受干涉而禁止或授权开发本国专属经济区内或大陆架上的文化遗产。[①] 因此，法院支持一国在另一国专属经济区内建立毗连区的裁决很有可能引起更多争端，也可能威胁有序和稳定的海洋秩序。

（二）沿海国在毗连区中的管控事项

关于沿海国在其毗连区的权力，《公约》第33条列举的管控事项包括海关、财政、移民和卫生，第303条第2款规定了沿海国对毗连区内发现的考古和历史文物的管控权。在本案中，根据哥伦比亚第1946号总统令第5条，在其建立的整体毗连区内，哥伦比亚有权防止、管制和惩处违反其国家整体安全法律和规章的行为，包括海盗、贩运毒品和精神药物的行为，以及在其岛屿领土或领海内发生的违反海上安全和国家海洋利益、海关、财政、移民和卫生事项的法律和规章的行为，并以同样方式防止和管制违反保护环境和文化遗产法律法规的行为。[②] 可以发现，哥伦比亚国内法规定的权力事项大于《公约》条款的规定，超出的事项是安全、保护海洋利益和保护环境。

关于安全事项，法院认为1958年《领海及毗连区公约》第24条和《公约》第33条的起草历史表明，各国普遍接受沿海国在毗连区的权力限于第33条第1款所规定的海关、财政、移民和卫生事项，[③]而没有包括安全事项。法院裁判的主要理由是：第一，在毗连区制度的发展过程中，各国广泛审议了沿海国是否可将“安全”列入其可在毗连区内行使管控权的事项的问题，但遭到了国际法委员会的拒绝；[④]第二，在第一次联合国海洋法会议中，增加“安全”的提案也没有获得通过，而与之形成对比的是会议通过了增加“移民”事项的提案；[⑤]第三，在第三次联合国海洋

---

① 参见高健军：《国际法院“侵犯主权权利和海洋空间案”中的毗连区问题》，载《太平洋学报》2022年第10期，第8～9页。

② See Nicaragua v. Colombia case, 2022, para. 176.

③ See Nicaragua v. Colombia case, 2022, para. 151.

④ 国际法委员会不承认毗连区内的特殊安全权利，其认为“安全”一词极为模糊，将会导致滥用。并且，没有必要授予这种权利，在大多数情况下，执行海关和卫生条例已足以保障国家安全。至于国家受到迫在眉睫的直接威胁而需采取的自卫措施，则可以参考国际法一般原则和《联合国宪章》。参见 International Law Commission, *Articles concerning the Law of the Sea with Commentaries*, Yearbook of the International Law Commission, 1956, Vol. II, p. 296, para. 4。

⑤ See Official Records of the First United Nations Conference on the Law of the Sea (1958), Vol. II, doc. A/CONF. 13/38, p. 40, paras. 63–64.

法会议的谈判中,对沿海国可以行使管控权的事项没有任何变动;[①]第四,在后续的国家实践中,尽管若干国家保留了对毗连区内的安全事项行使管控的权力,但受到了其他国家的反对;[②]第五,自《公约》通过以来,这方面的习惯国际法没有任何发展。[③] 由此可见,法院主要通过缔约的情况和准备资料来确定习惯国际法的存在及内容。但也可以发现,法院对于国家实践,特别是对《公约》通过之后的国家实践的分析并不深入。法院没有具体分析和列举有哪些国家的毗连区实践仅限于行使第 33 条明确列举的四项权力事项,哪些国家主张了对毗连区内安全事项的管控权,也没有明确指出有哪些国家对此提出了抗议。[④] 事实上,很多国家支持在毗连区采取措施打击贩毒、海盗和恐怖主义的行为,尤其是在毗连区与专属经济区重合的情况下,沿海国可以《公约》第 56 条和第 59 条的规定作为行使管辖权的依据。[⑤]

关于保护国家海洋利益和保护海洋环境的权力,法院认为,由于哥伦比亚毗连区和尼加拉瓜专属经济区重叠,而《公约》第 56 条规定了尼加拉瓜对相关事项在其专属经济区享有主权权利和管辖权。因此,哥伦比亚规定在其毗连区对这些事项的管控权将侵犯尼加拉瓜的权利。[⑥] 此外,法院不认为《公约》第 33 条第 1 款中"卫生"一词的含义能够涵盖海洋环境保护,该事项由关于环境的习惯国际法单独规制,并且最初将"卫生"一词纳入毗连区规定是因为它与海关管理有关。[⑦] 法院的裁决进一步界定了卫生事项的范围,但实际上卫生能否涵盖环境保护的问题并不是非常明确。[⑧] 事实上,本案涉及一个较为特殊的事实背景,因为在很多情况下,是同属一国的专属经济区和毗连区发生重叠,沿海国可以根据其对专属经济区的权利主张对其毗连区海洋环境保护和保全的管辖权。

(三)法院对习惯国际法的识别

由于本案的一方哥伦比亚不是《公约》缔约国,因此,只有确定《公约》的相

---

① See Nicaragua v. Colombia case,2022,para. 153.

② See Nicaragua v. Colombia case,2022,para. 154.

③ See Nicaragua v. Colombia case,2022,para. 177.

④ 参见朱利江:《"毗连区第一案"的司法解析及中国应对》,载《政法论丛》2023 年第 5 期,第 88 页。

⑤ See Churchill,*The Law of the Sea*,pp. 218 – 219.

⑥ See Nicaragua v. Colombia case,2022,paras. 178 – 179.

⑦ See Nicaragua v. Colombia case,2022,para. 180.

⑧ See Robin Churchill *et al.* ,*The Law of the Sea* (Manchester University Press,4th edn,2022),p. 216.

关条款反映了习惯国际法才能对哥伦比亚适用。在本案中,当事方承认《公约》的部分条款反映了习惯国际法,法院也确定了多个条款反映了习惯国际法。具体包括:专属经济区内权利和义务的规则(第 56 条、第 58 条、第 61 条、第 62 条和第 73 条),[①]沿海国在毗连区内的权力范围和毗连区宽度不超过 24 海里的规则(第 33 条),[②]沿海国对毗连区内发现的考古和历史文物的管控权(第 303 条第 2 款),[③]直线基线的适用和划定条件(第 7 条),[④]岛屿的定义(第 121 条第 1 款)等。[⑤] 值得注意的是,在认定这些规则的习惯国际法地位时,法院并没有严格遵循识别习惯国际法的“两要素”方法,即考查一般实践和法律确信的情况,而是在原则上指出存在国家的普遍接受,或者根据缔约历史、已有判例、当事方的主张等识别习惯国际法。

对于部分已为国家所普遍接受、实践相对丰富的规则,法院的上述识别方法一般不会引起过多争议。例如,关于专属经济区的相关制度,法院指出,在《公约》缔结时,专属经济区的概念已得到国家广泛接受,迄今为止,约 130 个国家,包括《公约》的缔约国和非缔约国,已通过宣布专属经济区的国内立法或行政法令。[⑥] 此外,法院援引了之前的判例并指出,早在 1985 年,法院就已认定专属经济区制度无可争辩地成为习惯国际法的一部分。[⑦]

然而,对于实践较为有限或者多样的规则,此种简单的识别方法就可能会引起争议。特别是《公约》关于毗连区的第 33 条和第 303 条以及关于直线基线的第 7 条。以第 7 条为例,法院之所以认为其反映了习惯国际法,首先是因为尼加拉瓜和哥伦比亚对此表示同意;[⑧]其次,法院参考了“渔业案”的裁决,法院在该案中认为直线基线是“一般国际法对具体案件的适用”;[⑨]最后,1958 年《领海及毗连区公约》编纂了“渔业案”中确定的标准,最终成为了《公约》第 7 条规定。[⑩] 并且,如上文所述,法院对直线基线采取了非常严格的适用条件。[⑪] 可以发现,法院在识别习惯国际法时,主要依据条约的缔约历史和已有判例的支持,

---

① See Nicaragua v. Colombia case, 2022, para. 57.
② See Nicaragua v. Colombia case, 2022, para. 155.
③ See Nicaragua v. Colombia case, 2022, para. 186.
④ See Nicaragua v. Colombia case, 2022, para. 242.
⑤ See Nicaragua v. Colombia case, 2022, para. 246.
⑥ See Nicaragua v. Colombia case, 2022, para. 56.
⑦ See Libya /Malta case, 1985, p. 33, para. 34.
⑧ See Nicaragua v. Colombia case, 2022, para. 241.
⑨ See Fisheries case, 1951, p. 131.
⑩ See Nicaragua v. Colombia case, 2022, para. 242.
⑪ 参见本文第二(三)2 节的分析。

但并没有具体分析关于直线基线的实践和法律确信情况。然而,实际情况是,由于第7条使用了较多模糊和抽象的用语,特别是"极为曲折""紧接""一系列""明显的程度""一般方向""充分接近"等不确切的用语,沿海国对该条款的适用具有一定的灵活性。目前,部分国家关于直线基线的实践也较为混乱,在划定直线基线时行使了很大的自由裁量权,甚至在一定程度上偏离了《公约》的文本规定。① 一方面,法院曾强调直线基线应该被严格限制适用,②但一些国家仍然在其海岸线平缓,不存在深度凹陷的地方绘制了直线基线。③ 尽管《公约》没有限制直线基线的长度,但过长的直线基线可能会使基线偏离海岸的一般方向,从而不符合《公约》第7条第4款的要求。例如,缅甸于1977年建立的一段基线长度为222海里,距离海岸总方向约60海里,这段基线使缅甸获得了和丹麦国土面积一样大的内水。④ 此外,有国家在实践中选取了距离海岸较远的岛屿或海中的点位作为基点。例如,越南选取了距离其大陆74海里的一个孤立的岛屿作为基点。⑤ 但另一方面,对适用直线基线实践的抗议却相对有限⑥,这些抗议也未对国家实践产生实际影响。⑦

尽管法院也曾在部分案件中仔细分析了一般实践和法律确信等因素,但在近期的实践中,法院关于习惯国际法的识别似乎更加简单,少有具体和深入分析,似乎在一定程度上背离了传统方法。⑧ 这种做法也引起了较多争议。例如,在2023年尼加拉瓜诉哥伦比亚"200海里之外大陆架划界问题案"中,法院仅简单指出"绝大多数向大陆架界限委员会提交划界案的《公约》当事方选择不在划界案中主张其外大陆架的外部界限位于另一国基线200海里以内",就作出认定,根据习惯国际法,一国对外大陆架的权利不得延伸至从另一国领海基线起200海里之内。⑨ 法院并没有指出有多少实践支持该规则或

---

① See Tullio Scovazzi, "Baselines", in *Max Planck Encyclopedias of International Law*, paras. 21 – 25.

② See Qatar v. Bahrain case, 2001, p. 103, para. 214.

③ 例如,阿尔巴尼亚、哥伦比亚、哥斯达黎加、埃及、几内亚、伊朗、阿曼、巴基斯坦和塞内加尔等国家。参见 International Law Association, *Baseline under the International Law of the Sea*, Washington Conference, 2014, para. 32。

④ See Scovazzi, "Baselines", para. 21.

⑤ See Yoshifumi Tanaka, *The International Law of the Sea* (Cambridge University Press, 3rd edn, 2019), p. 60.

⑥ See Robin Churchill *et al.*, *The Law of the Sea* (Manchester University Press, 4th edn, 2022), pp. 69 – 71.

⑦ See David Joseph Attard *et al.*, *The IMLI Manual on International Maritime Law: Volume I: The Law of the Sea* (Oxford University Compress, 2014), p. 5.

⑧ 参见邓华:《国际法院认定习惯国际法之实证考察——对"两要素"说的坚持抑或背离?》,载《武大国际法评论》2020年第1期,第25~27页。

⑨ See Question of the Delimitation of the Continental Shelf between Nicaragua and Colombia beyond 200 Nautical Miles from the Nicaraguan Coast (Nicaragua v. Colombia), Judgment of 13 July 2023, International Court of Justice (hereafter Nicaragua v. Colombia case, 2023), paras. 77 – 79.

是否存在相反的实践。而通卡法官在其反对意见中具体列举了多个与法院认定结论相反的实践,[①]进一步表明了法院应当重视识别习惯国际法的证据及识别过程的严谨性。

(宋 岩 姜 骞)

① See Nicaragua v. Colombia case, 2023, Dissenting Opinion of Judge Tomka, paras. 42 – 50.

乌克兰诉俄罗斯“扣押乌克兰军舰和军人争端案”

初步反对意见判决

《联合国海洋法公约》附件七仲裁庭

2022 年 6 月 27 日

一、判决书摘录

(一)事实背景(第 1～5 段)

2018 年 11 月 24 日,三艘乌克兰军舰执行通过刻赤海峡(Kerch Strait)前往其亚速海港口的任务。军舰遭到了俄罗斯船只的阻止,俄罗斯声称通往刻赤海峡的黑海一侧的俄罗斯领海暂时关闭,如果继续驶往刻赤海峡将非法穿越俄罗斯国界。在乌克兰军舰放弃通过刻赤海峡并开始驶离后,俄罗斯船只命令其停船,遭到乌克兰军舰拒绝,俄罗斯拦截了乌克兰军舰并逮捕了船上军人。同日,俄罗斯对被逮捕军人提起刑事诉讼,并扣押军舰作为物证,理由是非法穿越俄罗斯国界。

乌克兰认为俄罗斯的上述行为违反了 1982 年《联合国海洋法公约》(以下简称《公约》)的若干条款,主要是关于军舰和用于非商业目的政府船舶在领海和专属经济区的豁免,具体涉及《公约》第 30 条、第 32 条、第 58 条、第 95 条和第 96 条。

(二)诉讼程序概述(第 6～35 段)

2019 年 4 月 1 日,乌克兰根据《公约》第 287 条和附件七第 1 条对俄罗斯提起仲裁。2019 年 4 月 16 日,乌克兰根据《公约》第 290 条第 5 款向国际海洋法法庭(ITLOS)申请指示临时措施。2019 年 5 月 10 日,ITLOS 公开听取了乌克兰的口头陈述,俄罗斯未参与庭审。2019 年 5 月 25 日,ITLOS 指示临时措施令,要求俄罗斯立即释放涉案军舰和军人,双方应避免采取任何可能加剧或扩大争端的行动。[①] 临时措施令还指出并不预先裁决管辖权和主张的可受理性等问题。

双方各自提名了 1 名仲裁员,并由 ITLOS 庭长提名了 3 名仲裁员,双方同意由常设仲裁法院作为本案的书记处。2019 年 11 月,仲裁庭取得当事方同意,通过了第 1 号程序令(Procedural Order No. 1),确定了本案的程序规则和提交诉状的时间表。

2020 年 5 月 22 日,乌克兰按期提交了诉状。2020 年 8 月 24 日,俄罗斯根据第 1 号程序令提交初步反对意见,请求法庭审理并宣判其对乌克兰提交的争端无管辖权。乌克兰请求仲裁庭驳回俄罗斯的初步反对意见。仲裁庭决定中止对实质问题的审理,先行处理初步反对意见。2022 年 6 月 27 日,仲裁庭对俄罗斯提出的五项反对意见做出了裁决。

(三)当事方立场(第 19 ~ 21 段)

乌克兰向仲裁庭提出了六项主张:第一,俄罗斯违反《公约》第 58 条、第 95 条和第 96 条,于 2018 年 11 月 25 日晚登临、逮捕和扣押了乌克兰海军军舰别尔江斯克号(Berdyansk)、尼科波尔号(Nikopol)和亚尼卡普号(Yani Kapu)以及船上 24 名乌克兰军人,侵犯了三艘乌克兰军舰享有的绝对豁免;第二,俄罗斯违反《公约》第 58 条、第 95 条和第 96 条,继续扣押三艘乌克兰军舰直到 2019 年 11 月 18 日,且多次搜查船只,从船上移走物品,并以其他方式损坏三艘军舰;第三,俄罗斯违反《公约》第 58 条、第 95 条和第 96 条,继续拘留船上的 24 名乌克兰军人,直到 2019 年 9 月 7 日,并对其提起刑事诉讼,侵犯了三艘乌克兰军舰享有的绝对豁免;第四,俄罗斯违反《公约》第 30 条和第 32 条,侵犯了三艘乌克兰军舰享有的豁免,命令其停航并试图阻止其离开领海;第五,俄罗斯违反了《公约》第 290 条和第 296 条,没有遵守 ITLOS 临时措施令;第六,俄罗斯违反了《公约》第 279 条,继续加剧双方之间的争端。

对此,俄罗斯提出了以下初步反对意见:第一,该争端涉及军事活动,根据《公约》第 298 条第 1 款 b 项,不属于仲裁庭管辖范围;第二,《公约》未规定可适

---

① Case Concerning the Detention of Three Ukrainian Naval Vessels (Ukraine v. Russian Federation), ITLOS Case No. 26, Provisional Measures Order, 25 May 2019 (hereafter Three Ukrainian Naval Vessels case, Provisional Measures, 2019), para. 124(1).

用的豁免;第三,仲裁庭对涉嫌违反 ITLOS 临时措施令和《公约》第 279 条的行为没有管辖权;第四,乌克兰未遵守《公约》第 283 条。

对于双方的主张,仲裁庭认为,双方的争端是关于《公约》解释和适用的争端,特别是关于乌克兰提出有关实质问题的第 30 条、第 32 条、第 58 条、第 95 条和第 96 条,以及关于俄罗斯提出涉及管辖权问题的第 298 条等。

在处理反对意见前,仲裁庭梳理了 2018 年 11 月 24 日和 25 日乌克兰军舰和军人被扣押事件的事实,并指出本争端产生的背景是双方对刻赤海峡附近陆地和海域存在主权争议,但这些事项不属于仲裁庭的管辖范围,仲裁庭对这些主张不持任何立场。

(四)法律问题分析

问题 1:俄罗斯的第一项初步反对意见——根据《公约》第 298 条第 1 款 b 项,仲裁庭没有管辖权,因为争端涉及"军事活动"(第 75 ~ 125 段)

104. 乌克兰根据《公约》第 298 条第 1 款 b 项的声明将"有关军事活动的争端"排除在争端解决之外。俄罗斯关于第 298 条第 1 款 b 项的声明提到"关于军事活动,包括政府船只和飞机的军事活动的争端"。这两项声明的结果是,只要争端"涉及军事活动",仲裁庭将缺乏管辖权。

105. 俄罗斯辩称,本争端所涉及的事件事关"军事活动"。乌克兰对此表示否认,认为这些事件与"军事活动"无关,而是涉及"执法活动"。因此,根据第一项初步反对意见,双方之间的争端是关于"军事活动"一词的含义。

106. 俄罗斯认为,第 298 条第 1 款 b 项关于军事活动例外采用了"宽泛"和"无限制的"(unqualified)的措辞起草。[①] 俄罗斯认为,应当较为宽泛地解释"有关军事活动"一词,"有关"和"活动"的用语也较为宽泛,支持了此种解释。乌克兰反对此种解释方法,认为只有争端的主题事项是军事活动时,该项例外才适用。乌克兰还认为,《公约》二分了军事活动和执法活动,因此,如果相关活动是执法活动,就不可能是军事活动。

107. 仲裁庭注意到,《公约》未明确定义"军事活动"。"军事活动"曾是多起案件的争议对象,但对该例外的范围没有达成一致意见。例如,在"沿海国权利仲裁案"中,仲裁庭认为"有关"一词将例外限为"主题事项涉及军事活动的

---

① Dispute Concerning the Detention of Ukrainian Naval Vessels and Servicemen (Ukraine v. the Russian Federation), Preliminary Objections of the Russian Federation, 24 August 2020, para. 34.

争端”。[①] 根据这些案件，争端的主题和军事活动之间必须存在密切的联系或关系(close connection or relationship)，并且这些活动必须是军事性质的(be military in nature)，由军舰或执行军事职能的政府船只进行。

108. 在主张适用“军事活动”例外时，俄罗斯的重点是2018年11月25日导致争端的事件。[②] 而乌克兰认为，争端的主题事项是“逮捕、拘留和起诉乌克兰军舰及其船员”。[③] 仲裁庭认为，这些方法并非不兼容。2018年11月25日的事件与扣押乌克兰船只有关，而扣押是扣留船只和起诉船员的前奏。

109. ITLOS在临时措施令中认为，判断活动是否为军事活动“必须主要依据对有关活动性质的客观评价，考虑个案的有关情况”。[④] 仲裁庭认为，这是解决本案问题的正确方法。因此，仲裁庭将审查导致逮捕和扣押乌克兰军舰并起诉其船员的事件，并酌情考虑逮捕后发生的事件。

110. 仲裁庭了解该争端产生的背景。据称争端发生在克里米亚并入俄罗斯之后，由于对克里米亚及其附属海域主权问题的冲突立场，两国一直互不信任和存在敌对关系。但这些问题不属于仲裁庭的管辖范围，仲裁庭对此不持任何立场，仅将其作为参考背景。

111. 确定军事活动例外是否适用的关键事实始于2018年11月24日晚，当时俄罗斯海岸警卫船联系了位于黑海的两艘乌克兰军舰，并告知其穿越国境和通过刻赤海峡的程序。戈尔洛夫卡号(Gorlovka)通知俄罗斯海岸警卫队，其无意通过俄罗斯领海或刻赤海峡。晚些时候，一艘俄罗斯海岸警卫船再次通知两艘乌克兰船只，称刻赤海峡关闭并暂停黑海通往刻赤海峡的无害通过。

112. 2018年11月25日上午，乌克兰军舰别尔江斯克号与尼科波尔号加入了亚尼卡普号和戈尔洛夫卡号，并与俄罗斯海岸警卫队联系，表示别尔江斯克号、尼科波尔号和亚尼卡普号打算进入领海，然后通过刻赤海峡。不久之后，一艘俄罗斯海岸警卫船通知别尔江斯克号刻赤海峡关闭，并暂停黑海通往刻赤海峡的无害通过。

---

① Dispute Concerning Coastal State Rights in the Black Sea, Sea of Azov, and Kerch Strait (Ukraine v. the Russian Federation), Award on Preliminary Objections, 21 February 2020 (hereafter Coastal State Rights case, Preliminary Objections, 2020), para. 330.

② Dispute Concerning the Detention of Ukrainian Naval Vessels and Servicemen (Ukraine v. the Russian Federation), Preliminary Objections of the Russian Federation, 24 August 2020, para. 26.

③ Dispute Concerning the Detention of Ukrainian Naval Vessels and Servicemen (Ukraine v. the Russian Federation), Written Observations and Submissions of Ukraine on the Preliminary Objections of the Russian Federation, 27 January 2021, para. 19.

④ Three Ukrainian Naval Vessels case, Provisional Measures, 2019, para. 66.

113. 别尔江斯克号质疑刻赤海峡已被关闭的说法,并主张在该海域的航行权利,双方对此无异议。乌克兰船只继续向该海峡航行。俄罗斯边境巡逻船命令乌克兰船只驶离,并采取机动措施阻止其驶往刻赤海峡,包括撞击一艘乌克兰船只。乌克兰船只没有遵守驶离命令,而是最终绕过俄罗斯船只驶向锚地。至此,其他俄罗斯船只加入,其中至少包括一艘俄罗斯黑海舰队的军舰。

114. 乌克兰船只在锚地停留了约 8 小时,期间被俄罗斯船只包围,上空有俄罗斯军用直升机。在此期间的某个时刻,别尔江斯克号的火炮升起 45°~50°角。据称,俄罗斯海岸警卫船曾多次命令乌克兰船只驶离。然而,乌克兰船只没有这样做,而是最终决定放弃通过刻赤海峡,转而返航。当它们驶离锚地时,两艘俄罗斯边境巡逻船紧随其后,并命令其停船,但乌克兰船只没有遵守。最终,俄罗斯船只开火,别尔江斯克号、亚尼卡普号和尼科波尔号都被登临扣押。

115. 仲裁庭需要裁决的问题是,这些事件能否被定性为军事活动。乌克兰船只执行的是一项军事任务——从乌克兰的一港口重新部署到位于亚速海的乌克兰另一港口。① 它们接到的指示是"秘密航行,避开俄罗斯黑海舰队和边防局的监测区域"。② 虽然该命令可能并不意味着这次行动是秘密的,显然也不可能是秘密的,③但命令无疑表明这是一次军事任务。这些船只一直与乌克兰国防部保持联系,船上有安全局人员。所有这些因素都表明,乌克兰船只驶往亚速海的别尔江斯克港具有军事性质。

116. 此外,在执行任务过程中,俄罗斯海岸警卫队和俄罗斯军舰命令乌克兰船只停航,遭到了拒绝。并且,别尔江斯克号在某个时刻升起火炮,随后又放下。俄罗斯称,别尔江斯克号实施了侵略行为,而乌克兰否认任何敌对意图。升降火炮很可能是为了限制对峙,但与此同时,仲裁庭认为,这表明乌克兰船只认为其正与俄罗斯军舰对峙。

117. 而且,乌克兰在船只被扣押后立即采取行动,将该问题视为军事活动。在该事件发生后的第二天,即 2018 年 11 月 26 日,乌克兰提请联合国安理会注

---

① Three Ukrainian Naval Vessels case, Provisional Measures, 2019, Dissenting Opinion of Judge Kolodkin, para. 14.

② Dispute Concerning the Detention of Ukrainian Naval Vessels and Servicemen (Ukraine v. the Russian Federation), Checklist of the artillery gunboat Nikopol's readiness to go to sea from 09:00 a. m. on 23. 11. 2018 to 06:00 pm. on 25. 11. 2018 (Russian Federation-Consolidated Exhibits 47).

③ 在这方面,仲裁庭同意 ITLOS 临时措施令中的说法,即"未经允许的'秘密'入侵[……]是不可能的"。参见 Three Ukrainian Naval Vessels case, Provisional Measures, 2019, para. 70。

意扣船事件，并将其定性为侵略行为。[①] 仲裁庭并不是要表明乌克兰在安理会使用的措辞将使其禁止反言，也不是说乌克兰的措辞应被定性为对其不利的声明。乌克兰在安理会的发言只是表明乌克兰当时对该事件的理解和定性。[②] 同样，乌克兰要求将被拘留的军人作为战俘对待，这进一步表明乌克兰当时认为这次对峙是军事对峙。

118. 从这些事件也可以推断出，俄罗斯当时认为这是一场军事对峙。乌克兰军舰曾表明无意进入领海，而乌克兰与俄罗斯的关系混乱、敌对，特别是涉及该地区陆地领土和海域方面。然而，乌克兰其他军舰不久后也加入其中，宣布它们打算进入领海并通过刻赤海峡。并且，当被告知刻赤海峡已关闭并被命令驶离时，乌克兰军舰无视命令，继续驶向刻赤海峡。因此，俄罗斯船只是在与另一国军舰对峙，而该国家拒绝遵守在其领海内过境的命令。

119. 如果拒绝服从俄罗斯海岸警卫队命令的船只是商船，则此事很可能被视为执法。但相关船只属于质疑俄罗斯对该地区主张的国家，而且俄罗斯黑海舰队军舰和军用直升机的加入，也证明俄罗斯认为这不仅仅是例行执法，而是两军之间的对峙。乌克兰军舰被俄罗斯海岸警卫队和军舰包围了 8 个小时。无论技术上是否属于封锁，事实上构成了一国军舰与另一国军舰的对峙。乌克兰船只决定离开，并无视了俄罗斯船只停航的命令，导致开火，乌克兰船只被扣押。这些事件最终导致乌克兰船只和船员被逮捕，而后被拘留和起诉，这正是双方争议的核心。

120. 乌克兰辩称，这些事件实际上是执法活动，并得到俄罗斯的承认。乌克兰援引的事实是，俄罗斯船只要求乌克兰船只停航，因为其违反了俄罗斯法律。[③] 乌克兰还提到了俄罗斯官员在扣押乌克兰船只后公开发表的声明和外交照会。[④] 乌克兰认为这些因素使事件转变为执法活动，但这种观点的前提是乌克兰主张的军事活动和执法活动之间存在非此即彼的二分关系。

---

① Dispute Concerning the Detention of Ukrainian Naval Vessels and Servicemen (Ukraine v. the Russian Federation), United Nations Security Council, 8410th meeting, 26 November 2018, S/PV. 8410 (Russian Federation-Consolidated Exhibits 16), pp. 10, 12.

② 在本案中，双方有时将争端定性为军事活动，有时则定性为执法活动。在此只说明一点，在该事件发生后的第二天，乌克兰在联合国安理会上认为其涉及军事活动，而俄罗斯也作出了同样的回复。

③ Dispute Concerning the Detention of Ukrainian Naval Vessels and Servicemen (Ukraine v. the Russian Federation), Written Observations and Submissions of Ukraine on the Preliminary Objections of the Russian Federation, 27 January 2021, para. 18.

④ Dispute Concerning the Detention of Ukrainian Naval Vessels and Servicemen (Ukraine v. the Russian Federation), Written Observations and Submissions of Ukraine on the Preliminary Objections of the Russian Federation, 27 January 2021, para. 94.

121. 仲裁庭不接受乌克兰提出的"非此即彼"的僵化主张。仲裁庭认为,最初具有执法性质的活动可能成为具有军事性质的活动,反之亦然。本案中,随着俄罗斯和乌克兰船只之间的互动,活动性质发生了变化。

122. 仲裁庭认为,引起本案争端的事件可以分为三个阶段。第一阶段涉及两国军队之间的对峙,一方向另一方发出命令,但遭到无视。两国都在操纵船只,或阻止通过,或设法通过。两国陷入僵持,其中一国船只被另一国船只包围。仲裁庭认为,这种对峙涉及《公约》第 298 条第 1 款 b 项所指的军事活动。

123. 第二阶段从乌克兰船只开始驶离锚地并被命令停止时开始。这种情况一直持续到乌克兰船只被登临,船只及其船员被逮捕。该一阶段有两种可能性:一种是,在乌克兰船只开始离开领海以返回敖德萨时,俄罗斯船只的行动具有执法性质,至此,军事活动就会结束;另一种是,正是对乌克兰船只的登临和扣押才结束了两国船只的对峙,从而结束了军事活动。仲裁庭需要当事方进一步澄清,才能确定军事活动何时结束,因此,将留待审理实质问题时确定。

124. 第三阶段始于乌克兰船只被"逮捕",包括继续扣押船只、船员及起诉乌克兰军人。此时俄罗斯已决定对乌克兰军人适用国内执法程序。仲裁庭认为,该阶段不涉及军事活动。

125. 综上,仲裁庭裁定,当事方在第一阶段的行动是军事活动,仲裁庭对此没有管辖权。当事方在第三阶段的行动不是军事活动,因此仲裁庭对其有管辖权。然而,对于第二阶段,仲裁庭需要当事方进一步澄清,才能确定军事活动何时结束,因此,将留待审理实质问题时确定第二阶段活动的性质。

问题 2:俄罗斯的第二项初步反对意见——因为《公约》第 32 条没有规定可适用的豁免,仲裁庭无管辖权(第 126～155 段)

152. 俄罗斯第二项初步反对意见的核心是,《公约》没有规定军舰在领海的豁免,因此仲裁庭对涉及乌克兰军舰领海豁免的诉求无管辖权。俄罗斯未质疑军舰根据习惯国际法享有的豁免,但主张《公约》第 32 条没有将习惯国际法纳入。因为仲裁庭的管辖权仅涵盖关于《公约》解释与适用的争端,俄罗斯认为,由于《公约》中没有相关可解释和适用的条款,因此仲裁庭没有管辖权。

153. 乌克兰质疑俄罗斯的主张,但主张俄罗斯的反对意见仅涉及在领海中扣押船只。尽管如此,扣押均发生在领海之外,而《公约》第 58 条、第 95 条和第 96 条对相关海域中军舰的豁免有具体规定。但无论如何,就初步反对意见而言,仲裁庭必须依据乌克兰所申辩的事实做出裁决;否则,仲裁庭将必须亲自调查事实,这在初步反对意见阶段是不合适的。

154. 仲裁庭指出,关于《公约》是否规定了军舰在领海内豁免的问题,现阶段还无法确定这是一个实际问题(live issue)还是一个抽象问题(abstract question)。如果对乌克兰船只的扣押发生在领海内,那么,在不影响领海地位的情况下[①],对第 32 条的解释在本案中至关重要。然而,如果扣押发生在领海之外,将不存在关于第 32 条的需要裁决的诉求。因此,俄罗斯的第二项初步反对意见不具有完全初步的性质。该问题必须留待审理实质问题时再决定,届时才能确定逮捕是否发生在领海内。

155. 因此,仲裁庭决定不裁决第二项程序性反对意见,并将其与实质问题一并审理。

问题 3:俄罗斯的第三项初步反对意见——根据《公约》第 290 条和第 296 条,仲裁庭对违反 ITLOS 临时措施令的主张无管辖权(第 156 ~ 168 段)

164. 俄罗斯主张,仲裁庭对违反临时措施令的主张缺乏管辖权,理由来源于国际法院对"拉格朗案"的判决:确定当事方是否遵守临时措施的管辖权取决于对"主要争端"(main dispute)的管辖权。[②] 俄罗斯主张,因为有若干依据否认了仲裁庭对主要争端的管辖权,因此其对乌克兰主张俄罗斯违反临时措施令的诉求无管辖权。

165. 乌克兰对"拉格朗案"与本案进行了区分,一方面,因为《维也纳领事关系公约》——该案的管辖权依据——没有规定需要遵守临时措施。而另一方面,《公约》第 290 条第 6 款[③]要求当事方遵守临时措施,并且第 296 条[④]进一步强化了该义务。

166. 仲裁庭注意到俄罗斯否认第 290 条第 6 款的相关性,理由是该条只涉及临时措施是否具有约束力,而不涉及对不遵守临时措施命令的管辖权问题。双方对《公约》第 290 条第 6 款的范围、可适用性和相关性的分歧是关于《公约》解释和适用的争端,仲裁庭对此有管辖权,涉及必须在实质问题阶段裁决的问

① Dispute Concerning the Detention of Ukrainian Naval Vessels and Servicemen (Ukraine v. the Russian Federation), Written Observations and Submissions of Ukraine on the Preliminary Objections of the Russian Federation, 27 January 2021, para. 42.

② La Grand (Germany v. United States of America), Judgment, I. C. J. Reports 2001, p. 484, para. 45.

③ 第 290 条(临时措施)规定:"……6. 争端各方应迅速遵从根据本条所规定的任何临时措施。"

④ 第 296 条(裁判的确定性和拘束力)规定:"1. 根据本节具有管辖权的法院或法庭对争端所作的任何裁判应有确定性,争端所有各方均应遵从……"

题,并且不存在俄罗斯主张的拒绝管辖权的依据。

167. 此外,仲裁庭还注意到,即使接受俄罗斯对“拉格朗案”的解释,仲裁庭在回应俄罗斯第一项初步反对意见时已认定对乌克兰的部分主张拥有管辖权。因此,仲裁庭驳回了俄罗斯的该项反对意见。

问题4:俄罗斯的第四项初步反对意见——根据《公约》第279条,仲裁庭对加剧争端的主张无管辖权(第169~185段)

180. 俄罗斯第三项初步反对意见的另一个方面是,仲裁庭无权裁决俄罗斯违反了《公约》第279条加剧了争端,因为第279条涉及和平解决争端的义务,[①]并没有提及争端的加剧。俄罗斯认为,应当驳回乌克兰根据该条款的诉求,因为临时措施令本身要求当事方不得加剧争端,乌克兰的该项诉求与其指控俄罗斯违反其他临时措施的诉求并无不同。

181. 乌克兰声称,第279条规定了不加剧争端的义务,ITLOS临时措施令也提出了额外的要求。乌克兰认为,其与俄罗斯关于第279条解释的分歧属于实质问题。

182. 仲裁庭注意到,ITLOS临时措施令第124(1)(c)段执行条款的内容是:乌克兰和俄罗斯联邦应避免采取任何可能加剧或扩大提交附件七仲裁庭的争端的行为。[②]

183. 仲裁庭认为,临时措施令要求争端方承担不加剧争端的义务。此外,仲裁庭已认定其有管辖权审理违反ITLOS临时措施令的主张,其中包括了不加剧争端的义务。

184. 尽管如此,仲裁庭指出,ITLOS临时措施令仅于2019年5月25日生效,不适用于2019年4月1日至5月25日这段期间。因此,审理此期间内违反不加剧争端义务的主张必须依据其他理由,其中可能包括双方对含义和范围存在争议的第279条。这将产生一个关于《公约》解释和适用的争端,仲裁庭根据《公约》第288条第1款对此具有管辖权,将在实体阶段做出裁决。

185. 因此,关于第279条的解释和适用不具有完全初步性质,仲裁庭将不对此做出裁决,而是并入实质问题审理。

---

① 第279条(用和平方法解决争端的义务)规定:“各缔约国应按照《联合国宪章》第2条第3项以和平方法解决它们之间有关本公约的解释或适用的任何争端,并应为此目的以《宪章》第33条第1项所指的方法求得解决。”

② Three Ukrainian Naval Vessels case, Provisional Measures, 2019, para. 124(1)(c).

问题 5：俄罗斯的第五项初步反对意见——由于乌克兰未遵守《公约》第 283 条，仲裁庭无管辖权（第 186～206 段）

200. 第 283 条规定，争端各方有义务“迅速就以谈判或其他和平方法解决争端一事交换意见”。这是一项适用于争端双方的义务。[①] 俄罗斯认为，乌克兰没有遵守这项义务。乌克兰于 2019 年 3 月 15 日援引第 283 条，俄罗斯于 2019 年 3 月 25 日作出回应。在双方没有进一步沟通的情况下，乌克兰于 2019 年 4 月 1 日启动了目前的仲裁程序，并要求在仲裁庭组成之前指示临时措施。

201. 本案中，乌克兰曾要求进行意见交换，俄罗斯回复将在之后提出意见。双方在 2019 年 4 月 1 日前没有进一步的交流。双方从 2019 年 4 月 23 日开始讨论。但仲裁庭认为，该日期之后的讨论与第 283 条的遵守问题无关。

202. 问题是，乌克兰与俄罗斯之间的两份通信是否构成第 283 条意义上的意见交换，并且在本案的情形中遵守了该条款。仲裁庭认为，需要考虑案件情况根据事实确定。因此，仲裁庭必须考虑，根据本案的情况，双方之间的交流是否足以证明乌克兰有理由提起仲裁。

203. 如上文所述，乌克兰要求交换意见，俄罗斯回复之后将提出意见。对于这是表示打算提出意见，还是仅仅表示以后可能会提出意见，双方存在分歧。无论如何，直至 2019 年 4 月 1 日仲裁启动，没有收到俄罗斯的进一步交流。而且，乌克兰 2019 年 3 月 15 日的通信没有就争端解决表达过任何意见，因此，在提起仲裁程序时，当事方实际上没有交换意见。

204. 仅就这些事实而言，仲裁庭认为无法得出第 283 条得到遵守的结论，也没有充分理由认为在尚未真正开始谈判时就能断定谈判将是徒劳的。但仍然需要分析，尽管当事方没有按照第 283 条交换意见，本案中是否存在其他情况，使乌克兰也有理由启动仲裁程序。

205. 在乌克兰发出磋商请求时，乌克兰军人正被俄罗斯当局拘留，乌克兰试图与他们取得联系并确保他们获释。然而，情况即将发生变化，对乌克兰军人的刑事程序越来越有可能进入审判阶段。面对这些新情况——乌克兰军人的命运日益紧迫，而俄罗斯没有实质性地回复乌克兰的磋商请求——乌克兰决定采取行动，启动仲裁程序并要求指示临时措施。

206. 仲裁庭认为，乌克兰面临其军人处境即将改变的可能性。鉴于乌克兰

---

① The M/V “Norstar” Case (Panama v. Italy), ITLOS Case No. 25, Preliminary Objections, Judgment, 4 November 2016, para. 213.

船只和军人的权利面临迫在眉睫的风险,启动程序具有紧迫性。[①] 因此,在本案的特殊情况下,仲裁庭认为第283条不能阻碍其行使管辖权。

(五)裁判结果(第208段)

关于第298条第1款b项的反对意见

第一,认定2018年11月25日事件(直至乌克兰军舰离开锚地之前的阶段)构成根据《公约》第298条第1款b项排除在仲裁庭管辖范围之外的"军事活动";

第二,认定乌克兰军舰被扣押后发生的事件不构成根据《公约》第298条第1款b项排除在仲裁庭管辖范围之外的"军事活动";

第三,确定事件不再是《公约》第298条第1款b项所指的"军事活动"的确切时间点应与实质问题一并裁决。

关于第288条第1款的反对意见

第四,宣布《公约》未规定可适用豁免的反对意见不具有完全初步的性质;

第五,决定该反对意见应与实质问题一并裁决。

关于第290条和第296条的反对意见

第六,驳回关于仲裁庭对指称违反ITLOS临时措施令的行为没有管辖权的反对意见。

关于第279条的反对意见

第七,宣布仲裁庭根据《公约》第279条对加剧争端没有管辖权的反对意见不具有完全初步的性质;

第八,决定该反对意见应与实质问题一并裁决。

关于第283条的反对意见

第九,驳回乌克兰未遵守《公约》第283条的反对意见。

之后的程序

第十,决定仲裁庭对当事方在上述管辖权限制内的争端具有管辖权;

第十一,决定恢复实质问题的程序,俄罗斯应在本裁决作出之日起6个月内提交辩诉状。

---

① Three Ukrainian Naval Vessels case, Provisional Measures, 2019, para. 111.

费用

第十二,决定费用问题应与实质问题一并裁决。

二、国际法制度

本案的主要争议焦点是如何解释和适用《公约》第 298 条第 1 款 b 项规定的军事活动例外条款。该条款被规定在《公约》第十五部分第三节“适用第二节的限制和例外”部分,是排除国际法庭强制管辖的事项之一。其文本规定如下:

1. 一国在签署、批准或加入本公约时,或在其后任何时间,在不妨害根据第一节所产生的义务的情形下,可以书面声明对于下列各类争端的一类或一类以上,不接受第二节规定的一种或一种以上的程序:……(b)关于军事活动,包括从事非商业服务的政府船只和飞机的军事活动的争端,以及根据第 297 条第 2 款和第 3 款不属法院或法庭管辖的关于行使主权权利或管辖权的法律执行活动的争端;……

截至目前,29 个国家发表声明将军事活动争端完全或部分排除出强制管辖范围。[①] 然而,《公约》本身并没对军事活动作出明确的定义或者解释说明,“军事活动”一词也仅出现在《公约》第 298 条中。同时,现行国际法体系中也缺乏明确定义军事活动的权威且具有普遍约束力的法律文件。本部分将分析《公约》第 298 条中军事活动例外的缔约历史、国际法庭对其的解释和适用以及其他与军事活动有关的实践,以此为基础探究军事活动例外的含义。

(一)《公约》第 298 条的缔约历史

第 298 条规定了适用《公约》第十五部分第二节“导致有拘束力裁判的强制程序”的例外情形,回应了在第三次联合国海洋法会议期间诸多国家的关切,它们不愿意对特定争端适用强制程序,[②]其中包括了与军事活动有关的争端。这些例外条款在缔约过程中经历了一个从无到有的演变过程,主要可以分为以下三个阶段:

---

① See United Nations, “Settlement of Disputes Mechanism”, https://www. un. org/depts/los/settlement_of_disputes/choice_procedure. htm (last visited on August 10,2023).

② See Alexander Proelss (ed.), *United Nations Convention on the Law of the Sea: A Commentary* (C. H. Beck, Hart, Nomos, 2017), p. 1920.

第一阶段属于探索阶段,在该阶段,各国代表就《公约》争端解决条款的例外和保留问题的分歧较大。主要分歧在于是否需要对特定的争端类型进行保留;如果需要保留,是自动适用还是任择性适用。对此,在 1974 年《澳大利亚等关于解决海洋法争端的工作文件》中,澳大利亚等国代表就解决《公约》相关争端的问题进行了非正式协商。在讨论的基础上,提出了这份工作文件,其中列出了各种可能的选择方法,并说明了有关先例的情况。[①] 其中,第十一部分有关"争端解决条款的例外和保留"的规定提出了三种备选案文,包括直接适用的例外情形、任择性例外情形和不设置例外。具体而言,其一,直接规定"本章的规定适用于关于本公约解释和适用的一切争端",没有规定争端解决程序的适用例外,各国也无法对此做出保留;其二,规定了争端解决机制无权对特定类型的争端作出有约束力的裁判,如备选案文 B. 1 和 B. 2 包括"有关军事活动的争端,[除非进行这种活动的国家明确同意]";其三,规定一国在批准、加入或接受本公约时,可声明不接受对特定类型争端的管辖权,即各国可就特定类型的争端提具保留。值得注意的是,不同于《公约》的正式文本,后两种备选案文均将"有关根据国际法享有主权豁免的船只和飞机的争端"和"有关军事活动的争端"并列表述,[②]作为争端解决条款的例外情形。

第二阶段是例外设置方式的确定阶段。1975 年达成的《非正式单一协商文本(第四部分)》[Informal Single Negotiating Text(Part IV)]采纳了任择性例外设置的模式,并部分沿袭了对应文本的内容。[③] 就军事活动而言,该情形列举了"从事非商业服务的政府船只和飞机的活动"。针对该内容的修改,可能的理由是大多数关于军事活动的争端都是由政府船只或飞机所采取的某种行动引起的。[④] 与此同时,该文本的后半段明确指出,根据本公约进行的执法活动不应被视为军事活动。[⑤] 与第一阶段不同的是,根据国际法享有主权豁免的船只和飞

---

① See Third United Nations Conference on the Law of the Sea, *Australia*, *Belgium*, *Bolivia*, *Colombia*, *El Salvador*, *Luxembourg*, *Netherlands*, *Singapore and United States of America*: *Working Paper on the Settlement of Law of the Sea Disputes*, A/CONF. 62/L. 7 (1974), p. 92.

② See Third United Nations Conference on the Law of the Sea, *Australia*, *Belgium*, *Bolivia*, *Colombia*, *El Salvador*, *Luxembourg*, *Netherlands*, *Singapore and United States of America*: *Working Paper on the Settlement of Law of the Sea Disputes*, A/CONF. 62/L. 7 (1974), p. 92.

③ See Third United Nations Conference on the Law of the Sea, *Informal Single Negotiating Text* (*Part* IV), A/CONF. 62/WP. 9 (1975), p. 115.

④ See Third United Nations Conference on the Law of the Sea, Fourth Session – 58th Plenary Meeting, A/CONF. 62/SR. 58, p. 12.

⑤ See Third United Nations Conference on the Law of the Sea, *Informal Single Negotiating Text* (*Part* IV), A/CONF. 62/WP. 9 (1975), p. 115.

机被纳入军事活动的范畴,不再单独作为争端解决条款的例外情形。这一变化也表明,仅当根据国际法享有主权豁免的船只和飞机从事与执法活动有明显区别的军事活动时,这一例外情形才适用,否则也不属于可以提具保留的例外情形。[①] 后续案文仅对部分措辞进行了修改,主体部分的内容并未变动。[②]

对于第二阶段的案文选择与变化,尽管大会未进行详细说明,但从与会代表的表态中可知一二。对于任择性例外情形的案文选择主要基于两点理由:一方面,基于部分争端(如领土争端)的固有敏感性,如不为该类型的争端设置管辖例外,则该部分的谈判可能无法继续推进,批准《公约》的缔约国数量也会减少;另一方面,为强制争端解决机制设置过多例外将严重削弱该制度和实体规则的实际效果。[③] 因此,该阶段的磋商放弃了“全有”和“全无”的案文模式,转而选择了任择性例外的折中方案。

第三阶段是案文细节的磋商与确认阶段。该阶段案文的修改主要集中在军事活动例外部分。在 1977 年《非正式综合协商文本》(Informal Composite Negotiating Text)中,不同于之前的文本明确区分执法活动与军事活动,新的案文将“除第 296 条所述例外情况外,行使本公约规定的主权权利或管辖权的执法活动”纳入其中。[④] 相关会议的备忘录指出,纳入该内容是为了“给予执法活动与军事活动类似的豁免”。[⑤] 这也表明特定类型的执法活动已被提升到与军事活动相同的地位,以保持沿海国和可能从事军事活动的国家之间的平衡。[⑥] 后该项案文几经修改,主要内容和措辞几乎未再发生变化,[⑦]并最终载入《公约》正式文本中。

综上所述,在第三次联合国海洋法会议期间,包括军事活动在内的争端解决机制的任择性例外始终受到各国代表的关注。缔约国设置例外条款的初衷是希望借助清晰的条款对某些特殊种类争端排除第三方强制争端解决。同时,

---

① See Proelss, *United Nations Convention on the Law of the Sea: A Commentary*, p. 1922.

② See Third United Nations Conference on the Law of the Sea, *Revised Single Negotiating Text* (*Part* IV), A/CONF. 62/WP. 9/Rev. 2 (1976), p. 148.

③ See Third United Nations Conference on the Law of the Sea, Fourth Session – 58th Plenary Meeting, A/CONF. 62/SR. 58, pp. 11 – 12.

④ See Third United Nations Conference on the Law of the Sea, *Informal Composite Negotiating Text*, A/CONF. 62/WP. 10, (1977), p. 48.

⑤ Third United Nations Conference on the Law of the Sea, *Memorandum by the President of the Conference on Document A/CONF. 62/WP.* 10, A/CONF. 62/WP. 10/Add. 1 (1977), p. 70.

⑥ See Proelss, *United Nations Convention on the Law of the Sea: A Commentary*, p. 1922 and sources cited there.

⑦ See Third United Nations Conference on the Law of the Sea, *Draft Convention on the Law of the Sea*, A/CONF. 62/L. 78 (1981), p. 221.

不会导致各国随意做出保留,从而在实质上排除强制管辖。军事活动例外设置的缘起是,代表团中的海军顾问认为海军船只的活动不应交由法律程序处理,因为这些程序可能要求披露军事机密。[①] 因此,该项例外的设置主要是出于保护国家安全的需要,其一般具有高度的政治性。

(二)有关军事活动例外的国际法实践

1. 国际法庭对《公约》军事活动例外条款的解释和适用

正如附件七仲裁庭在本案中叙述所言,在现有国际法实践中,分析适用《公约》军事活动例外条款的案例较少,也未达成一致的法律实践。相关意见主要见于根据《公约》附件七成立的仲裁庭关于乌克兰和俄罗斯"黑海、亚速海和刻赤海峡沿海国权利案"(以下简称"黑海沿海国权利案")的初步反对意见裁决、国际海洋法法庭针对乌克兰诉俄罗斯"关于扣押乌克兰三艘军舰案"指示临时措施的决定。

"黑海沿海国权利案"围绕 2014 年克里米亚主权争端而起,乌克兰认为俄罗斯在克里米亚举行的公投是无效的,而且在此事件之后发生的一系列"未经授权的活动"侵犯了乌克兰根据《公约》所享有的权利。[②] 2016 年 9 月 16 日,乌克兰向根据《公约》附件七成立的仲裁庭提出多项诉求,包括要求俄罗斯承认乌克兰在黑海和亚速海对自然资源和生物资源的勘探开发权利,以及在刻赤海峡的通行权等。[③] 同时,乌克兰还请求仲裁庭命令俄罗斯停止不法行为并提供适当保证并做出赔偿。[④] 俄罗斯在初步反对意见中提出多项理由抗辩仲裁庭的管辖权,其中包括《公约》第 298 条第 1 款规定的军事活动例外。

附件七仲裁庭首先从条款的文本出发,认为条文中的"关于"(concerning)不同于《公约》其他条款中可以作扩大解释的用语,如"源于"(arising out of, arising from)或者"涉及"(involving)。"关于"一词限制争端的主题事项(subject matter)必须是军事活动。[⑤] 仲裁庭接着详细分析了事件各方面的因素,包括参与主体、武力使用的背景、事件发生时的行为。具体而言,首先,关于参与主体,仲裁庭认为,如果仅有军事船只介入并不能说明是军事活动,这种因

---

① See Myron N. Nordquist *et al.* (eds.), *United Nations Convention on the Law of the Sea* 1982: *A Commentary*, Vol. V (Martinus Nijhoff Publishers, 1989), p. 135.

② See Coastal State Rights case, Preliminary Objections, 2020, pp. 1 – 2, paras. 2 – 7.

③ See Coastal State Rights case, Preliminary Objections, 2020, pp. 2 – 3, para. 9.

④ See Coastal State Rights case, Preliminary Objections, 2020, p. 4, para. 10.

⑤ See Coastal State Rights case, Preliminary Objections, 2020, p. 95, para. 330.

素并不是决定性的。[①] 其次,该争端武力使用的背景是为了保护诸如开采碳氢化合物和捕鱼等民用活动,所以单纯的武力使用并不能得出活动是军事性质的结论。[②] 最后,就整个事件中的行为来说,俄罗斯拘留一名民用船只船长并在缴纳罚款后予以释放,属于执法活动而非军事活动。[③] 同时,在石油平台上站岗和监督的工作也并不能使事件被定性为军事活动,因为该工作常由私人安全承包商承担。[④] 对乌克兰船只的侵扰主要表现为近距离逼近、未能建立无线电通信以及对安全航行和航行规则的一般违反。仲裁庭认为,航行受到阻碍的乌克兰船只属于乌克兰海军,这一事实也并不能使争端被认定为有关军事活动。[⑤] 最终,仲裁庭否认了俄罗斯基于军事活动例外条款提出的管辖权抗辩理由。

而“关于扣押乌克兰三艘军舰案”的事实和背景与本案完全相同,只是在将本案提交附件七仲裁庭后,乌克兰在 2019 年 4 月 16 日又向国际海洋法法庭提出申请,请求根据《公约》第 290 条第 5 款指示临时措施,促使俄罗斯立即释放被扣押的乌克兰军舰和船员,并停止对船员的所有刑事诉讼程序。4 月 30 日,俄罗斯在照会中提出对国际海洋法法庭管辖权的抗辩,指出鉴于俄乌双方根据《公约》第 298 条所做的声明,俄罗斯拒绝接受《公约》强制争端解决程序对军事活动争端做出有约束力的裁决。2019 年 5 月 29 日,法庭就该案做出临时措施决定的指示。

法庭认为是否关涉军事活动不能仅根据是海军舰艇还是执法船只的参与,[⑥]也不能仅基于争端各方对有关活动的定性。[⑦] 法庭提出了一种认定方法,即应该主要基于对有关活动性质的客观评价,并考虑到个案的有关情况。[⑧] 具体而言,应该考虑到事件发生的背景、具体原因、武力使用的背景和事件发生后当事方的行为。法庭认为以下三种情况与活动性质的认定尤为相关。首先,导致逮捕的争端涉及乌克兰海军舰艇通过刻赤海峡的问题,而海军军舰通行本身并不构成军事活动。[⑨] 其次,本案发生的具体原因似乎是俄罗斯拒绝乌克兰海

① See Coastal State Rights case, Preliminary Objections, 2020, p. 96, para. 334.
② See Coastal State Rights case, Preliminary Objections, 2020, p. 97, para. 336.
③ See Coastal State Rights case, Preliminary Objections, 2020, p. 98, para. 338.
④ See Coastal State Rights case, Preliminary Objections, 2020, p. 98, para. 338.
⑤ See Coastal State Rights case, Preliminary Objections, 2020, p. 98, para. 338.
⑥ See Three Ukrainian Naval Vessels case, Provisional Measures, 2019, p. 17, para. 64.
⑦ See Three Ukrainian Naval Vessels case, Provisional Measures, 2019, p. 17, para. 65.
⑧ See Three Ukrainian Naval Vessels case, Provisional Measures, 2019, pp. 17 – 18, para. 66.
⑨ See Three Ukrainian Naval Vessels case, Provisional Measures, 2019, p. 18, para. 68.

军舰艇通过刻赤海峡,但这些船只仍试图继续前进。[1] 法庭认为,这表明争端的核心是当事各方对刻赤海峡通行制度的不同解释,而这一争端并不具有军事性质。[2] 最后,仲裁庭认为,俄罗斯在"逮捕"乌克兰船只时使用了武力,但考虑到事件发生的顺序,武力使用的背景更像是执法活动,而非军事活动。[3] 事件经过表明,在被扣押约8小时后,乌克兰军舰显然放弃了穿越海峡的任务转而离开。随后,俄罗斯海岸警卫队下令停船,船只无视命令继续航行,遂开始追逐。正是在这一时刻和背景下,俄罗斯海岸警卫队使用武力,先是发出警告射击,然后进行有针对性的射击。结果是一艘船只受损,其人员受伤,船只被拦截和扣押。[4] 以上三个因素使法庭认为该事件发生在执法活动的背景下。此外,俄罗斯随后对船员的起诉和指控中的用语是军舰"不遵守沿海国的法律和规章",进一步证实了俄罗斯的行动具有执法活动的性质。[5] 最终法庭裁决俄罗斯的行为属于执法活动,不能适用军事活动例外,因而法庭具有管辖权,进而指示了临时措施。

总结而言,上述裁决均回避了对军事活动作出直接的定义,而是提出了一些标准结合事实具体确定争端是否能够适用军事活动例外。

2. 其他与军事活动有关的国际法实践

除在案例中直接讨论军事活动例外条款的国际法实践外,还有其他与军事活动相关的国际法实践可供参考,包括采用"武力使用""武装冲突"等用语对类似军事活动的事件进行定性。

第一,对军事活动或类似事件进行定义的实践。一般意义上,"军事"一词通常指与军队、战争、武装力量相关的事物。[6] 军事活动指与前述事物有关的活动。联合国大会决议指出,传统军事活动不单指明显的武装侵略行为,如一国武装部队入侵他国领土,封锁他国港口、海岸,或攻击他国陆、海、空军或商船等[7],也包括程度较弱、范围较小的活动,如情报收集、部队训练、武器试验、船只和设备设施的测试与使用,以及非武装冲突和武装冲突活动等。[8]

第二,将类型化活动视为军事活动的实践。例如,美国在1993年《美军作

---

① See Three Ukrainian Naval Vessels case, Provisional Measures, 2019, p. 19, para. 71.
② See Three Ukrainian Naval Vessels case, Provisional Measures, 2019, p. 19, para. 72.
③ See Three Ukrainian Naval Vessels case, Provisional Measures, 2019, p. 20, para 74.
④ See Three Ukrainian Naval Vessels case, Provisional Measures, 2019, p. 19, para 73.
⑤ See Three Ukrainian Naval Vessels case, Provisional Measures, 2019, p. 20, para. 76.
⑥ 参见霍恩比主编:《牛津高阶英汉双解词典》,商务印书馆2018年版。
⑦ See United Nations General Assembly, *Definition of Aggression*, A/Res/3314 (1974), p. 170.
⑧ See Natalie Klein (ed.), *Maritime Security and the Law of the Sea* (Oxford University Press, 1st edn, 2012), p. 201.

战手册》中将和平时期针对恐怖主义活动采取的行动归为“军事行动”。[①] 又如,2017 年《日内瓦公约》评注指出,“有效的海上或空中封锁的宣布、建立和实施可能被视为武装冲突”。[②] 再如,在 2007 年“圭亚那诉苏里南案”中,仅具威胁性质的警告即被纳入非法使用武力的范围,而非执法活动。[③]

此外,实践中亦不乏从攻击目标、事件起因、参与主体的具体行为等方面认定军事活动的思路。例如,在伊朗诉美国“石油钻井平台案”中,国际法院从攻击目标出发,认定美国主张的自卫行为具有军事活动性质。[④] 又如,在“尼加拉瓜军事和准军事行动案”中,国际法院认为,直升机为攻击陆地提供火力支援的行为具有军事活动的性质。[⑤] 有学者指出,针对外国用于公务或军事活动的船舶、舰机和飞机的行为,一般应认为属于军事活动的范畴。[⑥] 除了平时军事活动的争端,军事活动例外亦包括“源于武装冲突背景中的争端”。[⑦]

由此可见,在其他与军事活动有关的实践中,有的将激烈程度并不高的活动纳入军事活动范围,有的仅从事件的某些方面就认定军事活动性质,这表明认定军事活动的标准并非特别严格。

三、案例评析

(一)对本案仲裁庭裁决的评析

仲裁庭在本案中开创性地将同一事件拆分为不同阶段,分别分析是否属于军事活动,建立起对部分事实的管辖权,这种做法值得商榷。

第一,在事件性质方面,从俄乌双方的对抗到之后俄罗斯国内法庭对乌克兰船员起诉属于同一事件。无论是仲裁庭认为的俄罗斯对乌克兰船只的拦截

---

① See US Department of the Army, *FM100 - 5 Operations* (Headquarters Department of the Army Washington, D. C., 1993).

② International Committee of the Red Cross, *Commentary on the Second Geneva Convention: Convention (II) for the Amelioration of the Condition of Wounded, Sick and Shipwrecked Members of Armed Forces at Sea* (Cambridge University Press, 2017), p. 89.

③ See Guyana v. Suriname, Award, PCA Case No. 2004 - 04, p. 144, paras. 439 - 440.

④ See Oil Platforms (Islamic Republic of Iran v. United States of America), Judgment, I. C. J. Reports 2003, p. 186, para. 51.

⑤ See Military and Paramilitary Activities in and Against Nicaragua (Nicaragua v. United States of America), Merits, Judgment, I. C. J. Reports 1986, p. 48, para. 81.

⑥ 参见[德]魏智通主编:《国际法》,吴越、毛晓飞译,法律出版社 2002 年版,第 800 页。

⑦ See Natalie Klein, *Dispute Settlement in the UN Convention on the Law of the Sea* (Cambridge University Press, 2005), p. 285.

和追捕的第二阶段,还是后续俄罗斯对乌克兰船只、船员的扣押以及在其国内法庭起诉的第三阶段,实际上都是双方对抗行为的自然延续。整个事件的目的都是俄罗斯阻止乌克兰船只通过刻赤海峡,保护俄罗斯沿海军事利益,并没有因为事件的发展有所改变。仲裁庭也承认,双方在海上对峙阶段,也即俄罗斯向乌克兰发出命令,但遭到乌克兰无视的情况足以被认为是非常典型的军事活动。[①] 出于同一个军事目的而为的整个事件应该被一体化地认为是军事活动,仲裁庭对此没有管辖权。

在对仲裁庭适用认定方法的原因进行分析之前,有必要回顾国际海洋法法庭对本案的判决。国际海洋法法庭并没有将事件拆分成不同的阶段,并似乎刻意降低了军事活动的认定门槛,将整个事件认定为是执法活动从而建立了自身的管辖权。判决做出后,俄罗斯表达了强烈的不满,同时判决也在国际社会上引发了一定争议。因此,仲裁庭此次的做法可能是为了回应国际社会对军事活动认定门槛的关切,同时对本案建立自身的管辖权。通过此种看似比较折中且合理的做法,表现出将部分属于军事活动的事实排除出仲裁庭的管辖权,并没有随意扩大管辖权的倾向。

但在某种程度上,这种拆分是一种"掩耳盗铃"式的包装。因为一旦对某一事件进行拆分,就意味着事件的不同阶段可能被认定为不同的性质,从而部分属于仲裁庭管辖,部分不属于其管辖范围。但由于相关事件具有一体性和连续性,即使是被仲裁庭认定为不属于其管辖范围的第一阶段,在实际效果上也有可能被纳入仲裁庭的管辖范围。此外,即使仲裁庭只对俄罗斯的扣押和起诉行为行使管辖权,也将不可避免地考虑事件发生的来龙去脉,所以也有可能管辖该阶段之前的事实。

第二,仲裁庭分阶段建立管辖权的做法并不存在先例,由此直接产生的问题是,此种做法可能缺乏权威的国际法依据。即便承认这种做法属于国际法的发展,为解决区分军事活动和执法活动困难提供了新的路径,仲裁庭也应给出明确并且具有可操作性的标准,从而为后续的实践提供参照,特别是需要确定事件性质转化的时间点。遗憾的是,本案并没有给出拆分的依据和拆分的具体标准。况且,国际海洋法法庭已经间接表明,二者间的转化并不甚易,其指出,

---

① See Dispute Concerning the Detention of Ukrainian Naval Vessels and Servicemen (Ukraine v. Russian Federation), Award on the Preliminary Objections of the Russian Federation, PCA Case No. 2019 - 28, p. 44, para. 122.

武力使用本身并不能将执法活动转变为军事活动。[①] 虽然某一事件并非必然不能被拆分，但如果缺乏明确的标准，则有可能导致国际裁判陷入一种极其不稳定的状态。

第三，该案可能更应当关注被行使权力的对象，由于军舰和政府公务船舶受船旗国的专属管辖，并且享有绝对豁免，因此，针对这种类型的船舶的行动一般不应当视为执法行为，而应当视为威胁或使用武力。[②]

第四，从缔约历史来看，《公约》的目的和宗旨就是使涉及军事利益的活动尽量被排除在管辖之外，[③]所以在定性事件时，国际法庭更应该审慎、克制。[④] 如前文所述，一旦对一个完整的事件进行拆分则难以避免缩小军事活动例外条款的适用范围、扩大自身管辖权的倾向。这样，不但有悖《公约》的目的和宗旨，也可能会对国家造成讼累。有反对观点认为，如果一味考虑国家的军事利益和讼累问题，将如何给予违反国际法的行为应有的制裁。实际上，这涉及两者之间的利益衡量，况且一方提起诉讼也并不意味着另一方一定违反了国际法。更重要的是，并非将所有与《公约》解释和适用相关的争端均纳入其强制争端解决程序才是最适当的做法。将特定类型的争端排除在外并通过其他和平方法解决，也是《公约》的应有之义。换言之，将案件提交诉讼或仲裁并非唯一方法，仍可以通过其他和平方法解决争端，如谈判、斡旋、调停。

(二)对军事活动例外条款的解释和适用路径

目前，有关军事活动的实践呈现出散乱和零碎的状态，缺乏统一和细致的解释与适用标准。同时，国际法庭在认定过程中还呈现出比较矛盾的做法。这一方面是因为各国之间的利益冲突，不存在超国家机构对国际法进行统一；另一方面是因为个案的事实情况各不相同，难以形成统一的解释和适用方法，国际法庭需要立足个案的情况做出判断。此外，法律争端的背后还可能涉及国际政治等多种更深层次的原因。虽然这些问题难以解决，但仍可以从法律视角分析对军事活动例外条款可能的解释和适用路径。

作为指导原则，适用军事活动例外条款时应尊重《公约》的宗旨和目的，从文本出发，善意地进行解释，降低认定军事活动的门槛标准。毕竟，国际社会普

---

① See Three Ukrainian Naval Vessels case, Provisional Measures, 2019, para. 60.

② 参见高健军：《〈联合国海洋法公约〉争端解决机制研究》(修订版)，中国政法大学出版社 2014 年版，第 320 页。

③ See Nordquist, *United Nations Convention on the Law of the Sea* 1982: *A Commentary*, Vol. V, p. 135.

④ See Tom Ruys, "UNCLOS Rules the Waves", (2014) 7 *Belgian Review of International Law*, p. 13.

遍将一些激烈程度不高的活动纳入了军事活动的范畴。此外,高门槛的军事活动例外可能演变为一种变相激励,促使各国通过部署更多海军舰艇或增派兵力等方式升级冲突,而非缓和冲突,以便符合军事活动例外,从而排除国际法庭的强制解决争端管辖权。[①] 但需注意的是,降低认定门槛并不等同于将一切包含军事因素的活动排除在管辖之外,降低亦需控制在一定的范围内,防止符合争端解决强制管辖的事件逃脱管辖范围。此外,国际法庭应该结合双方提交的证据对争端的性质进行综合且客观的评价,尽量避免拆分一个完整的事件,分阶段确定其性质。具体而言,首先,应该考虑事件发生的背景和起因,结合双方活动的目的和意图,判断其究竟是为维护国家安全而开展的军事活动,还是在国内法体系下开展的执法活动。其次,考虑活动中是否有军事人员和军事船只、飞机等的参与,尽管国际法庭指出,在执法活动中也可能涉及军事主体和装备设备的参与,但并不妨碍其作为参考标准之一。最后,判断事件发生过程中主体的客观行为和行为方式,如从事活动的类型、是否使用武力、人员的布置方式以及事后的相关行为。此外,当一项行为既符合军事活动又符合执法活动的特征,难以区分时,可以根据一定的价值取向做出最终判断。例如,厄立特里亚和埃塞俄比亚索赔委员会关于“诉诸战争权”部分的裁决指出,在国家间边境冲突频生的背景之下,当某行动同时符合军事活动和执法活动的特征时,更应将其解释为军事活动,否则将在国际法基本规则中造成一个巨大且危险的漏洞。[②]

(严帅东　牟冰羽)

① See Three Ukrainian Naval Vessels case, Provisional Measures, 2019, Separate Opinion of Judge Gao, paras. 45 – 46.

② See Eritrea-Ethiopia Claims Commission, Partial Award-*Jus Ad Bellum* -Ethiopia's Claims 1 – 8, PCA Case No. 2001 – 02, p. 4, para. 10.

智利诉玻利维亚“锡拉拉河河水地位和使用问题争端案”

实质问题判决

国际法院

2022 年 12 月 1 日

一、判决书摘录

(一)事实背景(第 28 ~ 38 段)

锡拉拉河(Silala River)发源于玻利维亚。源头为位于玻利维亚的波托西省(Potosí Department of Bolivia)西部和东部湿地的潜水泉,距离玻利维亚与智利的东北边界约 500 ~ 3000 米,海拔高约 4300 米。由地表水和地下水组成的锡拉拉河穿越了玻利维亚和智利的边界。在智利领土内,锡拉拉河在安托法加斯塔地区持续向西南方向流动,直到距边界约 6000 米处汇入圣佩德罗河(San Pedro River)。

安托法加斯塔(智利)和玻利维亚铁路有限公司(FCAB)在 1906 年获得智利政府授权使用锡拉拉河,用于增加智利港口城市安托法加斯塔的饮用水量。FCAB 在 1908 年还获得玻利维亚政府授权,为从安托法加斯塔通往拉巴斯地区的火车提供蒸汽引擎动力。FCAB 于 1909 年在玻利维亚领土上修建了进水口 1 号(Intake No. 1),距离边界约 600 米。在 1910 年,从进水口 1 号到智利 FACB 水库的水渠正式投入使用。1928 年,FCAB 在玻利维亚修建了水渠,智利称这是出于卫生原因,抑制昆虫的繁殖和避免饮用水污染。但玻利维亚则认为,修建水渠是为了从周围的泉水和湿地中取水,从而增加锡拉拉河流入智利的地表水。1942 年,在距离国际边界约 40 米的智利境内又修建了第二个进水口和水渠。

在1996年5月7日,玻利维亚外交部发布新闻稿,申明锡拉拉河起源于玻利维亚境内,然后流入智利境内;指出联合边界委员会在1992年、1993年和1994年进行实地调研,发现锡拉拉河不存在分流情况;然而,玻利维亚外交部长依然将该问题纳入双边议程中,因为“智利在一个多世纪的时间里一直使用锡拉拉河河水”,损害了玻利维亚的利益。1997年5月14日,波托西省发布第71/97号行政决议,撤销并废除了于1908年授予FCAB开发锡拉拉河潜水泉的特别许可,原因是蒸汽火车头已不再被使用,使用锡拉拉河的目的已经消失,并且该公司不再在玻利维亚境内积极从事商业活动。1997年6月20日,第24600号最高法令使上述行政决议成为总统级最高法令,提到该项目影响了玻利维亚的利益,明显违反了玻利维亚宪法第136条和第137条。

1999年,锡拉拉河的地位及其河水的性质成为当事方争议的问题,尤其是玻利维亚外交部在1999年9月3日向智利驻拉巴斯总领事馆送交了外交照会,称在第71/97号行政决议发布以后,FCAB依然继续使用锡拉拉河河水。还主张,完全位于玻利维亚境内的锡拉拉河泉水形成了湿地,被人工工程引水,“形成了不具有河流特征的系统,更非具有连续河道的国际河流”。

智利政府向玻利维亚外交部回复了两封外交照会。在1999年9月15日的照会中,智利外交部不赞同关于锡拉拉河不具有“河流特征”的言论,并声明,在此之前“玻利维亚政府从未正式否认锡拉拉河是自然形成的、符合国际法定义的河流”。智利外交部进一步强调,玻利维亚水资源监管部门应当时刻牢记“该共享水资源具有两国属性”以及“智利对该河流的下游河道享有主权”。在1999年10月14日的照会中,智利驻拉巴斯总领事馆对“玻利维亚水资源监管部门坚持对锡拉拉河进行公开招标,无视维护智利对该资源合法权益的国际法原则”的行为表示关切。

1999年11月16日,玻利维亚外交部回复上述外交照会,重申其立场,即锡拉拉河适用玻利维亚国内法,玻利维亚对其充分行使国际法规则和原则承认的领土主权。还认为,锡拉拉河的水是在玻利维亚领土上形成的,如果不是因为1908年玻利维亚授权公司进行水道疏浚工程,这些水则会在玻利维亚领土内被消耗掉。

2000年,玻利维亚授权其本国公司DUCTEC,对锡拉拉河河水进行商业化开发。该公司随后向两家智利公司出具收款单,因为它们在智利境内使用锡拉拉河河水。智利抗议授权,因其无视了锡拉拉河河水的国际属性和智利对锡拉拉河的权利。

2010 年以前,两国试图就“合理和可持续地管理锡拉拉河河水”达成双边协议。在此期间,成立了锡拉拉河问题双边工作组,联合进行技术和科学研究,从而确定锡拉拉河水的性质、起源和流量。双方于 2009 年起草了两份协议草案,但从未签署。

2016 年玻利维亚总统多次发表声明,指责智利非法利用锡拉拉河河水且没有补偿玻利维亚,并主张锡拉拉河不是国际河流,希望将争端诉诸国际法院(以下简称法院)。智利也决定将问题诉诸法院。

(二)诉讼程序概述(第 1~24 段,第 38 段,第 39~49 段)

2016 年 6 月 6 日,智利向法院提交申请书,就锡拉拉河河水的地位和使用问题争端对玻利维亚提起诉讼。智利主张的管辖权依据是 1948 年签署的《美洲和平解决争端条约》(以下简称《波哥大公约》)第 31 条。当事方依据《国际法院规约》第 31 条第 3 款分别任命一名专案法官。

2017 年 7 月 3 日,智利向法院提交书状;2018 年 9 月 3 日,玻利维亚向法院提交辩诉状,并依据《国际法院规则》(以下简称《规则》)第 80 条提起了三项反诉。当事方分别于 2019 年 2 月 15 日、2019 年 5 月 15 日提交了答辩状和复辩状。2019 年 9 月 18 日,智利依据法院命令提交了专门针对玻利维亚反诉的附加诉状。2022 年 4 月,由于疫情原因,法院进行了混合庭审。

2022 年 4 月 6 日,法院应智利要求将其在口头陈述中就解决争端提出的新提议,即《2019 年协议草案》,收存到案件档案中。

(三)当事方立场(第 25~27 段)

智利请求法院审理并宣判:

第一,锡拉拉河水系(Silala River system)连同它的地下部分构成国际水道,对其利用受习惯国际法拘束。

第二,根据习惯国际法,智利有权公平合理地利用锡拉拉河水系的河水。

第三,根据公平合理利用原则,智利当前有权使用锡拉拉河河水。

第四,玻利维亚有义务采取一切适当措施,防止和控制因其在锡拉拉河附近活动而对智利造成的污染或其他形式损害。

第五,玻利维亚有义务同智利进行合作,及时通知智利其规划措施可能对共享水资源产生的有害影响,与智利交换数据信息,进行适当的环境影响评价,从而使智利能够评价规划措施可能产生的影响。到目前为止,玻利维亚违反了通知和协商义务。

对于玻利维亚提出的反诉,智利请求法院审理并宣判:

第一,如果玻利维亚主张对其境内的锡拉拉河水系的水渠和排水系统拥有主权,并有权决定是否保留,法院对于玻利维亚的第一项反诉缺乏管辖权,或者裁定该项反诉没有意义;如果玻利维亚主张其有权在不充分遵守习惯国际法义务的情况下拆除其领土内水渠,法院应当驳回。

第二,驳回玻利维亚第二项和第三项反诉。

玻利维亚请求法院:

第一,驳回智利的全部诉求。

第二,如果法院认为双方仍然存在争端,则请求法院审理并宣判:

(1)锡拉拉河是国际水道,其地表水流已被人工强化(artificially enhanced);

(2)根据适用于锡拉拉河的国际水道使用的习惯国际法规则,玻利维亚和智利都有权公平、合理地利用锡拉拉河河水;

(3)目前智利对锡拉拉河河水的使用并不妨碍玻利维亚的公平合理利用权;

(4)玻利维亚和智利均有义务采取一切适当的措施,防止对锡拉拉河造成重大跨界损害;

(5)如果环境影响评价证实活动具有重大跨界损害的风险,玻利维亚和智利均有义务彼此合作、通知和协商;

(6)关于锡拉拉河河水,玻利维亚没有违反任何对智利的义务。

关于反诉,玻利维亚请求法院审理并宣判:

第一,玻利维亚对位于其领土内的锡拉拉河河水的人工水渠和排水系统享有主权,并有权决定是否以及如何维持它们;

第二,玻利维亚对在其领土内修建、强化或产生的锡拉拉河人工水流(artificial flow)享有主权,智利对该人工水流没有既得权利(acquired right);

第三,智利向玻利维亚提出的任何供应锡拉拉河强化水流(enhanced flow of the Silala)的请求及相关条件和方式,包括因此需要支付的补偿金,均需与玻利维亚达成协议。

(四)法律问题分析

问题1:争端的存在和范围——一般性考虑(第39~49段)

39. 法院必须首先确定其对当事方提出的诉求和反诉是否具有管辖权,以及是否存在阻碍法院全部或部分行使管辖权的事由。智利主张法院的管辖权的依据是《波哥大公约》第31条,该条款规定:

> 根据《国际法院规约》第36条第2款的规定,各缔约国声明,在本条约有效期间,他们承认其与任何其他美洲国家发生的有关下列事项的任何法律争端,法院对此有当然的强制性管辖权,而无需任何其他特别协定:(a) 条约的解释;(b) 任何国际法问题;(c) 任何事实的存在,如经确定即构成对国际义务的违反;(d) 对违反国际义务而应给予赔偿的性质或范围。

当事方之间存在争端是法院依据《波哥大公约》第31条行使管辖权的条件。争端是指当事方之间“对法律或事实的不同意见,法律观点或利益的冲突”。[①] “争端必须在提交请求书时基本存在”,[②]法院才具有管辖权。当事方最初的书状表明了一些它们存在分歧的法律和事实问题。当事方均承认《波哥大公约》第31条赋予法院裁判它们之间争端的管辖权,只是智利主张法院对玻利维亚的第一项反诉不具有管辖权。除此之外,法院认为其具有裁判当事方之间争端的管辖权。

40. 法院注意到,当事方的部分立场在诉讼过程中发生了显著的变化。各方现在均主张对方的某些诉求或反诉没有争议对象或反映了假设的问题,因此应当被驳回。法院在分析当事方的诉求或反诉之前,将对这些主张发表一般性意见。

41. 法院回顾道,即使其认定自身具有管辖权,“也存在法院作为司法机构无法忽视的、行使司法职能的固有限制”。[③] 法院强调,“向其提交的争端必须……在法院做出裁决之时继续存在”,并且如果主张的争议对象已明确消失,

---

① Mavrommatis Palestine Concessions, Judgment No. 2, 1924, P. C. I. J., Series A, No. 2, p. 11.

② Questions relating to the Obligation to Prosecute or Extradite (Belgium v. Senegal), Judgment, I. C. J. Reports 2012 (II), p. 442, para. 46.

③ Northern Cameroons (Cameroon v. United Kingdom), Preliminary Objections, Judgment, I. C. J. Reports 1963 (hereafter Northern Cameroons case, Preliminary Objections, 1963), p. 29; see also Frontier Dispute (Burkina Faso/Niger), Judgment, I. C. J. Reports 2013, p. 69, para. 45.

法院“无需做出裁判内容”。[①] 法院“已经多次确认,提交请求书后发生的事件可以导致请求丧失争议对象”。[②] 此种情形将导致法院“决定停止对实质问题做出裁判”。[③]

42. 法院认为,如果“裁判[将]缺乏目的”,“其不能就主张的实质问题做出裁判”。[④] 法院认为其职能不限于确定争端是否完全消失。提交法院审理的争端范围受当事方提出的主张的限制。因此,在本案中,法院也应当确认具体主张是否因当事方立场的趋同或一致或某些其他原因而失去争议对象。

43. 为此,法院将仔细评估当事方的最终诉求是否以及在何种程度上持续反映它们之间的争端。法院无权“代替[当事方],并且仅仅基于当事方提出的论点和事实形成新的诉求”。[⑤] 然而,它“有权解释当事方的主张,而且事实上也有义务这么做;这是由它的司法职能所决定的”。[⑥] 在行使该职能时,法院不仅仅考虑当事方的诉求,还将考虑请求书和当事方在书面和口述程序中提出的论点。[⑦] 因此,法院将解释这些诉求,从而确定它们的实质内容和判断它们是否反映了当事方之间的争端。

44. 各方均认为,对方的某些诉求虽然反映了双方的共同点,但仍然含混不清或附带条件,所以不能表明当事方已经达成一致。因此,各方请求法院对某些诉求做出宣告性裁判,指出它们的相互关系需要法律确定性。请求国强调,有必要做出宣告性裁判,从而防止被告国之后改变其关于国际水道和锡拉拉河可适用法律的立场。

45. 法院注意到,“根据法院及其前身的判例,‘法院可适时做出宣告性裁判’”。[⑧] 法院进一步回顾了宣告性裁判的目的:

---

① Nuclear Tests (Australia v. France), Judgment, I. C. J. Reports 1974 (hereafter Nuclear Tests case, 1974), pp. 271 – 272, paras. 55 and 59.

② Arrest Warrant of 11 April 2000 (Democratic Republic of the Congo v. Belgium), Judgment, I. C. J. Reports 2002, p. 14, para. 32; see also Border and Transborder Armed Actions (Nicaragua v. Honduras), Jurisdiction and Admissibility, Judgment, I. C. J. Reports 1988, p. 95, para. 66.

③ Arrest Warrant of 11 April 2000 (Democratic Republic of the Congo v. Belgium), Judgment, I. C. J. Reports 2002, pp. 12 – 13, para. 26; see also Fisheries Jurisdiction (Spain v. Canada), Jurisdiction of the Court, Judgment, I. C. J. Reports 1998, pp. 467 – 468, para. 88.

④ Northern Cameroons case, Preliminary Objections, 1963, p. 38.

⑤ Certain German Interests in Polish Upper Silesia, Merits, Judgment, No. 7, 1926, P. C. I. J., Series A, No. 7, p. 35.

⑥ Nuclear Tests case, 1974, p. 262, para. 29.

⑦ Nuclear Tests case, 1974, p. 263, paras. 30 – 31.

⑧ Application of the Interim Accord of 13 September 1995 (The Former Yugoslav Republic of Macedonia v. Greece), Judgment, I. C. J. Reports 2011 (II), p. 662, para. 49, citing Northern Cameroons case, Preliminary Objections, 1963, p. 37.

是为了一劳永逸地、有拘束力地确保当事方之间的某种法律情形;因此,就由此产生的法律效果而言,所确立的法律立场不再受质疑。[①]

46. 鉴于法院在诉讼案件中的作用是解决现存的争端,判决的执行部分原则上不能记录法院认定的当事方已达成一致的要点。[②] 必须推定当事方向法院作出的陈述是善意的。法院将仔细分析当事方的陈述。如果法院认为当事方已对一项主张或反诉在实质上达成一致,则将在判决中记录下来,并认定此项主张或反诉已无争议对象。在此种情形下,法院无需对此做出宣告性裁判。

47. 法院注意到,本案的许多诉求紧密联系。如果认定某一诉求或反诉缺乏争议对象,并不妨碍法院在审查其他诉求或反诉时处理与之相关的某些问题。

48. 法院进一步回顾,其职能是"阐明法律,但法院只在具体案件中作出判决,也就是裁判时存在涉及当事方之间法律利益冲突的实际争议"。[③] 法院再次声明"法院无权决定一个假设情形所适用的法律"。[④] 特别是法院不会对"未来可能出现的假设情况"发表意见。[⑤]

49. 在分析当事方诉求和反诉时,法院将以上述考虑为指导。

问题 2:智利的诉求(第 50~129 段)

问题 2.1:智利的第一项诉求——锡拉拉河水系作为适用习惯国际法的国际水道(第 50~59 段)

54. 法院注意到,智利和玻利维亚都不是 1997 年《联合国国际水道非航行使用法公约》(以下简称《1997 年公约》)的缔约国,也不是规制锡拉拉河非航行使用的任何其他条约的缔约国。因此,在本案中,当事方的相关权利和义务受习惯国际法拘束。

55. 法院注意到,智利的第一项诉求包括了锡拉拉河河水构成习惯国际法

---

① Interpretation of Judgments Nos. 7 and 8 (Factory at Chorzów), Judgment No. 11, 1927, P. C. I. J., Series A, No. 13, p. 20.

② Frontier Dispute (Burkina Faso/Niger), Judgment, I. C. J. Reports 2013, pp. 71-73, paras. 53-59.

③ Northern Cameroons case, Preliminary Objections, 1963, pp. 33-34; Question of the Delimitation of the Continental Shelf between Nicaragua and Colombia beyond 200 Nautical Miles from the Nicaraguan Coast (Nicaragua v. Colombia), Preliminary Objections, Judgment, I. C. J. Reports 2016 (I), p. 138, para. 123.

④ Northern Cameroons case, Preliminary Objections, 1963, pp. 33-34; Question of the Delimitation of the Continental Shelf between Nicaragua and Colombia beyond 200 Nautical Miles from the Nicaraguan Coast (Nicaragua v. Colombia), Preliminary Objections, Judgment, I. C. J. Reports 2016 (I), p. 138, para. 123.

⑤ Fisheries Jurisdiction (United Kingdom v. Iceland), Merits, Judgment, I. C. J. Reports 1974, p. 32, para. 73.

下的国际水道,且有关国际水道的习惯国际法适用于整个锡拉拉河河水。法院注意到,玻利维亚在其辩诉状中的法律立场最初是积极反对智利所提出的主张,特别是反对非航行使用国际水道的习惯国际法适用于锡拉拉河“人工强化”的地表水流。

56. 法院注意到,在诉讼过程中,当事方关于锡拉拉河河水的法律地位及其习惯国际法的可适用规则的立场有所趋同。在口述程序中,玻利维亚多次表示它同意智利的主张,即尽管存在“人工强化”的锡拉拉河地表水流,但锡拉拉河河水在整体上是习惯国际法下的国际水道,因此,习惯国际法既适用于“自然水流”也适用于“人工强化”的锡拉拉河地表水流。

57. 法院注意到,虽然玻利维亚承认锡拉拉河河水构成国际水道,但并不认为《1997 年公约》第 2 条反映了习惯国际法。法院也注意到,玻利维亚坚持主张锡拉拉河的“独特性”,包括其部分地表水是“人工强化”的,将国际水道习惯国际法适用于锡拉拉河河水时必须考虑该事实。因此,玻利维亚在其最终诉求中请求法院驳回智利的主张;如果法院不驳回,则请求法院认定锡拉拉河的地表水流已被“人工强化”。

58. 为了确定玻利维亚是否同意智利的立场,即锡拉拉河作为习惯国际法下国际水道的法律地位,法院认为,玻利维亚没有必要承认《1997 年公约》第 2 条中的定义反映了习惯国际法。此外,玻利维亚坚持认为锡拉拉河河水的“独特性”与适用习惯国际法规则相关,这并不能改变一个事实,即其明确同意关于非航行使用国际水道的习惯国际法适用于锡拉拉河全部河水。在这一方面,法院注意到在口述程序中回答法官提问时,玻利维亚确认“锡拉拉河是国际水道,不受其无可争议的特征的影响,这些特征与现有的习惯法规则无关”,同时强调其“接受习惯法的适用,并且不附加任何条件或限制”。法院注意到玻利维亚接受了智利的第一项诉求。

59. 鉴于当事方同意锡拉拉河水系构成国际水道,并且非航行使用国际水道习惯国际法适用于锡拉拉河的全部河水,法院认为,智利的第一项最终诉求不再存在争议对象,因此,法院无需对此做出裁决。

问题 2. 2:智利的第二项诉求——智利有权公平合理地利用锡拉拉河水系河水(第 60 ~ 65 段)

64. 法院注意到,在启动诉讼程序时,玻利维亚明确反对了智利的主张,即其有权公平合理利用锡拉拉河河水,包括“自然水流”和“人工强化”部分。但在诉讼过程中，当事方显然同意，公平合理利用原则适用于锡拉拉河全部河水，无论其“自然”或“人工”属性。当事方也同意，它们依据习惯国际法均有权公平合理利用锡拉拉河河水。法院无需裁决这一完全假设的、未来可能产生的河水使用分歧问题。

65. 法院认为当事方已就智利的第二项诉求达成了一致。因此，法院认定，智利的第二项最终诉求不再存在争议对象，因此无需对此做出裁决。

问题 2.3：智利的第三项诉求——智利当前使用锡拉拉河水系河水的权利（第 66 ~ 76 段）

70. 法院注意到，在诉讼程序启动之时，玻利维亚明确反对智利的主张，即智利有权在当前使用锡拉拉河中“人工强化”部分的河水。

71. 考虑到玻利维亚在口述程序中的陈述，法院同样注意到，当事方均认可智利有公平合理利用锡拉拉河河水的权利，不论河水是“自然”还是“人工”性质或来源。此外，玻利维亚没有在诉讼程序中主张，智利因过去对锡拉拉河河水的使用而应支付赔偿。

72. 法院认为，第三项诉求本身没有明确表明智利是否请求法院宣布其当前对锡拉拉河河水的使用符合公平合理利用原则，抑或请求法院宣布，它有权在将来获得同样的流量和水量。在这方面，法院注意到，智利在诉讼程序后期的多次陈述中，强调其第三项诉求仅请求法院宣布当前对锡拉拉河河水的使用符合公平合理利用原则，且它将来利用河水的权利并不影响玻利维亚的权利。而且，智利多次强调，其公平合理利用的权利本身不会因拆除水渠和装置后流量减少而受到损害。

73. 法院认为，由于智利在其书面和口头诉状中提到，如果玻利维亚决定着手拆除水渠，其有不违反习惯国际法的一般义务，智利上述陈述所作的澄清并没有引起质疑。在法院看来，这些表述并不属于智利陈述的实质内容，而仅仅是回顾了各国遵守国际法义务的一般责任。

74. 至于玻利维亚辩称智利的利用不妨碍玻利维亚今后对锡拉拉河的利用，法院重申，在玻利维亚公平合理利用锡拉拉河河水的相应权利方面，当事方没有分歧，因为智利没有否认玻利维亚的相关主张。

75. 基于上述原因，法院认为，当事方在诉讼过程中对智利的第三项诉求达成了一致。法院注意到智利的声明，即其不再质疑玻利维亚的完全主权权力，玻利维亚有权拆除水渠和按照国际法恢复境内湿地。

76. 由于当事方已对智利的第三项诉求达成一致,法院认为,智利的第三项诉求不再存在争议对象,所以无需对此做出裁决。

问题 2.4:智利的第四项诉求——玻利维亚预防和控制其在锡拉拉河水系附近的活动造成损害的义务(第 77 ~ 86 段)

82. 法院注意到,在提起诉讼时,玻利维亚明确反对智利第四项诉求中的主张,即预防跨界损害义务对锡拉拉河"人工强化"部分的可适用性。

83. 法院认为,当事方均同意其受预防跨界损害这一习惯义务的拘束。此外,当事方现在也同意该义务适用于锡拉拉河河水,无论是"自然"还是"人工强化"部分。当事方还同意,预防跨界损害义务是一项行为义务,而非结果义务,并且该义务包括通知其他沿岸国、与其交换信息以及进行环境影响评价。

84. 不太清楚的是,当事方是否同意适用预防跨界损害习惯义务的门槛标准(threshold)。玻利维亚坚持认为,采取一切适当措施预防跨界损害的义务仅适用于造成"重大"(significant)损害的情况。而智利的某些陈述或许表明,应当适用更低的门槛标准。例如,智利在请求书中主张,玻利维亚有"合作和预防跨界损害的义务"。此外,在智利最终提出的第四项诉求中,其反复主张玻利维亚有义务"预防和控制污染及其他形式的损害"。

85. 在分析当事方的最终诉求是否以及在何种程序上继续反映了二者之间的争端时,法院可以解释这些诉求,同时考虑整个请求书和当事方提出的论据。[①] 法院注意到,智利有时提及预防跨界损害义务,但没有明确指出该义务仅限于重大的跨界损害。但在书状和口述程序中,智利也一再使用"重大损害"一词作为适用预防义务的门槛。法院还注意到,智利在其书状和口述程序中都没有请求法院适用比"重大损害"更低的门槛。法院认为,在没有更具体的相反证明时,不能将智利使用不同的用语理解为,其实质上不同意玻利维亚提出的、智利自己反复适用的"重大跨界损害"的门槛,包括其提及《1997 年公约》第 7 条的情况。

86. 基于上述原因,法院认为,当事方在诉讼过程中已就智利的第四项诉求达成一致意见。据此,法院认为智利的第四项最终诉求不再存在争议对象,因此,法院无需对此做出裁决。

---

① Nuclear Tests case, 1974, p. 263, paras. 30 – 31.

问题 2.5：智利的第五项诉求——玻利维亚就可能在锡拉拉河水系产生不利影响的措施进行通知和协商的义务(第 87～129 段)

89. 法院注意到，当事方就智利的第五项诉求存在法律和事实上的分歧。首先，这一分歧涉及关于非航行使用国际水道的习惯国际法中通知和协商义务的范围，以及适用该义务的门槛；其次，分歧也事关玻利维亚规划和进行相关活动时是否履行了上述义务。

90. 为了支持各自对相关习惯国际法规则的立场，当事方都援引了《1997 年公约》。当事方还援引了作为《1997 年公约》基础的、国际法委员会(以下简称 ILC 或委员会)于 1994 年通过的《国际水道非航行使用法条款草案》(以下简称《ILC 条款草案》)，以及 ILC 对该条款草案的评注。法院注意到，当事方都主张《1997 年公约》的部分条款反映了习惯国际法。然而，当事方对部分其他条款是否反映习惯国际法存在分歧，包括关于程序义务的条款，特别是通知和协商义务。

91. 在分析本案中通知和协商义务的履行问题之前，法院将首先回顾该义务产生的法律框架，以及指导本案当事方作为锡拉拉河沿岸国应承担的程序义务的习惯国际法规则和原则。

问题 2.5.1：可适用的法律框架(第 92～102 段)

92. 法院注意到，只有当锡拉拉河事实上构成国际水道时，关于国际水道的习惯义务才对锡拉拉河沿岸国有拘束力。在这方面，法院回顾道，即使当事方都同意锡拉拉河构成国际水道(参见第 59 段)，玻利维亚依然没有明确承认《1997 年公约》第 2 条规定的“国际水道”定义反映了习惯国际法(参见第 57 段)。玻利维亚的这一立场与智利恰恰相反。

93. 法院认为，增加水道地表流量的改动措施并不影响其作为国际水道的性质。

94. 关于该问题，法院注意到，当事方所选任的专家都同意锡拉拉河河水(包括地表水和地下水)作为整体从玻利维亚流向智利，并流向同一个终点。毫无疑问，锡拉拉河是国际水道，并且正如当事方同意的那样，受习惯国际法的拘束。

95. 法院还强调，习惯国际法下国际水道的概念并不妨碍在适用习惯原则时，具体考虑每一国际水道的特征。每一水道的特征，例如《1997 年公约》第 6 条的非穷尽式列举，构成了在习惯国际法下判断公平合理利用国际水道时必须考虑的“相关因素和情况”。如上文所述(参见第74段),当事方同意,根据习惯国际法,它们都同样有权公平合理地利用锡拉拉河河水。

96. 根据法院以及其前身的判例,国际水道构成共享资源,其沿岸国对其享有共同的权利。早在1929年,常设国际法院就宣判,关于奥德河上的航行问题,在国际水道中存在共同体利益,是“共同法律权利的依据”。[①] 近年来,法院将该原则适用于国际水道的非航行使用,并认为该原则已得到国际法现代发展的强化,如《1997年公约》的缔结。[②]

97. 依据习惯国际法,各沿岸国都有公平合理地分享国际水道资源的基本权利。这意味着国际水道的所有沿岸国都同时拥有权利和义务:各沿岸国都有权进行公平合理的利用和分享,也有义务不超越该权利限度,即不剥夺其他沿岸国合理利用和分享资源的平等权利。这反映了“在跨境背景中,特别是在使用共享自然资源时,协调各沿岸国不同利益的需要”。[③] 在本案中,根据习惯国际法,当事方均有公平合理利用锡拉拉河河水这一国际水道的权利,且都有义务在利用时采取所有合理措施避免对他方造成重大损害。

98. 法院还认为,公平合理利用国际水道的原则不应被抽象地或僵化地适用,而应当比较当事方的具体情况和特定时间对水道的利用情况。

99. 法院回顾道,在国际法一般规则中,“各国都有义务禁止其领土被故意用于违反其他国家权利的行为”。[④] 在跨境背景中,“国家因此有义务采取一切可行手段,从而避免在其领土或其管辖下任何地区进行的活动对另一国环境造成重大损害”,特别是涉及共享资源时。[⑤]

100. 法院也强调,在上述义务之外,还有更为狭义和具体的程序义务,这些程序义务有助于沿岸国履行习惯国际法规定的实质义务。[⑥]正如法院已在判例中向国家指出的那样,事实上只有“通过合作,有关国家才可以共同管理一方

---

① Territorial Jurisdiction of the International Commission of the River Oder, Judgment No. 16, 1929, P. C. I. J., Series A, No. 23, p. 27.

② Gabčíkovo-Nagymaros Project (Hungary/Slovakia), Judgment, I. C. J. Reports 1997 (hereafter Project case, 1997), p. 56, para. 85.

③ Pulp Mills on the River Uruguay (Argentina v. Uruguay), Judgment, I. C. J. Reports 2010 (I) (hereafter Pulp Mills case, 2010), p. 74, para. 177.

④ Corfu Channel (United Kingdom v. Albania), Merits, Judgment, I. C. J. Reports 1949, p. 22.

⑤ Pulp Mills case, 2010, pp. 55–56, para. 101, citing Legality of the Threat or Use of Nuclear Weapons, Advisory Opinion, I. C. J. Reports 1996 (I), p. 242, para. 29; Certain Activities Carried Out by Nicaragua in the Border Area (Costa Rica v. Nicaragua) and Construction of a Road in Costa Rica along the San Juan River (Nicaragua v. Costa Rica), Judgment, I. C. J. Reports 2015 (II) (hereafter Border Area and Construction of a Road case, 2015), p. 706, para. 104.

⑥ Pulp Mills case, 2010, p. 49, para. 77.

启动的计划可能造成的环境损害风险，通过履行程序和实体义务来预防有关损害”。[①]

101. 这也是法院认为合作、通知和协商义务是各沿岸国实体义务重要补充的原因。法院认为，正如本案所涉及的锡拉拉河，如果“只能通过沿岸国密切和持续的合作才能保护”相关共享资源，“这些义务就更为重要”。[②]

102. 法院重申，当事方就上述实体义务的习惯国际法属性及其对锡拉拉河的适用没有争议。它们的分歧涉及程序义务的范围以及在本案中的可适用性，特别是适用通知和协商义务的门槛以及玻利维亚是否违反了该项义务。

问题 2.5.2：习惯国际法下通知和协商义务的适用门槛（第 103～118 段）

109. 当事方对于《1997 年公约》第 11 条的解释以及该条款是否反映了习惯国际法存在分歧。第 11 条规定：

> 各水道国应就计划采取的措施对国际水道状况可能产生的影响交换资料和互相协商，并在必要时进行谈判。

110. 法院回顾道，本案的可适用法律是习惯国际法。因此，《1997 年公约》第 11 条中就计划措施交换信息的义务仅当其反映习惯国际法时才适用于当事方。

111. 不同于对《ILC 条款草案》其他规定的评注，对第 11 条（之后成为《1997 年公约》第 11 条）的评注并没有提及任何国家实践或者司法依据，表明该条款具有习惯法属性。委员会只是说，第 12 条的评注指出了一些文件和决定，“规定了与第 11 条相似的要求”。[③]因此，委员会似乎并不认为《ILC 条款草案》第 11 条反映了习惯国际法义务。在没有任何一般实践或法律确信来支持这一主张的情况下，法院不能认为《1997 年公约》第 11 条反映了习惯国际法。因此，法院无需处理适用于《1997 年公约》缔约国之间的对第 11 条的解释问题。

112. 如上文所述，法院不能接受智利的主张，即《1997 年公约》第 11 条反映了习惯国际法下的一般义务，也即就任何可能对国际水道产生不利或有利影响

---

① Pulp Mills case, 2010, p. 49, para. 77.

② Pulp Mills case, 2010, p. 51, para. 81.

③ ILC, Draft Articles on the Law of the Non-Navigational Uses of International Watercourses and Commentaries thereto, *Yearbook of the International Law Commission* (*YILC*), 1994, Vol. Ⅱ, Part 2, p. 111, paragraph 5 of the commentary to Article 11.

的计划措施与其他沿岸国交换信息的义务。

113. 至于《1997 年公约》第 12 条,法院注意到,尽管当事方都认为该条款反映了习惯国际法,但它们对其解释存在分歧。第 12 条规定:

> 对于计划采取的可能对其他水道国造成重大不利影响的措施,一个水道国在予以执行或允许执行之前,应及时向那些国家发出有关通知。这种通知应附有可以得到的技术数据和资料,包括任何环境影响评估的结果,以便被通知国能够评价计划采取的措施可能造成的影响。

114. 法院认为,该条款的内容在很大程度上符合其在习惯国际法下国家关于跨境损害的程序义务的判例,包括对共享资源的管理。法院确实在判例中确认了,在某些情况下,存在通知其他沿岸国和与之协商的义务。法院强调,如果"存在重大跨界损害风险",该习惯国际法义务将适用。[①] 法院回顾道,在判决中,它明确指出了一个国家在共享资源附近或一般具有显著跨国影响的区域内开展活动的步骤和方法。相关国家:

> 在开始一项可能对其他国家产生不利环境影响的活动之前,必须确认是否存在重大跨境损害风险,这将触发进行环境影响评估的要求……如果环境影响评估确认了重大跨境损害风险的存在,当有必要确定预防或减轻该风险的适当措施时,计划进行活动的国家应当遵守其适当注意义务,通知和与可能受影响国家进行善意协商。[②]

115. 法院注意到,对于通知和协商习惯义务的适用及提前进行环境影响评估义务,《1997 年公约》第 12 条与法院判例的表述存在不同。特别地,《1997 年公约》规定"可能对其他水道国造成重大不利影响的措施",而法院则是提及"重大跨境损害风险"。法院也注意到,委员会的评注没有明确指出损害的程度,从而引起《ILC 条款草案》第 12 条中通知义务的适用。委员会仅仅提到:"该标准所确立的程度应当比第 7 条'重大损害'的门槛更低。因此,'重大不利影响'(significant adverse effect)可能达不到第 7 条'重大损害'的程度。"[③]

116. 法院注意到,虽然其判例所确立的通知和协商要求,与《1997 年公约》

---

① Border Area and Construction of a Road case, 2015, p. 707, para. 104.

② Border Area and Construction of a Road case, 2015, pp. 706 – 707, para. 104.

③ ILC, Draft Articles on the Law of the Non-Navigational Uses of International Watercourses and Commentaries thereto, YILC, 1994, Vol. II, Part 2, p. 111, paragraph 2 of the commentary to Article 12.

第 12 条在用语上并不完全一致,但这两种表述都表明,当计划或进行的措施能够产生某种程度的损害影响时,就达到了适用通知和协商义务的门槛。

117. 法院认为《1997 年公约》第 12 条并不能反映比法院判例确立的通知和协商的一般义务更严格的习惯国际法规则。

118. 法院因此得出结论,依据习惯国际法,如果一沿岸国的计划活动可能对另一沿岸国造成重大风险,该沿岸国应当通知对方并与之协商。

问题 2.5.3:玻利维亚是否履行了习惯国际法下通知和协商义务(第 119 ~ 129 段)

125. 根据上文关于习惯国际法义务的内容及其适用门槛的结论,法院将评价玻利维亚对通知和协商的程序义务的遵守情况。如上文所述,一沿岸国应当就可能造成重大跨界损害的任何计划和措施向其他沿岸国履行通知和协商义务。

126. 因此,如果确定玻利维亚在锡拉拉河附近进行的任何活动对智利造成了重大损害风险,法院只需要考虑玻利维亚是否按照习惯国际法对情况和重大跨界损害风险进行了客观评估。如果某些计划的措施因其性质或规模,并考虑到其实施的背景,有造成重大跨界损害的风险,就可能出现这种情况。[①]

127. 然而,对于智利控诉的玻利维亚采取的措施,却不是此种情况。智利没有证明甚至没有主张与玻利维亚计划或实施的措施有关的任何损害风险,更不用说重大损害。法院注意到,玻利维亚提供了一些关于计划采取措施的事实细节,智利对此没有提出异议。因此,玻利维亚没有采取任何步骤来执行允许玻利维亚 DUCTEC 公司使用河水的计划。对于建造养鱼场、围堰和矿泉水装瓶厂的项目,玻利维亚没有采取任何行动。至于修建的十座小房子,玻利维亚主张,这些房子从未有人居住过,而智利也没有反驳。事实上,只有军事哨所被建成并投入使用。对此,玻利维亚指出,哨所的规模不大,而且它采取了一切必要措施来防止锡拉拉河及其河水被污染。智利没有提出相反的主张,也没有主张计划或实施的任何措施能够对智利造成哪怕是最轻微的损害风险。

128. 基于上述原因,法院认为玻利维亚没有违反其在习惯国际法下的通知和协商义务,并驳回智利的第五项最终诉求。

129. 尽管有上述结论,法院注意到,玻利维亚愿意继续与智利合作,从而确保当事方都能公平合理地利用锡拉拉河河水。因此,法院促请当事方铭记,有

---

① Border Area and Construction of a Road case, 2015, pp. 720 – 721, para. 155.

必要本着合作精神不断进行协商,从而确保各自的权利得到尊重,同时保护和保全锡拉拉河及其环境。

问题3:玻利维亚的反诉(第130~162段)

问题3.1:玻利维亚反诉的可受理性(第130~137段)

130. 在反诉书状中,玻利维亚提出了三个反诉主张。法院在2018年11月15日的命令中并不认为在当时的诉讼阶段需要裁判玻利维亚的反诉是否满足《规则》的条件,并将该问题推迟到下一阶段审理。① 因此,在分析反诉的实质问题之前,法院将首先确定反诉是否满足《规则》的条件。

131.《规则》第80条第1款规定:"反诉可以提出,但以与当事国另一方的诉讼请求的标的直接有关并属于管辖范围之内为限。"法院曾将这两项要求定性为与"反诉本身的可受理性"有关,且认为"可受理性"一词必须解释为"包括管辖权要求和直接联系要求"。②

132. 玻利维亚主张,其反诉符合第80条第1款的要求。它主张,反诉属于法院管辖权范围,并且与本诉相关,符合《规则》和法院判例的要求。

133. 法院回顾,在致书记官处的信中以及后来法院院长与当事方代理人的会议上,智利表示,不打算对玻利维亚反诉的可受理性提出反对意见。③

134. 法院注意到,智利并未反对法院对反诉具有管辖权。法院也注意到,玻利维亚和智利一样,都认为法院对反诉的管辖权依据是《波哥大公约》第31条。法院认为,反诉涉及玻利维亚根据国际水道习惯国际法的权利,因此属于法院根据《波哥大公约》第31条拥有管辖权的"任何国际法问题"。

135. 法院还回顾了其判例,应当由法院:

> 自行裁量评估反诉是否与本诉有充分联系,同时考虑到个案的具体方面,并且根据一般规则,必须从事实和法律上评估诉求之间的联系程度。④

136. 法院认为,在本案中,反诉与本诉的主题事项在事实和法律上直接相

---

① Dispute over the Status and Use of the Waters of the Silala (Chile v. Bolivia), Order of 15 November 2018, I. C. J. Reports 2018 (II) (hereafter Silala case, Order, 2018), p. 705.

② Certain Activities Carried Out by Nicaragua in the Border Area (Costa Rica v. Nicaragua) and Construction of a Road in Costa Rica along the San Juan River (Nicaragua v. Costa Rica), Counter-Claims, Order of 18 April 2013, I. C. J. Reports 2013, p. 208, para. 20.

③ Silala case, Order, 2018, pp. 704 – 705.

④ Oil Platforms (Islamic Republic of Iran v. United States of America), Counter-Claim, Order of 10 March 1998, I. C. J. Reports 1998, pp. 204 – 205, para. 37.

关。当事方的诉求清楚表明,它们的诉求属于同一事实的一部分。同样,当事方各自的诉求涉及两国关于锡拉拉河法律关系中习惯国际法规则的确定和适用。法院还认为,玻利维亚的反诉不仅是对智利诉求的申辩,而且构成了单独的诉求。[①]

137. 因此,法院认为,《规则》第 80 条第 1 款的要求已满足,法院可以裁决玻利维亚反诉的实质问题。

问题 3.2:玻利维亚的第一项反诉——玻利维亚主张对安装在其领土内的人工水渠和排水系统享有主权(第 138 ~ 147 段)

142. 法院曾指出,与主诉的情况一样,"必须确定当事方关于反诉的主题事项存在争端"。[②] 正如法院已经注意到的那样,由于当事方的立场在目前的诉讼过程中发生了变化,法院必须确定对于第一项反诉存在反对意见(参见上文第 42 段)。

143. 法院认为,关于第一项反诉,当事方都同意人工水渠和排水系统位于玻利维亚的主权领土内。当事方也同意,根据国际法,玻利维亚有权决定其领土上的基础设施如何构成,以及是否维持或拆除。

144. 在此方面,玻利维亚认为,智利在该项反诉中援引了公平合理利用的权利,其似乎认为拆除基础设施对河流流量的影响可能侵犯其使用锡拉拉河河水的权利。在玻利维亚看来,智利相当于主张一种"既得权",即智利对河水的使用或任何未来的使用能够对抗玻利维亚拆卸人工设施的权利。对此,法院注意到,智利在其书状中明确指出并在口述程序中一再重申,除非涉及玻利维亚认可的义务,否则任何拆除玻利维亚领土内水渠而导致的跨界地表流量的减少都没有违反习惯国际法。

145. 此外,智利也接受了玻利维亚的下列观点:玻利维亚对水渠和排水系统享有主权,玻利维亚对维持或拆除水渠和排水系统享有主权权利,玻利维亚对恢复湿地享有主权权利,以及这些权利的行使都应当符合关于重大跨界损害的习惯国际法。法院认定,对于上述观点,当事方不再存在任何分歧。

146. 如上文所述,当事方同意玻利维亚修建、维持或拆除其领土内基础设

---

① Application of the Convention on the Prevention and Punishment of the Crime of Genocide (Bosnia and Herzegovina v. Yugoslavia), Counter-Claims, Order of 17 December 1997, I. C. J. Reports 1997, p. 256, para. 27.

② Alleged Violations of Sovereign Rights and Maritime Spaces in the Caribbean Sea (Nicaragua v. Colombia), Counter-Claims, Order of 15 November 2017, I. C. J. Reports 2017, p. 311, para. 70.

施的权利必须按照习惯国际法的可适用规则行使。[①]特别是玻利维亚在口述程序中明确表示,其行使修建、维持或拆除领土内基础设施的主权权利必须遵守关于重大跨境损害的习惯国际法义务。当事方也同意了适用于锡拉拉河河水的规则,包括沿岸国公平合理利用的权利、避免对其他水道国造成重大损害的适当注意义务,以及遵守合作的一般义务和所有程序义务。[②] 关于锡拉拉河上基础设施的拆除,当事方之后可能对上述义务的履行表达不同意见。然而,这种可能性不能改变一个事实,即智利并不反对作为第一项反诉主题事项的权利,也就是玻利维亚有权维持或拆除其领土内的水渠。法院认为,玻利维亚可以依赖智利对其拆除水渠权利的认可。

147. 鉴于上述情况,法院认定,当事方之间不存在争议。依据法院的司法职能,法院仅可以对裁判时持续存在的争端发表意见。[③] 因此,法院认为玻利维亚提出的第一项反诉已不再存在争议对象,法院无需对此作出裁决。

问题 3.3:玻利维亚的第二项反诉——玻利维亚对其领土内设计、强化或产生的锡拉拉河"人工"河水主张的主权(第 148～155 段)

152. 法院注意到,该反诉主张的措辞以及玻利维亚的立场在整个诉讼过程中发生了明显的变化,特别是玻利维亚对锡拉拉河的性质的立场和主张发生了改变。如上文所述(参见判决书第 53 段),玻利维亚不再质疑锡拉拉河是国际水道,现在也承认习惯国际法适用于整个河流。法院还注意到,玻利维亚不再像其书状中主张的那样,认为其有权决定向锡拉拉河"人工水流"供水的条件和方式,并且智利的用水应经过玻利维亚同意。玻利维亚现在主张,智利可以以公平和合理的方式获益于在锡拉拉河泉源安装设备和改道而产生的水流,只要水流继续存在。玻利维亚希望从这项反诉中获得一份声明,即智利对维持目前的状况没有"既得权",并且智利对通过水渠获得的地表水的公平合理利用也不是一项"未来权利",从而能够对抗拆除设备或者对抗玻利维亚根据习惯国际法主张的对河水的公平合理利用。

153. 法院认为,玻利维亚关于"主权"一词的含义与智利承认玻利维亚对安装在玻利维亚领土上的基础设施拥有的"主权权利",二者实质上并无不同。玻利维亚认为,当提到其对"强化水流"的"主权"时,意味着它对水渠工程的权利

---

① Silala case, Order, 2018, pp. 704 - 705, para. 75.

② Silala case, Order, 2018, pp. 704 - 705, paras. 64, 85 and 102.

③ Silala case, Order, 2018, pp. 704 - 705, para. 42.

和拆除这些工程的权利，智利对此没有异议，从而玻利维亚能够决定维持工程产生的水流，或是否拆除工程停止水流。玻利维亚认为，它所主张的权利不是一项自主权利，而是源于其被承认的维护或拆除领土内设施的权利。在这方面，法院注意到智利的陈述，即玻利维亚对基础设施的权利“完全没有争议”，智利对此没有异议。

154. 法院也认为，玻利维亚最终诉求中的第二项反诉的前提是，智利宣称其对锡拉拉河当前水流具有“既得权”。正如法院先前所注意到的那样，智利已明确表示，首先，其并没有主张此种“既得权”（参见判决书第 67 段）；其次，它承认玻利维亚对拆除基础设施拥有主权权利，并且任何由此导致的流入智利的锡拉拉河水量的减少本身不构成玻利维亚对习惯国际法义务的违反（参见上文第 75 段、第 147 段）。因此，法院的结论是，当事方对于该事项不再存在任何分歧。

155. 鉴于上述情况，法院认为，由于当事方对玻利维亚提出的第二项反诉意见的观点趋同，该项反诉不再存在争议对象，因此，法院不必对此作出裁决。

问题 3.4：玻利维亚的第三项反诉——玻利维亚主张有必要就未来向智利供应锡拉拉河“强化水流”缔结一项协议（第 156 ~ 162 段）

160. 如上文所述（参见判决书第 48 段），法院不能裁判假设的情形。法院只可以对裁判当事方实际争端时存在的具体案件作出裁决。

161. 然而，玻利维亚的第三项反诉不满足上述要求，因为其并不关乎当事方之间的实际争端。相反，是向法院对未来和假设的情况寻求意见。

162. 基于这些理由，玻利维亚的第三项反诉应当被驳回。

（五）裁判结果（第 163 段）

第一，以 15 票对 1 票，认定智利的第一项诉求不再存在争议对象，因此法院无需对此作出裁决；

第二，以 15 票对 1 票，认定智利的第二项诉求不再存在争议对象，因此法院无需对此作出裁决；

第三，以 15 票对 1 票，认定智利的第三项诉求不再存在争议对象，因此法院无需对此作出裁决；

第四，以 14 票对 2 票，认定智利的第四项诉求不再存在争议对象，因此法院无需对此作出裁决；

第五，全体一致，驳回智利的第五项诉求；

第六,以 15 票对 1 票,认定玻利维亚的第一项反诉不再存在争议对象,因此法院无需对此作出裁决;

第七,以 15 票对 1 票,认定玻利维亚的第二项反诉不再存在争议对象,因此法院无需对此作出裁决;

第八,全体一致,决定驳回玻利维亚的第三项反诉。

(六)法官意见

本案中,通卡法官(Judge Tomka)发表了声明,查尔斯沃斯法官(Judge Charlesworth)发表了声明,专案法官希玛(Judge *ad hoc* Simma)发表了个别意见。

二、国际法制度

(一)国际非航行水道国际法制度的历史发展

水资源关系着人类的生命与文明。自 1648 年签订《威斯特伐利亚和约》以后,越来越多的国家开始就淡水资源的使用问题订立协议。到了 18 世纪,随着工业革命的兴起、帝国的解体和主权国家的繁荣,共享水道的国家进一步认识到通过协议建立淡水使用的稳定关系的重要性。① 1966 年国际法协会通过了《赫尔辛基规则》(Helsinki Rules on the Uses of the Waters of International Rivers),这是国际社会首次尝试编纂国际水法,该规则也是《1997 年公约》的前身。② 关于国际水道的现有法律规则主要为《1997 年公约》和 1992 年《保护和使用越境水道和国际湖泊公约》(Convention on the Law of the Non-navigational Uses of International Watercourses,以下简称《越境水道和国际湖泊公约》)。但迄今为止,国际社会、学界尚没有对国际水道的定义达成一致。这是因为,一方面,在实践中难以区分"海洋"和"淡水";另一方面,当界定水道在法律层面是否具有"国际性"时,会受到政治、地理位置等诸多非法律因素的影响。③ 此外,尽管存在上述公约,习惯国际法在国际水道使用中依然发挥重要作用。正如本案,在

---

① See Stephen C. McCaffrey, *The Law of International Watercourses* (The Oxford University Press, 3rd edn, 2019), p. 68.

② See Stephen C. McCaffrey, *The Law of International Watercourses* (The Oxford University Press, 3rd edn, 2019), pp. 85 – 87.

③ See J. Bruhács, *The Law of Non-Navigational Uses of International Watercourses* (Martinus Nijhoff Publishers, 1993), pp. 24 – 25.

当事方都不是上述公约的缔约国、也没有缔结其他多边或双边条约的情形下,[①]判断公约规定是否形成或反映了习惯国际法规则是法院的主要任务。

1.《1997 年公约》

《1997 年公约》由委员会起草,并于 1997 年 5 月 21 日通过。该公约的谈判和缔结过程向各国开放,是对规制使用共享淡水资源(除航行以外)的一般性原则和国际法规则(特别是习惯国际法)的总结。[②] 到目前为止,该公约共有 38 个缔约国。[③] 根据《1997 年公约》第 2 条规定,国际水道是指其组成部分位于不同国家的水道。而水道是指地面水和地下水的系统,由于它们之间的自然关系,构成一个整体单元,并且通常流入共同的终点。《1997 年公约》规定了公平合理利用原则,该原则在 1997 年"工程案"中被法院适用,[④]表明法院承认《1997 年公约》具有权威性。

2.《越境水道和国际湖泊公约》

《越境水道和国际湖泊公约》于 1992 年 3 月 17 日在赫尔辛基由联合国欧洲经济委员会组织签订,并于 1996 年 6 月 10 日生效。[⑤] 2003 年,缔约国修正了第 25 条和第 26 条,该公约开始向联合国各会员国开放签订。之所以从区域性条约走向全球性公约,是因为缔约国期待《越境水道和国际湖泊公约》能够弥补国家间淡水资源规则的空白。不同于《1997 年公约》主要反映关于淡水资源的习惯国际法规则,《越境水道和国际湖泊公约》总结了更多超出习惯国际法范畴的、关乎国际水法未来发展趋势的规则;[⑥]《越境水道和国际湖泊公约》最初调整对象是欧洲经济委员会区域内国家的淡水资源使用情况,而这些国家有着丰富的降雨量和大量的国际水道;《越境水道和国际湖泊公约》的规定也更加注重细节,主要关注水资源的质量而非数量,关注这些资源的保护问题而非配置问题。[⑦] 也正如其在序言中所述,《越境水道和国际湖泊公约》的一大主要目的是

---

① See Dispute over the Status and Use of the Waters of the Silala (Chile v. Bolivia), Judgment, International Court of Justice, 2022 (hereafter Silala case, 2022), p. 24, para. 54.

② See Stephen C. McCaffrey, *The Law of International Watercourses* (The Oxford University Press, 3rd edn, 2019), p. 421.

③ See United Nations Treaties Collection, "Convention on the Law of the Non-Navigational Uses of International Watercourses", https://treaties.un.org/Pages/ViewDetails.aspx?src = TREATY&mtdsg_no = XXVII - 12&chapter = 27&clang = _en#1 (last visited at 30 August, 2023).

④ See Project case, 1997, p. 56.

⑤ See United Nations Economic Commission for Europe (ECE), *Convention on the Protection and Use of Transboundary Watercourses and International Lakes*, 2013, p. 3.

⑥ See Stephen C. McCaffrey, *The Law of International Watercourses* (The Oxford University Press, 3rd edn, 2019), p. 415.

⑦ See Stephen C. McCaffrey, *The Law of International Watercourses* (The Oxford University Press, 3rd edn, 2019), p. 417.

避免跨境损害,预防跨境损害原则也是其规定的第一个一般原则。①

(二)国际非航行水道的义务:公平合理利用原则和预防重大损害的义务

1. 公平合理利用原则

公平合理利用原则起源于美国联邦最高法院20世纪初关于水资源的洲际分摊判决,后规定在国际法协会1966年《赫尔辛基规则》中,最终体现在《1997年公约》第5条中。共享淡水资源沿岸国需要同时满足"公平原则"和"合理利用"两个标准。

总的来看,国际水道的公平合理利用原则至少具有以下三个含义:第一,河道国对国际河道这一"共享自然资源"享有平等的主权;第二,该原则决定了河道国具有使用权,意味着在解决相关利益冲突时,需以"公平"与"合理"作为基本前提,也就是从某程度上要求河道国进行合作;第三,该原则意味着对国际河道使用的协调结果是通过公平合理的份额分配达成的,且河道国具有公平合理利用国际河道的行为义务。②

其中,公平合理利用原则中"公平原则"主要关注国际水道的水资源分配问题,在考虑水量分配问题的基础上,还应当将其他诸多因素,如河流的污染问题、气候变化引起的环境改变等纳入考量。③ 在美国联邦最高法院"新泽西诉纽约案"中,新泽西作为下游沿岸州请求法院禁止纽约使用特拉华河的支流水源来增加纽约的水资源供应,霍姆斯大法官在该案中就公平利用原则作出了如下阐述:"纽约有切断位于其管辖范围内水源的权力,但显然行使这样的权力会损害下游州的利益,因此这一做法不能被容忍。而新泽西很难使纽约承诺其在未来不会完全切断流向下游的水源。当事方在这条河上都有真实的实体权利。国家内部对此问题的不同传统和实践可能导致不同的处理结果,然而应当尽一切真诚的努力来确保资源的公平分配。"④与此同时,公平合理利用原则中的"合理利用"强调沿岸国不能超出其使用权利用水资源。⑤ 在1997年"工程案"中,

---

① See United Nations Economic Commission for Europe (ECE), *Convention on the Protection and Use of Transboundary Watercourses and International Lakes*, 2013, Article 2.

② See J. Bruhács, *The Law of Non-Navigational Uses of International Watercourses* (Martinus Nijhoff Publishers, 1993), p. 159.

③ See Stephen C. McCaffrey, *The Law of International Watercourses* (The Oxford University Press, 3rd edn, 2019), pp. 445, 447, 449.

④ New Jersey v. New York, 283 US 336 (1931), pp. 342 – 343.

⑤ See Stephen C. McCaffrey, *The Law of International Watercourses* (The Oxford University Press, 3rd edn, 2019), p. 449.

法院肯定了非航行水道的公平使用权。[①] 不过,国际司法判例尚未对何为“合理利用”共享淡水资源作出界定。

2. 预防重大损害的义务

首先,《1997 年公约》第 7 条第 1 款规定:“水道国在自己领土内利用国际水道时,应采取一切适当措施,防止对其他水道国造成重大损害。”预防重大损害义务,又被称为无害义务(non-harm obligation),是该公约的一般原则,是各缔约国的基本义务。然而,在国际非航行水道中,这一义务却因其可能与公平合理利用权相冲突而常常充满争议。[②] 值得明确的是,无害原则作为独立的法律规范不应当被绝对化地适用,正如《1997 年公约》第 7 条第 2 款之规定以及法院在“工程案”中的裁决,[③]无害原则常常作为公平利用原则的补充规则进行适用。

其次,委员会在起草文件中解释无害原则下“损害”一词的含义是“必须存在对利用水资源实际的阻碍,例如,因其利用而对受影响国的公共健康、工业、财产、农业或环境等造成了有害的影响”。[④] 可见,由于难以界定一国行为导致了违反国际法义务的“损害”,国际法对此采取了较为灵活的判断方式,[⑤]即损害可以以不同形式存在,且这种损害也可以是法律意义上的损害。[⑥] 此外,预防重大损害义务是一种行为义务,在法院“科孚海峡案”[⑦]和“纸浆厂案”中,预防原则是指一国有义务采取一切措施来避免发生在其领土或管辖范围内的活动对他国的环境造成重大损害,它作为习惯国际法,起源于一国的审慎义务。但在司法实践中,由于这一原则过于概括,法院常常根据案件的不同情况,采用不同的具体判断标准。[⑧]

最后,在预防重大损害义务中,“重大”一词发挥了举足轻重的作用。如前所述,在很难界定何为违反国际法的损害的情况下,“重大”一词为判断一国是否违背义务提供了新的思路,即在公平合理利用权和所造成的损害之间进行权衡,受影响国可以通过举证的方式证明他国的行为即使在公平合理利用原则下

---

① See Project case, 1997, para. 85.

② See Stephen C. McCaffrey, *The Law of International Watercourses* (The Oxford University Press, 3rd edn, 2019), p. 468.

③ See Project case, 1997, paras. 78, 85, 147, 150.

④ International Law Commission, 1988 Year Book of International Law, Volume II, Part 2, p. 36.

⑤ See Stephen C. McCaffrey, *The Law of International Watercourses* (The Oxford University Press, 3rd edn, 2019), p. 492.

⑥ See Stephen C. McCaffrey, *The Law of International Watercourses* (The Oxford University Press, 3rd edn, 2019), p. 471.

⑦ See Corful Channel (United Kingdom v. Albania), Judgment, I. C. J. Reports 1949, p. 22; Pulp Mills case, 2010, pp. 14, 55, 56.

⑧ See Stephen C. McCaffrey, *The Law of International Watercourses* (The Oxford University Press, 3rd edn, 2019), p. 486.

也是不能被容忍的。[①]同时,损害是"重大"的,并不等同于其是"实质上的"(substantial)损害或"严重的"(serious)损害。[②]

(三)国际非航行水道的程序义务:通知义务、协商义务、交换信息和资料的义务

由于国际河道是沿岸国共享的自然资源,善意开展国际合作原则在实现对国际河道的利用上发挥了巨大的作用。从博弈论的角度看,共享国际河道的国家处于"囚徒困境"当中,只有"囚徒们"共同合作、实现共享,才能够实现利益的最大化。[③] 正如法院在"工程案"中所指出的那样,"唯有通过国际合作,减轻航行、洪水、环境保护问题的措施才可以被付诸实践"。[④]《1997 年公约》第 8 条也明确规定了缔约国负有合作的一般义务。尽管国际合作是否构成一项有拘束力的义务在学界依然存在争议,但可以肯定,国际合作是沿岸国履行其实体义务和程序义务的基础。据此,以善意开展国际合作原则为基础的程序义务主要包括通知义务、协商义务、交换信息和资料的义务。

1. 通知义务

通知义务作为国际合作的具体体现形式之一,最早被规定在 1992 年《里约环境与发展宣言》中。[⑤]《1997 年公约》则在第三部分详细规定了事前通知义务的具体规则。值得注意的是,相较于预防重大损害义务,触发事前通知义务的门槛更低,即缔约国应当在其采取计划"可能对其他水道国造成重大不利影响"(significant adverse effects)时,向相关国家发出通知。"造成重大不利影响"的标准也反映在法院"纸浆厂案"中,在该案中,法院认为一国应当在其措施可能造成跨境重大不利影响时采取环境影响评价措施。[⑥]

2. 协商义务

协商义务在《1997 年公约》第 3 条第 5 款、第 6 条第 2 款、第 7 条第 2 款、第 17 条第 1 款中均有体现。特别地,第 3 条第 5 款规定:"……水道国应进行协商,以期为缔结一项或多项水道协定进行善意的谈判。"这意味着协商不仅仅是

---

① See Stephen C. McCaffrey, *The Law of International Watercourses* (The Oxford University Press, 3rd edn, 2019), p. 492.

② See Stephen C. McCaffrey, *The Law of International Watercourses* (The Oxford University Press, 3rd edn, 2019), p. 496.

③ See Stephen C. McCaffrey, *The Law of International Watercourses* (The Oxford University Press, 3rd edn, 2019), p. 528.

④ Project case, 1997, pp. 8, 20, para. 17.

⑤ United Nations General Assembly, *Rio Declaration on Environment and Development*, UN Doc. A/CONF. 151/5/Rev. 1, Principle 19.

⑥ Pulp Mills case, 2010, p. 83, para. 204.

非航行水道沿岸国的争端解决方式,更是沿岸国在履行协商义务和诸多实体义务时的必经程序。① 此外,建立联合机构以促进沿岸国关于使用非航行国际水道情况的协商,已经成为实现公平合理利用原则的必要前提。②

3. 交换信息和资料的义务

作为实现公平合理利用原则和预防重大损害原则的基础,交换信息和资料的义务被广泛规定在诸多法律文件中。例如,《1997 年公约》第 9 条、《越境水道和国际湖泊公约》第 6 条、《赫尔辛基规则》第 29 条、《关于分配在法拉卡地区的恒河水和增加恒河水流的协定》(Agreement on Sharing of the Ganges Waters at Farakka and on Augmenting Its Flows)第 4 条和第 6 条等,均包含了交换信息和资料的义务。同时,一些区域性条约还规定了履行信息交换义务的具体方式。例如《湄公河流域可持续发展合作协定》(Agreement on the Cooperation for the Sustainable Development of the Mekong River Basin)第 24 条建立了联合委员会负责信息的交换,又如《印度政府、巴基斯坦政府和国际复兴开发银行关于印度河河水条约》(The Indus Waters Treaty 1960 between the Government of India, the Government of Pakistan and the International Bank for Reconstruction and Development)第 7 条则建立观察站共享搜集到的信息。

三、案例评析

本案虽然主要涉及国际非航行水道的界定及义务问题,但由于法院基本上驳回了当事方所有的主张,并认为在诉讼过程中当事方不再存在任何争端,所以法院几乎未触及国际非航行水道的实质法律问题。根据《国际法院规约》第 36 条第 2 款,当事国向法院提交审理的问题必须是法律争端。③ 本案中,法院援引了其于 1976 年在“核试验案”的判决,即“法院得以行使其司法职能的前提要件是争端的存在……因此向法院提交的争端必须在法院作出决定时依然存在。不容忽视的是,在有的情况下,争端可能因为已通过其他方式解决而消失”。④

关于如何判断法律争端在法院作出决定时依然存在的问题,常设国际法院、国际法院在其诸多判决和咨询意见中提出了明确的标准。早在“马弗洛马

① See Stephen C. McCaffrey, *The Law of International Watercourses* (The Oxford University Press, 3rd edn, 2019), p. 539.

② See Stephen C. McCaffrey, *The Law of International Watercourses* (The Oxford University Press, 3rd edn, 2019), p. 539.

③ 参见[英]马尔科姆·N. 肖:《国际法》(下)(第 6 版),白桂梅等译,北京大学出版社 2011 年版,第 843 页。

④ Nuclear Tests case, 1974, pp. 270 – 271, para. 55.

蒂斯巴勒斯坦特许权案”中,常设国际法院就曾指出,在确立法院管辖权之前,应首先解决的一个重要问题就是当事国所提交的争议是否构成一项争端,且这一争端是否无法通过谈判解决,对此,“一项争端是指对法律或事实的分歧,当事方之间法律观点或利益的冲突”。[①] 另外,法院在“对和平条约的解释案”中指出,“是否存在一项国际争端是一个客观判断的问题”,[②]一方当事国主张争端存在或不存在并不足以判定这一问题。[③] 在该案中,法院因为当事方对某一条约义务的履行或不履行问题持有明确的相反意见,从而认定国际争端存在。[④]这一标准在法院后来的相关案件中进一步得到采用。例如,在1962年“西南非洲案”中,法院重申了其在“马弗洛马蒂斯巴勒斯坦特许权案”中的标准,认为“当一方当事国积极反对另一方所提出的主张时”[⑤]一项国际争端才存在;而在“东帝汶案”中,法院援引包括“西南非洲案”和“对和平条约的解释案”等在内的诸多判决为先例,认为当事方对于澳大利亚是否违反了其对葡萄牙所负的义务存在法律争端。[⑥]

在本案中,法院对法律争端是否存在的判断面临不少争议。其中,希玛法官在其单独意见中质疑称,法院对判断一项争端是否存在采取了过低的标准,而且“当事方的意见趋同”本身并不能等同于已经达成了一致。[⑦] 此外,同希玛法官一样,其他两位法官查尔斯沃斯和通卡也质疑了法院对当事方主张的理解是否正确,并认为法院在本案中对争端是否存在的判断与先前的判决不一致,增加了法律的不确定性。[⑧]

具体来说,希玛法官指出,在判断是否存在法律争端时,判决书存在两个问题:一是在本案中,法院对争端是否存在采取了较先前判决更低,甚至不一致的标准;二是法院对玻利维亚第二项反诉主张的理解不准确。一方面,在判断是否存在法律争端时,法院认为“法院必须判断具体的主张是否由于当事方的立场趋同、达成了协议,或其他某些原因而不再呈对立关系”。[⑨] 此处,法院所采取

---

① Mavrommatis Palestine Concessions (Greece v. Britain), Judgment, 1924, P. C. I. J., Series A, No. 2, p. 11.

② Interpretation of Peace Treaties with Bulgaria, Hungary and Romania, Advisory Opinion, I. C. J. Reports 1950, p. 74.

③ See Nuclear Tests case, 1974, pp. 270 – 271, para. 55.

④ See Interpretation of Peace Treaties with Bulgaria, Hungary and Romania, Advisory Opinion, I. C. J. Reports 1950, p. 74.

⑤ South West Africa Cases (Ethiopia v. South Africa; Liberia v. South Africa), Preliminary Objections, Judgment of 21 December 1962, p. 328.

⑥ See East Timor (Portugal v. Australia), Judgment, I. C. J. Reports 1995, pp. 13 – 14, para. 22.

⑦ See Silala case, 2022, Separate Opinion of Judge Simma, para. 9.

⑧ See Silala case, 2022, Declaration of Judge Clarlesworth, paras. 6 – 9; Declaration of Judge Tomka, para. 3.

⑨ Silala case, 2022, para. 42.

的“当事方立场趋同”(a convergence of positions)标准从未在常设国际法院、国际法院的判例中出现过。况且,“当事方立场趋同”并不意味着当事方之间不再存在争端,因为当事方可能对于问题产生的背景持相似观点,却对这一问题的解决办法依旧存在争议。① 本案中,尽管玻利维亚的主张在诉讼过程中不断变化,但争议的本质——依据习惯国际法,锡拉拉河是否构成国际水道——这一在玻利维亚和智利之间持续了20年的历史问题并没有因此改变。同时,虽然当事方都以对方赞同了自己的立场为由要求法院驳回对方主张,但各当事方都没有清楚地解释当事双方究竟就什么内容达成了一致意见。② 这意味着当事方主张对方赞同自己的立场只是一种诉讼策略,而非真正就现存法律争端达成了一致。因此,整体看待玻利维亚的最终诉求也不难发现,当事方就锡拉拉河是否构成习惯国际法下的国际水道这一问题依旧存在争议。尽管玻利维亚的最终诉求认可了智利具有利用锡拉拉河河水的权利,但其依然要求智利为其利用水源进行赔偿。③ 从这一点可以看出,玻利维亚并不认为彼此在符合习惯国际法的范畴内行使了利用锡拉拉河水源的权利。此外,《1997年公约》下公平合理利用权也包括了河道国在未来公平合理利用水资源的权利和义务,而显然当事方对于未来是否能够继续公平合理利用水资源存在争议。

另一方面,希玛法官指出,法院在解读玻利维亚第二项反诉主张时存在错误。首先,本案援引了常设国际法院在“西里西亚案”中的判决,指出法院“无权代替当事方基于基础的事实和主张形成新的诉求”。④ 因此,法院只能根据当事方提出的最终诉求作出裁决。其次,法院对玻利维亚第二项反诉主张进行了解读。玻利维亚第二项反诉主张的措辞是:“玻利维亚对在其领土内修建、强化或产生的锡拉拉河人工水流享有主权,且智利对该人工水流不享有权利。”⑤这一主张实际上反映了玻利维亚的新诉讼策略,即主张锡拉拉河河水是“被人工强化的水流”。⑥ 而法院则仅将这一主张解读为“请求法院裁决玻利维亚对于决定是否及如何维持位于其领土内的水渠和排水系统享有主权”,回避了锡拉拉河位于智利境内的水流是否构成人工强化的水流这一核心争议。⑦ 最后,希玛法

① See Silala case, 2022, Separate Opinion of Judge Simma, para. 9.
② See Silala case, 2022, Separate Opinion of Judge Simma, paras. 6 – 7.
③ See Silala case, 2022, para. 156.
④ Certain German Interests in Polish Upper Silesia, Merits, Judgment, No. 7, 1926, P. C. I. J., Series A, No. 7, p. 35.
⑤ Silala case, 2022, para. 26.
⑥ Silala case, 2022, Separate Opinion of Judge Simma, para. 13.
⑦ See Silala case, 2022, Separate Opinion of Judge Simma, para. 16.

官还指出了更深层次的担忧,即法院在本案中判断法律争端是否存在漏洞的做法,似乎在向未来的当事国发出一个信号——由于当事国可以在诉讼的最后阶段抛弃其先前的主张,所以它们可以不负责任地提出十分缺乏说服力的主张。[①]

总的来说,法院应当在判断是否存在法律争端时持更加谨慎的态度。本案中,法院在判断是否存在法律争端时采取了不同于先前判例的更低标准,这导致了对玻利维亚最终诉求的粗糙解读,从而认为当事方之间不再存在法律争端。应当注意的是,一国可能以对方同意自己的主张为由请求法院驳回对方的诉求,这种诉讼策略必须和判断法律争端是否存在的标准进行区分,“唯有当事方在诉讼过程中就某一问题真诚地达成了一致”[②]才能断定所涉法律争端不存在。

(蒋浩玥　王　佳)

---

① See Silala case, 2022, Separate Opinion of Judge Simma, para. 18.

② Silala case, 2022, Separate Opinion of Judge Simma, para. 18.

指示临时措施命令

阿塞拜疆诉亚美尼亚“《消除一切形式种族歧视国际公约》适用案”

指示临时措施命令

国际法院

2021 年 12 月 7 日

一、事实背景(第 13 ~ 14 段)

本案与阿塞拜疆和亚美尼亚之间长期存在的种族冲突和领土争端相关。亚美尼亚和阿塞拜疆都是苏联的加盟共和国,分别于 1991 年 9 月 21 日、10 月 18 日独立。纳戈尔诺—卡拉巴赫地区(Nagorno-Karabakh region,以下简称纳卡地区)曾是苏联的一个自治区,位于阿塞拜疆领土内,但是大部分人口是亚美尼亚人。阿塞拜疆和亚美尼亚人为了争夺纳卡地区进行了一系列敌对行动。1994 年 5 月双方停火。2020 年 9 月战争再次爆发,阿塞拜疆称其为“第二次加巴格战争”,亚美尼亚称其为“第二次纳卡战争”(以下简称 2020 年冲突)。此次冲突持续了 44 天。2020 年 11 月 9 日,阿塞拜疆总统、亚美尼亚总理和俄罗斯总统签署了一份“三方声明”,宣布截至 2020 年 11 月 10 日纳卡地区全面停火,终止一切敌对行动。

二、诉讼程序概述(第 1 ~ 10 段)

2021 年 9 月 23 日,阿塞拜疆根据《国际法院规约》(以下简称《规约》)第 36 条第 1 款和《消除一切形式种族歧视国际公约》(以下简称《公约》)第 22 条向国际法院(以下简称法院)提起诉讼,指控亚美尼亚违反了《公约》,并以《规约》

第41条和《国际法院规则》(以下简称《规则》)第73、74、75条为依据请求法院指示临时措施。2021年10月18日和19日,双方进行了关于指示临时措施的口述程序。

三、当事方立场(第11～12段)

阿塞拜疆要求法院指示下列临时措施:

第一,亚美尼亚应采取一切必要措施,使阿塞拜疆能够迅速、安全、有效地排除阿塞拜疆领土内亚美尼亚军队埋设的和(或)在亚美尼亚指导、控制或帮助下的其他集团埋设的地雷,包括立即提供阿塞拜疆领土内地雷位置和特点的全面准确资料;

第二,亚美尼亚应立即停止在阿塞拜疆领土内埋设地雷,或者推动或协助埋设地雷,以免危及阿塞拜疆人的生命;

第三,亚美尼亚应采取一切必要措施,有效防止在亚美尼亚领土内活动的组织,包括生存艺术组织(Voxj Mnalu Arvest,Art of Survival,VoMA),煽动针对阿塞拜疆人的种族仇恨、参与出于种族动机的暴力行为,立即停止并制止在推特和其他社交媒体以及传统媒体上捏造公共和私人仇恨言论的煽动行为;

第四,亚美尼亚应采取有效措施,收集并防止销毁它知道的与针对阿塞拜疆人的基于种族动机的罪行指控相关的证据,包括阿塞拜疆信件中的证据;

第五,亚美尼亚应避免采取任何可能加剧、扩大或使该争端更难解决的行为;

第六,亚美尼亚应在法院命令作出之日起三个月内向法院提交一份报告,说明为执行其指示临时措施的命令而采取的所有措施,并在法院对本案作出最终裁决之前每六个月向法院提交一份报告。

亚美尼亚请求法院驳回阿塞拜疆所有指示临时措施的诉求。

四、法律问题分析(第15～75段)

问题1:初步管辖权(*prima facie* jurisdiction)(第15～40段)

15.法院指出,只有在请求国依据的条款能够初步提供案件的管辖权依据时,法院才有权指示临时措施,但没有必要确定其对案件的实质问题拥有管辖权。[①]

16. 本案中,阿塞拜疆以《规约》第36条第1款和《公约》第22条的规定为管辖权依据。因此,法院必须先决定这些条款是否赋予了它处理案件实质问题的初步管辖权——如果满足了其他的必要条件——以使其有权指示临时措施。

17.《公约》第22条规定如下:

> 两个或两个以上缔约国间关于本公约的解释或适用的任何争端不能以谈判或以本公约所明定的程序解决者,除争端各方商定其他解决方式外,应于争端任何一方请求时提请国际法院裁决。

18. 阿塞拜疆和亚美尼亚都是《公约》缔约国,均没有对第22条或其他任何条款作出保留。

问题1.1:关于《公约》解释或适用的争端(第19~28段)

19.《公约》第22条规定,法院的管辖权取决于是否存在关于《公约》解释或适用的争端。根据法院已确立的判例法,争端是当事方之间“关于法律或事实的观点分歧,法律意见或利益的冲突”。[②] 为了确定争端的存在,“必须证明一方的主张受到另一方的明确反对”。[③] 双方必须“对是否履行特定国际义务的问题持有明显相反的观点”。[④]

20. 为了确定本案争端是否存在,法院不能仅关注当事一方坚持适用《公约》,另一方否认适用。[⑤] 由于阿塞拜疆援引一项国际公约的争端解决条款作为法院管辖权的基础,法院必须确定请求国所指控的作为和不作为是否属于该公约规定的范围,进而确定法院是否对其拥有属事管辖权。[⑥]

25. 法院忆及,为了确定在提出请求时当事方之间是否存在争端,法院特别

---

① Application of the Convention on the Prevention and Punishment of the Crime of Genocide (Gambia v. Myanmar), Provisional Measures, Order of 23 January 2020, I. C. J. Reports 2020 (hereafter Gambia v. Myanmar case, Provisional Measures, 2020), p. 9, para. 16.

② Mavrommatis Palestine Concessions, Judgment No. 2, 1924, P. C. I. J., Series A, No. 2, p. 11.

③ South West Africa (Ethiopia v. South Africa; Liberia v. South Africa), Preliminary Objections, Judgment, I. C. J. Reports 1962, p. 328.

④ Alleged Violations of Sovereign Rights and Maritime Spaces in the Caribbean Sea (Nicaragua v. Colombia), Preliminary Objections, Judgment, I. C. J. Reports 2016 (I), p. 26, para. 50, citing Interpretation of Peace Treaties with Bulgaria, Hungary and Romania, First Phase, Advisory Opinion, I. C. J. Reports 1950, p. 74.

⑤ Application of the International Convention on the Elimination of All Forms of Racial Discrimination (Qatar v. United Arab Emirates), Provisional Measures, Order of 23 July 2018, I. C. J. Reports 2018 (II) (hereafter Qatar v. United Arab Emirates, Provisional Measures, 2018), p. 414, para. 18.

⑥ Qatar v. United Arab Emirates, Provisional Measures, 2018, p. 414, para. 18.

考虑到当事方之间交换的任何陈述或文件。[①] 在这样做时,它特别注意“声明或文件的作者、预期或实际受众及其内容”。[②] 争端的存在应由法院客观确定,这是实质问题,而非形式或程序问题。[③]

26. 法院认为,双方在提出请求之前的交流表明,它们对于亚美尼亚某些作为或不作为是否违反其在《公约》下的义务有不同观点。法院注意到,阿塞拜疆声称,亚美尼亚以各种方式违反了《公约》规定的义务。亚美尼亚否认它曾从事上文所述的任何违约行为,并否认被指控的行为在《公约》规定的范围内。在2020 年冲突结束后不久,阿塞拜疆和亚美尼亚在后者遵守其《公约》义务的问题上存在意见分歧,这一点在双方外交部长分别于 2020 年 12 月 8 日和 12 月 22 日进行的第一次信件交换中已经明显体现出来。双方随后的交流进一步证明了这一点。

27. 为本诉讼程序目的,法院不需要确定亚美尼亚是否有任何违反《公约》下义务的行为,这属于案件的事实问题。在指示临时措施命令的阶段,法院的任务是确定阿塞拜疆所指控的作为和不作为是否属于《公约》规定的范围。法院认为,至少阿塞拜疆所指控的亚美尼亚的部分作为和不作为属于该范围。

28. 因此,法院认为,在现阶段有充分的依据来建立初步的事实,即当事方存在解释或适用《公约》的争端。

问题 1.2:先决程序条件(第 29 ~ 40 段)

29. 根据《公约》第 22 条,只有争端“不能以谈判或以本公约所明定的程序解决”,才能提交给法院。法院已经确定,《公约》第 22 条设立了法院审理前必须满足的先决程序条件。[④]

30. 法院还主张,上述先决程序条件是选择性的而非累积性的。[⑤] 因为阿塞拜疆没有主张该争端被提交给《公约》明定的程序,即提交给消除种族歧视委员会,所以法院只需要决定该争端是否不能以《公约》第 22 条规定的谈判方式

---

① Gambia v. Myanmar case, Provisional Measures, 2020, p. 12, para. 26.

② Gambia v. Myanmar case, Provisional Measures, 2020, p. 12, para. 26.

③ Gambia v. Myanmar case, Provisional Measures, 2020, p. 12, para. 26.

④ Application of the International Convention on the Elimination of All Forms of Racial Discrimination (Georgia v. Russian Federation), Preliminary Objections, Judgment, I. C. J. Reports 2011 (I) (hereafter Georgia v. Russia, Preliminary Objections, 2011), p. 128, para. 141.

⑤ Application of the International Convention for the Suppression of the Financing of Terrorism and of the International Convention on the Elimination of All Forms of Racial Discrimination (Ukraine v. Russian Federation), Preliminary Objections, Judgment, I. C. J. Reports 2019 (II), p. 600, para. 113.

解决。

31. 此外,《公约》第 22 条规定,除争端各方商定其他解决方式外,争端可于任何一方请求时提请法院裁决。法院注意到,当事方都没有主张它们商定了其他解决方式。

32. 现阶段,法院将会初步审查阿塞拜疆是否为了解决与亚美尼亚遵守《公约》实体义务相关的争端真诚地与亚美尼亚进行谈判,以及阿塞拜疆是否尽可能地与亚美尼亚进行协商。①

35. 关于《公约》第 22 条规定的谈判先决条件,法院认为,谈判不同于单纯的抗议或争论,它要求当事一方真正尝试与另一方进行讨论,以期解决争端。在试图进行谈判或已经开始谈判的情况下,只有在谈判的尝试不成功或谈判失败、无效、陷入僵局时,先决条件才得以满足。为此,“谈判的主题事项必须与争端的主题事项有关,而争端的主题事项又必须涉及相关条约所载的实质性义务”。②

36. 法院注意到,正如其收到的材料所证明的那样,2020 年 11 月签署“三方声明”后,阿塞拜疆在各种双边交流中提出指控,称亚美尼亚违反了《公约》义务,尤其是双方在 2020 年 11 月至 2021 年 9 月,通过一系列外交照会进行了通信,并举行了几轮双边会议,讨论了与据称违反《公约》义务相关的谈判的程序、方式、范围和主题。

37. 法院认为,在阿塞拜疆和亚美尼亚两国外交部长分别于 2020 年 12 月 8 日和 22 日进行的第一次通信与 2021 年 9 月 14 ~ 15 日举行的最后一次双边会晤之间,双方的立场似乎没有发生变化。虽然双方能够就某些程序达成协议,包括安排时间表和讨论主题,但在阿塞拜疆指控亚美尼亚不遵守《公约》义务的实质事项方面没有取得类似进展。法院获得的与 2021 年 7 月 15 ~ 16 日、8 月 30 ~ 31 日、9 月 14 ~ 15 日举行的双边会议相关的信息表明,双方在就实质问题达成共识方面没有取得进展。法院还注意到,双方似乎都承认,它们之间为处理阿塞拜疆针对亚美尼亚提出的与《公约》相关的指控而进行的谈判已陷入僵局。

38. 尽管阿塞拜疆声称,在双边交流中亚美尼亚违反了《公约》的一些义务,

---

① Qatar v. United Arab Emirates, Provisional Measures, 2018, p. 420, para. 36.

② Qatar v. United Arab Emirates, Provisional Measures, 2018, p. 419, para. 36, citing Georgia v. Russia, Preliminary Objections, 2011, p. 133, para. 161.

而且双方在几个月的时间里进行了大量的书面交流和会谈,但它们关于所谓的亚美尼亚不遵守《公约》义务的立场没有改变,谈判陷入僵局。因此,法院认为,截至提交申请之日,双方关于《公约》解释和适用的争端尚未通过谈判解决。

39. 考虑到在现阶段程序,法院只需决定其是否具有初步管辖权,法院认为,《公约》第22条规定的先决程序条件似乎已得到满足。

40. 综上所述,法院判定,根据《公约》第22条,它具有初步管辖权来审理阿塞拜疆和亚美尼亚之间关于《公约》解释和适用的争端。

问题2:寻求保护的权利以及这些权利与所要求的措施之间的联系(第41~58段)

41. 法院根据《规约》第41条指示临时措施的权力的目的是,在法院就案件的实质问题作出裁决之前,保护当事方在案件中各自主张的权利。因此,法院必须通过临时措施保护随后可能被其判定为属于任何一方的权利。所以,法院只有在确信要求采取临时措施的一方所主张的权利至少是合理的情况下,才能行使这一权力。[①]

42. 然而现阶段,法院没有必要终局性地确定阿塞拜疆希望保护的权利是否存在,它只需确定阿塞拜疆根据事实主张的权利和它寻求保护的权利是否合理。此外,所要求保护的权利与所要求的临时措施之间必须存在联系。[②]

49. 法院注意到,《公约》在消除一切形式种族歧视方面规定了若干缔约国义务。《公约》第1条第1款将种族歧视定义如下:

> 基于种族、肤色、世系或民族或人种的任何区别、排斥、限制或优惠,其目的或效果为取消或损害政治、经济、社会、文化或公共生活任何其他方面人权及基本自由在平等地位上的承认、享受或行使。

《公约》第2、3、4、5、6、7条规定如下,阿塞拜疆在其请求书中赖以支持其指示临时措施的请求:

> 第2条
>
> 一、缔约国谴责种族歧视并承诺立即以一切适当方法实行消除一切形式种族歧视与促进所有种族间的谅解的政策,又为此目的:

---

① Gambia v. Myanmar case, Provisional Measures, 2020, p. 18, para. 43.

② Gambia v. Myanmar case, Provisional Measures, 2020, p. 18, para. 44.

(子)缔约国承诺不对人、人群或机关实施种族歧视行为或习例,并确保所有全国性及地方性的公共当局及公共机关均遵守此项义务行事;

(丑)缔约国承诺对任何人或组织所施行的种族歧视不予提倡、维护或赞助;

(寅)缔约国应采取有效措施对政府及全国性与地方性的政策加以检查,并对任何法律规章足以造成或持续不论存在于何地的种族歧视者,予以修正、废止或宣告无效;

(卯)缔约国应以一切适当方法,包括依情况需要制定法律,禁止并终止任何人、任何团体或任何组织所施行的种族歧视;

(辰)缔约国承诺于适当情形下鼓励种族混合主义的多种族组织与运动,以及其他消除种族壁垒的方法,并劝阻有加深种族分野趋向的任何事物。

二、缔约国应于情况需要时在社会、经济、文化及其他方面,采取特别具体措施确保属于各该国的若干种族团体或个人获得充分发展与保护,以期保证此等团体与个人完全并同等享受人权及基本自由,此等措施于所定目的达成后,绝不得产生在不同种族团体间保持不平等或个别行使权利的后果。

第3条

缔约国特别谴责种族分隔及“种族隔离”并承诺在其所辖领土内防止、禁止并根除具有此种性质的一切习例。

第4条

缔约国对于一切宣传及一切组织,凡以某一种族或属于某一肤色或人种的人群具有优越性的思想或理论为根据者,或试图辩护或提倡任何形式的种族仇恨及歧视者,概予谴责,并承诺立即采取旨在根除对此种歧视的一切煽动或歧视行为的积极措施,又为此目的,在充分顾及世界人权宣言所载原则及本公约第五条明文规定的权利的条件下,除其他事项外:

(子)应宣告凡传播以种族优越或仇恨为根据的思想,煽动种族歧视,对任何种族或属于另一肤色或人种的人群实施强暴行为或煽动此种行为,以及对种族主义者的活动给予任何协助者,包括筹供经费在内,概为犯罪行为,依法惩处;

(丑)应宣告凡组织及有组织的宣传活动与所有其他宣传活动的提倡与煽动种族歧视者,概为非法,加以禁止,并确认参加此等组织或活动为犯

罪行为,依法惩处;

(寅)应不准全国性或地方性公共当局或公共机关提倡或煽动种族歧视。

第5条

缔约国依本公约第二条所规定的基本义务承诺禁止并消除一切形式种族歧视,保证人人有不分种族、肤色或民族或人种在法律上一律平等的权利,尤得享受下列权利:

(子)在法庭上及其他一切司法裁判机关中平等待遇的权利;

(丑)人身安全及国家保护的权利以防强暴或身体上的伤害,不问其为政府官员所加抑为任何私人、团体或机关所加;

(寅)政治权利,其尤著者为依据普遍平等投票权参与选举——选举与竞选——参加政府以及参加处理任何等级的公务与同等服公务的权利;

(卯)其他公民权利,其尤著者为:……

(辰)经济、社会及文化权利,其尤著者为:……

(巳)进入或利用任何供公众使用的地方或服务的权利,如交通工具、旅馆、餐馆、咖啡馆、戏院、公园等。

第6条

缔约国应保证在其管辖范围内,人人均能经由国内主管法庭及其他国家机关对违反本公约侵害其人权及基本自由的任何种族歧视行为,获得有效保护与救济,并有权就因此种歧视而遭受的任何损失向此等法庭请求公允充分的赔偿或补偿。

第7条

缔约国承诺立即采取有效措施尤其在讲授、教育、文化及新闻方面以打击导致种族歧视之偏见,并增进国家间及种族或民族团体间的谅解、容恕与睦谊,同时宣扬联合国宪章之宗旨与原则、世界人权宣言、联合国消除一切形式种族歧视宣言及本公约。

50. 法院指出,《公约》第2、3、4、5、6、7条旨在保护个人免受种族歧视。正如法院在过去以《公约》第22条作为管辖权依据的案件中所认定的那样,尊重《公约》所载的个人权利、缔约国的公约义务,以及缔约国要求(其他缔约国)遵守《公约》义务的权利之间存在相互关系。[①]

---

① Qatar v. United Arab Emirates, Provisional Measures, 2018, p. 426, para. 51.

51. 只有在被诉行为构成《公约》第 1 条所界定的种族歧视行为的情况下,《公约》缔约国才可援引上述各条所规定的权利。[①] 在请求指示临时措施的情况下,法院需要审查请求国所主张的权利是否至少是合理的。

52. 法院根据当事方向它提供的资料指出,阿塞拜疆所主张的权利中至少有一些是《公约》规定的合理权利,即因亚美尼亚的这些行为受到侵犯的权利——亚美尼亚没有谴责武装民族主义仇恨组织在其领土内煽动针对阿塞拜疆族人的暴力,也没有惩罚那些应对这种活动负责的人。

53. 至于阿塞拜疆主张的与亚美尼亚埋设地雷相关的权利,法院忆及,阿塞拜疆声称这种行为是长期的种族清洗运动的一部分。法院认为,将某一民族或族裔出身的人赶出某一特定地区并阻止他们返回该地区的政策可能涉及《公约》规定的权利,而且这种政策可以通过各种军事手段实现。但法院并不认为《公约》规定亚美尼亚有义务,采取措施使阿塞拜疆能够进行排雷,或停止埋设地雷。阿塞拜疆没有向法院提供证据证明亚美尼亚与地雷相关的行为“目的或结果是剥夺或损害”阿塞拜疆民族或族裔出身的人“平等权利的承认、享有或行使”。

54. 现在,法院需要判断阿塞拜疆所主张的权利与所请求的临时措施之间的联系。法院忆及,在诉讼的现阶段,阿塞拜疆主张的权利只有一部分被认为是合理的。因此,它将仅仅考虑这些权利与阿塞拜疆要求的措施之间是否存在必要联系。

55. 阿塞拜疆认为,每一项临时措施都与它所保护的权利之间存在明确联系,尤其是要求亚美尼亚防止某些团体参与传播仇恨言论、终止正在进行的网络虚假信息运动,阿塞拜疆声称这是为了保护阿塞拜疆族人免受种族仇恨言论伤害和种族暴力风险,所以与阿塞拜疆在《公约》下的权利直接相关。

56. 亚美尼亚坚持,总体上来看阿塞拜疆请求的措施与其根据《公约》享有的权利无关。

57. 法院已经认定,至少阿塞拜疆根据《公约》主张的部分权利是合理的。它认为,阿塞拜疆所要求的一项措施与它所保护的貌似合理的权利之间存在联系。阿塞拜疆要求亚美尼亚确保其领土内的任何组织和个人不从事煽动和促进针对阿塞拜疆民族或族裔的种族仇恨、出于种族动机的暴力活动。法院认

---

① Qatar v. United Arab Emirates, Provisional Measures, 2018, p. 426, para. 52.

为,这一措施的目的是维护阿塞拜疆根据《公约》主张的貌似合理的权利。

58. 因此,法院得出结论,阿塞拜疆所主张的某些权利与所要求的一项临时措施之间存在联系。

问题 3:不可挽回的侵害(irreparable prejudice)风险和紧迫性(urgency)(第 59 ~ 67 段)

59. 根据《规约》第 41 条,当司法程序涉及的权利可能遭受不可挽回的侵害或者无视该权利可能造成不可挽回的后果时,法院有权指示临时措施。①

60. 然而,法院指示临时措施的权利只有在紧迫性的情况下才能行使,即在法院作出最终裁决之前,这种不可挽回的侵害面临现实的(real)、迫近的(imminent)风险。当被质疑可能造成不可挽回侵害的行为在法院做出最终裁决前"任何时刻都可能发生"时,紧迫性条件就满足了②。因此,法院必须考虑在现阶段是否存在这种风险。

61. 为了就指示临时措施的请求作出决定,法院不需要确定是否存在违反《公约》的行为,而是需要确定这种情况是否需要指示临时措施以保护《公约》规定的权利。现阶段,法院无法对案件事实出具明确的调查结果,而且法院对指示临时措施的请求作出的决定也不影响各方就案件实质问题进行辩论的权利。

64. 之前已经认定请求国主张的一些权利是合理的,这些权利和请求的临时措施之间存在联系,法院现在需要考虑是否可能造成不可挽回的侵害以及是否具有紧迫性,即在法院作出最终裁决前存在现实的、迫近的造成不可挽回的侵害的风险。

65. 法院忆及,过往涉及《公约》的案件表明,该公约第 5 条第 1、2、3、4、5 款规定的权利的本质决定了对它们的侵犯可能造成不可挽回的侵害。③ 法院认

---

① Gambia v. Myanmar case, Provisional Measures, 2020, p. 24, para. 64, referring to Alleged Violations of the 1955 Treaty of Amity, Economic Relations, and Consular Rights (Islamic Republic of Iran v. United States of America), Provisional Measures, Order of 3 October 2018, I. C. J. Reports 2018 (II), p. 645, para. 77.

② Gambia v. Myanmar case, Provisional Measures, 2020, p. 24, para. 65, referring to Alleged Violations of the 1955 Treaty of Amity, Economic Relations, and Consular Rights (Islamic Republic of Iran v. United States of America), Provisional Measures, Order of 3 October 2018, I. C. J. Reports 2018 (II), p. 645, para. 77.

③ Application of the International Convention on the Elimination of All Forms of Racial Discrimination (Georgia v. Russian Federation), Provisional Measures, Order of 15 October 2008, I. C. J. Reports 2008, p. 396, para. 142; Application of the International Convention for the Suppression of the Financing of Terrorism and of the International Convention on the Elimination of All Forms of Racial Discrimination (Ukraine v. Russian Federation), Provisional Measures, Order of 19 April 2017, I. C. J. Reports 2017, p. 138, para. 96; Qatar v. United Arab Emirates, Provisional Measures, 2018, pp. 430 - 431, para. 67.

为,这一论断同样适用于《公约》第 4 条规定的个人不受种族仇恨和歧视的权利。

66. 法院认为,《公约》第 4 条禁止的行为——例如传播种族仇恨、煽动种族歧视或对任何民族或族裔出身的人群的暴力——可能会使社会形成普遍的种族歧视环境。这种环境可能对属于受保护群体的个人产生严重的破坏性影响。这种破坏性影响可能包括但不限于身体损害或心理创伤和痛苦的风险。

67. 鉴于上述原因,法院得出结论,漠视被法院判定为合理的权利,可能对这些权利造成无法弥补的损害,而且情况紧急,在法院对该案作出最后裁决前,有发生这种损害的真实且紧迫的风险。

问题 4:法院结论和需要采取的措施(第 68 ~ 75 段)

68. 综上,法院得出结论,《规约》规定的指示临时措施的条件已经达到。因此,在作出最终裁决之前,有必要指示某些措施,以保护阿塞拜疆所主张的被认定为合理的权利。

69. 法院忆及,根据《规约》,在被请求指示临时措施时,它有权指示与所请求措施部分或全部不同的措施。《规则》第 75 条第 2 款特别提及了法院的这项权力。法院过去已多次行使该权力。[①]

70. 在本案中,考虑到阿塞拜疆请求临时措施的用语和案件的具体情况,法院认为所指示的措施不必与所请求的措施相同。

71. 法院认为,对于上述情况,亚美尼亚必须在案件作出最终裁决之前,根据《公约》规定的义务,采取一切必要措施,防止煽动和助长种族仇恨,包括其领土内针对阿塞拜疆公民或族裔的组织和个人。

72. 法院忆及,阿塞拜疆已请求其指示措施以确保与亚美尼亚的争端不再恶化。当法院指示旨在保护特定权利的临时措施时,它可以在认为情况有此需要的任何时候指示临时措施以防止争端恶化或升级。[②] 本案中,在考虑了所有情况后,除了决定下令采取的具体措施外,法院认为有必要向双方指示一项额外措施以确保其争端不会加剧。

73. 法院还忆及,阿塞拜疆请求它指示亚美尼亚“采取有效措施收集、防止毁坏并保存基于种族的针对阿塞拜疆族人的犯罪指控相关的证据”,并定期报告临时措施的执行情况。然而,法院认为,在本案的特殊情况下,这些措施没有

---

① For example, Gambia v. Myanmar case, Provisional Measures, 2020, p. 28, para. 77.

② For example, Qatar v. United Arab Emirates, Provisional Measures, 2018, pp. 432 – 433, para. 76.

必要。

74. 法院重申,其“根据[《规约》]第 41 条发布的临时措施命令具有约束力”,[①]因此可以为临时措施所针对的任何一方创设国际法义务。

75. 法院进一步重申,本诉讼程序中作出的决定绝不预先判断法院处理案件实质问题的管辖权问题或与请求可受理性或案件实质有关的任何问题。阿塞拜疆和亚美尼亚就这些问题相互质证的权利不受影响。

五、裁判结果(第 76 段)

第一,全体一致判定,亚美尼亚应该根据其在《公约》下的义务,采取一切必要措施禁止各种组织机构和人员在其领土内以阿塞拜疆民族或族裔出身的人为目标煽动和鼓吹种族仇恨;

第二,全体一致判定,双方应避免采取任何可能使法院审理的争端恶化、扩大或更难以解决的行为。

六、法官意见

本案中,岩泽法官(Judge Iwasawa)发表了声明。

(李冰清　王　佳)

① La Grand (Germany v. United States of America), Judgment, I. C. J. Reports 2001, p. 506, para. 109.

亚美尼亚诉阿塞拜疆“《消除一切形式种族歧视国际公约》适用案”

指示临时措施命令

国际法院

2021 年 12 月 7 日

一、事实背景(第 13 ~ 14 段)

本案与亚美尼亚和阿塞拜疆之间长期存在的种族冲突和领土争端相关。亚美尼亚和阿塞拜疆都是苏联的加盟共和国,分别于 1991 年 9 月 21 日和 10 月 18 日独立。纳戈尔诺—卡拉巴赫地区(Nagorno-Karabakh region,以下简称纳卡地区)曾是苏联自治区,位于阿塞拜疆领土内,大部分人口是亚美尼亚人。阿塞拜疆和亚美尼亚人为了争夺纳卡地区进行了一系列敌对行动。1994 年 5 月双方停火。2020 年 9 月战争再次爆发,亚美尼亚称其为“第二次纳卡战争”,阿塞拜疆称其为“第二次加巴格战争”(以下简称 2020 年冲突)。此次冲突持续了 44 天。2020 年 11 月 9 日,阿塞拜疆总统、亚美尼亚总理和俄罗斯总统签署了一份“三方声明”,宣布截至 2020 年 11 月 10 日纳卡地区全面停火,终止一切敌对行动。

二、诉讼程序概述(第 1 ~ 10 段)

2021 年 9 月 16 日,亚美尼亚根据《国际法院规约》(以下简称《规约》)第 36 条第 1 款和《消除一切形式种族歧视国际公约》(以下简称《公约》)第 22 条向国际法院(以下简称法院)提起诉讼,指控阿塞拜疆违反了《公约》,并以《规约》第 41 条和《国际法院规则》(以下简称《规则》)第 73、74、75 条为依据请求法院指示临时措施。2021 年 10 月 14 日和 15 日,双方进行了关于指示临时措施的口述程序。

三、当事方立场(第 11 ~ 12 段)

亚美尼亚请求法院指示下列临时措施:

第一,阿塞拜疆立即释放 2020 年 9 ~ 11 月武装冲突期间或之后扣押的所有亚美尼亚战俘、人质和其他被拘留者;

第二,在释放之前,阿塞拜疆应该根据《公约》给予亚美尼亚战俘、人质和其他被拘留者相应的待遇;

第三,阿塞拜疆不得煽动对亚美尼亚种族或民族的仇恨,包括通过关闭或暂停军事奖杯公园(Military Trophies Park)的活动;

第四,阿塞拜疆应该确保亚美尼亚人有权获取和享受亚美尼亚的历史、文化和宗教遗产;

第五,阿塞拜疆促进对亚美尼亚历史、文化和宗教遗产的保护,而不是阻碍对其的保护;

第六,阿塞拜疆应该采取有效措施阻止毁损根据《公约》提出的指控的相关证据,并保存这些证据;

第七,阿塞拜疆不应加剧或扩大现存的争端;

第八,阿塞拜疆应该在报告发布后三个月内向法院提供一份报告,报告其根据法院指示临时措施的命令所采取的行动,之后每六个月报告一次。

阿塞拜疆请求法院驳回亚美尼亚所有指示临时措施的诉求。

四、法律问题分析(第 15 ~ 97 段)

问题 1:初步管辖权(第 15 ~ 43 段)

15. 法院指出,只有当请求国依据的条款能够初步提供案件的管辖权依据时,法院才有权指示临时措施,但是没有必要确定它对案件的实质问题拥有管辖权。[①]

---

① Application of the Convention on the Prevention and Punishment of the Crime of Genocide (Gambia v. Myanmar), Provisional Measures, Order of 23 January 2020, I. C. J. Reports 2020 (hereafter Gambia v. Myanmar, Provisional Measures, 2020), p. 9, para. 16.

16. 本案中，亚美尼亚以《规约》第36条第1款和《公约》第22条为管辖权依据。因此，法院必须先决定这些条款是否赋予了它处理案件实质问题的初步管辖权——如果满足了其他的必要条件——以使其有权指示临时措施。

17.《公约》第22条规定如下：

> 两个或两个以上缔约国间关于本公约的解释或适用的任何争端不能以谈判或以本公约所明定的程序解决者，除争端各方商定其他解决方式外，应于争端任何一方请求时提请国际法院裁决。

18. 亚美尼亚和阿塞拜疆都是《公约》缔约国，两国均没有对第22条或其他任何条款作出保留。

问题1.1：关于《公约》解释或适用的争端（第19～29段）

19.《公约》第22条规定，法院的管辖权取决于是否存在关于《公约》解释或适用的争端。根据法院已确立的判例法，争端是当事方之间“关于法律或事实的观点分歧，法律意见或利益的冲突”。[①] 为了确定争端的存在，“必须证明一方的主张受到另一方的明确反对”。[②] 双方必须“对是否履行特定国际义务的问题持有明显相反的观点”。[③]

20. 为了确定本案争端是否存在，法院不能仅关注当事一方坚持适用《公约》，另一方否认适用。[④] 由于亚美尼亚援引一项国际公约中的争端解决条款作为法院管辖权的基础，法院必须确定请求国所指控的作为和不作为是否属于该公约规定的范围，进而确定法院是否对其拥有属事管辖权。[⑤]

26. 法院忆及，为了确定提交请求之时双方之间是否存在争端，需要特别考虑双方交换的声明或文件。[⑥] 为此，法院特别关注“声明或文件的作者，预期或实际接收者以及内容”。[⑦] 争端的存在是一个需要由法院客观决定的问题，是一

---

① Mavrommatis Palestine Concessions, Judgment No. 2, 1924, P. C. I. J., Series A, No. 2, p. 11.

② South West Africa (Ethiopia v. South Africa; Liberia v. South Africa), Preliminary Objections, Judgment, I. C. J. Reports 1962, p. 328.

③ Alleged Violations of Sovereign Rights and Maritime Spaces in the Caribbean Sea (Nicaragua v. Colombia), Preliminary Objections, Judgment, I. C. J. Reports 2016 (I), p. 26, para. 50, citing Interpretation of Peace Treaties with Bulgaria, Hungary and Romania, First Phase, Advisory Opinion, I. C. J. Reports 1950, p. 74.

④ Application of the International Convention on the Elimination of All Forms of Racial Discrimination (Qatar v. United Arab Emirates), Provisional Measures, Order of 23 July 2018, I. C. J. Reports 2018 (II) (hereafter Qatar v. United Arab Emirates, Provisional Measures, 2018), p. 414, para. 18.

⑤ Qatar v. United Arab Emirates, Provisional Measures, 2018, p. 414, para. 18.

⑥ Gambia v. Myanmar, Provisional Measures, 2020, p. 12, para. 26.

⑦ Gambia v. Myanmar, Provisional Measures, 2020, p. 12, para. 26.

个实质问题,而不是形式或程序问题。[①]

27. 法院认为,请求书提交前当事方之间的交流表明,在受到指控的阿塞拜疆的特定作为或不作为行为是否违反其《公约》义务方面,它们观点不一致。法院注意到,亚美尼亚认为阿塞拜疆以各种方式违反了其公约义务。阿塞拜疆否认它犯下了被指控的任何侵犯行为,并否认被诉行为属于《公约》的范围。亚美尼亚和阿塞拜疆关于是否遵守《公约》承诺方面的意见分歧,在2020年冲突结束后双方外交部长分别于2020年11月11日和12月8日进行的首次信件往来中已经明显体现出来。双方随后的交流进一步证明了这一点。

28. 为本程序目的,法院不需要确定阿塞拜疆是否违反了它在《公约》下的义务,因为这是案件实质审查的一部分。在就临时措施作出命令的阶段,法院的任务是确定亚美尼亚所指控的作为和不作为是否在《公约》的规定范围内。法院认为,亚美尼亚所指控的阿塞拜疆的作为和不作为行为中,至少有一些可以属于该公约的规定范围。

29. 因此,法院认为,现阶段有充分证据初步证明,缔约国之间存在关于《公约》解释或适用的争端。

问题1.2:先决程序条件(第30~43段)

30. 根据《公约》第22条,只有争端"不能以谈判或以本公约所明定的程序解决",才能提交给法院。法院已经确定,《公约》第22条设立了法院审理前必须满足的先决程序条件。[②]

31. 法院还主张,上述先决程序条件是选择性的而非累积性的。[③] 因为亚美尼亚没有主张该争端被提交给《公约》明定的程序,即提交给消除种族歧视委员会,所以法院只需要决定该争端是否不能以《公约》第22条规定的谈判方式解决。

32. 此外,《公约》第22条规定,除争端各方商定其他解决方式外,争端可于任何一方请求时提请法院裁决。法院注意到,当事方都没有主张它们商定了其他解决方式。

---

① Gambia v. Myanmar, Provisional Measures, 2020, p. 12, para. 26.

② Application of the International Convention on the Elimination of All Forms of Racial Discrimination (Georgia v. Russian Federation), Preliminary Objections, Judgment, I. C. J. Reports 2011 (I) (hereafter Georgia v. Russia, Preliminary Objections, 2011), p. 128, para. 141.

③ Application of the International Convention for the Suppression of the Financing of Terrorism and of the International Convention on the Elimination of All Forms of Racial Discrimination (Ukraine v. Russian Federation), Preliminary Objections, Judgment, I. C. J. Reports 2019 (II), p. 600, para. 113.

33. 现阶段,法院将会初步审查亚美尼亚是否为了解决与阿塞拜疆遵守《公约》实体义务相关的争端真诚地与阿塞拜疆进行谈判,以及亚美尼亚是否尽可能地与阿塞拜疆进行协商。①

38. 关于《公约》第22条所载的谈判先决条件,法院指出,谈判不同于单纯的抗议或辩论,它要求当事一方真正尝试与另一方进行讨论,以期解决争端。在试图进行谈判或已经开始谈判的情况下,只有在谈判的尝试不成功或谈判失败、无效、陷入僵局时,谈判的先决条件才得到满足。为此,“谈判的主题事项必须与争端的主题事项有关,而争端的主题事项又必须涉及相关条约所载的实质性义务”。②

39. 法院注意到,正如其收到的材料所证明的那样,2020年11月签署“三方声明”后,亚美尼亚在各种双边交流中提出指控,称阿塞拜疆违反了《公约》义务,尤其是双方在2020年11月至2021年9月通过一系列外交照会进行了通信,并举行了几轮双边会议,讨论了与据称违反《公约》义务相关的谈判的程序、方式、范围和主题。

40. 法院还注意到,在亚美尼亚和阿塞拜疆两国外交部长分别于2020年11月11日和12月8日进行的第一次通信与2021年9月14~15日举行的最后一次双边会晤之间,双方的立场似乎没有发生变化。虽然双方能够就某些程序达成协议,包括安排时间表和讨论主题,但在亚美尼亚指控阿塞拜疆不遵守《公约》义务的实质事项方面没有取得类似进展。法院掌握的2021年7月15~16日、8月30~31日以及9月14~15日双边会议的相关信息表明,双方在就实质问题达成共识方面没有取得进展,尤其是在2021年9月10日亚美尼亚常驻联合国日内瓦办事处和其他国际组织代表团致阿塞拜疆常驻联合国日内瓦办事处和其他国际组织代表团的普通照会中,亚美尼亚表示,它认为阿塞拜疆在2021年7月15~16日会议期间作出的“回应”(针对其违反《公约》义务的指控)“实际上是对亚美尼亚的索赔和要求的补救措施的断然拒绝”。在口述程序中,阿塞拜疆辩称——关于2021年7月、8月和9月举行的双边会议——每次它针对亚美尼亚的补救要求提出对策时,亚美尼亚都未能“提出任何建议”。

41. 尽管亚美尼亚在双边交流中声称阿塞拜疆违反了一些《公约》义务,而

---

① Qatar v. United Arab Emirates, Provisional Measures, 2018, p. 420, para. 36.

② Qatar v. United Arab Emirates, Provisional Measures, 2018, p. 419, para. 36, citing Georgia v. Russia, Preliminary Objections, 2011, p. 133, para. 161.

且双方在几个月的时间里进行了大量的书面交流和会谈,但它们关于所谓的阿塞拜疆不遵守《公约》义务的立场没有改变,谈判陷入僵局。因此,法院认为,截至提交请求书之日,双方关于《公约》解释和适用的争端尚未通过谈判解决。

42. 忆及在诉讼的现阶段,法院只需决定其是否具有初步管辖权,法院认为,《公约》第 22 条规定的先决程序条件似乎已得到满足。

43. 综上所述,法院判定,根据《公约》第 22 条,它具有初步管辖权来审理亚美尼亚和阿塞拜疆之间关于《公约》解释和适用的争端。

问题 2:寻求保护的权利以及这些权利与所要求的措施之间的联系(第 44 ~ 68 段)

44. 法院根据《规约》第 41 条指示临时措施的权力的目的是,在法院就案件的实质问题作出裁决之前,保护当事方在案件中各自主张的权利。因此,法院必须通过临时措施保护随后可能被其判定为属于任何一方的权利。所以,法院只有在确信要求采取临时措施的一方所主张的权利至少是合理的情况下,才能行使这一权力。①

45. 然而现阶段,法院没有必要终局性地决定亚美尼亚希望保护的权利是否存在,它只需决定亚美尼亚根据事实主张的权利和它寻求保护的权利是否合理。此外,所要求保护的权利与所要求的临时措施之间必须存在联系。②

56. 法院注意到,《公约》在消除一切形式种族歧视方面规定了若干缔约国义务。《公约》第 1 条第 1 款将种族歧视定义如下:

> 基于种族、肤色、世系或民族或人种的任何区别、排斥、限制或优惠,其目的或效果为取消或损害政治、经济、社会、文化或公共生活任何其他方面人权及基本自由在平等地位上的承认、享受或行使。

《公约》第 2、3、4、5、6、7 条规定如下,亚美尼亚在其请求书中赖以支持其指示临时措施的请求:

> 第 2 条
>
> 一、缔约国谴责种族歧视并承诺立即以一切适当方法实行消除一切形式种族歧视与促进所有种族间的谅解的政策,又为此目的:

---

① Gambia v. Myanmar, Provisional Measures, 2020, p. 18, para. 43.
② Gambia v. Myanmar, Provisional Measures, 2020, p. 18, para. 44.

（子）缔约国承诺不对人、人群或机关实施种族歧视行为或习例，并确保所有全国性及地方性的公共当局及公共机关均遵守此项义务行事；

（丑）缔约国承诺对任何人或组织所施行的种族歧视不予提倡、维护或赞助；

（寅）缔约国应采取有效措施对政府及全国性与地方性的政策加以检查，并对任何法律规章足以造成或持续不论存在于何地的种族歧视者，予以修正、废止或宣告无效；

（卯）缔约国应以一切适当方法，包括依情况需要制定法律，禁止并终止任何人、任何团体或任何组织所施行的种族歧视；

（辰）缔约国承诺于适当情形下鼓励种族混合主义的多种族组织与运动，以及其他消除种族壁垒的方法，并劝阻有加深种族分野趋向的任何事物。

二、缔约国应于情况需要时在社会、经济、文化及其他方面，采取特别具体措施确保属于各该国的若干种族团体或个人获得充分发展与保护，以期保证此等团体与个人完全并同等享受人权及基本自由，此等措施于所定目的达成后，绝不得产生在不同种族团体间保持不平等或个别行使权利的后果。

第3条

缔约国特别谴责种族分隔及"种族隔离"并承诺在其所辖领土内防止、禁止并根除具有此种性质的一切习例。

第4条

缔约国对于一切宣传及一切组织，凡以某一种族或属于某一肤色或人种的人群具有优越性的思想或理论为根据者，或试图辩护或提倡任何形式的种族仇恨及歧视者，概予谴责，并承诺立即采取旨在根除对此种歧视的一切煽动或歧视行为的积极措施，又为此目的，在充分顾及世界人权宣言所载原则及本公约第五条明文规定的权利的条件下，除其他事项外：

（子）应宣告凡传播以种族优越或仇恨为根据的思想，煽动种族歧视，对任何种族或属于另一肤色或人种的人群实施强暴行为或煽动此种行为，以及对种族主义者的活动给予任何协助者，包括筹供经费在内，概为犯罪行为，依法惩处；

（丑）应宣告凡组织及有组织的宣传活动与所有其他宣传活动的提倡

与煽动种族歧视者,概为非法,加以禁止,并确认参加此等组织或活动为犯罪行为,依法惩处;

(寅)应不准全国性或地方性公共当局或公共机关提倡或煽动种族歧视。

第5条

缔约国依本公约第二条所规定的基本义务承诺禁止并消除一切形式种族歧视,保证人人有不分种族、肤色或民族或人种在法律上一律平等的权利,尤得享受下列权利:

(子)在法庭上及其他一切司法裁判机关中平等待遇的权利;

(丑)人身安全及国家保护的权利以防强暴或身体上的伤害,不问其为政府官员所加抑或为任何私人、团体或机关所加;

(寅)政治权利,其尤著者为依据普遍平等投票权参与选举——选举与竞选——参加政府以及参加处理任何等级的公务与同等服公务的权利;

(卯)其他公民权利,其尤著者为:……

(辰)经济、社会及文化权利,其尤著者为:……

(巳)进入或利用任何供公众使用的地方或服务的权利,如交通工具、旅馆、餐馆、咖啡馆、戏院、公园等。

第6条

缔约国应保证在其管辖范围内,人人均能经由国内主管法庭及其他国家机关对违反本公约侵害其人权及基本自由的任何种族歧视行为,获得有效保护与救济,并有权就因此种歧视而遭受的任何损失向此等法庭请求公允充分的赔偿或补偿。

第7条

缔约国承诺立即采取有效措施尤其在讲授、教育、文化及新闻方面以打击导致种族歧视之偏见,并增进国家间及种族或民族团体间的谅解、容恕与睦谊,同时宣扬联合国宪章之宗旨与原则、世界人权宣言、联合国消除一切形式种族歧视宣言及本公约。

57. 法院指出,《公约》第2、3、4、5、6、7条旨在保护个人免受种族歧视。正如法院在过去以《公约》第22条作为管辖权依据的案件中所认定的那样,尊重《公约》所载的个人权利、缔约国的公约义务,以及缔约国要求(其他缔约国)遵守《公约》义务的权利之间存在相互关系。[①]

58. 只有在被诉行为构成《公约》第1条所界定的种族歧视行为的情况下,《公约》的缔约国才可援引上述各条所载的权利。[②] 在请求指示临时措施的背景下,法院需要审查请求国所主张的权利是否至少是合理的。

59. 根据当事方向法院提供的资料,法院认为,亚美尼亚所主张的权利中至少有一部分是《公约》规定的合理权利。对于2020年冲突期间或之后被控制的战俘和平民被拘留者,亚美尼亚主张两项不同的权利:被遣返的权利和受到保护以免遭不人道或有辱人格待遇的权利。法院指出,在与另一国进行敌对行动期间,释放被拘留的代表一国作战人员的问题属于国际人道法的范畴。法院忆及,基于当前国籍的措施不在《公约》的范围内[③]。法院认为,《公约》并未要求阿塞拜疆遣返所有被亚美尼亚确定为战俘和平民被拘留者的人。亚美尼亚没有向法院提供证据证明,这些人继续被拘留是因为他们的民族或族裔血统。但是,法院认为,这些人在被阿塞拜疆拘留期间享有不因其民族或族裔出身而受到不人道或有辱人格待遇的权利是合理的。

61. 法院还认为,与以下两项指控相关的权利主张是合理的:阿塞拜疆高级官员煽动和推行对亚美尼亚民族或族裔出身的人的种族仇恨和歧视、破坏以及亵渎亚美尼亚文化遗产。

62. 法院现在需要判断亚美尼亚所主张的权利与所请求的临时措施之间的联系。法院在现阶段认定,亚美尼亚主张的权利只有一部分是合理的。因此,它将仅考虑这些权利与亚美尼亚请求的措施之间的联系。

67. 法院已经认定,至少亚美尼亚所请求的某些措施与它寻求保护的貌似合理的权利之间存在联系。亚美尼亚要求阿塞拜疆根据其《公约》义务,对待被亚美尼亚认定为在2020年冲突期间或之后被俘的所有战俘和平民被拘留者,包括尊重他们的人身安全权利和受国家保护免遭一切身体伤害的权利,不支持仇恨亚美尼亚民族或族裔出身的人,禁止和惩处蓄意破坏、毁坏或篡改亚美尼亚历史、文化和宗教遗产的行为,保护获得和享受这些遗产的权利。法院认为,这些措施的目的是维护亚美尼亚根据《公约》主张的貌似合理的权利。

68. 因此,法院得出结论,亚美尼亚所主张的某些权利与所要求的一些临时

---

① Qatar v. United Arab Emirates, Provisional Measures, 2018, p. 426, para. 51.

② Qatar v. United Arab Emirates, Provisional Measures, 2018, p. 426, para. 52.

③ Application of the International Convention on the Elimination of All Forms of Racial Discrimination (Qatar v. United Arab Emirates), Preliminary Objections, Judgment, I. C. J. Reports 2021, p. 106, para. 105.

措施之间存在联系。

问题3:不可挽回的侵害(irreparable prejudice)风险和紧迫性(urgency)(第69~88段)

69. 根据《规约》第41条,当司法程序涉及的权利可能遭受不可挽回的侵害或者无视该权利可能造成不可挽回的后果时,法院有权指示临时措施。[①]

70. 然而,法院指示临时措施的权利只能在具有紧迫性的情况下才能行使,即在法院作出最终裁决之前,这种不可挽回的侵害面临现实的(real)、迫近的(imminent)风险。当被质疑可能造成不可挽回侵害的行为在法院做出最终裁决前"任何时刻都可能发生"时,紧迫性条件就满足了。[②] 因此法院必须考虑在现阶段是否存在这种风险。

71. 为了就指示临时措施的请求作出决定,法院不需要确定是否存在违反《公约》的行为,而是需要确定这种情况是否需要指示临时措施以保护《公约》规定的权利。现阶段,法院无法对案件事实出具明确的调查结果,而且法院对指示临时措施的请求作出的决定也不影响各方就案件实质问题进行辩论的权利。

80. 之前已经认定请求国主张的一些权利是合理的,这些权利和请求的临时措施之间存在联系,法院现在需要考虑是否可能造成不可挽回的侵害以及是否具有紧迫性,即在法院作出最终裁决前存在现实的、迫近的造成不可挽回的侵害的风险。

81. 法院忆及,过往涉及《公约》的案件表明,该公约第5条第1、2、3、4、5款规定的权利的本质决定了对它们的侵犯可能造成不可挽回的侵害。[③] 法院认为,这一论断也适用于《公约》第4条规定的个人不受种族仇恨和歧视的权利。

82. 正如法院之前所指出的,那些遭受不人道和有辱人格待遇或酷刑的个

---

① Gambia v. Myanmar, Provisional Measures, 2020, p. 24, para. 64, referring to Alleged Violations of the 1955 Treaty of Amity, Economic Relations, and Consular Rights (Islamic Republic of Iran v. United States of America), Provisional Measures, Order of 3 October 2018, I. C. J. Reports 2018 (II) (hereafter Iran v. USA, Provisional Measures, 2018), p. 645, para. 77.

② Gambia v. Myanmar, Provisional Measures, 2020, p. 24, para. 65, referring to Iran v. USA, Provisional Measures, 2018, p. 645, para. 77.

③ Application of the International Convention on the Elimination of All Forms of Racial Discrimination (Georgia v. Russian Federation), Provisional Measures, Order of 15 October 2008, I. C. J. Reports 2008, p. 396, para. 142; Application of the International Convention for the Suppression of the Financing of Terrorism and of the International Convention on the Elimination of All Forms of Racial Discrimination (Ukraine v. Russian Federation), Provisional Measures, Order of 19 April 2017, I. C. J. Reports 2017, p. 138, para. 96; Qatar v. United Arab Emirates, Provisional Measures, 2018, pp. 430 – 431, para. 67.

人可能会面临严重的不可挽回的侵害风险。[①] 法院也承认,心理创伤与身体损害一样,能够造成不可挽回的伤害。[②]

83. 法院认为,《公约》第 4 条禁止的行为——传播种族仇恨、煽动种族歧视、对任何民族或族裔出身的人群的暴力——可能会使社会形成普遍的种族歧视环境。当国家高级官员发表支持种族歧视的言论时,尤其如此。这可能对属于受保护群体的个人产生严重的破坏性影响。这种破坏性影响可能包括但不限于身体损害、心理创伤和痛苦的风险。

84. 法院此前还指出,当文化遗产“曾成为双方武装冲突的现场”和“此类冲突可能再次发生”时,这种遗产可能面临严重的不可挽回的侵害风险。[③]

85. 在本诉讼中,当事方向法院提交的资料包括欧洲委员会议会大会于 2021 年 9 月 27 日通过的关于亚美尼亚和阿塞拜疆冲突的人道主义后果的决议。除其他外,大会表示:

> 双方的一些指控有信誉良好的国际非政府组织的信息和大量来源不同的信息的支持,令人担忧的是……相当数量的……证据……表明阿塞拜疆对亚美尼亚战俘施加系统的不人道和有辱人格的待遇和酷刑。

法院还指出,大会“感到遗憾的是,仍然有最高级别的发言继续以不容忍的方式描述亚美尼亚人”。

86. 法院也注意到,大会

> 谴责[阿塞拜疆]在为期六周的战争期间对[亚美尼亚]文化遗产的蓄意破坏,并在冲突期间和之后似乎蓄意炮击加赞奇教堂/圣救主、舒沙/舒什的加赞切特索茨大教堂,以及破坏其他教堂和墓地;鉴于过去遭到破坏,已回归阿塞拜疆控制下的许多亚美尼亚教堂、修道院和其他形式文化遗产的未来仍然堪忧;对阿塞拜疆正在使用的一种叙事表示关切,即提倡用“高加索阿尔巴尼亚人”的遗产来取代“亚美尼亚人”的文化遗产。[④]

---

① Application of the International Convention on the Elimination of All Forms of Racial Discrimination (Georgia v. Russian Federation), Provisional Measures, Order of 15 October 2008, I. C. J. Reports 2008, p. 396, para. 142.

② Qatar v. United Arab Emirates, Provisional Measures, 2018, p. 431, para. 69.

③ Request for Interpretation of the Judgment of 15 June 1962 in the Case concerning the Temple of Preah Vihear (Cambodia v. Thailand), Provisional Measures, Order of 18 July 2011, I. C. J. Reports 2011 (II), p. 552, para. 61.

④ Resolution 2391 (2021), text adopted by the Parliamentary Assembly of the Council of Europe on 27 September 2021, 24th sitting.

87. 法院还注意到,几位联合国人权专家2021年2月1日发表的联合声明谈到了在阿塞拜疆被俘的亚美尼亚人的情况,并对"战俘和其他受保护人遭到法外处决、强迫失踪、酷刑和其他虐待的指控"①表示严重关切。

88. 鉴于上述原因,法院得出结论,漠视被法院判定为合理的权利可能对这些权利造成不可挽回的侵害,而且情况紧急,在法院对该案作出最后裁决前,有发生这种侵害的真实且迫近的风险。

问题4:法院结论和需要采取的措施(第89~97段)

89. 综上,法院得出结论,《规约》规定的指示临时措施的条件已经达到。因此,在作出最终裁决之前,有必要指示某些措施,以保护阿塞拜疆所主张的被认定为合理的权利。

90. 法院忆及,根据《规约》,在被请求指示临时措施时,它有权指示与所请求措施部分或全部不同的措施。《规则》第75条第2款特别提及了法院的这项权力。法院过去已多次行使该权力。②

91. 在本案中,考虑到亚美尼亚请求临时措施的用语和案件的具体情况,法院认为所指示的措施不必与所请求的措施相同。

92. 法院认为,对于上述情况,阿塞拜疆必须在案件作出最终裁决之前,根据《公约》规定的义务,采取一切必要措施,保护所有因2020年冲突而被俘且仍被拘留的人免遭暴力和人身伤害,并确保他们的安全和法律面前的平等地位;采取一切必要措施,防止包括官员和公共机构针对亚美尼亚民族或族裔的人煽动和助长种族仇恨和歧视;采取一切必要措施,防止和惩罚影响亚美尼亚文化遗产的破坏和亵渎行为,包括但不限于教堂和其他礼拜场所、纪念碑、地标、墓地和文物。

93. 法院注意到,阿塞拜疆的律师在口述程序描述的"军事奖杯公园"内的某些展品即描绘亚美尼亚士兵的人体模型和所谓的亚美尼亚士兵在2020年冲突期间佩戴的头盔,已从公园永久移除,且今后将不再展示。关于该问题,阿塞拜疆律师还提到了2021年10月6日和13日的两封信,其中"军事奖杯公园"的负责人表示,"军事奖杯公园内展示的所有人体模型……于2021年10月1日被拆除",并且"2021年10月8日,所有头盔均从军事奖杯公园移除"。"军

---

① United Nations Office of the High Commissioner for Human Rights, "Nagorno-Karabakh: Captives Must Be Released—UN Experts" (1 February 2021).

② For example, Gambia v. Myanmar, Provisional Measures, 2020, p. 28, para. 77.

事奖杯公园”的负责人进一步表示，“今后军事奖杯公园或纪念馆/博物馆将不再展示人体模型和头盔”。

94. 法院忆及，亚美尼亚已请求其指示措施以确保与阿塞拜疆的争端不再恶化。当法院指示旨在保护特定权利的临时措施时，它可以在认为情况有此需要的任何时候指示临时措施以防止争端恶化或升级。[①] 本案中，在考虑了所有情况后，除决定下令采取的具体措施外，法院认为有必要向双方指示一项额外措施以确保其争端不会加剧。

95. 法院还忆及，亚美尼亚请求它指示阿塞拜疆采取措施“防止毁坏并保存与针对《公约》范围内的行为提出的指控相关的证据”，并定期报告临时措施的执行情况。然而，法院认为，在本案的具体情况下，这些措施没有必要。

96. 法院重申，其“根据[规约]第 41 条指示的临时措施决定具有约束力”[②]，因此可以为临时措施所针对的任何一方创设国际法义务。

97. 法院进一步重申，本诉讼程序中作出的决定绝不预先判断法院处理案件实质问题的管辖权问题和与请求可受理性或案件实质有关的任何问题。阿塞拜疆和亚美尼亚就这些问题进行辩论的权利不受影响。

五、裁判结果(第 98 段)

第一，以 14 票对 1 票判定，阿塞拜疆应该根据其在《公约》下的义务，保护 2020 年冲突相关的所有被俘人员免受暴力和身体伤害，确保他们的安全和法律面前一律平等的地位；

第二，全体一致判定，阿塞拜疆应该根据其在《公约》下的义务，采取所有必要措施禁止官员和公共机构以亚美尼亚民族或族裔出身的人为目标煽动和鼓吹种族仇恨和歧视；

第三，以 13 票对 2 票判定，阿塞拜疆应该根据其在《公约》下的义务，采取所有必要措施，禁止和惩罚破坏和亵渎亚美尼亚文化遗产的行为，包括但不限于教堂和其他礼拜场所、纪念碑、地标、墓地和文物；

第四，全体一致判定，双方应避免采取任何可能使法院审理的争端恶化、扩大或更难以解决的行动。

---

① Qatar v. United Arab Emirates, Provisional Measures, 2018, pp. 432 – 433, para. 76.

② La Grand (Germany v. United States of America), Judgment, I. C. J. Reports 2001, p. 506, para. 109.

六、法官意见

优素福法官(Judge Yusuf)发表了反对意见,岩泽法官(Judge Iwasawa)和专案法官基思(Judge *ad hoc* Keith)发表了声明。

(李冰清　王　佳)

乌克兰诉俄罗斯“根据《防止及惩治灭绝种族罪公约》提出的灭绝种族指控案”

指示临时措施命令

国际法院

2022 年 3 月 16 日

一、事实背景(第 17 ~ 19 段)

俄罗斯声称乌克兰卢甘斯克州和顿涅茨克州发生了种族灭绝行为,并于2022 年 2 月 24 日对乌克兰发动了“特别军事行动”,该事件引发了重大国际法问题,国际法院(以下简称法院)对此表示关切,强调所有国家都必须遵守《联合国宪章》和其他国际法规则,包括国际人道法。此外,包括联合国大会(以下简称联大)在内的多个国际机构已处理该事件,法院在本案中仅针对乌克兰根据《防止及惩治灭绝种族罪公约》(以下简称《公约》)提起的问题。

二、诉讼程序概述(第 1 ~ 13 段)

2022 年 2 月 26 日,乌克兰将关于《公约》解释、适用和实施的争端向法院提起针对俄罗斯的诉讼。乌克兰根据《国际法院规约》(以下简称《规约》)第 36 条第 1 款和《公约》第 9 条主张法院的管辖权。在提交请求书的同时,乌克兰请求法院根据《规约》第 41 条和《国际法院规则》(以下简称《规则》)第 73 条、第 74 条、第 75 条指示临时措施,主要要求俄罗斯停止其军事行动。

2022 年 3 月 5 日,俄罗斯政府表示不参加口述程序。3 月 7 日,公开庭审以线上线下混合方式举行。

三、当事方立场(第14~16段)

乌克兰要求法院指示四项临时措施:

第一,俄罗斯应立刻停止自2022年2月24日开始的军事行动,这些行动所声称的目的是防止和惩治据称在乌克兰卢甘斯克州和顿涅茨克州发生的种族灭绝行为;

第二,俄罗斯应立即确保其指挥、控制、支持或影响的任何部队、组织或个人不采取推进相关军事行动的任何举措;

第三,俄罗斯应避免采取并承诺不采取任何可能加剧、扩大相关争端或者使争端更难以解决的行动;

第四,俄罗斯应定期向法院报告,说明其执行临时措施命令所采取的措施。

在庭审结束后不久,俄罗斯向法院送交文件,阐述了法院缺乏管辖权的立场。虽然俄罗斯没有出席口述程序,也没有提出正式主张,但在送交法院的文件中,俄罗斯主张法院没有管辖权审理该案,请求法院拒绝指示临时措施,并将该案从其案件列表中删除。

四、法律问题分析(第20~85段)

问题1:俄罗斯不参加程序的影响(第20~23段)

20. 俄罗斯在2022年3月5日的信中决定,不参加指示临时措施请求的口述程序,法院对此表示遗憾。

21. 一方不出庭对良好的司法管理具有不利影响,因为法院失去了一方本可以提供的协助。尽管如此,法院必须在案件的任何阶段继续履行其司法职能。①

22. 虽然未出庭的当事方正式缺席诉讼程序,但有时会以《规则》之外的方式和方法向法院提交信函和文件。② 法院有必要了解双方的意见,无论这些意见是以何种形式表达的。③ 因此,如果法院认为对其履行职责是适当的,将考虑

① Arbitral Award of 3 October 1899 (Guyana v. Venezuela), Jurisdiction of the Court, Judgment, I. C. J. Reports 2020, p. 464, para. 25; Military and Paramilitary Activities in and against Nicaragua (Nicaragua v. United States of America), Merits, Judgment, I. C. J. Reports 1986 (hereafter Nicaragua v. USA case, 1986), p. 23, para. 27.

② Nicaragua v. USA case, 1986, p. 25, para. 31.

③ Nicaragua v. USA case, 1986, p. 25, para. 31.

俄罗斯于2022年3月7日提交的文件。

23. 法院回顾,某一相关国家不出庭本身并不阻碍其指示临时措施。① 法院强调,一方在案件的任何阶段不参加诉讼,在任何情况下都不能影响其裁决的有效性。② 如果本案的程序继续,俄罗斯仍是本案当事方,如果其愿意,仍能出庭陈述其主张。③

问题2:法院是否具有初步管辖权(*prima facie* jurisdiction)(第24~49段)

24. 只有请求国所依据的条款初步表明法院有管辖权依据,法院才可以指示临时措施,但法院不必明确确定其对案件的实质问题具有管辖权。④

25. 本案中,乌克兰试图以《规约》第36条第1款和《公约》第9条确立法院的管辖权。因此,法院必须首先确定,这些条款是否初步赋予其裁决案件实质问题的管辖权,并在满足其他必要条件的情况下,使其能够指示临时措施。

26.《公约》第9条规定:

> 缔约国间关于本公约的解释、适用或实施的争端,包括关于某一国家对于灭绝种族罪或第3条所列任何其他行为的责任的争端,经争端一方的请求,应提交国际法院。

27. 乌克兰和俄罗斯都是《公约》的缔约国,目前双方都没有对第9条提出保留。

28.《公约》第9条规定,法院具有管辖权的条件是存在与《公约》的解释、适用或实施有关的争端。根据法院的既定判例,争端是指“当事方之间在法律或事实问题上的分歧,法律观点或利益冲突”,⑤争端的存在“必须证明一方的主张受到另一方的明确反对”,⑥双方必须“对是否履行特定国际义务的问题持有明

① United States Diplomatic and Consular Staff in Tehran (United States of America v. Iran), Provisional Measures, Order of 15 December 1979, I. C. J. Reports 1979, p. 13, para. 13.

② cf. Arbitral Award of 3 October 1899 (Guyana v. Venezuela), Jurisdiction of the Court, Judgment, I. C. J. Reports 2020, p. 464, para. 26; Nicaragua v. USA case, 1986, p. 23, para. 27.

③ Nicaragua v. USA, 1986 case, pp. 142 – 143, para. 284.

④ Application of the Convention on the Prevention and Punishment of the Crime of Genocide (Gambia v. Myanmar), Provisional Measures, Order of 23 January 2020, I. C. J. Reports 2020 (hereafter Gambia v. Myanmar case, Provisional Measures, 2020), p. 9, para. 16.

⑤ Mavrommatis Palestine Concessions, Judgment No. 2, 1924, P. C. I. J., Series A, No. 2, p. 11.

⑥ South West Africa (Ethiopia v. South Africa; Liberia v. South Africa), Preliminary Objections, Judgment, I. C. J. Reports 1962, p. 328.

显相反的观点”。[①] 为了确定本案是否存在争端,法院不能仅限于注意到一方坚持认为《公约》应适用,而另一方予以否认这一点。[②]

29. 由于乌克兰援引了国际条约的争端管辖条款作为法院管辖权的依据,法院必须在现阶段的程序中确定,请求国所控诉的行为是否表现为属于该条约属事管辖的范围。[③]

35. 法院回顾,为了确定提交请求书时当事方之间是否存在争端,应特别考虑当事方之间交换的任何声明或文件,以及在多边场合中进行的任何交流。为此,法院将特别关注声明或文件的作者、预期或实际的受众及其内容。争端的存在是法院客观裁定的问题,并且属于实体问题,而不是形式或程序问题。[④]

36. 法院注意到,俄罗斯指控乌克兰在乌克兰卢甘斯克和顿涅茨克地区已经或正在实施种族灭绝,请求国对此表示质疑。乌克兰还主张,《公约》没有授权俄罗斯以对乌克兰使用武力的方式,履行其《公约》第 1 条下防止和惩治灭绝种族罪的义务。

43. 在现阶段的程序中,法院无需确定在本案中是否发生了违反《公约》义务的情况。只有审查本案的实质问题,法院才能作出相关认定。在指示临时措施的阶段,法院的任务是确定乌克兰所控诉的行为能否表现为属于《公约》的规定范围。

44. 法院回顾,虽然一国不必在与另一国的交流中明确提及某一具体条约,以便日后能够援引该条约的争端解决条款向法院提起诉讼,[⑤]但交流中必须充分清楚地提及条约的主题事项(subject-matter of the treaty),从而使被诉国家能够确定关于该事项存在或可能存在争端。[⑥] 法院认为,在目前的诉讼程序中,案卷的证据初步表明,当事方所作的声明充分清楚地提到了《公约》的主题事项,因此,乌克兰能够援引该条约的争端解决条款作为法院管辖权的依据。

45. 当事方国家机关和高级官员的发言表明双方对以下问题存在分歧:据称

---

① Alleged Violations of Sovereign Rights and Maritime Spaces in the Caribbean Sea (Nicaragua v. Colombia), Preliminary Objections, Judgment, I. C. J. Reports 2016 (I), p. 26, para. 50, citing Interpretation of Peace Treaties with Bulgaria, Hungary and Romania, First Phase, Advisory Opinion, I. C. J. Reports 1950, p. 74.

② Application of the International Convention on the Elimination of All Forms of Racial Discrimination (Qatar v. United Arab Emirates), Provisional Measures, Order of 23 July 2018, I. C. J. Reports 2018(II), p. 414, para. 18.

③ cf. Jadhav (India v. Pakistan), Provisional Measures, Order of 18 May 2017, I. C. J. Reports 2017, p. 239, para. 30.

④ Gambia v. Myanmar case, Provisional Measures, 2020, p. 12, para. 26.

⑤ Military and Paramilitary Activities in and against Nicaragua (Nicaragua v. United States of America), Jurisdiction and Admissibility, Judgment, I. C. J. Reports 1984, pp. 428 – 429, para. 83.

⑥ Application of the International Convention on the Elimination of All Forms of Racial Discrimination (Georgia v. Russian Federation), Preliminary Objections, Judgment, I. C. J. Reports 2011(I), p. 85, para. 30.

乌克兰在卢甘斯克和顿涅茨克地区实施的某些行为是否构成灭绝种族,俄罗斯使用武力是否是可采取的措施从而履行《公约》第1条规定的防止和惩治灭绝种族行为的义务。法院认为,请求国所控诉的行为表现属于《公约》规定的范围。

46. 法院回顾,俄罗斯主张其"特别军事行动"的依据是《联合国宪章》第51条和习惯国际法。法院注意到,某些作为或不作为可能产生受多种规则规制的争端。① 因此,俄罗斯的上述主张并不妨碍法院初步认定请求书中的争端涉及《公约》的解释、适用或实施。

47. 因此,法院认定,上述因素在现阶段足以初步确定当事方之间存在与《公约》解释、适用或实施有关的争端。

48. 鉴于上述情况,法院裁定,根据《公约》第9条,法院初步具有审理本案的管辖权。

49. 鉴于上述结论,法院认为,不能支持俄罗斯的请求,即以明显缺乏管辖权为由将本案从案件列表中删除。

问题3:寻求保护的权利是否可信(plausible),以及相关权利与所请求的措施之间是否存在联系(第50~64段)

50. 法院根据《规约》第41条有权指示临时措施,其目的是在法院就案情实质作出裁决之前,保全案件当事方各自主张的权利。因此,法院必须关注通过临时措施保全其后可能裁定属于任何一方的权利。所以,只有确信请求采取此类措施的一方所主张的权利至少是可信的,法院才能行使该权力。②

51. 然而,在本阶段,法院无需明确确定乌克兰请求保全的权利是否存在,而只需裁决乌克兰根据案情主张的权利以及它所寻求的保护是否合理。此外,寻求保护的权利与请求采取的临时措施之间必须存在联系。③

56. 法院认为,根据《公约》第1条,所有缔约国都已承诺"防止并惩治"灭绝种族罪。第1条没有具体规定缔约国履行该义务可采取的措施种类。然而,缔约国必须善意履行该义务,同时考虑该公约的其他部分,特别是第8条、第9条和序言。根据《公约》第8条,一缔约国如认为另一缔约国领土内正在发生灭绝种族行为,"得提请联合国的主管机关遵照联合国宪章,采取其认为适当的行

---

① Alleged Violations of the 1955 Treaty of Amity, Economic Relations, and Consular Rights (Islamic Republic of Iran v. United States of America), Preliminary Objections, Judgment of 3 February 2021, para. 56.

② Gambia v. Myanmar case, Provisional Measures, 2020, p. 18, para. 43.

③ Gambia v. Myanmar case, Provisional Measures, 2020, p. 18, para. 44.

动,以防止及惩治灭绝种族的行为或第3条所列任何其他行为”。此外,根据《公约》第9条,该缔约国可将关于该公约解释、适用或实施的争端提交法院。

57. 一缔约国也可以采用其他方式履行其义务,以防止和惩治其认为的另一缔约国所犯的灭绝种族罪,例如通过双边接触或者在区域组织内进行交流。然而,法院强调,在履行其防止灭绝种族罪的义务时,“各国只能在国际法允许的范围内行事”,这一要求已在以往根据该公约提起的案件中进行了说明。①

58. 缔约国为“防止和惩治”灭绝种族罪而采取的行动必须符合《联合国宪章》第1条所规定的联合国精神和宗旨。在这方面,法院回顾,根据《联合国宪章》第1条,除其他外,联合国的宗旨是:

> 维持国际和平及安全;并为此目的:采取有效集体办法、以防止且消除对于和平之威胁,制止侵略行为或其他和平之破坏;并以和平方法且依正义及国际法之原则,调整或解决足以破坏和平之国际争端或情势。

59. 只有案件进入实质问题审理阶段,法院才能裁决请求国的诉求。在现阶段,只需指出法院尚未掌握证实俄罗斯相关指控的证据。还存在争议的问题是,根据《公约》的目标和宗旨,该公约是否授权一缔约国在另一国领土内单方面使用武力以防止或惩治指称的种族灭绝行为。

60. 在这种情况下,法院认为乌克兰享有可信的权利,不受俄罗斯为防止和惩治据称在乌克兰领土内发生的种族灭绝行为而采取的军事行动的影响。

61. 法院现在要分析乌克兰所主张的权利与所请求的临时措施之间的联系情况。

63. 法院已认定,乌克兰所主张的权利根据《公约》是可信的。法院认为,就其性质而言,乌克兰请求的前两项临时措施旨在保全法院认定可信的乌克兰权利。至于乌克兰请求的第三项和第四项临时措施,并不涉及联系问题,因为这些措施是为了防止任何可能加剧或扩大现有争端,或使其更难以解决的行动,以及提供遵守法院所指示的所有具体临时措施的信息。②

64. 因此,法院裁定,经裁定可信的乌克兰权利与所请求的临时措施之间存在联系。

---

① Application of the Convention on the Prevention and Punishment of the Crime of Genocide (Bosnia and Herzegovina v. Serbia and Montenegro), Judgment, I. C. J. Reports 2007(I), p. 221, para. 430.

② Gambia v. Myanmar case, Provisional Measures, 2020, p. 24, para. 61.

问题4：是否可能对权利造成不可挽回的损害(irreparable prejudice)，以及是否存在的紧迫性(第65～77段)

65. 根据《规约》第41条，作为司法程序主要问题的权利可能遭受不可挽回的损害时，或者无视该权利可能导致不可挽回的后果时，法院有权指示临时措施。①

66. 然而，只有在紧迫情况(urgency)下，法院才会行使权力指示临时措施，即在法院作出最终裁决之前，存在真实和迫近的风险(real and imminent risk)，将对所主张的权利造成不可挽回的损害。在法院最终裁决前，如果能够造成不可挽回的损害的行为“随时都可能发生”，则满足了紧迫性条件。② 因此，法院必须考虑在现阶段是否存在此种风险。

67. 为了裁决指示临时措施的请求，法院无需确定存在违反《公约》义务的情况，而是要确定情况是否需要指示临时措施，从而保全被认定可信的权利。在现阶段，法院无法对事实作出明确的裁定，并且各方对实质问题进行辩论的权利也不受法院指示临时措施决定的影响。

73. 法院先前已确定乌克兰能够可信地主张《公约》规定的权利，而且该权利与所请求的临时措施之间存在联系。法院现在考虑的是，是否可能对该权利造成不可挽回的损害，以及是否存在紧迫性，即在法院作出最终裁决前，存在对该权利造成不可挽回的损害的真实和迫近的风险。

74. 法院认为，对裁定可信的乌克兰权利的损害能够造成不可挽回的损害。事实上，任何军事行动，特别是俄罗斯在乌克兰领土上进行的这种规模的军事行动，都不可避免地造成生命损失、精神和身体伤害以及财产和环境的损害。

75. 法院认为，受当前冲突影响的平民极其脆弱。俄罗斯正在进行的“特别军事行动”已造成众多平民伤亡。它还造成了巨大的物质损失，包括对建筑物和基础设施的破坏。攻击仍在继续，平民的生活条件日益困难。许多人无法获得最基本的食品、饮用水、电力、基本药物或供暖。大量民众正试图在极不安全的条件下逃离受影响最严重的城市。

76. 在这方面，法院注意到联大2022年3月2日第A/RES/ES－11/1号决议，其中特别“对住宅、学校和医院等民用设施遭到袭击以及包括妇女、老年人、

---

① Gambia v. Myanmar case, Provisional Measures, 2020, p. 24, para. 64, referring to Alleged Violations of the 1955 Treaty of Amity, Economic Relations, and Consular Rights (Islamic Republic of Iran v. United States of America), Provisional Measures, Order of 3 October 2018, I. C. J. Reports 2018(II), p. 645, para. 77.

② Gambia v. Myanmar case, Provisional Measures, 2020, p. 24, para. 65.

残疾人和儿童在内的平民伤亡的报告表示严重关切”,决议“认为俄罗斯在乌克兰主权领土内的军事行动规模之大,是国际社会几十年来在欧洲从未见过的,需要采取紧急行动,使这一代人免遭战祸”,决议还“谴责俄罗斯决定加强其核力量的战备状态”,并“严重关切乌克兰境内和周围人道主义局势的恶化,并且需要人道主义援助的境内流离失所者和难民人数不断增加”。

77. 鉴于这些情况,法院认定:如果无视其认定可信的权利,则可能会对该权利造成不可弥补的损害,并且情况紧迫,即在法院对本案作出最终裁决前,存在造成这种损害的真实和紧迫的风险。

问题5:总结和将要采取的措施(第78~85段)

78. 综上,法院认定,《规约》规定的指示临时措施的条件已经满足。因此,在作出最终裁决之前,法院有必要指示部分措施以保护其认定可信的乌克兰权利。

79. 法院回顾,根据《规约》,对于指示临时措施的请求,法院有权指示全部或部分与请求不同的措施。《规则》第75条第2款具体规定了法院的这项权力。法院在过去已多次行使了该权力。[①]

80. 本案中,在考虑了乌克兰请求采取的临时措施的条件和本案的情况后,法院认为,将指示的措施不必与所请求的措施相同。

81. 法院认为,鉴于上述局势,在本案作出最终裁决前,俄罗斯必须暂停其2022年2月24日在乌克兰境内开始的军事行动。此外,回顾俄罗斯常驻联合国代表的声明,即“顿涅茨克人民共和国”和“卢甘斯克人民共和国”已向俄罗斯请求提供军事协助,法院认为,俄罗斯还必须确保可能由其指挥或支持的任何军事或非正规武装单位,以及可能受其控制或指挥的任何组织和个人,不采取任何推进这些军事行动的举措。

82. 法院回顾,乌克兰还要求法院指示旨在确保其与俄罗斯的争端不恶化的措施。当法院为了保护特定权利而指示临时措施时,如果认为情况需要,也可以指示防止争端恶化或扩大的临时措施。[②] 本案中,考虑到所有情况,除已决定下令采取的具体措施外,法院认为有必要向双方指示确保争端不恶化的额外

---

① Gambia v. Myanmar case, Provisional Measures, 2020, p. 28, para. 77.

② Application of the International Convention on the Elimination of All Forms of Racial Discrimination (Armenia v. Azerbaijan), Provisional Measures, Order of 7 December 2021, para. 94; Application of the International Convention on the Elimination of All Forms of Racial Discrimination (Azerbaijan v. Armenia), Provisional Measures, Order of 7 December 2021, para. 72.

措施。

83. 法院还回顾，乌克兰曾请求法院指示一项临时措施，要求俄罗斯“在法院指示临时措施的命令下达一周后，向法院提交报告，说明为执行法院命令而采取的措施，然后按照法院的要求定期提交报告”。然而，对于本案的情况，法院拒绝指示该措施。

84. 法院重申，其“根据[《规约》]第 41 条发布的临时措施命令具有约束力”，[①]从而为临时措施所针对的任何一方创设了国际法义务。

85. 法院进一步重申，在当前程序中作出的裁决绝不预先判断法院处理案件实质的管辖权问题，也不预先判断与申请可受理性或案件实质本身有关的任何问题。裁决并不影响乌克兰和俄罗斯就上述问题进行辩论的权利。

五、裁判结果（第 86 段）

第一，以 13 票对 2 票，指示俄罗斯应立即暂停其于 2022 年 2 月 24 日在乌克兰领土内的军事行动。

第二，以 13 票对 2 票，指示俄罗斯应确保其可能指挥或支持的任何军事或非正规武装单位，以及可能受其控制或指挥的任何组织和个人，不采取任何举措，推进上述第一点中的军事行动。

第三，全体一致，指示双方应避免采取任何可能加剧或扩大提交法院的争端或使其更难解决的行动。

六、法官意见

关于指示临时措施的命令，格沃尔吉安副院长（Vice-President Gevorgian）发表了声明，本努纳法官（Judge Bennouna）发表了声明，薛捍勤法官发表了声明，罗宾逊法官（Judge Robinson）发表了单独意见，诺尔特法官（Judge Nolte）发表了声明，专案法官都德（Judge *ad hoc* Daudet）发表了单独意见。

（张程宽　宋　岩）

---

① La Grand (Germany v. United States of America), Judgment, I. C. J. Reports 2001, p. 506, para. 109.

图书在版编目（CIP）数据

国际法案例研习. 2021—2022 / 王佳，宋岩主编.
北京：法律出版社，2025. -- ISBN 978-7-5244-0023-3
Ⅰ. D99
中国国家版本馆 CIP 数据核字第 2025Y3B178 号

国际法案例研习（2021—2022）
GUOJIFA ANLI YANXI（2021-2022）

王　佳
宋　岩　主编

责任编辑　王　珊
装帧设计　鲍龙卉

出版发行 法律出版社
编辑统筹 学术·对外出版分社
责任校对 晁明慧
责任印制 胡晓雅　宋万春
经　　销 新华书店

开本 710 毫米×1000 毫米　1/16
印张 22.25　　**字数** 360 千
版本 2025 年 4 月第 1 版
印次 2025 年 4 月第 1 次印刷
印刷 北京新生代彩印制版有限公司

地址：北京市丰台区莲花池西里 7 号（100073）
网址：www.lawpress.com.cn
投稿邮箱：info@lawpress.com.cn
举报盗版邮箱：jbwq@lawpress.com.cn

销售电话：010-83938349
客服电话：010-83938350
咨询电话：010-63939796

书号：ISBN 978-7-5244-0023-3
定价：79.00 元
凡购买本社图书，如有印装错误，我社负责退换。电话：010-83938349